资助项目 2017年贵州大学贵州省农林经济管理国内一流学科建设项目（编号：GNYL[2017]002）

贵州大学引进人才科研项目：民族地区村寨旅游巩固脱贫攻坚成效的机制研究（编号：贵大人基合字[2020]008号）

贵州民族村寨旅游扶贫研究

笪 玲◎著

GUIZHOU MINZU CUNZHAI LǙYOU FUPIN YANJIU

中国旅游出版社

序

贫困是人类社会发展进步的巨大障碍，被列为当今世界三大社会发展问题之首；消除贫困是人类奋斗的理想，也是当今世界各国面临的共同目标和任务。党的十九大提出三大攻坚战之一的脱贫攻坚，对如期全面建成小康社会、实现中华民族第一个百年奋斗目标具有重要意义。民族地区是全面建成小康社会“短板中的短板”，是全国脱贫攻坚的主战场和决战区。“村”，作为扶贫理论研究及实践的重要基本单位，是破解贫困的基本单元、维持农业循环经济特征的关键和发展乡村旅游、创新乡村产业发展的基础；“政策兜底脱一批”是精准脱贫的内容之一，发展村寨经济是缓解“兜底”压力的重要依托。村寨旅游作为一种特质性的文化旅游，旅游者在这一过程中观察、体验甚至参与“他者”社会文化生活的独特性，在驱动社会变迁、文化重构、环境调适的同时，也实现了利益的创造及分配。对于民族地区而言，村寨旅游扶贫一直是学者们研究的重要内容。在新形势下，梳理民族村寨旅游扶贫的发展历程及经验，探索村寨旅游扶贫在新的形势下的新任务和新命题并有效激活其创新发展的活力，具有重要的实践意义。

贵州，是中国贫困程度最深的省份之一，也是我国实施村寨旅游扶贫较早的省份之一，涌现了一大批世界知名的乡村旅游示范村寨，在探索减贫道路、培育乡村业态、弘扬民族文化、保护传统村落等方面取得了重要的全国性经验。贵州，也是村寨旅游扶贫的重要研究样本，但现有研究大多锁定一些特定的地区，或者一些典型的模式，缺乏从贵州这一行政单位视角下村寨旅游扶贫的系统研究和思考。笪玲的专著《贵州民族村寨旅游扶贫研究》，按照“理论研究—样本分析—案例田野”的研究思路，既有省级层面的宏观分析，又有样本村寨的统计调查，还有三个村寨案例的微观分析，逻辑层次明晰。专著以宏观分析与微观经验、普遍性数据分析与拓展个案研究进行有机结合，并建立了科学有效的旅游扶贫绩效评估方法，特别是关于旅游扶贫的福利评估、旅游扶贫的基本特征和功能的认识，从扶贫主体、乡村治理、土地产权和文化资本等层面对旅游扶贫经验的阐释，从重组乡村治理结构、重塑乡村产业活力和重建乡村文化价值等层面建构旅游扶贫治理路径的思考，体现出作者明显的学术创新意识和对旅游扶贫问题的整体性认识。研究难能可贵的是，在深入讨论与扶贫有关的经济问题的同时，也有效地关切到了民族村寨文化社会基质的互动性及村民对生活场域的质朴认知及感受，有助于丰富民族地区反贫困研究的经验成果，有助于扩展民族学研究贫困治理问题的新视野。目前，国家脱贫攻坚已经决胜，将村寨旅游扶贫置于民族地区扶贫研究的大潮中，如何在贫困性质发生根本性变化、乡村振兴已然全面启动的重要时期，探索并思考万象更新的社会规律和文化现象，是研究未来有待进一步拓展的空间。

笪玲长期致力于贵州民族地区旅游研究工作，攻读博士阶段聚焦贵州村寨旅游扶贫研究并最终完成其博士论文。该书是在其博士论文基础上，进一步修改和完善的成果，字里行间饱含了一位贵州本土学者的责任、思考及探索。作为她的导师，我见证了其一路风尘的艰辛与成长，颇感欣慰，乐以为序。

刘晓鹰

2020 年 12 月于三亚

（作者系西南民族大学西南民族研究院教授，
博士生导师；三亚学院副校长）

前言

脱贫攻坚是党的十九大提出的三大攻坚战之一，对如期全面建成小康社会、实现中华民族第一个百年奋斗目标具有重要意义。民族地区是全国脱贫攻坚的主战场和决战区，贫困人口分布的新格局使得扶贫开发工作必须下沉到村、扶持到户。传统的扶贫思路缺乏对贫困社会复杂性的充分认识，破解贫困的过程中脆弱性、无力感及排斥等社会问题严重。村寨旅游扶贫过程中暴露的种种问题正在消弭扶贫成效，迫切需要重新审视村寨旅游扶贫的发展轨迹，科学分析其内生的减贫因子，探索新时期让经济增长成果精准"滴落"到贫困阶层的可持续途径。贵州村寨旅游扶贫经过40余年的发展，在探索减贫道路、培育乡村业态、弘扬民族文化、保护传统村落等方面取得了重要的全国性经验。梳理贵州民族村寨旅游扶贫的发展历程及经验，探索村寨旅游扶贫在新形势下的新任务和新命题并有效激活其创新发展的动力，具有重要的实践意义。

研究整合民族学、经济学、旅游学、地理学、社会学等相关学科的理论，按照"背景思考—文献梳理—案例分析—实地调研—咨询交流—专题研究—重点突破"的程序，形成"理论研究—样本分析—案例田野"的研究思路。第一，分析村寨旅游扶贫的研究背景及意义，系统梳理国内外相关文献，锁定民族村寨旅游扶贫研究的核心命题，确定研究的主要内容、思路、技术路线，整合研究方法，明确论文创新，形成数据来源、案例选择及调研过程的依据；第二，厘清相关概念及理论，对村寨旅游扶贫的功能及特点、可行性及局限性等要素进行系统辨识，为后续研究搭建平台；第三，选择贵州这个民族村寨旅游扶贫最为典型的省份为研究对象，分析发展村寨旅游扶贫的现实选择及主要阶段；第四，依托"省级层面的整体效果—特定区域的扶贫绩效—样本村的福利感知”搭建“宏观—中观—微观”三个层面的评价体系，运用统计描述、扶贫绩效（经济、社会、文化及生态）、福利评估等要素，对贵州民族村寨旅游扶贫的效果进行科学、全面的量化评估；第五，系统总结贵州村寨旅游扶贫中政府主导、国际合作、生态补偿、管护机制、文旅融合、村民主体等成功做法，生成具有中国特色的减贫经验，辨析民族村寨旅游扶贫中乡村异化、机会萎缩、贫富差距、公地悲剧、文化消弭等现实挑战，洞悉深层次的约束缺陷；第六，以贵州传统村寨旅游扶贫模式中暴露的问题为逻辑起点，对资源、资金、技术等影响旅游扶贫的常规因子进行分析，把基层治理、产权制度、土地改革、文化资本、政策整合、产业融合等纳入分析框架，锁定“乡村治理”“土地产权（产业发展）”“文化增值”三个视角，分别选择典型的案例村寨，探索提升贵州民族村寨旅游扶贫质量的科学路径；第七，在理论研究、数据分析及案例调查的基础上，分析未来减贫的任务及特点，形成村寨旅游扶贫质量提升的战略体系、创新模式、差异化路径及文化价值实现机制。

研究方法依托文献收集与综合集成有机结合、深度访谈和参与观察综合运用、案例研究及统计分析法系统集成等思路。质性研究，采用多案例研究的视角，锁定深度田野调查村寨三个，通过“案内分析”及“案间较差”的程序，提高案例研究的有效性；定量研究，设计三个研究层面：(1) 全省范围内的统计描述。刻画民族村寨旅游对贫困减缓、经济发展、社会进步及生态优化等方面的贡献；(2) 典型区域的计量分析。选取典型样本（黔东南州），构建村寨旅游扶贫绩效评价模型，运用层次分析法（Analytical Hierarchy Process，AHP），对扶贫绩效进行科学评估；(3) 问卷统计及分析。通过问卷跟踪及田野调查，运用重要度—满意度（Importance-Satisfaction Analysis，IPA）分析模型进行村寨旅游扶贫的福利效应评价。

随着绝对贫困的消除，民族村寨旅游扶贫进入由单维走向多维、由非均衡走向均衡、由效率走向共享、由产业单一走向产业协同的重要时期，理顺乡村治理、夯实减贫基础、释放资源能量、推动产业发展、依托地方基因推动文化振兴，是提升村寨旅游扶贫质量、实现振兴战略目标的重要途径。研究获得以下结论：第一，村寨旅游扶贫是民族贫困地区脱贫攻坚的重要创造，这一扶贫模式在民族地区具有可行性，也存在一定的局限性；第二，村寨旅游扶贫是贵州的重要选择，是民族地区减贫的重要经验；第三，将基层政府的公共性扎根于乡村社会是推动民族村寨旅游扶贫的重要基础；第四，土地是重要的减贫资本，产权制度改革是实现产业融合的重要力量；第五，文化资本是内生的减贫资本，旅游是促进文化资本增值并减缓贫困的重要动力；第六，我国未来的减贫特征，决定贵州村寨旅游扶贫必须形成以巩固主体多元的减贫格局、构建资源联动的减贫体系、撬动资金整合的投资机制、落实“益贫”的制度安排、建立公平发展的产业格局及激活贫困人口的生计资源为核心质量提升战略，落实创新多元化的村寨旅游扶贫模式、探索差异化的村寨旅游扶贫路径、推动市场化的文化价值实现机制等质量提升举措。

目录

第一章 绪论

第一节 研究背景与研究意义

一、研究背景

（一）脱贫攻坚是实现“中国梦”的重要内容

“国家富强、民族振兴、人民幸福”是实现中国梦的核心。习近平总书记强调：“打好脱贫攻坚战是党的十九大提出的三大攻坚战之一，对如期实现全面建成小康社会、实现第一个百年奋斗目标具有十分重要意义。”[①] 脱贫攻坚胜利是全面建成小康社会，推进乡村振兴，开启社会主义强国的重要前提。至2017年，贵州尚有“14个深度贫困县、20个极贫乡镇、2760个深度贫困村，深度贫困县贫困人口达115.6万，占全省贫困人口1/3，占全国深度贫困县贫困人口1/5”[②]；2020年，贵州有剩余贫困人口的行政村达8732个[③]，是“最难啃的硬骨头”。贵州能否如期打赢脱贫攻坚战，事关“两个一百年”奋斗目标能否有序推进。

① 央视网.习近平在打好精准脱贫攻坚战座谈会上强调：提高脱贫质量聚焦深贫地区，扎扎实实把脱贫攻坚战推向前进［DB/OL］.（2018-02-14）. http：//news.cctv.com/2018/02/14/ARTIpkGkqVLMxlFIxBQ6tySM180214. shtml.

② 人民日报.迎接党的十九大特别报道·贵州篇［DB/OL］.（2017-09-07）. http：//www.sohu.com/a/190394017_119665.

③ 数据来源：贵州省人才工作领导小组办公室.关于遴选推荐服务脱贫攻坚专家的函.2020-03-14.

（二）民族村寨旅游扶贫是推动乡村振兴的重要前提

村寨旅游扶贫对于民族地区贫困大面积减缓起到了重要作用，但传统的扶贫思路缺乏对贫困社会复杂性以及这种复杂性与经济、环境、政治等因素相互关系的充分认识，“无法真正有效破解贫困，脆弱性、无力感及排斥等社会问题严重”（安东尼·哈尔等，2006）①。民族村寨普遍存在产业空心化、家庭空巢化、镇村两级公共产品供给能力不足与文化流失、内部缺乏有效的群众自治组织等困境叠加。在脱贫攻坚决胜、乡村振兴启动的关键时期，民族村寨旅游扶贫为乡村振兴带来了实践基础、动力因素、活力资源及经济支持：首先，扶贫进入“精准期”。要求村寨旅游扶贫要变革传统扶贫方式，精准聚焦深度贫困对象，彻底消除绝对贫困。其次，扶贫进入“扩展期”。人民群众有不断追求幸福生活的权利，解决经济贫困并非终极目标，村寨旅游扶贫更要巩固脱贫成效，促进人的发展。在新形势下，梳理贵州民族村寨旅游扶贫的发展历程及经验，探索民族村寨旅游扶贫在新形势下的新任务和新命题，有效激活其创新发展的活力，实现贫困人口全面脱贫致富，具有重要的战略意义。

（三）贵州民族村寨旅游扶贫是中国减贫事业中的重要经验

习近平总书记说：“贵州取得的成绩，是党的十八大以来党和国家事业大踏步前进的一个缩影。”② 贵州有 17 个世居少数民族，占全省人口总量的 36.11%。全省的少数民族村寨达 1.2 万个，至 2019 年 11 月，拥有“中国少数民族特色村寨”213 个、“中国传统村落”724 个。20 世纪 80 年代，为解决民族地区温饱问题，贵州率先在全国开展了村寨旅游扶贫的实践；并于 20 世纪 90 年代，在全国较早提出了“旅游扶贫”的概念并进行大面积推广。目前，贵州已有3000余个村寨开展村寨旅游扶贫③，培育了西江、郎德、肇兴、音寨、丹寨石桥等一大批世界知名的乡村旅游扶贫示范村寨，在探索扶贫道路、培育乡村业态、弘扬民族文化、保护传统村落等方面取得了重要的全国性经验。

---

① 安东尼·哈尔，詹姆斯·梅志里.发展型社会政策［M］.北京：中国社会科学出版社，2006：36.

② 中共贵州省委书记、贵州省人大常委会主任孙志刚在国新办新闻发布会上的开场白［EB/OL］.（2019-08-09）. http：//www.china.com. cn/zhibo/zhuanti/ch-xinwen/2019-08/09/content_75084145.htm.

③ 中华人民共和国文化和旅游部.贵州3000余个自然村寨开展乡村旅游［DB/OL］.（2018-07-23）. https：//www.mct.gov.cn/whzx/ qgwhxxlb/gz/201807/t20180723_833922.htm.

二、研究意义

（一）谋划民族村寨旅游扶贫与乡村振兴的有机衔接，具有迫切现实意义

“走出一条有别于东部、不同于西部其他省份的发展新路”①，是习近平总书记对贵州的期望。村寨旅游扶贫，始终是贵州民族地区最重要的扶贫形式之一，为广大村民创造了离土不离乡的、有尊严的就业机会。乡村振兴战略是“解决人民日益增长的美好生活需要和不平衡不充分的发展之间矛盾的必然要求，是实现‘两个一百年’奋斗目标的必然要求，是实现全体人民共同富裕的必然要求”②。贫困的复杂性及动态性会在更高水平下形成新型贫困，消除绝对贫困、巩固脱贫成效是乡村振兴的前提。村寨，是破解贫困的基本单元、产业创新的基础、稳定乡村社会经济的关键，是激活内生动力、缓解“兜底”压力的重要依托。民族地区村寨旅游扶贫与乡村振兴具有重要关联：首先，村寨旅游扶贫是乡村振兴的基础，乡村振兴是村寨旅游扶贫的方向。我国即将全面建成小康社会，但仍然面临着经济指标脱贫与自我发展能力、旅游主导机制与贫困人口受益、项目资金投入与产业持续发展、经济发展与文化生态博弈等严峻问题。依托村寨旅游在减贫中取得的成效和经验，推动村寨旅游减贫质量提升，破解实现乡村振兴的制约因素。其次，村寨旅游扶贫是民族地区推进乡村振兴的有效途径之一。大多数民族村寨经济基础薄弱，产业规模和劳动吸纳能力十分有限。旅游加速了乡村单元重构，激活了乡村文化与资源，带来了资金、人口及产业的回流，为农村贫困地区带来新的发展机会。

对于民族贫困地区而言，2020 年前的乡村振兴就是解决贫困。选择贵州这个民族村寨旅游扶贫最早的省份为研究样本，探索通过旅游发展激活产业兴旺之道并有效解决村落经济增长和贫困人口获利的矛盾，探索村寨旅游扶贫与振兴乡村的有机衔接，是当前的重要现实命题。

（二）科学系统地探索民族村寨旅游扶贫的运行机制，具有重要学术价值

“村”是研究中国贫困问题、科学“看真贫、扶真贫、真扶贫”的基本落

① 陈敏尔. 运用辩证思维，守住两条底线——深入学习习近平总书记在贵州调研时的重要讲话精神［EB/OL］.（2015-09-17）. http：// theory.people.com.cn/n/2015/0917/c83846-27597184.html .

② 人民网 . 实施乡村振兴战略，推动农业农村优先发展［DB/OL］.（2018-08-27）. http：//theory.people.com.cn/n1 /2018/0827/ c40531-30 252014.html.

脚，以村落为研究的基本单位一直以来都是人类学、民族学的主要取向之一。马林诺夫斯基的《西太平洋的航海者》、摩尔根的《易洛魁联盟》、普里查德的《努尔人》等均是依托村寨的学术经典；费孝通的《江村经济》、黄树民的《林村的故事》、林耀华的《金翼》等名著无不以村庄为样本透视中国的缩影。摩尔根（2007）说："村寨聚落是家族形态与家庭生活的载体，为人类由蒙昧社会进至文明社会的过程提供了一幅相当全面的写照。"[①] 弗思（2017）指出："以一个村子作为研究中心来考察村民相互间的关系，……从这研究中心循着亲属系统、经济往来、社会合作等路线，推广我们的研究范围到邻近村落以及市镇。"费孝通的《江村经济》开创了村落社会的研究范本，推动了人类学由"野蛮社会"走向"复杂的文化社会"[②]。但是，以微型社区作为中国社会"缩影"的研究方法，也遭到弗里德曼、利奇等学者的批评（王铭铭，2005）[③]。对此，费孝通（1996）认为："把农村看作是全国农村的典型，用它来代表所有的中国农村，那是错误的，……如果我们用比较的方法把中国农村的各种类型一个一个地描述出来，……通过类型比较法是有可能从个别逐步接近整体的。"[④] 贺雪峰（2013）分析，以村庄为起步的中国学者，怀着"超越村庄的现实关怀与学术抱负"，使这种"超越"，从物理视角而言以村庄折射中国的研究层次，从理论视角实现西方科学经典理论在中国村庄中的对话。[⑤]

我国以"民族村寨旅游"作为独立专题进行研究的历程不长，现实中"民族村寨旅游"与"民族村寨旅游扶贫"之间尚存在较大偏差。关于"民族村寨旅游扶贫"的研究散见于"民族村寨旅游"的开发、资源、政策、开发机制、文化及可持续发展等方面的讨论中，系统的、专门性的研究相对有限。民族村寨旅游带动地方经济、减少区域贫困的同时，村落"飞地"的特征日渐显现，日趋暴露出贫富差距拉大、扶贫靶向偏离、扶贫效益递减、扶贫资金短缺、资源及劳动力资本效率低下、企业投资热情减弱，甚至村寨旅游走向衰落等危机。新形势下，村寨旅游扶贫研究的侧重点需要由"区域性贫困减缓"集中锁

① 路易斯·亨利·摩尔根. 古代社会［M］. 北京：中央编译出版社，2007：68.
② 费孝通. 江村经济［M］. 北京：北京大学出版社，2017：9.
③ 王铭铭. 社会人类学与中国研究［M］. 桂林：广西师范大学出版社，2005：28-32.
④ 费孝通. 费孝通学术文化随笔［M］. 北京：中国青年出版社，1996：64-65.
⑤ 贺雪峰. 新乡土中国［M］. 北京：北京大学出版社，2013：53.

定到“如何依托村寨旅游发展推动乡村全面富美”的现实命题上来。探讨旅游推动产业互补协作机制，对于协调推进民族村寨经济社会发展及生态文化保护，稳定脱贫成效，实现“乡村振兴”，具有极强的理论价值。

第二节 国内外研究述评

一、旅游扶贫相关研究

旅游与减贫的关系认知经历了“促进鼓励—质疑反思—理性辩证”等主要阶段，其间，“旅游有效地缓解了贫困”“旅游加剧了贫困”“旅游与贫困没有必然联系”的争论一直存在。Scheyvens（2007）认为两者关系的认知经历了以下重要阶段[①]，见表 1-1：

表 1-1 不同阶段旅游扶贫的主要观点

Table 1-1 Main Views on Poverty Alleviation through Tourism in Different Stages

阶段	理论依据	主要观点	代表学者
自由主义/新自由主义阶段	旅游乘数效应	旅游发展能带动经济落后地区经济发展	Muganda（2010）；Soliman等（2015）；高舜礼（1997）；谢彦君（1999）；张伟（2005）
批判阶段	旅游漏损	旅游漏损限制了贫困地区经济收益，贫困地区及贫困人口难以从旅游发展中受益	Wall G（1996）；David Harrison（2008）；周歆红（2002）
可替代发展阶段	社区参与/社区旅游	社区参与是决定旅游扶贫效果的重要因素，其最大的障碍在于权利缺失、机会丧失和能力匮乏	Murphy（1985）；Hall（1996）；Russell（2000）；邹统钎（2007）；吴必虎（2002）；保继刚等（2003）；孙九霞（2006）
后结构主义阶段	PPT（pro-poor tourism）	旅游扶贫必须是贫困人口真正从旅游发展中受益	Ashley（2011）；何景明（2003）；王永莉（2007）

① Scheyvens R. Exploring the tourism-poverty nexus［J］. Current Issues in Tourism，2007（2/3）：231-254.

第一，自由主义 / 新自由主义阶段。该阶段认为旅游有效促进了贫困地区社会经济发展，推动了目的地，特别是贫困地区基础设施改进、就业增加、社会文化交流及地区经济收入提升等。米歇尔（2010）指出旅游是低收入国家的重要扶贫机制之一，能为社会经济带来显著的收益①；旅游业极大的乘数效应，对推动贫困地区脱贫致富发挥了重要作用（高舜礼②，1997；谢彦君③，1999；Soliman 等④，2015）；Ashley 等（2005）研究发现，旅游扶贫能够有效帮助女性增强经济的独立性及话语权⑤；Muganda 等（2010）认为旅游发展带来了目的地基础设施的完善、保障体系的健全及居民素质的提升等非经济条件的改善，客观上实现了贫困减缓⑥。Saarinen（2010）认为旅游开发可以促进生态环境保护⑦。

第二，批判阶段。该阶段认为由于漏损及参与局限，旅游减贫的作用有限。20 世纪 80 年代，旅游的负面影响日渐显现，发展过程中逐步暴露出生态破坏、经济漏损、旅游飞地、贫富差距拉大、社会剥夺等问题，贫困地区从旅游发展中获得的收益十分有限。底层贫困人口很难真正从旅游发展中受益，扶贫具有“偶然性”（周歆红，2002）⑧。Wall G.（1955）认为旅游发展中贫富差距逐渐拉大的原因在于有利于贫困人口的政策干预未有效实施⑨。

第三，可替代发展阶段。该阶段的核心观点是旅游业给贫困地区带来了多样化的选择，能够通过社区参与赋权而实现减贫。Murphy（1985）最早阐

---

① Mitchell J. An Unconventional But Essential Marriage：Pro-Poor Tourism and the Mainstream Industry［M］. London：Overseas Development Institute，2010：16-22.

② 高舜礼 . 旅游扶贫开发的经验、问题和对策［J］. 旅游学刊，1997（4）：8.

③ 谢彦君 . 以旅游城市作为客源市场的乡村旅游开发［J］. 财经问题研究，1999（10）：79-81.

④ Soliman，Mohammad S A.Pro-poor tourism in protected areas-opportunities and challenges：“The case of Fayoum，Egypt”［J］.Anatolia：An International Journal of Tourism & Hospitality Research，2015（1）：61-72，12.

⑤ Caroline Ashley，Harold Goodwin，Dilys Roe. Pro-poor Tourism Annual Register 2005［Z］. Pro-poor Tourism partnership.2005.

⑥ Muganda Michael，Sahli Mondher，A Smith Karen.Tourism’s contribution to poverty alleviation：A community perspective from Tanzania［J］.Development Southern Africa，2010（5）：629-646.

⑦ Saarinen J.Local tourism awareness：Community views in Katutura and King Nehale Conservancy，Namib［J］.Development Southern Africa，2010（5）：89-93.

⑧ 周歆红 . 关注旅游扶贫的核心问题［J］. 旅游学刊，2002（1）：17-22.

⑨ Wall G. Perspectives on Tourism in Selected in an Indonesian Village［J］. Annals of Tourism Research，1955（2）：283-299.

述了旅游社区参与的命题[①]。之后，学者们逐步将社区参与引入旅游减贫的研究中。政府寻租、企业逐利及社区参与不足，是旅游利益遭到剥夺、贫富差距拉大等社会矛盾和冲突的原因（Hall[②]，2007；David Harrison[③]，2008）。让社区参与旅游发展，并直接"获利于"旅游，而非由"涓滴效应""受利于"旅游，是实现村民"增权"的重要途径（Sebele[④]，2010）。Tosun 等（2006）认为，以政策干预保障居民参与旅游扶贫相关决策，是贫困人口从旅游发展中受益的关键[⑤]。Inskeep（1991）认为社区必须争取自己的权利，通过最大限度地参与旅游发展而获得最大的社会经济利益[⑥]。国内学者普遍认为社区难以参与旅游的原因在于机会缺失、权利失败及能力不足（邱云美[⑦]，2004；左冰等[⑧]，2012），需要对社区居民充分参与决策、开发、规划、管理及实施的过程进行有效监督（孙九霞，2006）[⑨]。

第四，后结构主义阶段。该阶段认为旅游减贫的核心是贫困人口应真正从旅游发展中受益，当地人应该通过抵抗、反对、操控及改变来维护自身利益。对于减贫机制的思考推动了 PPT（pro-poor tourism）概念的形成，Ashley 等（2001）研究发现旅游扶贫总体上有利于经济的发展，但在精英掌控的社会中旅游的收益往往流向富人而非穷人，他指出，旅游扶贫的要旨在于为穷人开启获得经济及其他生计福利并参与决策的机会，在这个过程中"穷人所获得收

① Murphy P E. Tourism：A community approach［M］. Methuen：New York and London Routledge Taylor & Francis Group，1985：155-176.

② Hall C M. Pro-poor Tourism：Who Benefits?［M］. Clevedon：Channel View Press，2007：34-52.

③ David Harrison. Pro-Poor Tourism as a Strategy to FightRural Poverty：A Critique［J］.Third World Quarterly，2008（5）：851-868.

④ Sebele L S.Community-based tourism ventures, benefits and challenges：Khama rhino sanctuarytrust, central district，Botswana［J］. Tourism Management，2010（1）：136-146.

⑤ Tosun C.Expected nature of community participation in tourism development［J］. Tourism management，2006（3）：493-504.

⑥ Edward Inskeep.Tourism Planning：An Integrated and Sustainable Approach［M］.The Hugue：Van Nostrand，1991：67-89.

⑦ 邱云美 . 社区参与是实现旅游扶贫目标的有效途径［J］. 农村经济，2004（12）：43-45.

⑧ 左冰，保继刚 . 制度增权：社区参与旅游发展之土地权利变革［J］. 旅游学刊，2012（2）：23-31.

⑨ 孙九霞 . 守土与乡村社区旅游参与——农民在社区旅游中的参与状态及成因［J］. 思想战线，2006（5）：59-64.

益必须超过其花费”[①]。21世纪后，贫困人口在旅游发展中的受益机制是国内学者的关注热点。消除贫困人口参与障碍并保障其获益机会（周歆红，2002）[②]，使穷人拥有更多的发展机会和净利益，是旅游扶贫的核心。在现实中文化异化、精英俘获、穷人被置换等问题十分突出（李锋，2018）[③]，建立良好的受益机制并增加旅游教育投入是重要的途径（王永莉，2007）[④]。

二、民族村寨旅游扶贫相关研究

（一）国外民族村寨旅游扶贫研究

国外文献鲜见“民族村寨旅游扶贫”（Ethnics Village Tourism Poverty Alleviation）的提法。但是在以村寨为样本，涉及“Ethnics Tourism”（民族旅游）、“Aboriginal Cultural Tourism”（民族文化旅游）、“Indigenous Tourism”（原住民旅游）等研究中均大量涉及村寨旅游扶贫的相关讨论，这些成果为村寨旅游扶贫的研究提供了有意义的借鉴。

1. 民族村寨旅游扶贫的积极作用

村寨旅游将村寨社区和旅游产业直接串联，使村民以最直接的方式分享旅游收益。村寨旅游对于社区村民具有增加收入、改善交通及提升教育等作用（Coker，1950）[⑤]，是乡村社会经济发展的重要动力（Pevetz，1991）[⑥]。此外，发展民族村寨旅游，能够创造更多的就业机会（Mathieson 等[⑦]，1982；Stephen[⑧]，1987；Ashley[⑨]，2001），具有推销异域奇风异俗、促进传统民族文化

① Caroline Ashley, Dilys Roe, Harold Goodwin. Pro-Poor Tourism Strategies：Making Tourism Work for the Poor［Z］.ODI，IIED，and CRT，2001.

② 周歆红．关注旅游扶贫的核心问题［J］．旅游学刊，2002（1）：17-21.

③ 李锋．旅游扶贫导引下的后现代乡村重构逻辑与路径［J］．扬州大学学报（人文社会科学版），2018（4）：97-107.

④ 王永莉．旅游扶贫中贫困人口的受益机制研究——以四川民族地区为例［J］．经济体制改革，2007（4）：92-96.

⑤ Coker J A. Tourism and the peasant in the grisons［J］.The Scottish Geographical Magazine，1950（2）：107-116.

⑥ Pevetz W. Agriculture and tourism in Austria［J］.Tourism Research，1991（1）：57-60.

⑦ Mathieson A, Wall G. Tourism：Economic, physical, and social impacts［M］. Harlow：Longman，1982.

⑧ Stephen F. Economic impact of tourism on wales［J］.Tourism Management，1987（4）：306-316.

⑨ Caroline Ashley, Dilys Roe, Harold Goodwin.Pro-Poor Tourism Strategies：Making Tourism Work for the Poor［Z］.ODI，IIED，and CRT，2001.

复兴的功能（Smith，1977）[①]，有利于提高弱势群体（妇女、老人）的社会经济地位（Garcia-Ramon，1995）[②]。

2. 民族村寨旅游扶贫中存在的问题

相关问题集中在三个方面：首先，经济漏损严重。经济漏损、就业层次低、地方企业弱势等因素决定旅游并非必然能推进村寨经济发展（Butler等，1992）[③]。贫困地区贫弱的经济基础必然由外来资本主导旅游市场，民族村寨能够从旅游发展中得到的收益十分局限（Walpole 等，2000）[④]。Pam Dyer等（2003）分析，旅游发展有利于村寨民生的改善及经济的发展，但由于村寨旅游在招商引资过程中利益被外来投资者掌控，旅游收益大多被外来的利益集团赚取[⑤]。其次，就业受限及参与不足。村寨旅游参与并非无门槛的，需要有一定的旅游技能。传统的村寨生产模式难以适应旅游发展的技能要求，多数村民只能从事低门槛及低收入的职业，旅游对生活水平的改善十分有限。Ashley（2001）指出，村寨旅游发展虽然能给穷人提供从事手工艺和体力劳动的机会，但这种机会仅仅趋向集中于半熟练工而并非最贫困人口[⑥]。再次，资源被挤占及破坏。Gurung（1991）发现，贫困地区发展村寨旅游，大多会出现颠覆传统社会文化习俗、加大贫富差距、增加社会治安风险及生态环境恶化等问题，对村民的生存造成极大威胁[⑦]。Schiller（2001）认为，随着民族村寨旅游发展，原著居民之间、当地居民与外来移民之间的资源争夺成为必然，这会

① 张晓萍，史密斯.东道主与游客：旅游人类学研究［M］.昆明：云南大学出版社，2007：89-94.

② Garcia-Ramon M D, Canoves G, Valdovinos N, et al. Farm tourism, gender and environment in Spain［J］. Annals of Tourism Research，1995（2）：267-282.

③ Butler R, Clark G, Bowler I R, et al.Tourism in rural areas：Canada and the United Kingdom［J］. Contemporary rural systems in transition：economy and society，1992（2）：166-183.

④ M J Walpole, H J Goodwin. Local Economic Impacts of Dragon Tourism In Indonesia［J］.Annals of Tourism Research，2000（3）：559-576.

⑤ Pam Dyer, Lucinda Aberdeen, Sigrid Schuler.Tourism impacts on an Ausralian indigenous community：a Diabugay case study［J］.Tourism Managemen，2003（24）：83 -95.

⑥ Caroline Ashley, Dilys Roe, Harold Goodwin. Pro-Poor Tourism Stategies：Marking Tourism Work for the Poor［Z］.ODI，IIED，and CRT，2001.

⑦ Gurung H. Environmental management of mountain tourism in Nepal［Z］. Report on Study Conducted for Economic SocialCommission for the Asia and the Pacific（ESCAP），Bangkok，NewYork：United Nations（ST ESCAP959），1991：34.

威胁到原住居民身份认同进而影响社区参与水平[①]。最后，传统文化消失及社会关系疏离。在旅游市场的影响下，往往出现传统文化消失和权利关系失衡，利益群体之间的关系日渐疏离（Murphy[②]，1985；Sofield[③]，2004）。

3. 民族村寨旅游扶贫的改进举措

提升村寨旅游扶贫效益，有学者提出应构建合理的产业格局，Butler等（1992）认为旅游仅是村落经济多样化的有益补充，不应将其作为经济发展支柱[④]。Anderson 等（2009）指出，对于发展中国家而言，村寨旅游扶贫应充分考虑与地方农业产业的融合[⑤]；有学者认为应该保障村寨社区的权利均衡，Schiller（2001）指出要维系并促进村寨文化保存及经济发展，应充分重视土著文化的展示并适当限制非土著精英投资[⑥]；有学者认为应体现地方文化资本的价值。George（2007）指出民族村寨社会资本是产生于村寨的一种由下而上的社会力量，其价值理应在旅游发展中体现[⑦]。Zeppel（2006）认为原生本土吸引物是当地社区居民按照其文化知识体系来进行解释的自然和文化存在，作为村寨旅游发展的核心，其产权理应属于当地村民[⑧]；还有学者提出，扶贫的尺度超越了社区的范畴，必须打通区域内产业之间的关联。解决贫困需要多样化的策略，不能单纯依靠经济发展（Ashley，2001）[⑨]。Lepp（2007）发现，社区主体合作、当地材料使用及地方性设计、锁定背包客及有乡村情怀游客为目标市场、社区决策能力培育、农旅融合等是降低村寨旅游经济漏损、提高村民旅

---

① Schiller A. Pampang culture village and international tourism in east Kalimantan Indonesian Borneo［J］. Human Organization，2001（4）：414-422.

② Murphy P. Tourism：A community approach［M］. New York：Methuen，1985.

③ Sofield T，Bauer J，De Lacy T，et al. Sustainable tourism- eliminating poverty（ST-EP）：An overview［R］.Cooperative Research Center for Sustainable Tourism，2004.

④ Butler R，Clark G，Bowler I R，et al. Tourism in rural areas：Canada and the United Kingdom Contemporary rural systems in transition［J］. economy and society，1992（2）：166-183.

⑤ Anderson A，Spenceley A，Mitchell J，et al. Tourism-Led Poverty Programme：Training Module for Agriculture［M］.Geneva：International Trade Centre，2009：67-69.

⑥ Schiller A. Pampang culture village and international tourism in east Kalimantan Indonesian Borneo［J］. Human Organization，2001（4）：414-422.

⑦ George B P. Local community's support for post-tsunami recovery efforts in all agrarian village and a tourist destination：Acomparative analysis［J］.Community Development，2007（6）：1-15.

⑧ Zeppel H D. Indigenous Ecotourism：Sustainable Development and Management［M］. Cambridge，Massachusetts：CABI North American Office，2006：89-92.

⑨ Caroline Ashley，Dilys Doe，Harold Goodwin. Pro-Poor Tourism Stategies：Marking Tourism Work for the Poor［Z］.ODI，IIED，and CRT，2001.

游收益的主要措施[①]。

（二）国内民族村寨旅游扶贫研究

1. 民族村寨旅游扶贫的作用

"扶贫"，是村寨旅游发展的初衷及使命（李瑞等，2010）[②]。在各级政府、社会企业、地方力量及村寨居民的共同努力下，民族村寨旅游扶贫已经成为我国重要的减贫方式（曹兴平，2015）[③]。在过去40年的发展中，民族村寨旅游扶贫有效地提高了农民收入、促进了民族经济发展，推动了大面积贫困的缓解（刘天等，2016）[④]。同时，村寨旅游扶贫也实现了改善基础设施建设、创造就业（董法尧等，2016）[⑤]及提高妇女的社会地位（唐雪琼等，2011）[⑥]、提升居民整体素质的重要作用（黄渊基，2017）[⑦]。

2. 民族村寨旅游扶贫的问题

第一，贫富差距拉大。有学者认为贫困加剧源于村寨居民自身应对旅游产业发展的"先天不足"，李箐（2006）指出村寨居民参与意识薄弱、经济社会地位低，在信息不对称的情况下，不可避免地出现就业机会不均、贫富差距拉大及社区矛盾凸显等问题[⑧]；还有学者认为，贫富差距的根源在于村寨公共利益遭到剥夺，王莹等（2002）指出体制漏洞是当地政府、外来投资者和社区精英剥夺村寨公共利益的重要原因[⑨]。尤海涛（2014）指出民族村寨面对强势的公权力和强大的外来资本，权利丧失、产权不清、组织涣散、资本弱小、信息

① Lepp A. Residents' attitudes towards tourism in Bigodi village, Uganda [J]. Tourism Mmnagement, 2007（4）：876-885.

② 李瑞，殷红梅.近10年中国民族村寨旅游研究进展与展望［J］.地理科学进展，2010（4）：411-421.

③ 曹兴平.民族村寨旅游社区参与的内生动力研究［M］.成都：西南财经大学出版社，2015：8.

④ 刘天，杨添朝.四川少数民族村寨旅游扶贫模式转变研究［J］.民族学刊，2016（6）：85-89，121-123.

⑤ 董法尧，陈红玲，李如跃，等.西南民族地区民族村寨旅游扶贫路径转向研究：以贵州西江苗寨为例［J］.生态经济，2016（4）：139-142.

⑥ 唐雪琼，和亚珺，黄和兰.旅游发展对少数民族妇女家庭地位变迁的影响研究——基于云南石林五棵树村和月湖村的对比分析［J］.云南地理环境研究，2011（5）：7-12.

⑦ 黄渊基.少数民族地区旅游扶贫研究［D］.长沙：湖南农业大学，2017.

⑧ 李箐.少数民族民族社区农户参与旅游发展问题的研究［D］.昆明：云南师范大学，2006.

⑨ 王莹，骆文斌.对我国旅游度假区建设与发展的再思考——以浙江省旅游度假区为例［J］.地域研究与开发，2002（4）：73-77.

不对称使得贫困人口丧失话语权而遭到边缘化，沦为弱势群体[①]。

第二，扶贫目标的偏离。民族村寨旅游开发能够提升地方经济水平，但是并不一定能解决贫困，居民是否获得发展能力和机会是重要的决定因素（覃雪梅，2010）[②]。村寨旅游扶贫的核心在于解决贫困人口脱贫。在现实中，由于利益冲突和管理失控（孙九霞等，2004）[③]，村民难以掌控旅游开发的过程，更无法分享旅游发展的收益，扶贫的对象遭到置换而无法真正摆脱贫困（刘天等[④]，2016；何景明[⑤]，2010），外援式的"被扶贫"使得扶贫战略游离于贫困人口之外。钟君（2016）认为传统的扶贫模式更多地关注物质的匮乏，忽略了扶贫群体主动融入的"平等社会关系"，在信息不对称的情况下，扶贫工程难以真正融入穷人社群关系网[⑥]。此外，弱势群体被遮蔽。黄燕玲（2016）提出，以家庭为贫困测算单位极易遮蔽女性贫困的现实，村寨旅游扶贫"普遍性"政策机制存在不足[⑦]。

第三，社区参与乏力。社区参与是民族村寨旅游扶贫中的一个重要话题，村寨社会可持续的前提是必须保障社区个体发展机会与发展能力的公平（肖琼，2013）[⑧]。目前，村寨旅游扶贫中社区参与的主要形式包括村民自主选举管理小组、党建与旅游结合工作领导小组和社区基金等形式。民族村寨旅游可持续的前提是村民成为旅游分配的主体（孙九霞，2009）[⑨]，但在实践中，村寨居民很难真正参与到旅游各个环节。曹端波等（2008）认为政府及开发商主导下，村寨居民话语权被剥夺，在制度设计中必然形成有利于政府及开发商的

---

① 尤海涛．乡村旅游利益之殇与本源回归［J］．旅游学刊，2014（12）：10-11.

② 肖琼．民族旅游村寨可持续发展研究［M］．北京：经济科学出版社，2013：11.

③ 孙九霞，保继刚．社区参与的旅游人类学研究——以西双版纳傣族园为例［J］．广西民族学院学报（哲学社会科学版），2004（6）：128- 136.

④ 刘天，杨添朝．四川少数民族村寨旅游扶贫模式转变研究［J］．民族学刊，2016（6）：85-89，121-123.

⑤ 何景明．边远贫困地区民族村寨旅游发展的省思——以贵州西江千户苗寨为中心的考察［J］．旅游学刊，2010（2）：59-65.

⑥ 钟君．社会资本视角下的少数民族村寨贫困问题研究［J］．求索，2016（5）：47-51.

⑦ 黄燕玲，雷锦锦，罗盛锋．基于性别差异的民族村寨旅游扶贫开发有效性研究［J］．广西财经学院学报，2016（5）：1-8.

⑧ 肖琼．民族旅游村寨可持续发展研究［M］．北京：经济科学出版社，2013：11.

⑨ 孙九霞．旅游人类学的社区旅游与社区参与［M］．北京：商务印书馆，2009：90-139.

制度形式[①]。笪玲（2018）指出旅游开发使得村寨居民沦为外部力量攫取收益的资源，而旅游发展的“外部性”由村民分担，加剧了社区居民贫困程度[②]。李燕琴（2011）发现，与其他社区相比，偏远民族村寨物质匮乏、人力资本不足、人脉缺乏，旅游利益分配不公时更易爆发冲突[③]。对于社区参与的讨论，最终聚焦于村寨旅游扶贫到底是“效率优先”，还是“公平优先”的辩论，是“先做大蛋糕再分配还是边做蛋糕边分配的问题”（郭文等，2011）[④]。左冰等（2008）引入了西方旅游增权理论，认为在村寨旅游扶贫中个人增权应该优先于社区增权[⑤]；董法尧等（2016）认为经济效率是衡量村寨旅游扶贫成效的主要指标[⑥]；卢丽娟等（2016）则认为民族村寨旅游扶贫理念应该是“效率为主，兼顾公平”[⑦]。

第四，产权及制度的缺陷。学者们认为产权和监管制度缺陷是村寨旅游扶贫效果不佳的原因。李湮（2011）发现，在村寨旅游扶贫中，非正式制度的消极作用、正式制度缺乏以及对“利、责”的错误界定是内部利益冲突的根源，合理的旅游规划制度缺位、行政执行越位及民族文化旅游资源产权制度虚设，是导致村民与外来势力冲突的根源[⑧]。

第五，贫困陷阱的怪圈。旅游加剧了民族村寨村民在文化认同、价值取向、社会结构等方面的震荡，经济与文化感知、旅游支持与幸福感、参与意愿与政策评价等矛盾促成了“贫困旋涡”（李燕琴，2011）[⑨]，使村寨旅游扶贫陷

① 曹端波，刘希磊．民族村寨旅游开发存在的问题与发展模式的转型［J］．经济问题探索，2008（10）：128–132.

② 笪玲．贵州山地民宿发展研究：来自贵州的案例［M］．北京：中国旅游出版社，2018：160–161.

③ 李燕琴．旅游扶贫中社区居民态度的分异与主要矛盾——以中俄边境村落室韦为例［J］．地理研究，2011（11）：2030–2040.

④ 郭文，黄震方．乡村旅游开发背景下社区权能发展研究——基于对云南傣族园和雨崩社区两种典型案例的调查［J］．旅游学刊，2011（12）：83–92.

⑤ 左冰，保继刚．从“社区参与”走向“社区增权”——西方“旅游增权”理论研究述评［J］．旅游学刊，2008（4）：58–63.

⑥ 董法尧，陈红玲，李如跃，等．西南民族地区民族村寨旅游扶贫路径转向研究——以贵州西江苗寨为例［J］．生态经济，2016（4）：138–142，157.

⑦ 卢丽娟，刘世红．少数民族特色村寨旅游扶贫开发监管制度的完善——以贵州少数民族特色村寨为中心［J］．贵州民族研究，2016（11）：56–59.

⑧ 李湮．少数民族村寨旅游社区内部和外部利益冲突类型及根源分析［J］．江苏商论，2011（11）：100–102.

⑨ 李燕琴．旅游扶贫中社区居民态度的分异与主要矛盾——以中俄边境村落室韦为例［J］．地理研究，2011（11）：2030–2040.

入“越扶越贫”的怪圈。刘旺等（2008）发现“公地悲剧”导致民族村寨旅游公共资源利用效率递减①；杨林等（2008）认为乡土社会中听天由命、得过且过的人生观，小农意识、重农轻商的生产观以及血缘伦理、重社会纽带的道德观等传统文化价值制约了村民旅游参与的程度②；龚伟（2014）指出村民往往被视为旅游发展中的弱势群体，但“自私”及“短见”才是其被排斥在旅游发展之外的重要原因③。

3. 民族村寨旅游扶贫的模式

由于少数民族地区积贫积弱的社会现实，我国早期村寨旅游扶贫基本上是由“政府主导”的。随着民族村寨旅游扶贫一系列问题的凸显，学者们开始对“政府主导”模式进行反思。龚伟（2014）关注到政府主导村寨旅游扶贫，往往会“以土地换发展”，成为社会冲突和矛盾的隐患④。随着对“政府主导”的质疑，学者们对村寨旅游扶贫的主导模式进行了积极思考：旅游发展需要市场运作，“企业主导”能够解决资金、管理、技能、产品等方面的困难，而企业、村民、政府之间难以协调的复杂利益关系，是企业主导的最大障碍（孙九霞等，2004）⑤；“社区主导”能够相对有效保障村民的基本利益，是具有“内生”的扶贫开发特质，但又会存在市场活力不足等问题（周永广等，2009）⑥。针对“政府主导”的行政寻租、“公司主导”的企业逐利和“社区主导”的活力不足等问题，民族村寨旅游扶贫多元共促的模式成为共识（李佳⑦，2008；张华明等⑧，2006）。

---

① 刘旺，孙露，吴明星. 少数民族村寨旅游开发中的“公地悲剧”及其对策——以丹巴县甲居藏寨为例［J］. 开发研究，2008（1）：56-59.

② 杨林，常承明，吕磊. 乡村旅游发展与“三农”利益之探讨［J］. 甘肃省经济管理干部学院学报，2008（2）：55-58.

③ 龚伟. 空间视野下的乡村旅游社区演化研究——以Q村和Y村为例［D］. 上海：华东师范大学，2014.

④ 龚伟. 空间视野下的乡村旅游社区演化研究——以Q村和Y村为例［D］. 上海：华东师范大学，2014.

⑤ 孙九霞，保继刚. 社区参与的旅游人类学研究——以西双版纳傣族园为例［J］. 广西民族学院学报（哲学社会科学版），2004（6）：128-136.

⑥ 周永广，姜佳将，王晓平. 基于社区主导的乡村旅游内生式开发模式研究［J］. 旅游科学，2009（4）：36-41.

⑦ 李佳. 九寨沟内社区参与旅游发展模式的研究［D］. 成都：西南财经大学，2008.

⑧ 张华明，滕健. 民族村寨旅游开发的CCTV模式［J］. 贵州民族研究，2006（3）：97-103.

4. 民族村寨旅游扶贫的提质

如何有效地提升村寨旅游扶贫的质量，有以下观点，第一，提升村民参与能力，优化增权机制。张遵东等（2011）认为政府应该帮助村民提升旅游技能及经营管理能力，让村民融入旅游产业的各个环节，真正实现“让利于民”[①]。第二，建立旅游扶贫联动机制，精准锁定贫困人口。黄燕玲等（2016）提出，需要瞄准民族村寨中无法从旅游发展中受益的贫困群体，构建贫困人口受益的结构性框架，落实更公平的旅游政策[②]。辛纪元等（2015）认为应该构建以扶贫部门为核心，旅游、民宗等相关部门为配合的村寨旅游扶贫联动机制[③]。第三，完善产权结构，健全管理制度。应通过合理安排产权结构、设计约束及监督机制、关照社区居民参与以规避村寨旅游扶贫的负外部性（董平，2008）[④]。第四，创新产品特色，推动产业融合。杨振之（2011）指出通过产业融合、延伸产业链及农业补偿机制等途径拓宽村民的收入来源[⑤]。第五，建立传统文化补偿机制。以外部成本内部化为原则，通过政府和市场的调节作用，协调利益相关者的关系已达到推动民族文化传承及创新的目的（杨军辉等，2015）[⑥]。

（三）贵州民族村寨旅游扶贫相关研究

1983 年，贵州省在全国率先开展了以民族村寨为单元的“旅游扶贫”实践（黄萍，2015）[⑦]，推动民族村寨发展旅游成为贵州重要的减贫手段（辛纪元，2016）[⑧]。研究主要涉及：其一，存在的主要问题。村寨旅游带动地方经济、减少区域贫困的同时，也日趋暴露出村寨贫富差距拉大、扶贫效益递减、

---

① 张遵东，章立峰. 贵州民族地区乡村旅游扶贫对农民收入的影响研究——以雷山县西江苗寨为例［J］. 贵州民族研究，2011（6）：66-71.

② 黄燕玲，雷锦锦，罗盛锋. 基于性别差异的民族村寨旅游扶贫开发有效性研究［J］. 广西财经学院学报，2016（5）：1-8.

③ 辛纪元，曹务坤，勾清芸. 贵州民族村寨旅游扶贫链接机制研究［J］. 贵州民族研究，2015（8）：189-192.

④ 董平. 民族地区旅游经济的外部性问题研究——以甘南州为例［D］. 兰州：西北师范大学，2008.

⑤ 杨振之. 民族村寨旅游发展中的利益保障机制问题——以贵州省西江苗寨为例［N］. 中国旅游报，2011-04-02.

⑥ 杨军辉，李同昇，徐冬平. 民族旅游村寨居民文化补偿认知的空间分异及机理——以贵州西江千户苗寨为例［J］. 地理科学进展，2015（9）：1167-1178.

⑦ 黄萍. 尴尬与出路：旅游扶贫视角下西南民族村寨文化遗产管理研究［J］. 青海民族研究，2015（1）：14-19.

⑧ 辛纪元. 滇黔民族村寨旅游扶贫机制完善研究［D］. 昆明：云南大学，2016.

扶贫资金有限、村寨资源及劳动力未形成资本、企业投资村寨旅游扶贫兴趣减弱等危机（罗永常①，2003；辛纪元等②，2015）。政府是公共服务的供给者，却在特定的利益角逐中成为逐利主体之一（吴亚平等，2016）③。其二，扶贫参与主体及关系。贵州民族旅游村寨的社区主体涵盖村寨社区居民、各级政府部门、旅游者、旅游经营企业、旅行社、外来旅游经营户等（李天翼，2011）④。政府主导构建多渠道的市场筹资体系，推动益贫的旅游发展模式及人才培育机制，是贵州村寨旅游扶贫成功的关键（蒋焕洲，2014）⑤。其三，制约村寨旅游扶贫效益的因素。谢会强（2013）认为文化素质偏低、发展能力不足、信息资源闭塞是村民难以获得公平的旅游参与机会的原因⑥；马鑫（2014）等指出由于资源产权专业化配置权力被掌控，资源产权界定的制度性、参与性及价值评估等障碍导致不同的利益群体之间利益侵犯、互相质疑，是影响村寨旅游利益分配不公的根源⑦；盖媛瑾等（2009）发现机会主义、大锅饭及自私性对公共性的侵蚀制约了村寨旅游扶贫的绩效⑧。其四，提升村寨旅游扶贫绩效的举措。应该通过政府帮助村民提升旅游参与能力（张遵东等，2011）⑨、形成部门联动机制（辛纪元等，2015）⑩、建立并促进民族文化保护和创新的机制（杨军

① 罗永常．民族村寨旅游发展问题与对策研究［J］．贵州民族研究，2003（2）：102–107.

② 辛纪元，曹务坤，勾清芸．贵州民族村寨旅游扶贫链接机制完善研究［J］．贵州民族研究，2015（5）：189–192.

③ 吴亚平，陈志永．民族村寨景区化发展中地方政府逐利行为的生成逻辑及治理研究［J］．黑龙江民族丛刊（双月刊），2016（3）：84–89.

④ 李天翼．贵州民族村寨开发模式研究［D］．北京：中央民族大学，2011.

⑤ 蒋焕洲．贵州民族地区旅游扶贫实脱成效、问题与对策［J］．广西财经学院学报，2014（1）：34–37，48.

⑥ 谢会强．贵州民族村寨旅游扶贫开发的效应分析及优化研究——以黔东南西江苗寨为例［J］．经济研究导刊，2013（4）：191–192.

⑦ 马鑫．传统文化旅游资源产权界定的困境研究［J］．云南民族大学学报，2014（6）：109–115.

⑧ 盖媛瑾，陈志永．天龙屯堡与郎德苗寨乡村旅游社区经济增权比较研究［J］．贵州农业科学，2009（10）：212–217.

⑨ 张遵东，章立峰．贵州民族地区乡村旅游扶贫对农民收入的影响研究——以雷山县西江苗寨为例［J］．贵州民族研究，2011（6）：66–71.

⑩ 辛纪元，曹务坤，勾清芸．贵州民族村寨旅游扶贫链接机制研究［J］．贵州民族研究，2015（8）：189–192.

辉等，2015）①、推动农旅融合（周俊，2007）②等方式，推动贵州村寨旅游扶贫高质量发展。

三、相关研究述评

（一）现有研究特点

1. 民族村寨旅游扶贫的研究相对分散

目前，以“民族村寨旅游扶贫”为主题的研究相对较少，主要分散在民族村寨旅游、乡村旅游、民族旅游、旅游扶贫等的相关研究中。以“中国知网”“Elsevier SD（Science Direct）”“Springer”等国内外数据库2008年1月至2019年12月十余年的文献为例，搜索到“民族村寨旅游”“Ethnics Village Tourism”为主题词的中文文献1090篇（其中博士论文29篇）、外文文献1444篇；但以“民族村寨旅游＋扶贫”“Ethnics Village Tourism Poverty Alleviation”为主题词仅获得中文文献80篇（其中博士论文3篇），外文文献233篇，村寨旅游扶贫系统的理论研究相对不足（见图1–1）。

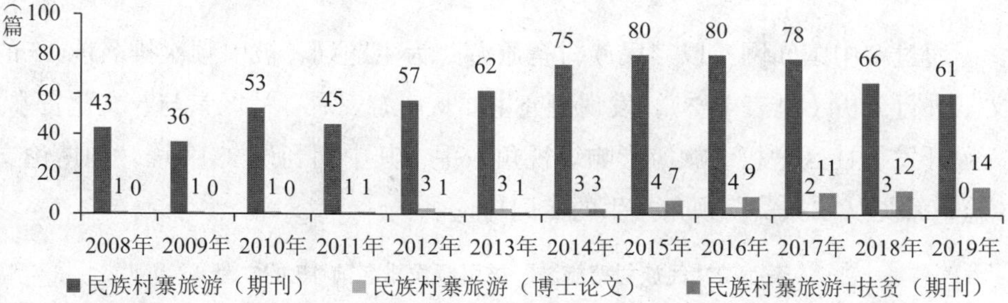

图1–1 村寨旅游扶贫相关研究情况

Figure 1–1 Research on Poverty Alleviation through Village Tourism

注：（1）数据来源为中国知网，截至2020年2月1日；（2）民族村寨旅游＋扶贫（博士论文）由于仅有三篇，故未在图中呈现；（3）笔者自绘。

“维普数据库”1989—2019年的数据显示，“村寨旅游扶贫”的相关研究，

① 杨军辉，李同昇，徐冬平.民族旅游村寨居民文化补偿认知的空间分异及机理——以贵州西江千户苗寨为例［J］.地理科学进展，2015（9）：1167–1178.

② 周俊.发展乡村游，建设新农村——贵州惠水县好花红发展乡村旅游的经验和启示［J］.贵州民族学院学报（哲学社会科学版），2007（2）：54–58.

自2015年，才逐步成为学者们研究的兴趣热点，但整体而言发文量与被引量均相对较低（见图1-2）。

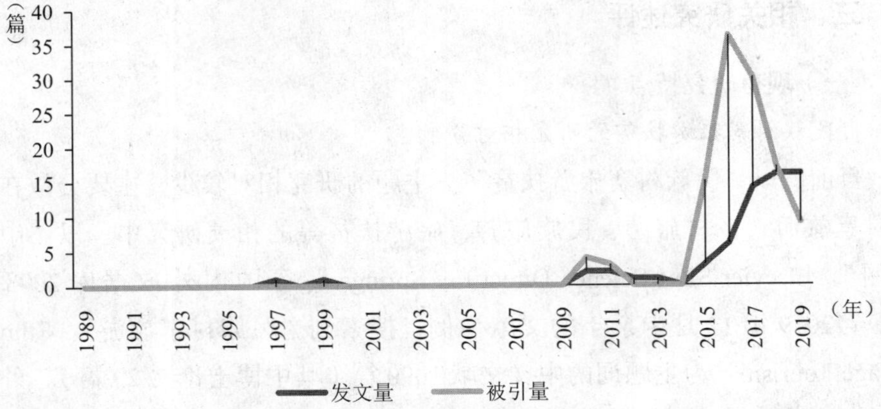

图1-2　1989—2020年“村寨旅游扶贫”为主题词的文献发文量及被引量

Figure 1-2　Number of Documents Published and Cited under the Theme of “Poverty Alleviation through Village Tourism” from 1989 to 2020

数据来源：维普数据库，时间截至2020年1月20日；笔者自绘。

通过“中国知网”以“民族村寨旅游”为主题词、被引频次排名前15的文献进行分析（见表1-2），发现研究主要从旅游发展、社区参与、文化资本、资源开发、社区增权、旅游影响等视角入手，其中期刊论文12篇，硕博论文3篇，鲜见从“扶贫”视角入手的专门讨论。

表1-2“民族村寨旅游”被引频次排名前15的文献

Table 1-2　“Ethnic Village Tourism” The Top 15 Cited Papers

单位：频次

排名	被引	下载	类型	题名	作者	来源	时间
1	221	3784	期刊	民族村寨社区参与旅游开发的利益保障机制	罗永常	旅游学刊	2006-10
2	217	2315	期刊	民族村寨旅游发展问题与对策研究	罗永常	贵州民族研究	2003-06

续表

排名	被引	下载	类型	题名	作者	来源	时间
3	143	1852	期刊	乡村旅游社区参与研究——以黔东南苗族侗族自治州雷山县郎德村为例	罗永常	贵州师范大学学报	2005-11
4	133	3882	期刊	边远贫困地区民族村寨旅游发展的省思——以贵州西江千户苗寨为中心的考察	何景明	旅游学刊	2010-02
5	123	1221	期刊	试论贵州民族文化村寨旅游	金颖若	贵州民族研究	2002-03
6	114	2462	期刊	少数民族村寨的旅游发展模式研究——以西双版纳傣族园为例	黄亮、陆林等	旅游学刊	2006-05
7	114	1339	期刊	民族生态旅游接待村多维价值的研究——以香格里拉霞给村为例	杨桂华	旅游学刊	2003-07
8	89	857	期刊	哈尼村寨旅游开发的社会文化影响的初步研究——以元阳县箐口村为例	唐雪琼、车震宇	红河学院学报	2004-06
9	88	2472	硕士论文	社区参与民族村寨旅游开发的初步研究	黄华	云南师范大学	2004-05-
10	65	1050	期刊	贵州民族文化村寨旅游发展问题与对策研究	杨昌儒、潘梦澜	贵州民族学院学报	2004-10
11	62	481	期刊	曼春满村寨民族旅游中村民社会角色变化调查研究	付保红、徐旌	云南地理环境研究	2002-04
12	61	1103	期刊	文化经济背景下的民族村寨旅游开发	罗永常	思想战线	2006-07
13	61	4910	博士论文	民族旅游村寨建设研究	黄海珠	中央民族大学	2007-04
14	60	2627	期刊	郎德苗寨社区旅游：组织演进、制度建构及其增权意义	陈志永、李乐京等	旅游学刊	2013-06
15	60	9043	博士论文	文化资本视角下的民族旅游村寨可持续发展研究	刘孝蓉	中国地质大学	2013-09

注:（1）信息来源：中国知网，截至 2020 年 3 月 18 日;（2）以“民族村寨旅游”为关键词搜索，有 4 篇系统生成的文章关联度不大进行了剔除。

2. 研究案例聚焦于特定区域特定村寨

国内外学者对民族村寨旅游扶贫的研究呈现相对集中、跨文化、问题取向等特点。东亚和东南亚、北美印第安人集中区、加勒比海、南欧与西欧、非洲南部等是国外研究案例主要分布区；国内学者研究样本集中在贵州、云南、四川、广西、湖南等省和自治区，具体锁定于贵州花溪区镇山村、黔东南西江苗寨、郎德苗寨、肇兴侗寨，云南宁蒗县泸沽湖落水村、元阳县哈尼菁口村、西双版纳的傣族园，四川甘孜州甲居藏寨、阿坝州理县桃坪羌寨、汶川县萝卜寨，广西平安寨、程阳马安寨等。这些村寨的共同特点是：民族旅游文化资源保存良好，具有一定资源、交通或区位优势，且已在各级政府的助推下成为各省乃至全国村寨旅游扶贫典范。

3. 国内外学者研究中的共识以及分歧

村寨旅游扶贫的核心在于贫困人口受益，其在贫困减缓、创造穷人就业机会、复兴传统民族文化等方面的作用得到国内外学者的普遍认可，国内外研究均发现由于参与主体权利不平等，在民族地区发展村寨旅游扶贫往往存在经济漏损、贫困人口参与不足、社区资源被无偿挤占、社会传统文化遭到破坏等问题。对于如何提升村寨旅游扶贫的绩效，由于所处阶段的差异，国内外学者的主张有一定分歧：国外研究更强调市场机制，倾向立足村寨，从内生视角解决村寨旅游扶贫的相关问题，普遍认为应该突破“孤岛”格局，打通村寨产业经济结构之间的关联，尊重地方文化资本的价值，针对市场特征实行多元化的经济战略；国内研究更强调行政作用，普遍从社区参与能力、扶贫机制、产权制度、产业融合等视角进行思考，关注自上而下的“外生”策略，对于民族村寨旅游扶贫的内生机制及动力机制的讨论相对有限。

（二）现有研究不足

首先，精准性不足。村寨旅游扶贫研究应该以“扶真贫”和“真扶贫”为着力点，“精准”破解贫困。现有研究，在样本选择上具有典型的区位易达性、资料易获取性、过程可行性等取向，而其他大量具有普遍代表性的民族村寨旅游扶贫至今鲜有关注，未能“精准锁定”贫困村寨。并且，大多个案研究过于微观、定性主导，缺乏系统及定量的研究视角，各地的经验相互难以迁移，不利于村寨旅游扶贫政策的制定和宏观战略的实施。其次，缺乏系统视角。“村寨旅游扶贫”的相关研究往往落脚于对具体村寨的一般描述，习惯于将民族村寨视为一个“经济孤岛”、将旅游产业视为一个孤立的产业系统看待，停留在扶贫框架下整个经济链条的某个中间环节，忽视了区域经济要素之间关系的把握。在研究中未将村寨旅游扶贫纳入大的扶贫产业体系中来探寻村寨聚落经济转型的特征及动力。再次，靶向偏离。“社区”是一个非均质群体，贫困人口的参与才是解决贫困的根本。现有的研究大多从“社区增权”的视角讨论村寨旅游扶贫“经济功能”，但旅游发展并“不会自动破解贫困”，以社区为旅游扶贫的研究对象，遮蔽了社区中不同群体的受益差异（Ashley等，2001）[①]。新形势下，我国大面积贫困的问题已基本解决，扶贫攻坚越来越锁定于“发展条件差”及“自身能力弱”的深度贫困地区及弱势贫困群体。随着扶贫任务的推进，村寨旅游扶贫研究必须围绕着“发展不平衡不充分”的现实矛盾，破解新的现实难题。最后，方法欠整合。目前的研究方法，虽然定量方法逐步增加，但仍然以质性研究为主。我国民族村寨具有地域性、经济性、文化性、民族性等特征，乡村结构、产业特点及扶贫模式千差万别，迫切需要提升研究方法的针对性及科学性。

（三）本研究切入

前期相关成果为村寨旅游扶贫研究理论体系的构建奠定了基础，是本研究得以推进的重要前提，但是在新的形势下，迫切需要重新审视村寨旅游扶贫面临的新问题，本研究试图从以下方面切入：

第一，尝试勾画一个从宏观到微观的民族村寨旅游扶贫体系。民族村寨，生息于复杂的社会关联网络中，是一个具有多元机制的复合整体，具有“内生”的演化机制。将民族村寨纳入一个合适的关联体系中，尊重其自身的演化规律及要素关联，充分考虑其所处的立体格局，打通民族村寨单元与宏观政策、相关产业的逻辑关联，是民族村寨旅游扶贫研究应有的视角和维度。

第二，力争锁定贫困人口破解旅游扶贫中“瞄不准”的现实难题。穷人难以依靠传统意义的“社区参与”成为民族村寨旅游开发的真正受益者。“赋权”

---

① Caroline Ashley, Dilys Roe, Harold Goodwin. Pro–Poor Tourism Stategies：Marking Tourism Work for the Poor［Z］.ODI，IIED，and CRT，2001.

及“社区参与”是对政府主导旅游扶贫中存在诸多问题的回应。但长期以来，不少发展中国家政府热衷于从旅游税收中获利而对社区参与不作为，要么面对市场格局的“先天不足”定格了穷人社区参与程度，要么缺乏对穷人占有资本的有效监管和评定，要么以所谓的“社区参与”遮蔽了“穷人参与”，使得贫困人口从旅游中获得的利益往往出于偶然而不是策划。本研究试图打通穷人内生资本与旅游受益之间的逻辑关联，提升村寨旅游扶贫的质量。

第三，依托村寨旅游扶贫的经验探索乡村振兴的可能路径。对于民族地区而言，解决贫困是乡村振兴的重要内容和必然要求。随着脱贫攻坚决胜，村寨旅游扶贫的重点由消除绝对贫困转向巩固脱贫成效和解决相对贫困。本研究以“村寨”为样本，以“精准”为目标，锁定村寨旅游扶贫高质量发展的核心命题，科学总结村寨旅游扶贫的路径及对策，力争探索乡村振兴的可能路径。

第三节　研究内容及思路

一、研究内容

研究共有七个部分，包括以下研究内容：

第一章，绪论。分析贵州民族村寨旅游扶贫的研究背景、理论和实践意义，系统梳理旅游扶贫、民族村寨旅游扶贫和贵州民族村寨旅游扶贫等国内外相关研究，分析现有研究的特点与不足，确定论文的研究切入；明确论文的主要内容、研究思路、科学方法及力争实现的创新与可能的不足；设计相关资料及数据的收集思路，确定案例选择的程序及对象。

第二章，民族村寨旅游扶贫的相关概念及理论。厘清贫困、民族村寨、民族村寨旅游、旅游扶贫等相关概念，界定研究范围及对象；确定环境贫困理论、资源诅咒理论、精准扶贫理论、乡村治理理论、土地产权理论、文化资本理论等民族村寨旅游扶贫研究的理论基础，明确研究的关键问题和价值取向，科学把握民族村寨旅游扶贫的功能及特点、可行性及局限性，为后续研究提供支撑平台。

第三章，贵州民族村寨旅游扶贫的现实选择及发展阶段。理性辨析贵州民族地区的贫困现实、贫困程度及贫困复杂性；探寻贵州民族村寨的主要特征，挖掘贫困问题的深层次原因；分析贵州民族村寨旅游扶贫的发展条件，回溯主要发展阶段。

第四章，贵州民族村寨旅游扶贫效果评估。全面评价贵州民族村寨旅游的减贫效果：（1）依托相关统计分析，从全省宏观视角刻画民族村寨旅游扶贫对贫困减缓、经济发展、社会进步及生态优化等方面的贡献；（2）选取黔东南为典型样本，从中观视角，运用层次分析法（AHP）构建评价模型，利用2011—2018年的连续统计数据，对村寨旅游扶贫的绩效进行科学评估；（3）从微观视角真实反映不同利益主体对村寨旅游扶贫带来的“获得感”及“认可度”，选取43个村寨，通过问卷调查及IPA指数分析法，从经济福利、社会福利、政治福利及生态福利等方面构建村寨旅游扶贫福利评估模型，评估贵州民族村寨旅游扶贫的福利效应，提出福利改进的主要方向。

第五章，贵州民族村寨旅游扶贫的经验及挑战。总结贵州民族村寨旅游扶贫在行政主导、国际合作、资金整合、文旅融合等方面的重要经验。依托样本梳理、问题研究、原因探索等程序，对行政、资本、民族、文化、市场等常规因子进行分析，深入透视村寨旅游扶贫中乡村治理、产业发展、参与机会、贫富差距、公地悲剧、文化消弭等现实挑战。

第六章，贵州民族村寨旅游扶贫案例研究。把脉“民族村寨”这一聚合体，跟踪“旅游扶贫”的动态历程，明确未来民族村寨旅游扶贫的要点（乡村治理）、难点（产业发展）及原点（文化振兴），选取典型案例展开重组乡村治理结构、重赋乡村产业活力和重构乡村文化价值的样本研究，甄别民族村寨旅游高质量发展的推进动力和协调动力，力争破解民族村寨旅游扶贫质量提升的关键问题。

第七章，贵州民族村寨旅游扶贫质量提升的战略及举措。针对我国未来减贫事业中面临的新命题，从主体、资源、资金、制度、产业等视角，明确提升村寨旅游扶贫质量的发展战略，提出创新多元化的旅游扶贫模式、探索差异化的旅游扶贫路径和推动市场化的文化价值实现机制等提升民族村寨旅游扶贫的重要举措。

二、研究思路

研究突出问题导向，采用“背景研究—文献研究—案例分析—实地调研—咨询交流—专题研究—重点突破”的思路，选取一定数量具有典型性的案例点，围绕贵州民族村寨旅游扶贫的“理论基础—减贫机制—机制创新”，运用田野调查、问卷分析、深度访谈、数理统计、归纳演绎等多种技术方法，致力于研究的科学性：（1）厘清研究背景，全面收集相关研究成果，分析民族村寨旅游扶贫的要素、特征和经济规律，探讨其科学内涵、价值取向、衡量体系和分析模型；（2）根据田野调查、问卷发放及深度访谈，收集人口、土地、资源、治理、产业、文化发展等方面的统计和问卷调查数据，判定主要影响因素和变量，逐一破解民族村寨旅游扶贫的核心命题；（3）锁定突破的重点命题，就民族村寨旅游扶贫中乡村治理、产业发展与土地产权制度、文化资本等关键问题进行专题研究，探索民族村寨旅游扶贫的机制创新，为提升民族村寨旅游扶贫质量提供理论支撑。

三、技术路线

针对拟解决的主要问题、研究内容与研究思路，以贵州民族村寨旅游扶贫的“研究背景—理论构架—机制研究—案例解析”为研究主线，通过多学科交叉和多方法集成，实现贵州民族村寨旅游扶贫研究的理论突破。技术路线见图1-3：

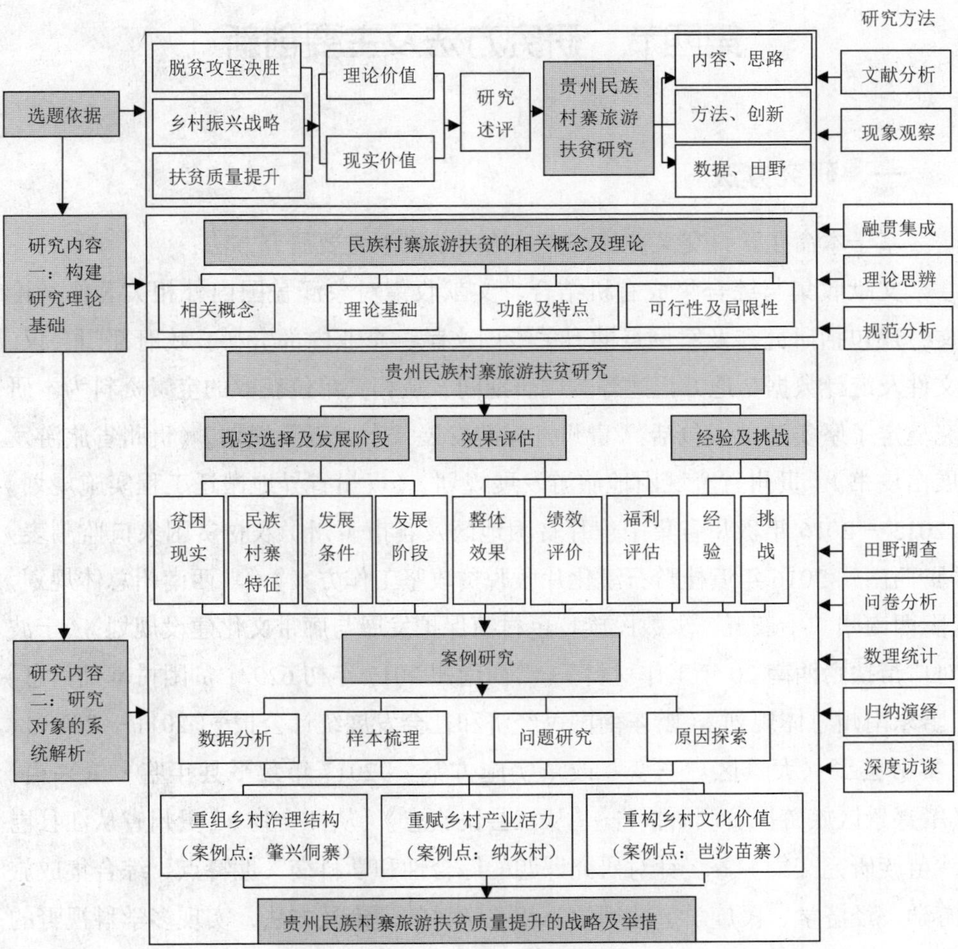

图 1-3 技术路线

Figur 1-3 Technical Route

注：笔者自绘。

第四节 研究方法及主要创新

一、研究方法

基于本命题学科交叉性的特点，选定了以下主要研究方法：

文献收集与综合集成有机结合。文献收集对象涵盖国内外相关著作及论文，还包括研究涉及案例点的有关专门文献、企业内部资料、政府部门会议、文件及统计数据、地方记述等。调研期间，从相关单位获取的宝贵资料为本研究奠定了坚实基础，包括:《贵州省旅游发展"十三五"规划》《贵州省旅游发展白皮书》《贵州省全域山地旅游发展规划》《贵州省异地搬迁工程实施规划》《2013—2016年贵州省集中连片贫困地区及各市（州）农村贫困人口监测表》《黔西南州2016年滇桂黔石漠化片区脱贫攻坚工作方案》《黔西南州总体规划》《黔西南州"十三五"少数民族特色村镇保护发展与廊带文化建设规划》《宁波对口帮扶黔西南20年工作材料》《黔西南州2017年初629个贫困村基础信息》《黔东南州总体规划》《黔东南国民经济和社会发展统计公报》（2011—2018）、《黎平县肇兴大景区"三变"改革实施方案》《2017年黎平县年鉴·肇兴篇》《肇兴景区旅游扶贫调研报告》《从江县民族志》《从江文物》《贵州省从江县岜沙苗族研究文集》等。针对研究课题的综合性和学科交叉性特点，综合集成旅游学、经济学、民族学、地理学等相关学科的理论及方法，实现多学科视野的融贯与互补。

深度访谈和参与观察综合运用。针对研究对象的特点，深度访谈综合了"结构型访谈"与"非结构型访谈"等方法，通过建立良好的社区关系，确保访谈的"深度"。针对各案例点，访谈对象的侧重有一定差异，但整体的思路基本是锁定行政部门官员、政府基层工作人员、主要企业负责人、企业员工、外来商户、社区精英、普通居民、贫困户家庭及部分游客。通过自上而下把脉整个社区基本情况后，集中精力针对重大事件锁定相关群体，围绕研究核心命题对社区的主要矛盾、冲突、利益诉求等进行深度访谈。主要采取一对一的访谈模式，时间基本在30分钟至2小时。同意录音的受访者，进行现场录音，事后对录音资料进行统一誊录；不同意录音的受访者，采取现场笔记记录，事后立刻补充完善。在实际的访谈过程中，采用了明示偏好法（EP，Expressed Preferences），通过访谈确定旅游开发引致的民族村寨贫困人口福利增加及损失的因素，测度其具体支付意愿和额度，从而量化民族村寨旅游扶贫对贫困人口总福利的影响。通过不同主体对同一问题的不同回答进行互证，基本保证了收集信息的真实、全面及可靠。另一个收集信息的重要渠道是参与观察。在村寨调研的过程中，对社区的事件，包括布依族赶场、祝会、侗族“月也”、苗族成人礼仪式、村组长例会、村民与商户签订合同、红白喜事、村民与执法部门的冲突、特色食品制作、非物质文化呈现等重大活动、事件及场景，通过文字、照片、录音、录像等方式进行详细观察和记录。

案例研究及统计分析系统集成。对于质性研究，考虑到个案对于构建知识理论框架的局限，本研究采用多案例研究的思路，锁定深度田野调查村寨三个，进行“案内分析”及“案间较差”的程序，通过循环复制的逻辑推导，提高案例研究的有效性；对于定量研究，本着研究能够为“贵州民族村寨旅游扶贫”提供翔实合理的描述及问题的解释，也可以为理论构建及理论检验提供科学的依据的目标，分析过程依托行业信息、专家建议及文献搜索，设计三个研究层面：（1）全省范围内的统计描述。通过对贵州民族村寨旅游扶贫的相关统计数据分析，对整体情况进行描述。（2）典型区域的统计分析。提取民族村寨旅游扶贫最为典型的黔东南州级统计数据，通过层次分析法（Analytical Hierarchy Process，AHP），评估全州村寨旅游扶贫绩效。（3）问卷统计及分析。科学设计问卷，选择了典型民族村寨 43 个，进行问卷发放及回收，运用重要度—满意度分析模型（Importance-Satisfaction Analysis，IPA）进行村寨旅游扶贫引致的福利效应评价。

二、主要创新

（1）视角创新。没有超越田野资料的深度反思的村落研究，仅仅停留在就事论事层面，是缺乏对学科真正知识上的贡献的（赵旭东，2019）[①]。以往研究

① 赵旭东. 书写乡愁中国的新转变——基于人类学文化转型的范式危机及其超越［J］. 贵州大学学报（哲学社会科学版），2019（2）：82-94.

集中于个案，停留在民族村寨旅游扶贫的“经济功能”及“外生的、自上而下”的产权、机制、法律、政策等问题的讨论，更未能有效地站在不同的层面系统地串联起研究的科学体系，使得村寨旅游扶贫的研究陷入困境。本研究以“瞄准贫困人口”为导向，将“旅游”纳入扶贫体系，重点关注社会治理、土地产权、产业培育和文化价值等民族村寨的“内生”价值，从功能、景观、文化、环境、市场等视角，落实旅游对于民族村寨扶贫的能效，理顺旅游引导民族村寨精准脱贫的运行体系。

（2）内容创新。随着社会科学的深入发展，“微观社会（小共同体、地方性知识、小传统）等成为讨论的中心”（秦晖，2008）[①]，这利于矫正着眼于“宏大叙事”的空疏学风；但是过于局限于“非国家”层面则容易忽视国家力量对微观社会的渗透，使得研究走向“孤岛化”。本研究打通国家行政与微观社会的逻辑关系，通过对乡村权利关系、地方治理、土地产权制度、产业融合及文化资本价值等的探索，架构民族村寨旅游扶贫质量提升的机制体系。突破长期以来扶贫中“政府缺位与越位”“精英剥夺”“福利精准”“效率与公平”“产业衰败”“乡村文化衰亡”等难题，实现村寨旅游扶贫理论研究和实践方面的拓宽与升华。

（3）方法创新。综合文献梳理及田野调查等方法，通过现状描述、原因诊断及预测分析等程序，描绘要素的演进过程；结合深度访谈、问卷调查等常规方式，引入“明示偏好法”法，突出研究的参与、快速、灵活、准确的优点；将目前已经在旅游研究中相对成熟的层次分析法（Analytical Hierarchy Process，AHP）、重要度—满意度分析模型（Importance-Satisfaction Analysis，IPA）运用在村寨旅游扶贫绩效评估及福利评价中，利用统计分析软件 Excel、SPSS 20.0 及 Matlab 等工具进行计算和分析，保障研究的科学性。

① 秦晖. 传统中华帝国的乡村基层控制［DB/OL］.（2008-04-25）. https：//bbs.pku.edu.cn/v2/post-read.php?bid=188&threadid=6611.

第五节　资料数据来源与田野调查

贵州共有行政村 18091 个，深度贫困村达 2760 个；有 3000 余个村寨开展村寨旅游，有 2422 个贫困村纳入全国《乡村旅游扶贫工程行动方案》。面对如此庞大的研究对象，为了全面、客观地勾画贵州民族村寨旅游扶贫的基本情况，本研究按照省级（统计数据）—典型地州（黔东南统计数据）—典型村寨（43 个问卷发放重点村寨）—案例村寨（3 个样本村寨）的思路，力争通过从宏观到中观继而到微观的不同视角，保障研究的可能性及科学性。

一、资料数据来源

研究从以下方面进行了准备：第一，广泛收集并整理资料。这些资料包括官方或非官方的统计和文件、期刊专著、报纸杂志、网络信息等，立体而翔实的信息能够将“民族村寨旅游扶贫”这一研究命题纳入更为广阔的领域进行思考，使得研究既有历史的维度，又有空间的审视。第二，对于研究的区域，以正规渠道为切入。进入一个村寨，首先通过其所在的地方行政机构（特别是州、市一级的行政机构）为研究切入点，这样的步骤有两个好处：能够更好地把握和理解民族村寨旅游扶贫的思路和战略；能够获取与研究命题相关的大量政策资料。第三，准备进入之前，尽量串联起能使用的任何关系，“发动每一个能帮得上忙的人，请他们来帮你与可能的信息提供者见面”（Dorothy J.Solinger，2012）[①]。借助官方关系，得到了官员们访谈的配合、资料的提供、下属部门的引荐，甚至不少村镇还专门召开了小型座谈会议；借助私人关系，进行了“走亲戚式”的访谈，到村民家吃饭、参加婚丧嫁娶等事宜，获得了隐逸于村庄背后的重要信息。

通过大量的文献梳理、行业部门及相关专家的访谈及意见征求，围绕研究命题，从以下四个层面获取相关数据，按照“相关行政主管部门—科研机构学者—重点村寨—案例村寨”的思路，进行逐层资料收集及深度访谈（参见附录

① Dorothy J Solinger. 对中国人开展访谈：从高级官员到下岗员工［A］// Maria Heimer，Stig Thogersen. 在中国做田野调查［M］. 重庆：重庆大学出版社，2012：83.

二、三、四、六），力求获取信息的真实性、可靠性及科学性（见图 1-4）。

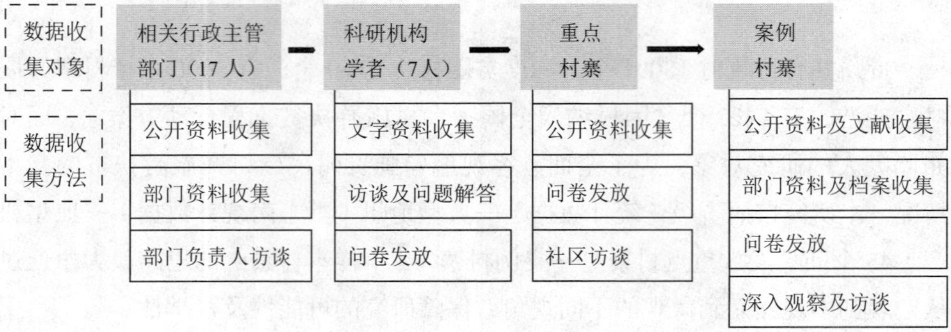

图 1-4　论文数据资料获取的工作思路

Figur 1-4　The working idea of data acquisition in this paper

注：笔者自绘。

第一，相关旅游行政主管部门资料收集。2017 年 7 月至 2018 年 10 月，开展贵州省文旅厅、扶贫办、民委及各级地州分管部门资料收集及访谈工作，获得相关资料 32 份，深度访谈 12 人。2019 年 11 月，针对新的发展情况，深度访谈 5 人。

第二，采访学者是探索问题的捷径。2018 年 5—6 月，重点对科研机构的 7 名学者进行了深度访谈，他们基本上是全省扶贫、旅游、民族等领域的资深教授或政府发展政策的内参。在高校工作的经历使研究获得了很多学者的无私帮助，他们给予了大量经验、资料及建议，甚至提供了实地调研及访谈的便利，对于深入探析问题的症结提供了巨大的帮助。

第三，选择重点村寨，通过问卷发放、深度访谈等方式，捕捉贵州民族村寨旅游扶贫过程中居民、政府、旅游相关企业对经济发展、社区保护、助力脱贫等方面的观点及诉求，力争把握贵州村寨旅游扶贫的整体轮廓。考虑了民族、地域和发展程度的差异，选择了侗、布依、苗、彝、仡佬、水等 9 个民族，涉及贵州九个地州市及贵安新区的 43 个村寨。除作为样本的三个村寨外，深度访谈 56 余人（电话访谈 16 人），获取有效问卷 597 份。

第四，筛选典型案例。贵州的民族村寨历来是学界关注的热点，这些前期成果为本研究的开展提供了良好的基础。本研究以特色典型、阶段差异、经验可鉴为原则，在重点村的基础上筛选出三个案例村：黔东南州黎平县肇兴侗寨、黔西南州兴义市纳灰村、黔东南州从江县岜沙苗寨，深度访谈 74 人，获取有效问卷 131 份。

二、田野调查过程

在案例点的选择上考虑前期掌握的资料，充分采纳了相关专家、部门负责人的建议。2016 年 10 月至 2017 年 12 月，在现有资料的基础上，通过实地调研，完成对重点村寨的甄选；2017 年 12 月至 2019 年 6 月，完成重点村寨的资料收集及问卷发放，甄选并推进案例村寨的深度田野调查，具体详见表 1–3：

表 1–3　案例点调研及资料收集情况

Table1–3　Case Study and Data Collection

村寨	主体民族	所在地州	进展及成果
肇兴侗寨	侗族	黔东南黎平县	调研历程：于2018年2月6—8日、2018年5月15—28日及2019年6月2—5日，开展深度调研3次。 调研成果：（1）镇政府及村委会提供文字或图片资料30份。（2）获取有效问卷67份。（3）访谈43人，录音22小时26分。
纳灰村	布依族	黔西南兴义市	调研历程：2017年7月9—17日及2018年10月20—30日，开展深入调研2次。 调研成果：（1）州、市、村各级政府部门提供文字资料55份。（2）获取有效问卷64份。（3）访谈47人，录音20小时35分23秒。
岜沙苗寨	苗族	黔东南从江县	调研历程：2018年5月18—21日；2019年6月5—9日，开展深入调研2次。 调研成果：（1）从江旅游局及岜沙村委会提供文字资料18份。（2）获取有效问卷37份。（3）访谈41人，录音16小时8分35秒。

（一）肇兴侗寨

肇兴侗寨的调研，分别于 2018 年 2 月、2018 年 5 月、2019 年 6 月共进行三次。第一次调研主要锁定符合本研究命题的内容及问题进行深度访谈，全程观察并参与了“礼团”与“信团”之间的“月也”1 场、旅游公司组织的民族文化展演2场，初步获得了社区居民经济产业状况、社区发展矛盾、旅游发展诉求等问题的观点及要求。第二次调研注重质性研究中的深度访谈与定量研究的问卷调查结合。本次调研特意招募了能熟练使用“侗话”的旅游管理专业黎平籍侗族学生三名，访谈对象扩大到了社区居民、政府管理部门、地方精英、外来商户、旅游从业人员及旅游企业等为核心的社区主体，关注不同参与主体的诉求及利益表达，共开展深度访谈23人，获取相关文字资料30份，针对社区居民以户为单位发放问卷75份，回收72份，回收率96%，剔除无效问卷5份，有效率93%。第三次主要是在前两次调研的基础上进行补充性调研及最新资料的收集，并对前期的研究结论进行再次调查及修正，共访谈20人。

（二）纳灰村

纳灰村的调研，分别于2017年7月及2018年10月共开展两次。第一次调研主要采取“自上而下”的方式，依次走访了黔西南州扶贫办、发改委、经信委、旅发委、教育局、城乡规划局、民宗委、州史办、州农委及万峰林街道办党政、文游、扶贫等相关行政主管部门，访谈相关部门负责人12人次，小型会谈5场次，初步收集了纳灰村旅游扶贫、民族文化、经济社会等方面的相关资料和数据。在此基础上，进入村寨，访谈村委会负责人、社区居民、本土精英、外来商户、游客等15人，问卷发放36份，回收35份，回收率97%，剔除无效问卷4份，有效率88%。第二次调研直接深入村寨开展万峰林街道办及村委会组织的座谈3场次，走访文化传承人、实业精英、万峰林旅游有限公司负责人等8人，观看“八音座唱”文化展演2场，深入访谈社区居民（含贫困户）12人，发放问卷35份，收回34份，回收率97%，有效问卷33份，有效率97%。通过两次对不同层面旅游扶贫参与主体深入调研和访谈，较为客观全面地把握了研究的核心命题。

（三）岜沙苗寨

岜沙的调研，分别于2018年5月和2019年6月共调研2次。第一次调研完成了对黔东南州旅发委、扶贫办、民委等相关行政管理部门的访谈8人次，并进行了资料收集工作，初步深入村寨，观看民族文化表演1场，随机深度访谈居民15人，对于岜沙村寨旅游扶贫有了一定的初步认知；岜沙70%以上的村民能听懂或使用汉话交流，但是仍有部分妇女及老人只懂苗话。因此，在第二次深入田野前特意招募了两名来自黔东南从江的旅游管理专业的本科生配合调研及翻译工作。调研深度访谈了从江县文体广电旅游局局长、岜沙村委主任、驻村干部、学校教师、民族精英、村民共 18 人。问卷发放 43 份，回收 40 份，回收率 93%，剔除无效问卷 3 份，有效率 92.5%。

第二章　民族村寨旅游扶贫的相关概念及理论

第一节　相关概念

一、贫困

中国古代通常将“穷”“困”“贫”解释为生活贫穷而财物匮乏的境况，常用“食不果腹，衣不蔽体，房不避风”来表达。《说文》将“贫”解释为：“财分少。”[①] 对于“穷”“贫”“困”三个概念，中国古代有不同的认知，《广雅・释诂四》指出三者没有质的区别，可以互通[②]；《左传昭公十四年》指出“贫”与“穷”在程度上是不同的，“大体贫穷相似，细言穷困于贫，贫者家少财货，穷谓全无家业”[③]；《荀子・大略》指出了“富”“贫”“穷”的差异及具有可测度的特性，即“都有之者富，少有之者为贫，至无有者为穷”[④]。

萨缪尔森（1996）指出“贫困，是一个非常难以琢磨的概念，因为其对不同的对象意味着不同的内涵”[⑤]。贫困往往与缺衣少吃、收入低下、营养不良、医疗教育缺失等现象有重要关联，不同历史阶段、社会经济文化、政治宗教信

① 许慎 . 说文解字［M］. 北京：中华书局，1963：89.
② 徐復 . 广雅诂林［M］. 南京：凤凰出版社，1997：57.
③ 陈练军 .“贫”与“穷”的历史更迭［J］. 山西大同大学学报（社会科学版），2010（1）：66–68，78.
④ 王先谦 . 荀子集解［M］. 北京：中华中局，2013：98.
⑤ 萨缪尔森 . 经济学［M］. 北京：北京经济学院出版社，1996：658.

仰、社会价值观念的主体对贫困均有不同的认识。贫困的概念伴随着时空及观念的变化而变化，因此“不具备确实性”（奥本海默，2013）[①]。维多利亚时代的人们认为，缺乏耐心、不能未雨绸缪，就是穷人的状态。面对资本主义私有制的质疑，马尔萨斯狡辩：是贫困导致贫困，救助穷人只会出现“贫民制造贫民”[②]。

20 世纪 60 年代之前，贫困并未纳入经济学研究范畴，故而缺乏与贫困有关的经济学解释（舒尔茨，1965）[③]。第二次工业革命后，贫困再次成为学者们的关注热点。朗特里（2004）认为贫困就是个人和家庭缺乏获得必要物资和服务的状态，并以家庭在物质方面是否匮乏为标准，提出计算贫困的依据——贫困线[④]。奥尔辛基（2007）通过食品费用设定了美国的贫困线，以一个人家庭收入是否低于食品费用的三倍作为划定贫困人口的标准[⑤]。劳埃德·雷诺兹（1982）认为：“贫困，就是缺乏足够的收入保障以达到起码的生活水平。”[⑥]该阶段往往将贫困与生活标准挂钩，将其视为经济层面物质及财富的匮乏。但是，对“社会可以接受的生活标准”存在理解上的巨大差异。早在 18 世纪，亚当·斯密就指出：必需品并不局限于生活不可缺少的商品，更是“按照一国习俗，少了它，体面人自不待言，就是最底层的人民，亦觉得有伤体面的所有生活必需品”[⑦]。由于一个地区约定俗成的“必需品”要高于官方所划定的“必需品”的概念，因此，最早作为划定贫困依据的“贫困线”至今未得到公认。

社会经济转型、公共资源分配与政策评估等现实需求推动贫困理论的研究进入新时代。第一，1960 年以来，全球经济变化带来失业水平大幅上升继

① 梁树广，黄继忠.基于贫困含义及测定的演进视角看我国的贫困［DB/OL］.（2013-06-29）. http://www.chinareform.org.cn/Economy/ Agriculture/Report/201306/t20130630_170376.htm.

② 华民.“马尔萨斯制约”与经济发展的路径选择——对世界经济发展的重新认识［J］.复旦学报（社会科学版），2005（5）：98-110.

③ 舒尔茨.贫困经济学——一位经济学家关于对穷人投资的看法［J］.美国经济评论，1965（5）：40.

④ 张岩松.发展与中国农村反贫困［M］.北京：中国财政经济出版社，2004：26.

⑤ 蔡荣鑫.“从‘增长’到‘对穷人友善的增长’”［J］.经济学家，2007（6）：109-117.

⑥ 劳埃德·雷诺兹.微观经济学分析和政策［M］.北京：商务印书馆，1982：127.

⑦ 玛丽亚·康西安，谢尔登·丹齐革.改变贫困，改变反贫困政策［M］.北京：中国社会科学出版社，2014：26.

而产生新的贫困人口。新自由主义政策的推行，国家社会福利降低，贫困人口在社会生存和发展机会获得等方面均处于不利地位。第二，20 世纪以来，相对富裕社会中贫困的定义和测度受到学者关注，很多国家根据社会总体收入水平的变化确立了相对贫困线。除了生活水平的衡量外，对于贫困人口生活必需品和社会参与获得的考量得到认同。第三，政府公共开支的紧缩，政策的目标性和效率性要求提升。如何通过政策扶持减缓社会贫困，有效地将公共资源分配到最需要的地方和人，成为新贫困理论的政策背景。在这样的背景下，贫困与剥夺的关联性被纳入视野。《向贫困开战的共同体特别行动计划的中期报告》指出，“贫困应该被理解为个人、家庭和群体的资源非常有限，致使他们被排除在其所在的成员国可以接受的最低限度的生活方式之外”①。阿玛蒂亚·森（2015）从伦理的角度对贫困和饥荒进行了重新解读，提出了经济学的伦理研究范式，指出贫困意味着机会和能力的贫困，并强调穷人之所以深陷贫困恶性循环，根本原因是其应该享有的基本权利遭到了系统的剥夺②。森拓宽了贫困的解释领域，众多学者和机构逐步转向从“经济—社会特征”的角度来讨论贫困。Townsend（1979）指出“贫困就是一个资源被剥夺和侵占的过程”，不能仅仅把贫困定义为生存条件和经济收入的剥夺，更应该关注多元的社会需求③。奥本海默（2015）强调，贫困会使人们丧失免受疾病侵害、获得教育、住宅安全并安享晚年的机会④。联合国开发计划署（UNDP）提出“人文贫困”，是对最基本发展机会和权利的否定⑤。《世界发展报告》在 1981 年指出贫困是获得事物、达到一定生活水平及参与社会资源分享机会的缺乏，1990 年，直接描述为“缺少达到最低生活水准的能力”⑥。王小林（2016）指出贫困就是：“由于收入与财富的严重不足使人深陷艰难困苦并难以摆脱的困境之中。”⑦

因此，贫困可以理解为当人们免受饥饿、寒冷、疾病等侵害的能力以及接

---

① 欧共体 . 向贫困开战的共同体特别行动计划的中期报告［R］.1989.

② 阿玛蒂亚·森 . 论经济不平等［M］. 北京：中国人民大学出版社，2015：152–159.

③ Townsend. Poverty in United Kingdom：A Survey of household resource and standards of living［M］. Penguim，1979：3.

④ 梁现瑞 . 面向未来，向贫困宣战［N］. 四川日报，2015–10–16.

⑤ 联合国开发计划署 .1997 年人类发展报告［R］.1997：83.

⑥ 世界银行 .1990 年世界发展报告［R］. 北京：中国财政经济出版社，1990.

⑦ 王小林 . 贫困测量：理论与方法［M］. 北京：社会科学文献出版社，2016：38.

受教育、医疗、社会参与等机会及权利遭到剥夺时，所表现出来的物质、社会和精神生活的匮乏现象，是对人类尊严的践踏；消除经济贫困绝非脱贫攻坚的终极目标。

二、民族村寨

村（village），古称“邨”，《说文》曰“今俗作村”[①]，现在多称“邑”“屯”“村邑”“村庄”等，指“小农经济基础上形成的农村居民点”（舒新城，1936）[②]。宫崎市定认为“村”起源于“屯”，崛敏一（1996）则指出，村是“聚”的结果[③]。费孝通认为：村庄是农户聚焦的紧凑社区，在空间上有一定的独立性的人们公认的事实社会单位[④]。在少数民族聚居区常把“村”称为“寨子”或“村寨”，指乡下聚居的场所，通常，“村”和“寨”是不同的概念，“村”包括了数个“寨”，大一点的“寨”也等同于一个“村”；“村”通常具有较多的行政色彩，“寨”则更强调日常栖息功能[⑤]。农民聚村而居，构成了中国最小的乡村地域，是构建在相对保守且稳定的密切亲缘关系之上，有共同的“生产方式、社会地位、社会认同感”（陈慧琳，2013）[⑥]，具有生产生活及服务功能的人口聚居区，是经济社会文化艺术、精神世界、语言符合等复杂子系统的融合体。

随着社会经济的不断发展，村落的类型、规模及性质也逐步发生着变化。按照行政特征，我国的村分为以氏族、宗族等为基础的自然村和依法以村委会为自治管理主体的行政村，可能一个自然村就是一个行政村，也可能一个自然村隶属不同的行政村，还可能一个行政村由几个自然村构成。按照农民认同主导主体，可以将村分为宗族主导型、户族主导型、小亲族主导型、户族主导型、联合家庭主导型和原子型（贺雪峰，2009）[⑦]；依据农业经济特征，村

① 许慎．说文解字［M］．北京：中华书局，1963：89.

② 舒新城．辞海［M］．上海：上海辞书出版社，1936：674.

③ 崛敏一．中国古代の家と集落［M］．东京：汲古书院，1996：289-310.

④ 费孝通．江村经济［M］．北京：北京大学出版社，2017：10.

⑤ 贵州省民族事务委员会，贵州省民族研究所．贵州六水六山民族调查资料选编（侗族卷）［M］．贵阳：贵州民族出版社，2008：7.

⑥ 陈慧琳．人文地理［M］．北京：科学出版社，2013：110.

⑦ 贺雪峰．村治的逻辑——农民行动单位的视角［M］．北京：中国社会科学出版社，2009.

又可以分为农村、山村、渔村、牧村及各种经济形态兼有的村落（王恩涌等，2000）[①]。由于环境特征、经济结构、民族文化的差异，村往往又呈现不同的居住方式和结构形态，见表 2–1：

表 2–1　村落通常的形态

Table 2–1　The Usual Form of Villages

类型	特征
密集型	由自然因素、社会安全、血缘、宗教、土地制度等方面因素形成的相对集中聚落。多出现在人口密集的旱作农区，有较长的数代定居史，各家依照地理环境散布却又呈现相对集中。大村人口可达1000人以上，中型村人口在400~1000人，小型村人口一般400人以下
分散型	往往属于发育水平较低的村落，由于地形条件、耕地面积等使得居住整体相对分散，而局部又相对集中，通常沿公路或沿河布局，在某些特殊情况下，也可能独家成村
半聚集型	往往户数不多，各家彼此排列不太靠近。特别是山区，耕地面积有限，又受自然灾害限制，往往一个村有10~20户人家
活动型	通常村落没有固定的地点，随着季节变化或者暂居地的生产、生活条件变化而不停改变居住地。一般常见于草原半干旱、牧区和少数山区
特殊型	主要指美国单户型、集体农场型和经营性农场

资料来源：（1）王恩涌，赵荣，张小林，等. 人文地理学［M］. 北京：高等教育出版社，2000：239–243；（2）陈慧琳. 人文地理［M］. 北京：科学出版社，2013：110

除部分游牧民族外，我国大部分少数民族是以特定自然环境中的村寨为生活栖息空间的。民族村寨，也有学者称“少数民族村落”。近年来，关于民族村寨的相关研究非常丰富，但关于民族村寨概念的界定尚存在一定分歧，主要视角如下：第一，成因。无论是原住地，还是异地新建的，只要是在一定区域内形成的稳定生活聚居体（黄海珠[②]，2009；肖琼[③]，2013）都叫“民族村寨”。第二，功能。金颖若（2002）强调“民族村寨”应该是有一定历史、文化要素或民俗事项在特定的民族或区域内具有显著特征的村寨[④]。彭兆荣（2004）指出，民族村寨是现实存在的、展示原生地及原生态的活文化与孕育该文化的自

① 王恩涌，赵荣，张小林，等. 人文地理学［M］. 北京：高等教育出版社，2000：239.

② 黄海珠. 民族旅游村寨建设研究［M］. 北京：中国经济出版社，2009：44.

③ 肖琼. 民族旅游村寨可持续发展研究［M］. 北京：经济科学出版社，2013：15.

④ 金颖若. 试论贵州民族文化村寨旅游［J］. 贵州民族研究，2002（1）：61–65.

然环境的结合体，具有强烈的地区性[①]。第三，结构。王雯雯（2006）认为少数民族村落是有一定的少数民族聚居，有共同的自然人或法人组织生活，有共同的生活服务设施、文化风俗、利益关切的自然村或行政村[②]。黄华等（2007）认为民族村寨指在特定区域内，有共同文化习俗、价值观念及关切问题的生活共同体[③]。

根据命题需要，本研究的“民族村寨”有别于基于商业表演、文化演艺等旅游目的在异地移植再造的主题公园性质的“民族村寨”，是依托特定的自然地域、历史环境形成的当地人民生产生活及文化创造的有机场域，是有共同组织生活、共同服务设施、共同利益诉求、共同文化风俗的少数民族聚居的自然村或行政村。

三、民族村寨旅游

在斯宾塞（1996）[④]、泰勒（2005）[⑤]的“文化进化论”影响下，“欧洲中心论”及“白人优越论”等思想盛行。欧美学者认为本族、本国是文化的“高级”形态，而具有原始部落色彩的民族偏远地区的乡村文化是城市文化的原始雏形，是文明社会“蒙昧时期”的代表。这一阶段，民族村寨仅仅作为人类学者研究异文化的样本。“文化相对论”由博厄斯在19世纪末20世纪初提出，承认、尊重每种文化并给予独立关照的思想得到认可，乡野异族文化逐渐被接受。全球化推动了对社会文化多样性的认同，乡野村落逐渐进入普通大众的视野，民族文化属地也被赋予“文化遗产”的特质。随着交通工具的便捷及旅游需求的多元化，大众旅游消费倾向逐步由传统旅游地向小众原生民族文化地扩展。为推进地方经济、缓解区域贫困、保护文化传统，地方政府纷纷制定民族村寨旅游发展的相关政策，包括斯洛文尼亚的整合乡村推动革新国家发展战略、日本“逆转的仪式”、英国的“CVWB（The concept of the country village

① 彭兆荣. 旅游人类学［M］. 北京：民族出版社，2004：186.
② 王雯雯. 广西少数民族村寨旅游开发模式研究［D］. 桂林：桂林工学院，2006.
③ 黄华，王洁，黄蓉. 社区参与民族村寨旅游开发的初步研究［J］. 商场现代化，2007（4）：219–220.
④ 赫伯特·斯宾塞. 社会静力学［M］. 北京：商务印书馆，1996：16–23.
⑤ 爱德华·泰勒. 原始文化［M］. 桂林：广西师范大学出版社，2005：21–24.

weekendbreak)”概念等。随着世界旅游业的迅猛发展，民族村寨旅游已经成为第三世界国家最重要的旅游形式之一。

虽然，国外研究鲜见强调社区单元的“民族村寨旅游”（Ethnics Village Tourism）的概念，但是依托民族村寨发生的旅游现象的研究始终受到学者们关注。人类学家 Cohen（1979）认为旅游的本质就是一种族际间跨文化的交流及体验，具有社会、经济、文化和政治特征的族群，能够凭借独特性成为旅游吸引物[①]。民族村寨的原生文化能够成为旅游发展的核心吸引力（Godfrey[②]，1995；Hinch[③]，1998），贴着少数民族、种族、农民、乡下人和原始部落等标签的族群文化及生活方式对旅游者充满吸引力（Bruner，1985）[④]。

在我国，民族村寨旅游也被表述为“民族社区旅游”“民族文化村寨旅游”等。对于民族村寨旅游的界定，主要有以下视角：第一，供给属性。依托原生民族文化和自然环境条件激发游客旅游动机（罗永常，2003）[⑤]，由村寨社区提供旅游服务及接待活动（黄海珠，2007）[⑥]，满足游客对异质文化体验需求（李天翼，2011）[⑦]的旅游方式。第二，市场属性。依托民族文化及自然风光，满足学习、度假、考察、购物等旅游功能（杨昌儒等，2004）[⑧]，迎合游客体验乡村文化、感受奇风异俗需求的休闲旅游活动（彭兆荣，2005）[⑨]。可见，对于民族村寨旅游来说，民族文化及自然风光是供给基础；满足游客需求是市场前提。根据研究需要，本文将“民族村寨旅游”定义为依托民族村寨人居环境及地域空间，以原住居民自然创生的族群文化及乡土景观为吸引物，满足市场特定的文化认知及心理体验的跨文化体验形式。

随着旅游产业经济地位的凸显，不少民族村寨逐步以旅游为重要经济生活

① CohenE. Rethinking the sociology of tourism［J］. Annals of Tourism Research，1979（1）：18–35.

② Godfrey K B. Planning for sustainable tourism development in the Med［J］. Tourism Management，1995（3）：243–245.

③ Hinch T. Ecotourists and indigenous host：Diverging views on their relationship with man［J］.Current Issue inTourism，1998（1）：120–124.

④ 杨慈，陈志明，张展鸿 . 旅游、人类学与中国社会［M］. 昆明：云南大学出版社，2001：149.

⑤ 罗永常 . 民族村寨旅游发展问题与对策研究［J］. 贵州民族研究，2003（2）：102–107.

⑥ 黄海珠 . 民族旅游村寨建设研究［D］. 北京：中央民族大学，2007.

⑦ 李天翼 . 贵州民族村寨开发模式研究［D］. 北京：中央民族大学，2011.

⑧ 杨昌儒，潘梦澜 . 贵州民族文化村寨旅游发展问题与对策研究［J］. 贵州民族学院学报（哲学社会科学版），2004（5）：5–9.

⑨ 彭兆荣 . 旅游人类学视野下的乡村旅游［J］. 广西民族学院学报（哲社版），2005（7）：2–7.

方式，衍生了提供旅游服务的功能（黄海珠，2007）[①]，演变为民族原生文化载体的“民族旅游村寨”（田敏等，2012）[②]。对于“民族村寨旅游”与“民族旅游村寨”的认识，刘孝容（2013）指出前者是产品视角的定义，是后者的旅游内容；后者是功能视角的定义，是前者的物质载体，二者无本质区别[③]。这样的分析有一定道理，但是混淆了旅游形态与村寨形态的逻辑关系：首先，二者是不同的主体对象。前者指以民族村寨为对象的主题旅游活动，后者指以旅游为主要经济方式的民族村寨。其次，两者形成的逻辑条件不同。前者是随着旅游产业的发展，市场对异质文化的追逐推动依托民族村寨中开展旅游活动的旅游方式，即民族村寨成为旅游资源。后者在民族村寨中旅游经济活动的重要性逐步提升，民族村寨逐步放弃传统农业生产，形成以旅游经济功能占据主导地位的村寨形态。因此，虽然两者是从不同视角对同一内容的审视，但是不能将其进行等同。

四、旅游扶贫

旅游扶贫并非单纯的经济现象，更涉及复杂的社会文化命题，关于旅游扶贫的思辨及学术争鸣从未停歇。

吴忠军（1996）是我国较早讨论旅游具有带动农民脱贫致富功能的学者[④]。随着实践的不断推进，对旅游扶贫的认知也在逐步深化，形成以下代表性观点：（1）强调“涓滴”效应。有别于单项的救济式扶贫，具备旅游资源的区域，能够通过旅游发展带动地方经济，具有增强地方“造血”功能及自我发展能力的重要作用（李永文等，2002）[⑤]。（2）强调“益贫”功能。旅游扶贫应该规避其消极影响，保障贫困人口的利益，以贫困人口为旅游开发对象（张伟等，2005）[⑥]，需要通过力量整合、吸纳贫困人口参与来推动地方旅游业发展，

---

① 黄海珠．民族旅游村寨建设研究［D］．北京：中央民族大学，2007.

② 田敏，邓小艳．近十年国内民族村寨旅游开发与民族文化保护和传承研究述评［J］．中南民族大学学报（人文社会科学版），2012（6）：36–40.

③ 刘孝容．文化资本视角下的民族旅游村寨可持续发展研究［D］．武汉：中国地质大学，2013.

④ 吴忠军．论旅游扶贫［J］．广西师范大学学报（哲学社会科学版），1996（4）：18–21.

⑤ 李永文，陈玉英．旅游扶贫及其对策研究［J］．北京第二外国语学院学报，2002（4）：74–76，89.

⑥ 张伟，张建春．国外旅游与消除贫困问题研究评述［J］．旅游学刊，2005（1）：90–96.

最终达到带动贫困人口致富及消除贫困的扶贫模式（周歆红，2002）[①]。

以上讨论，折射了学界对旅游扶贫"是什么—怎么做—为了谁"的认知历程。随着脱贫攻坚的推进，本书认为旅游扶贫至少应具有四个方面的含义：第一，能够适应市场要求。旅游扶贫是以市场为导向，具有产业属性的扶贫模式。通常，旅游扶贫由旅游资源条件较好的区域优先发展起来，因此部分学者强调资源是扶贫实现的门槛。但是，随着全域旅游、"泛旅游资源"等概念的出现，强化了旅游资源依据市场需求具有可创造性的特点，因此，旅游资源的重要性可以纳入符合市场需求的范畴。第二，具有"内生式"造血功能。旅游扶贫的发展必须依托当地的自然文化资源，通过根植特定的旅游发展基因，激活内生发展动力，将贫困主体融入产业发展中，带动脱贫致富的同时阻断致贫动因，是具有"造血"功能的扶贫。第三，旅游扶贫必须指向"穷人"，是"为穷人创造净收益的一种旅游"（Asheley，2005）[②]。如何平衡市场要求及政府行为的关系，使旅游扶贫项目发展的机会真正指向贫困人口，并且保障其依托旅游发展生成自身的造血功能，是旅游扶贫的出发点与归宿所在。第四，旅游减贫效果具有阶段性。旅游业对贫困的减缓效应以非线性门槛形式存在，在不同发展阶段，旅游对贫困的减缓效果是不同的（赵磊等，2018）[③]。

PPT 及 ST–EP。国际旅游与反贫困的研究最早可以追溯到 20 世纪 70 年代（Bramwell，1994）[④]。1999 年，DFID（英国国际发展局）首先提出 PPT（Pro–Poor Tourism，有利于贫困人口发展的旅游）的概念（Asheley，2005）[⑤]，是国际上旅游与减贫的第一次"握手"（王铁等，2007）[⑥]。PPT 被认为是与我国"旅游扶贫"最接近的概念，是在政府及社会力量扶持下，以市场为

① 周歆红．关注旅游扶贫的核心问题［J］．旅游学刊，2002（1）：17–21.

② Caroline Asheley，Harold Goodwin，Dilys Roe. Pro–poor tourism annual register 2005［Z］. Pro–poor tourism partnership，2005 .

③ 赵磊，方成，毛聪玲．旅游业与贫困减缓——来自中国的经验证据［J］．旅游学刊，2018（5）：13–25.

④ Bramwell B，Lane B. Rural Tourism and Sustainable Rural Development［M］. UK：Channel View Publications，1994.

⑤ Caroline Asheley，Harold Goodwin，Dilys Roe. Pro–poor tourism annual register 2005［Z］. Pro–poor tourism partnership，2005.

⑥ 王铁，李梅．PPT 年度回顾的启示——政府职能、供应链与营销［J］．旅游学刊，2007（8）：55–59.

导向开发旅游资源，推动地方经济发展并实现贫困人口脱贫致富的计划和措施（DFID，1999）[①]。ST-EP（Sustainable Tourism-Eliminating Poverty，消除贫困的可持续旅游）最早由世界旅游组织及联合国贸易与发展会议（UNCTAD，UN conference on Trade and Develpoment）提出。就国际上 ST-EP 项目来看，基金是项目的基础，运行机制包括吸纳本地人就业、采购当地人提供的产品及服务、扶持当地人成立旅游企业、收取旅游税反哺当地社区、对旅游地捐赠、建设旅游基础设施增加社区福利等[②]。与 PPT 相比较，ST-EP 更强调依托环境及产业可持续，贫困问题只是整个可持续系统中的一个部分，其项目的实施更关注对旅游业具有战略指导性，并具有推广意义的项目。故“虽然 ST-EP 项目同样考虑到了对穷人的关照，但是与PPT的出发点是根本不同的”（Caroline Ashley 等，2005）[③]。

第二节　理论基础

一、环境贫困理论

恶劣的自然环境及不利的地理区位会制约地区经济社会发展，对于贫困的形成及保持“稳态”具有一定的解释力。贫困，可以理解为“特定时空情境下‘人’‘业’‘地’维度上的剥夺或三者之间未能实现协调发展的过程与状态”（丁建军等，2018）[④]。

Valentine（1968）[⑤]、Rodman（1971）[⑥]最早提出了环境贫困论，认为地

---

① DFID. Tourism and poverty elimination：untapped potential［R］. London：DFID，1999.

② 世界旅游联盟 . 世界旅游发展报告 2018——旅游促进减贫的全球进程与时代诉求［EB/OL］.（2018-9-25）. http：//www.ctaweb.org/ html /2018-9/2018-9-25-14-58-30700.html.

③ Caroline Ashley，Harold Goodwin，Dilys Roe. Pro-poor Tourism Annual Register 2005［Z］. Pro-poor Tourism partnership，2005.

④ 丁建军，冷志明 . 区域贫困的地理学分析［J］. 地理学报，2018（2）：232-247.

⑤ Valentine C A. Culture and Porverty：Critique and Counter-Proposals［M］. Chicago：University of Chicago Press，1968：69.

⑥ Rodman H. Lower-Class Families：the Culture of Proverty in Negro Trinidad［M］. Oxford：Oxford University Press，1971：58.

理环境是导致“贫困陷阱”（Poverty trap）的重要原因。戴维·S. 兰德斯（2010）点评到：大自然是不平等的，同时，这种不平等是极难消除的[①]。Sachs（2005）指出：“当一个国家地处土地贫瘠、区位闭塞、易达性差的地理区位，自然中极易遭受疾病与恶劣天气的危害，那么就可能深陷贫困，这就是地理命运。”[②] 在一段时期内，地理因素导致贫困的理论被套上“环境决定论”的帽子而遭到质疑，维达尔·白兰士（V. Blache）强调人的主观能动性，将人地关系表述为一种“或然”（possibilism）关系，人类选择的能力决定着其处于什么样的发展状况[③]。但是，大多数国家贫困人口在空间分布上均集中在远离中心城市、自然生态环境恶劣、交通设施绕离（Kanbur 等，2005）[④] 及公共服务滞后（Palmer–jones 等，2006[⑤]；Okwi 等，2007[⑥]）等农村地区，贫困的分布具有典型的“空间属性”却是不争的事实。

空间地理因素对贫困的影响包括地理区位、资源禀赋、社会结构及公共设施等。首先，由于地理破碎、环境恶劣，使得某些经济区域处于地理位置不利的状态，会形成空间贫困陷阱。Partridge 等（2008）[⑦] 及 Bird（2003）[⑧] 的研究显示与城市经济中心的距离与贫困具相关性。Palmer–Jones 等（2006）[⑨] 和 Kam（2005）[⑩] 的研究也发现地区的土壤、气候、地形等直接影响着地区的经济结构及发展水平。其次，地理因素导致的“贫困陷阱”会形成基于储蓄的贫困陷阱、技术非凸性的贫困陷阱、人口文化或传统制度因素的贫困陷阱，会形成

① 戴维·S. 兰德斯. 国富国穷［M］. 北京：新华出版社，2010：1.

② Sachs J D. The End of Poverty［M］. London：Penguin Press，2005：4.

③ 王恩涌，赵荣，张小林，等. 人文地理［M］. 北京：高等教育出版社，2000：7.

④ Kanbur R, Venables A J. Spatial inequality and development［J］. Journal of Economic Geography，2005（1）：1–2.

⑤ Palmer–jones R, Sen K. It is where you are that matters：The spatial determinants of rural poverty in India. Agricultural Economics，2006（3）：229–242.

⑥ Okwi P O，Ndeng G，Kristjanson P，et al. Spatial determinants of poverty in rural Kenya［J］. Proceedings of the National Academy of Sciences，2007（43）：16769–16774.

⑦ Partridge M D, Rickman D S. Distance from urban agglomeration economies and rural poverty［J］. Journal of Regional Science，2008（2）：285–310.

⑧ Bird K, Shepherd A. Livelihoods and chronic poverty in Semiarid Zimbabwe［J］. World Development，2003（3）：591–610.

⑨ Palmer–jones R, Sen K. It is where you are that matters：The spatial determinants of rural poverty in India［J］. AgriculturalEconomics，2006（3）：229–242.

⑩ Kam S，Hossain M，Bose M L，et al. Spatial patterns of rural poverty and their relationship with welfare influencing factors in Bangladesh［J］. Food Policy，2005（5）：551–567.

外部市场摩擦，并产生红白喜事大办、赌博、懒惰等贫困文化。最后，因为资源极度稀缺，导致穷人行为偏差，陷入“行为贫困”。穷人可能对未来的贴现太大，厌恶风险，可能不太关心自己的小孩，或者可能受到各种行为偏差的约束（见图 2-1）。

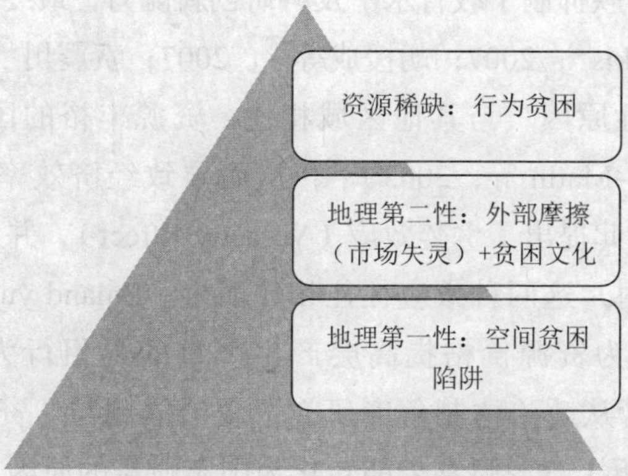

图 2-1　地理资本决定的贫困层级

Figure 2-1　Poverty Level Determined by Geographical Capital

注：笔者自绘。

二、资源诅咒理论

20 世纪中期，随着和平与发展成为世界的主题，世界经济格局也在发生巨大的变化。一些资源相对匮乏的国家和地区经济迅速发展，成长为世界上重要的经济体，如日本、中国香港及新加坡等；另外，一些地大物博的国家反而经济低速不前，甚至深陷贫困，如巴西、印度及非洲国家。资源导向型国家发展缓慢的现象引起了不少学者的关注，Auty（1993）首先提出了“资源诅咒”的假说，认为政治及经济状况是重要的影响因素①。“资源诅咒”的原因，有两种代表观点：

第一，非制度性原因。主要包括贸易条件的易变性，认为初级产品的价格波动影响财政收入及宏观政策的调整，继而国内经济波动，经济增长减

① Auty R M. Suataining Development in Mineral Economics［J］. The Resource Curse Thesis，Rout Ledg，1993（1）：126.

缓。Gylfaon（2001）认为资源丰裕国家的产出主要由增加自然资源的投入实现，这将导致资本需求减少、利率降低继而使储蓄及经济增长率保持在较低水平[①]；荷兰病，即一些中小国家中特定初级产品部门异常繁荣使得其他部门衰落（Sachs、Warner[②]，1995；施祖麟、黄治华[③]，2009；段利民[④]，2009）；挤出效应，由于资源丰腴抑制了教育水平及科研创新能力，最终导致经济长期处于缓慢状态（Papyrakis[⑤]，2007；胡援成等[⑥]，2007；贺震川[⑦]，2011）。

第二，制度性原因。与其他区域相比，资源丰裕的国家或地区更容易滋生腐败（Sala–i–Matin 等，2003）[⑧]，从而导致经济效率低下。Laneand 与 Tornell（1996）由此提出了贪婪效应（Voracity Effect），并发现当一个地区资源价格迅速增长时，这两种效应往往相伴而生。Baland yu Francois（2000）、Torvik（2002）认为资源价格提高会产生严重的寻租行为，继而抑制经济增长[⑨]。还有学者从政治体制角度研究了政治体制与“资源诅咒”的关系，Sonin（2003）分析了资源财富未能转化为国家财富的原因在于产权结构、法律及收入分配的不合理[⑩]。Aandersen 等（2008）通过实证研究发现，总统制的国家“资源诅咒”现象明显，而议会制国家则不然[⑪]。李志龙（2009）[⑫]、王必达等（2009）[⑬]的研究也发现“资源诅咒”的出现，与制度建设所处的阶段有密切关系，这种影响主要是由于资源丰裕程度的差异对人力资源的影响导致的。

我国的民族地区既是资源富集区，也是经济贫困区；既是资源的重要供给

① Gylfaon T. Natural Resources，Education and Economic Development［J］. European Economic Review，2001（5）：1–10.

② Sachs Jeffrey D，Warner Andrew M. Natural Resource Abundance and Economic Growth［R］. NBER workingpaper. NO. W5398，1995.

③ 施祖麟，黄治华.“资源诅咒”与资源型地区可持续发展［J］.中国人口·资源与环境，2009（5）：33–36.

④ 段利民 . 资源诅咒与区域经济增长研究［D］. 西安：西北大学，2009.

⑤ 贺震川 . 中国西部地区“资源诅咒”现象研究［D］. 杭州：浙江大学，2011.

⑥ 胡援成，肖德勇 . 经济发展门槛与自然资源诅咒——基于我国省际层面的面板数据实证研究［J］. 管理世界，2007（4）：15–23.

⑦ 贺震川 . 中国西部地区“资源诅咒”现象研究［D］. 杭州：浙江大学，2011.

⑧ 贺震川 . 中国西部地区“资源诅咒”现象研究［D］. 杭州：浙江大学，2011.

⑨ 李佳 . 对我国西部“贫困富饶”现象的社会学解释［D］. 兰州：兰州大学，2014.

⑩ 李佳 . 对我国西部“贫困富饶”现象的社会学解释［D］. 兰州：兰州大学，2014.

⑪ 贺震川 . 中国西部地区“资源诅咒”现象研究［D］. 杭州：浙江大学，2011.

⑫ 李志龙 .“中国式资源诅咒”问题研究［D］. 重庆：重庆大学，2009.

⑬ 王必达，王春晖 .“资源诅咒”：制度视域的解析［J］. 复旦学报，2009（5）：100–108.

地，也是扶贫攻坚的主战场。资源诅咒理论对民族地区贫困具有重要的解释力。

三、精准扶贫理论

随着我国的扶贫瞄准单位逐步由县调整至村，精准扶贫是在瞄准单位细化的情况下，对于减贫效应递减、扶贫靶向偏离、扶贫措施针对性不强等问题的有效回应，是依据一定的科学标准和程序，通过精准识别不同的贫困地区、贫困村、贫困家庭，建立联动帮扶、区别管理、准入退出科学评估的贫困治理方法。精准扶贫理论是对世界减贫瞄准理论的完善，其形成大致经历了以下阶段（见图 2–2）：

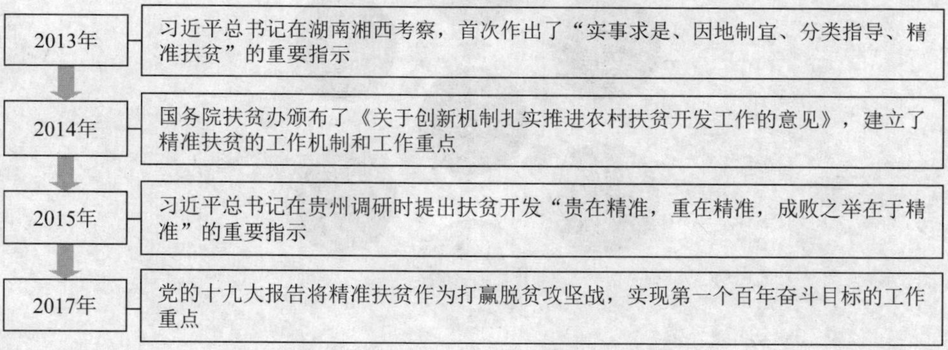

图 2–2　“精准扶贫”理论的形成

Figure 2–2　Formation of the “Precise Poverty Alleviation” Theory

注：笔者自绘。

“六个精准”（见图 2–3）是精准扶贫理论的核心，有效防治了扶贫过程中的偏离及误差，保障了脱贫的可持续动力。

旅游精准扶贫于 2014 年国务院《关于促进旅游产业改革的若干意见》首次提出，指针对区域贫困状况及旅游发展情况，差异化实施精准扶贫的科学方法和程序，针对旅游扶贫对象进行精准识别、帮扶及管理的扶贫模式（邓小海，2015）[①]。旅游精准扶贫是对国内外旅游反贫困经验的借鉴和反思，是建立

① 邓小海．旅游精准扶贫研究［D］．昆明：云南大学，2015.

在以贫困人口为核心的、可持续的动态扶贫机制。精准扶贫的精准性在于确保贫困人口真正从旅游发展中受益（王永莉，2007）[①]，由于市场主导的产业特征，加之贫困人口人力、社会、金融等资本的缺失，导致其被排斥在旅游受益主体之外（肖建红等，2014）[②]，识别偏差、贫困人口意识薄弱、产业发展乏力等是旅游精准扶贫面临的现实问题（张春美等，2016）[③]。吴忠军等（2017）[④]、吴靖南（2017）[⑤]建立了信息识别、激励帮扶、协调管理、考核脱贫和保障监督的旅游精准扶贫体系。旅游精准扶贫深化并落实了精准扶贫，是民族地区旅游发展的重要目标及方向，也是村寨旅游扶贫的核心。

图 2-3 “六个精准”的内容

Figure 2-3 “Six precision” content

注：笔者自绘。

① 王永莉.旅游扶贫中贫困人口的受益机制研究——以四川民族地区为例［J］.经济体制改革，2007（4）：92-96.

② 肖建红，肖江南.基于微观经济效应的面向贫困人口旅游扶贫（PPT）模式研究——以宁夏六盘山旅游扶贫实验区为例［J］.社会科学家，2014（1）：76-80.

③ 张春美，黄红娣，曾一.乡村旅游精准扶贫运行机制、现实困境与破解路径［J］.农林经济管理学报，2016（6）：265-630.

④ 吴忠军，曹宏丽，侯玉霞，等.旅游精准扶贫机制调适与路径研究［J］.中南林业科技大学学报（社会科学版），2017（3）：40-46.

⑤ 吴靖南.乡村旅游精准扶贫实现路径研究［J］.农村经济，2017（3）：99-103.

四、乡村治理理论

自治，是我国封建社会环境下的乡村治理模式，“乡绅阶层”贯通两者，是皇权与个体小农的连接器。鸦片战争后，为实现对乡村社会的控制，村作为国家政权体系基层单位的位置逐步清晰起来。随着清末改革及民国的治理控制，乡村成为征兵役、进赋税的国家组织机构。中华人民共和国成立初期，《乡（行政村）人民政府组织通则》将行政村纳入国家权力组织。1958 年，实行政社合一体制，生产大队成为村一级组织。改革开放以后，从法律上确定了村民委员会为我国农村基层治理的群众自治组织。

乡村治理即以乡镇党委政府、村级组织及民间团体为主体（郭正林，2004）[①]，以谈判的方式解决分歧，实现乡村社会有序发展目标（贺雪峰，2007）[②] 的治理模式。VivienneShue（1998）指出具有梯形结构（Trapezoid-structure）“官制”秩序（国家力量）与具有“蜂窝状结构”（honeycomb-structure）的乡土秩序（民间力量）是传统乡村社会的两种社会秩序（力量）[③]。中国乡村社会具有以下特征：首先，中国传统社会是“双轨政治”，但国家的统治却从未缺位。W. 古德（1986）指出帝国的统治尚未渗及乡村，维护乡村社会秩序的功能由宗族承担[④]。费孝通（1998）认为人民生活在“散漫”的传统乡村社会中，皇权政治“是松弛和微弱的，是挂名的，是无为的”[⑤]。但是，貌似“无为”的国家力量在疆域内的统治从未缺位；社会与国家具有同构性，国家之外的社会并不存在（周庆智，2018）[⑥]。维护乡村秩序的宗族，也并不具有“重要的政治输入功能”（G. 罗兹曼，1995）[⑦]。其次，宗族是乡村社会的重要力量，具有现代化的灵活性和适应性。杜赞奇（2004）认为宗族权力由各种复杂的社会关系组成，存在于“宗教、政治、经济、宗族甚至亲朋等社会

---

① 郭正林. 乡村治理及其制度绩效评估：学理性案例分析［J］. 华中师范大学大学学报，2004（4）：24–31.

② 贺雪峰 . 乡村治理研究与村庄治理研究［J］. 地方财政研究，2007（3）：46.

③ Vivienne Shue. The Reach of the State：Sketches of the Chinese Body Politic［M］. Standford University Press，1998.

④ W. 古德 . 家庭［M］. 北京：社会科学文献出版社，1986：166.

⑤ 费孝通 . 乡土中国，生育制度，乡土重构［M］. 北京：北京大学出版社，1998：63.

⑥ 周庆智 . 官民共治：关于乡村治理秩序的一个概括［J］. 甘肃社会科学，2018（2）：58–65.

⑦ G. 罗兹曼 . 中国的现代化［M］. 南京：江苏人民出版社，1995：272.

生活的各个领域、关系之中”[①]。弗里德曼（2000）强调宗族是中国乡村传统的权利代理主体及“乡村多元权威中的一元”，拥有更多成为基层社会代理人的机会[②]。宗族具有极强的自我更新和调适能力，“在不同时期都具有强大的生命力，并可能适应于新的时代、以新的面目出现在社会中”（王铭铭，1997）[③]。

旅游发展是乡村治理现代化的积极实践和重要动力：首先，产业的介入，打破了传统的乡村格局，带来了城乡互动，促进了村民治理意识的现代化；乡村治理现代化又为旅游发展提供制度、环境等方面的保障（郭凌，2008）[④]。其次，旅游发展能够实现乡村精英的价值、完善农村市场、提高基层治理水平、促进农民组织形成等（周国忠等，2019）[⑤]，形成“官、产、民、媒、学”等多中心的乡村治理结构（李秋成等，2019）[⑥]。最后，旅游能平衡精英主导、行政治理（文彤等，2018）[⑦]、社区参与及市场规范（罗文斌等，2017）[⑧]之间的关系。

权力的建构是中国农村社会的重要内容，它不仅是权力的角逐，更体现利益的分割。一套稳定的制度是权力的根本保障，对民族社区而言，主要包括国家政治权力的渗透、社区关系、宗族势力、宗教影响等。政府、企业、乡村组织及村民是村寨旅游扶贫的参与主体，在扶贫攻坚决胜，但仍需稳固脱贫成效、谋求提质发展、推动乡村振兴的关键时期，迫切需要理顺乡村治理权力关系，探索有效的乡村治理现代化路径。

---

① 杜赞奇.文化、权力与国家——1900—1942年的华北农村［M］.南京：江苏人民出版社，2004：3，86.

② 莫里斯·弗里德曼.中国东南的宗族组织［M］.上海：上海人民出版社，2000：113.

③ 王铭铭.社会人类学与中国研究［M］.北京：生活·读书·新知三联书店，1997：83，91.

④ 郭凌.重构与互动：乡村旅游发展背景下的乡村治理［J］.四川师范大学学报（社会科学版），2008（3）：16–22.

⑤ 周国忠，姚海琴.旅游发展与乡村社会治理现代化——以浙江顾渚等四个典型村为例［J］.浙江学刊，2019（6）：133–139.

⑥ 李秋成，张环宙.亲缘—产业二元网络对内生型乡村旅游小企业成长的影响［J］.旅游学刊，2019（12）：25–35.

⑦ 文彤，张庆芳.利己？利他？社会责任视角下乡村社区旅游精英再认识［J］.思想战线，2018（6）：161–168.

⑧ 罗文斌，钟诚，Dallen J Timothy，等.乡村旅游开发中女性村官参与行为影响机理研究——以湖南省女性村官为例［J］.旅游学刊，2017（1）：54–63.

五、土地产权理论

产权是以对物的权利为表现的抽象的社会关系，是“享有财富收益并且同时承担与该收益相关成本的自由或所获得的许可”（I Fisher，1923）①。土地产权是依托于土地的具排他性质的权利（宋志红，2017）②，其中土地所有权和使用权是我国土地权利制度的核心。

农民与土地的关系是中国农村最重要的经济关系。随着农村劳动力转移，农业物质技术装备水平迅速提高，乡村发展不平衡性、不充分性问题凸显，土地经营方式转变成为必然。《中共中央国务院关于实施乡村振兴战略的意见》提出要“系统总结农村土地征收、集体经营性建设用地入市、宅基地制度改革试点经验，逐步扩大试点，加快土地管理法修改，完善农村土地利用管理政策体系”③ 的具体要求。依托乡村振兴战略，宋志红（2017）④ 分析了当前农村土地制度改革的关键问题，见图 2-4：

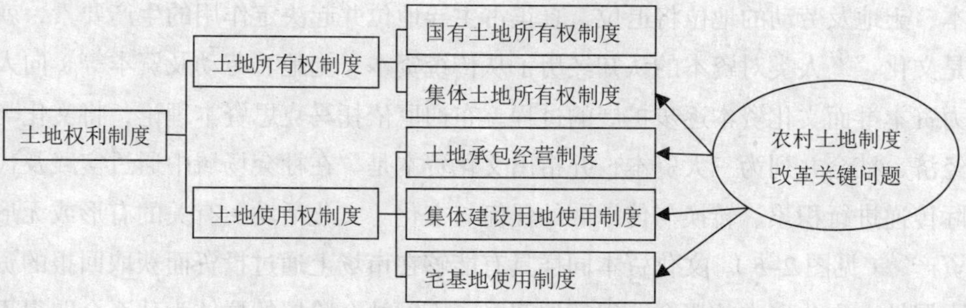

图 2-4　中国农村土地产权制度改革关键问题

Figure 2-4　Key Issues in the Reform of Rural Land Property Rights System in China

注：参考宋志红观点，笔者自绘。

土地是农民最基本生产资料，而财产性收入偏低是当前农民增收的短板，将土地制度改革与新产业发展结合，唤醒“沉睡的资本”，已经成为当前扶贫

① I Fisher.Elementary principles of economic［M］. New York：Macmillan，1923：27.

② 宋志红 . 中国农村土地制度改革研究［M］. 北京：中国人民大学出版社，2017：34.

③ 中共中央，国务院 . 中共中央国务院关于实施乡村振兴战略的意见［DB/OL］.（2018-02-04）. http：//www.moa.gov.cn/ztzl/yhwj2018/ spbd/201802/t20180205_6136480.htm.

④ 宋志红 . 中国农村土地制度改革研究［M］. 北京：中国人民大学出版社，2017：36.

攻坚的“利器”。对于贫困地区而言，土地是最重要的资源、资产及资本，土地制度上的任何细微变革都会对穷人带来巨大的影响，土地制度的改革是中国农村扶贫事业得以有效推进的重要着力点。家庭联产承包责任制对于我国温饱问题的解决起到重要作用，但却由于分散性经营抑制了资源的有效配置。稳定家庭联产承包责任制，推进“三权分置”（土地所有、承包、经营），是又一次重大的革命性创新。在村寨旅游扶贫中，村集体及个人的土地开发权是推动旅游扶贫质量提升的重要动力。如何实现农村土地旅游化成为当前促进旅游扶贫的重要突破口。“地活带动人活，人活随着地活”是脱贫致富的第一要义，通过旅游发展释放土地的经济价值是农村土地产权制度改革的重要途径。

六、文化资本理论

资本，是经济学的理论核心。Peter Drucker（1998）指出：“21 世纪，资本、土地及劳动的地位将退位，真正占主导地位并起决定作用的生产要素，就是文化。”① 人类对资本的认知经历了从传统资本（土地、劳动及资本等）向人力资本继而文化资本逐步扩展的过程。布迪厄依托马克思资本理论，将文化与经济、社会并列为三大资本，并指出文化资本是“在社会场域中通过实践及代际传递进行积累、转换与传承”的任何与文化（文化活动）有关的有形或无形资产②（见图 2–5）。文化资本同样具有能够在市场上通过投资而获取回报的资本属性。文化资本的概念，很好地解释了不同社会阶层的群体为什么会取得不同的成就及地位③。

① Peter Drucker. The Discipline of Innovation［J］. Harvard Business Review，1998（67）：149–157.

② 布迪厄 . 实践感［M］. 上海：译林出版社，2012：39–45.

③ Bourdieu Pierre. Cultural Reproduction and Social Reproduction：Power and Ideology in Education［M］. Oxford：Oxford University Press，1977：87–89.

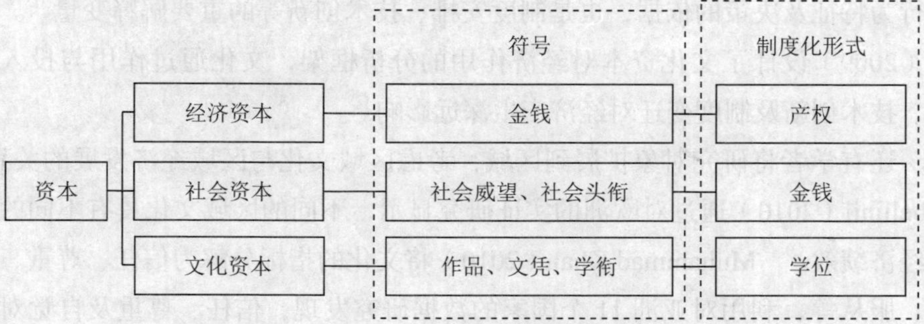

图 2-5 布迪厄对资本的划分

Figure2-5 Bourdieu's Division of Capital

注：根据布迪厄观点，笔者自绘。

文化的经济功能在布迪厄提出文化资本概念之前就受到了经济学领域的关注，最早可以追溯到亚当·斯密的《国富论》[①]。马克斯·韦伯（1987）也指出文化能够通过作用经济主体的行为对经济产生影响，"资本主义精神"是西方国家经济迅速增长的重要因素[②]。Ronald Coase（1937）认为文化传统、风俗习惯、人情世故等文化要素通过制度构建对国家社会经济发展产生深远影响[③]。Throsby（1999）正式将"文化资本"纳入经济学分析框架，并论证了文化系统的优化，能够推动经济产出及社会福利的提高。随着价值观、思维方式、宗教信仰等因素对经济发展的影响得到越来越多的学者认可，文化资本逐步成为经济学家普遍采纳的资本理论研究范式。Christopher（2012）将文化资本界定为一种重要的公共物品，能够降低交易成本继而推动经济增长[④]。Barro（2003）等发现宗教信仰会对经济产生正向作用[⑤]。Luigi 等（2006）认为文化会影响个人信仰及价值观念，继而对经济产生作用[⑥]。高波（2007）认为文化资本是个

① Adam Smith. The Wealth of Nations［M］.New York：Modern Library Edition，1776：58-69.

② 马克斯·韦伯.新教伦理与资本主义精神［M］.北京：生活·读书·新知三联书店，1987：36-42.

③ Ronald Coase. The Nature of the Firm［J］. Economica，1937（4）：386-405.

④ Christopher J Coyne，Claudia R Williamson. Trade Openness and Cultural Creative Destruction［J］. Journal of Entrepreneurship and Public Policy. 2012（1）：22-49.

⑤ R J Barro，R McCleary. Religion and Economic Growth［R］. NBER Working Paper，2003.

⑥ P Sapienza，L Zingales，L Guiso. Does Culture Affect Economic Outcomes?［R］. NBER Working Paper，2006.

人行为特征及决策的依据，也是制度安排、技术创新等的重要解释变量①。罗浩（2009）设计了文化资本对经济作用的分析框架，文化通过作用与投入要素、技术创新及制度变迁对经济产生深远影响②。

还有学者将研究对象扩展到区域，考虑区域文化与区域经济发展的关系。Tabellinii（2010）通过对欧洲的实证研究显示，不同的区域文化具有不同的地方经济绩效③。Muhammad Khan（2010）将文化的指标分解为信任、尊重、自觉、服从等，利用对亚洲 11 个国家的数据研究发现，信任、尊重及自觉对经济有积极影响，而服从则有消极影响④。徐明生（2011）验证了文化资本与区域经济发展存在长期的均衡关系⑤。金相郁等（2009）依托省际层面的数据，揭示了文化资本与区域发展不平衡及经济增长差异之间的关系⑥。

除了上述理论外，乡村振兴、乡村建设等思想也为本研究理论体系的形成提供了重要的基础，但是基于理论的侧重不同或尚未形成完整的理论体系，本书未对其进行具体梳理。

第三节　民族村寨旅游扶贫的功能及特点

一、民族村寨旅游扶贫的功能

（一）社会功能：打破社会原生的贫困均衡，构建起幸福和谐的富美乡村

在以农耕经济为主体的乡土社会中，村落构成其基本单元，景观、传统、语言、习俗等构成其主体的文化系统，具有各种血缘、族缘及地缘关系的村民构成其基本成员，封闭、地域及神秘是主要特点。民族村寨是民族文化得以有

① 高波. 文化、文化资本与企业家精神的区域差异［J］. 南京大学学报（哲学、人文科学、社会科学），2007（5）：39-47.

② 罗浩. 文化与经济增长：一个初步分析框架［J］. 经济评论，2009（2）：113-121.

③ Guido Tabellinii. Culture and Institutions：Economic Development in the Regions of Europe［J］. Journal of the European Economic Association，2010（8）：677-716.

④ Muhammad M Khan, Jianhua Zhang, Muhammad S Hashmi. Cultural Values and Economic Growth in Asia：An Empirical Analysis［J］. Business and Social Science，2010（1）：15-27.

⑤ 徐明生. 我国文化资本与经济发展的协调性研究［J］. 厦门大学学报，2011（1）：30-38.

⑥ 金相郁，武鹏. 文化资本与区域经济发展的关系研究［J］. 统计研究，2009（2）：28-34.

效传承的生活空间，在这一空间中，传统社会的差异、包容、民族、亲缘等关系相互交融，形成一个自成体系又不断建构发展的动态范畴。在传统的自然村落中，村民栖息于田园、山林、河流等自然生态之中，建构并演绎着宗祠、水井、廊桥、鼓楼、水排、碑碣等文化传奇。村民依托村寨聚族而居，依靠拥有的土地、山林、草场、河流等资源获取生存资料，在“日出而作，日暮而息”“男耕女织”“自给自足”等生产生活方式中形成了特殊地域及族群的价值观念及生活规范，维系着传统社会良性运转的传世美德，通过族群之间在语言、宗教、节庆、礼俗等方面的交往和融合完成民族村寨自身的文化适应。在这样的社会结构中，内部的社会压力促进资源再分配，所有村民均有权利凭借本村资源而生存；穷人会得到富人的帮助，而富人也有义不容辞帮助穷人的义务，这是传统社会的共识。波尼拉（1957）指出：“在原生社会中的个人很少受到饥饿威胁，具有比市场经济更人道的方式，因此，便很少去考虑经济问题。”[①] 这种适度再分配的社会内部资源共享机制，是农民长期以来“力求降低风险，加强生活稳定性而经常采取的措施”（沃尔夫，2013）[②]。

长期以来，“贫困均衡”是民族村寨的主要特征。但是，在全球化及市场经济的推动下，民族村寨逐步被纳入世界市场经济体系中，传统低水平的“均衡”必将打破。面对传统社会的瓦解，新的经济发展诉求逐步凸显，旅游具有直接或间接地推动民族村寨经济发展、提高居民生活水平、带动脱贫致富的重要功能。大多数贫困地区是旅游资源富集地区，旅游发展是消除贫困的重要手段及工具（Ashley 等，2000）[③]。“村”是推进扶贫的重要立足点，在中央及各级政府的推动下，全国民族地区村寨旅游扶贫取得了巨大成就。2014 年，《关于实施乡村旅游富民工程　推进旅游扶贫工作的通知》提出“到 2020 年，扶持约 6000 个贫困村开展乡村旅游，力争每年直接拉动 10 万人、间接拉动 50

① K. 波尼拉 . 伟大的转变［A］//斯科特 . 农民的道义经济学［M］. 南京：译林出版社，2013：163–164.

② 沃尔夫 . 20 世纪的农民战争［A］//斯科特 . 农民的道义经济学［M］. 南京：译林出版社，2013：279.

③ Ashley C，Boyd C，Goodwin H.Pro–poor Tourism Putting Poverty At the Heart of The Tourism Agenda［J］. Natural Resource P erspectives，2000（5）：1–6.

万人脱贫致富”[①]的美丽乡村旅游扶贫工程目标。2015年，《关于启动2015年贫困村旅游扶贫试点工作的通知》遴选560个建档立卡贫困村开展旅游扶贫试点工作[②]。2016年，《“十三五”脱贫攻坚规划》要求以2.26万个建档立卡贫困村为重点，推进乡村旅游扶贫工程[③]。民族村寨旅游已经成为经济落后地区脱贫致富的重要抓手（见图2-6）。

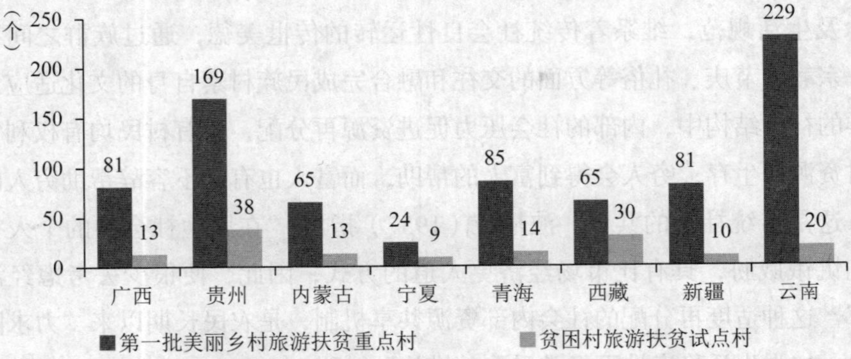

图2-6 民族八省区旅游扶贫重点村数量

Figure 2-6 The Number of key Villages for Poverty Alleviation by Tourism in Eight Ethnic Minority Provinces and Autonomous Regions

数据来源：国家发展和改革委员会、国家旅游局、农业部、国务院扶贫办行政人事司等部门官网；笔者自绘。

（二）个体功能：从低物质均衡的原生幸福，走向高物质均衡的次生幸福

幸福，可以理解为得到或拥有满足的喜悦心理。资源的有限性及需求的无限性是经济学的逻辑起点。经济学中通常将幸福理解为物品交换过程中数量的优化，为了计量上便利常常将幸福（Happiness）等同于快乐（Joy），又将快乐等价于对苦难、劳累的逃避和对休闲、舒适的追求，以至等同于单纯的效用叠加（谭伟东，2007）[④]。长期以来，幸福的逻辑就是：欲望产生效用，效用

① 国家发展和改革委员会，国家旅游局，农业部，等.关于实施乡村旅游富民工程 推进旅游扶贫工作的通知［EB/OL］.（2014-11-3）. http：//www.law-lib.com/law/law_view.asp?id=469073.

② 国务院扶贫办行政人事司，国家旅游局办公室.关于启动2015年贫困村旅游扶贫试点工作的通知［EB/OL］.（2015-5-21）. http：//www.law-lib.com/law/law_view.asp?id=500519.

③ 国务院 . 十三五”脱贫攻坚规划［R］.（2017-03-02）. http：//www.huaxia.com/jtsd/2017/03/5211520.html.

④ 谭伟东 . 超现代经济学［M］. 北京：清华大学出版社，2007：214.

满足就是幸福。21世纪左右，学界提出了一个讨论："富裕是否会更加快乐？"之后，不少研究纷纷去论证"富人不幸福"的观点。Easterlin（1974）提出，"一国之内，富人比穷人更加幸福；不同国家之间，富国民众不一定比穷国民众更幸福"[①]，即"伊斯特林悖论"。民族村寨，是一个具有符合功能的文化空间，村民生活于乡野，拥有与特定自然生境和谐的生存智慧，历史的传承、淳朴的乡土、柔软的乡音，民族服饰、歌舞演绎、婚丧嫁娶、特色饮食，村民用自己世代的勤劳、勇敢和智慧，描绘了一幅"世外桃源"的幸福画卷，成为都市人群剪不断的"乡愁"。虽然物质生活简单匮乏，但是人们却没有太多的抱怨和戾气，可谓"知足常乐""贫穷但却幸福"的写照。

"欢乐水车"[②]（Hedonic treadmill，也称跟风攀比）效应会让人在比较后削减财富增加带来的幸福感，因此，有人可能富有而不幸福；同时，许多深陷贫困的人也能在低谷中保持健康、快乐的心态。但是，这些并不意味着贫穷就会更加幸福，Stevenson B. 等（2008）[③]、Ingleheart R. 等（2008）[④] 使用了大量翔实的数据，论证了"伊斯特林悖论"根本不存在的结论，事实是富人的幸福感远远强于穷人，而且越富有就越幸福，经济与幸福感的增长之间存在重要相关性。发展民族村寨旅游的最终目的就是通过促进城乡发展、保障及改善民生、促进全体人民共同发展，打破低物质水平的原生幸福，满足人民对美好生活的追求。欲望的程序驱动人们"总是雄心勃勃地渴望成为极少数最成功的人，而非知足常乐"（马特里，2017）[⑤]。习近平总书记指出："我们的人民热爱生活，期盼有更好的教育、更稳定的工作、更满意的收入、更可靠的社会保障、更高水平的医疗卫生服务、更舒适的居住条件、更优美的环境，期盼着孩子们能成

---

① Easterlin R A. Does economic growth improve the human lot?［A］//Paul A David，Melvin W Reder，et al. Nation and Households in Economic Growth：Essays in honor of Moses Abramovitz［Z］. Academic Press. 1974.

② 马特里·里德利.理性乐观派：一部人类经济进步史［M］.北京：机械工业出版社，2017：21.

③ Stevenson B，Wolfers J. Economic Growth and Subjective Well-Being：Reassessing the Easterlin Paradox［M］.NBER Working Papers，National Bureau of Economic research，2008：42-82.

④ Ingleheart R，Foa R，Peterson C，et al. Development，freedom and rising happiness：a global perspective，1981-2007［J］. Perspectives on Psychological Science，2008（3）：264-86.

⑤ 马特里·里德利.理性乐观派：一部人类经济进步史［M］.北京：机械工业出版社，2017：21.

长得更好、工作得更好、生活得更好。”[①]Sue Beeton（2006）强调，旅游发展不仅仅是对社区及其原住民的凝视，更需要社区居民在经济、社会及环境等方面带来极大收益[②]。大量的证据显示，发挥民族村寨旅游就地、在地的优势，激活村寨民族文化资源，村民通过参与旅游发展实现经济收入提升、发展能力增强并可持续脱贫，能够给村民带来直接的经济富足、能力提升及文化自信，有利于形成高物质水平的次生且稳定的幸福。

二、民族村寨旅游扶贫的特点

（一）就地化的扶贫

“一个完全依靠传统农业的国家必然是贫穷的”（舒尔茨，2006）[③]。目前，很多扶贫方式是以对传统农业的变革为突破口，如常规产业扶贫、异地搬迁、对口支援帮扶等，但是，这些扶贫方式需要帮扶对象在某种程度上改变传统的生活方式甚至离开传统的生活场域才能实现。这些改变，对于外来帮扶主体是顺理成章的“进步和适应”，但是对于长期生活在传统社会中的群体，特别是弱势贫困主体而言，这种适应是艰难且成本高昂的。例如，笔者调研过程中，就有帮扶干部抱怨道：“我帮扶的那家唯一的劳动力三十来岁，我就托人找关系给他在他家附近的厂里面找了一个班上，一个月2500多元，还包吃住。可是没过多久，工厂给我说这个小伙跑回家了，我又马上去他家问他为什么不上班了，他说，工厂做的饭只用菜油不用猪油，吃不惯那里的饭，无论我怎么劝他都绝不去上班了。”（帮扶干部LDT语）[④]这样的事件中有人只看到了“惰性”及“短视”，但却常常忽略了一个常识：长期生长于传统“强烈‘我群’认同”（李天翼，2016）[⑤]的传统社区中的人，要彻底颠覆并改变自己三十余年的生活习惯，且要重新学习新的生活技能及生活方式，对任何人而言都必将是困难重重的。

① 人民网.习近平的教育观：公平、立德、改革，方能人生出彩［EB/OL］.（2014-06-26）.http：//theory.people.com.cn/n/2014/0626/c40555-25201426.html.

② Sue Beeton. Community Development through Tourism［M］. Landlinks Press，2006：17.

③ 西奥多·W.舒尔茨.改造传统农业［M］.北京：商务印书馆，2006：4.

④ 2018年9月6日，对水城县帮扶干部LDT的访谈；地点：LDT家中。

⑤ 李天翼.贵州民族村寨旅游开发模式利益主体述求及其效度分析［J］.贵州民族大学学报（社会科学版），2016（2）：22-33.

随着旅游发展走向纵深，文化内涵及精神体验成为重要的市场需求。Cannell（1976）论述道，“人们出游的目的在于寻找体验真实并排泄由于制度化、程式化的现代生活衍生的消极情绪。对于现代人来说，只有在别的地方才能找到现实和真实性，特别是较单纯及较简单的生活中”，他进一步分析，“现代游客对原始民族、贫困群体及少数民族族群产生着与社会科学家一样的好奇心”①。村民真实的乡野生活、和谐的生存环境及鲜活的文化语境是民族村寨旅游的核心吸引物，民族村寨传统宁静、少受都市喧嚣影响的特定场域，正好符合具有强烈的“文化真实性”要求的游客诉求。虽然，“游客对于原始民风的渴望与当地居民对现代生活的追求”（Oakes，1998）② 会成为村寨旅游发展中难以调和的矛盾，但是与其他扶贫方式相比，村寨旅游扶贫是发生在栖息地及“熟人社会”中缓慢的调适，这样的适应能够更加自然及顺畅。

（二）能参与的扶贫

长期以来，政府是我国贫困地区旅游扶贫的主导力量，企业在竞争中具有先天的优势，且由于与政府良好的“关系”，能够极大地主导有利于自身的旅游产业格局，因此能在旅游发展中获得极大的利润。通常，政府驱使村民搬离、引入企业投资，然后“圈地卖票”、政企共赢是主要的旅游开发方式；丧失传统生计方式的原著居民，“由于缺乏政府有效支持而被排斥在旅游发展及决策之外，无法分享到旅游发展带来的收益”（Swain，1995）③。民族村寨旅游融贯了社区居民与旅游吸引物之间的关联，旅游村寨的居民仍然从事着传统的农业生产，过着原生的乡野生活，但却成为了游客“凝视”的对象。民族村寨是能够通过共同目标及集体活动等“需求性动力”形成的具有极强“内聚力”的特殊群体（曹兴平，2016）④，是自然山水、田园林木、建筑民居等有形资产与乡野逸事、民俗传统、行为规范等无形资产的综合体。旅游推动了村寨各种要素的整合，使得村民能够依托经济、土地、房屋及无形的民族传统文化等资

① Dean Mac Cannell. 旅游者：休闲阶层新论［M］. 桂林：广西师范大学出版社，2008：6.

② Oakes T. Tourism and modernity in China［M］.London U K：Routledge，1998：68.

③ Swain M B. A comparison of state and private artisan production for tourism in Yunnan［A］//Tourism in China：geographic，political，and economic perspectives［C］. Boulder Colorado USA，Wcstview Press Inc.，1995：223-233.

④ 曹兴平 . 民族村寨旅游社区参与内生动力实证研究［J］. 贵州民族研究，2016（3）：166-170.

本要素，主动或被动地参与到旅游发展中，促进贫困的消除。葛荣玲（2014）指出，旅游的兴起为偏远而封闭的村寨带来了发展的机遇，使得“曾经的劣势变成了优势，相对‘原生态’的族群文化景观成了旅游开发不可多得的资源，当地人从中看到了希望”[①]。依托社区的旅游扶贫所具有的内生可能，在村寨旅游发展中，村民是否受益且愿意合作、合作的程度如何，是民族村寨旅游是否能够真正得以发展及发展水平如何的重要标志。

（三）有尊严的扶贫

与动物相区别的独立能力是人拥有尊严的基础，对“尊严”的探究，是人类文明的永恒价值追求。帕斯卡尔指出，“人的全部尊严就在于思想”[②]，席勒指出，尊严就是“精神自由在现象中的表现”[③]。康德对尊严的理解达至巅峰，认为“超越一切价值之上，没有可替代的等价物，才是尊严”[④]。马克思和恩格斯批判了先验、虚无的尊严观，认为尊严受到其所在历史的规定及限度，尊严的基础是实现个人，标志是社会进步[⑤]。杰克逊（2015）呼吁：“无论我们多么贫穷或卑微，无论多么孤独，我们都还是这个社会的真实一员，是政治性动物！”[⑥]贫困，不仅是经济上“捉襟见肘”“它首先是一种人与人之间的关系”（萨林斯，2009）[⑦]。旅游精准扶贫的目标，也并非仅仅是帮助穷人增加经济的收入，更重要的是通过旅游发展增强自身的能力和自信。以往的扶贫实践，“往往以工业文明的价值观和消费观凝视乡村”（李锋，2018）[⑧]，或者仅仅关注旅游开发及经济收入提升，忽视了对人能力的提升。贫困不仅是物质上的，更是观念上的，扶贫的最终目标在于使穷人过上有尊严的生活。旅游者进入，随之带来一些新的生活方式，激发村民通过不断的学习和变革适应，实现了“离土不离乡”的现代化。阳朔的“月亮妈妈”，只有小学三年级的文化水

---

① 葛荣玲.景观的生产：一个西南屯堡村落旅游开发的十年［M］.北京：北京大学出版社，2014：7.
② 帕斯卡尔.思想录［M］.北京：商务印书馆，1985：157–158.
③ 席勒.秀美与尊严［M］.北京：文化艺术出版社，1996：42.
④ 康德.道德形而上学原理［M］.上海：上海人民出版社，2002：54.
⑤ 马克思，恩格斯.马克思恩格斯文集：第2卷［M］.北京：人民出版社，2009：246.
⑥ 约翰·布林克霍夫·杰克逊.发现乡土景观［M］.北京：商务印书馆，2015：60.
⑦ 马歇尔·萨林斯.石器时代经济学［M］.北京：生活·读书·新知三联书店，2009：36.
⑧ 李锋.旅游扶贫导引下的后现代乡村重构逻辑与路径［J］.扬州大学学报（人文社会科学版），2018（22）：4.

平，却在旅游发展中掌握了11国语言。村寨旅游扶贫的核心是依托本民族地方文化、社会环境、人文社会等地方基因，通过旅游业的发展有效激活民族村寨的资源、人力及发展动力等内在因素，推动地方的文化交流、经济发展及社会进步，让当地村民能够有机会、有能力、有自信、有尊严地获得生计的可能，这样的扶贫方式与传统单纯的救济式扶贫有着本质的区别。

（四）包容性的扶贫

费孝通指出，中国传统社会每个人都是“关系中的人”[①]。现代化浪潮下的农村劳动力形成了阶段性的迁徙，“离土又离乡”的外出务工收入成为农村家庭的主要收入，乡村社会日渐陌生化和疏离化，“脱臼中断了原来的生活模式和社会关系，……人们背井离乡而陷入贫困，身份认同遭遇威胁”（迈克尔·塞尼等，1996）[②]。对此，贺雪峰（2013）分析，当今中国农村“差序格局”正在解体，村寨社会经济格局的演变已成为难以阻挡的现实[③]。如何在新的时代背景下，调适社会关系推动村寨社会经济关系的和谐发展，是需要考虑的现实命题。旅游在客观上促进了不同地域、民族及国度之间的文化交流，旅游经济社区相较而言有更多的包容性和多元性，在旅游市场驱动作用下，能够更好地重构和梳理村寨的社区关系及层级，使处于“震荡”中的村民能够较好地适应新的社区结构，并在这个过程中重新建立权利和利益关系。

（五）内生性的扶贫

2020年，扶贫攻坚取得阶段性胜利，中国将实现全面小康，但“饱而复饥、暖而复寒”的返贫现象能迅速吞噬扶贫的成效，形成资源、人力、政策等的无谓消耗，削减脱贫的勇气及信心。2016年，全国因病返贫的人口高达553万户734万人[④]，因赌、因创业、因婚、因学返贫等现象仍然十分严重。根据对部分民族村寨贫困户的问卷调查，其收入来源中具有“造血功能”的打工收入及家庭经营性收入与具有“输血功能”的扶贫资金及政策补贴基本持平（见

① 费孝通．乡土中国，生育制度，乡土重建［M］．北京：商务印书馆，2011：23.

② 迈克尔·塞尼，陈思．社会整合与人口位移：社会科学的贡献［J］．国际社会科学杂志，1996（1）：99-122.

③ 贺雪峰．新乡土中国［M］．北京：北京大学出版社，2013：63.

④ 中国经济网．十二届全国人大常委会第二十九次会议审议国务院关于脱贫攻坚工作情况的报告国家计生委主任李斌的专题质询［EB/OL］．（2017-8-30）．http://tuopin.ce.cn/news/201709/01/t20170901_25627269.shtml.

图 2-7），贫困户的自我“造血”功能仍然十分薄弱，“扶贫奶一断，立马返贫”。这一方面反映了我国贫困地区缺乏增收致富的产业，或者产业不兴；另一方面，由于民族地区传统文化及生计方式难以适应植入的扶贫产业，在扶贫开发过程中演绎出新的社会经济问题（王晓毅，2015）[①]。

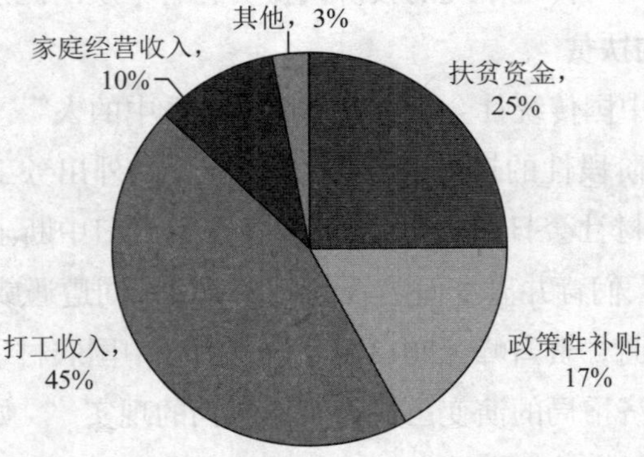

图 2-7 贵州部分民族村寨中贫困户的收入来源占比

Figure 2-7 Proportion of Income Sources of Poor Households in Some Ethnic Villages in Guizhou

数据来源：根据问卷调查笔者自绘。

民族村寨拥有良好的自然生态及独特多彩的民族文化，天然具有旅游资源的特性，更为重要的是，民族村寨本身就是各民族人民生产生活的场域，是民族文化、生态文化及社会经济的自然耦合体。在特定的市场条件中，充分发挥民族村寨的特色文化优势，开发优质旅游产品，形成特色旅游文化产业，不仅是具有内生性的旅游脱贫路径，更是特色民族村寨文化延续、人丁繁衍的可持续路径。

（六）可创新的扶贫

传统依托风景名胜的观光游览正在让游客产生疲劳，对于“远方”的朝圣将演绎为中国人追崇的旅游模式。根据“马蜂窝”的调查数据显示，“传统景点的搜索热度上涨了 56.3%，而具有 IP 属性的景点的涨幅却达到了

① 王晓毅. 反思的发展与少数民族地区反贫困：基于滇西北和贵州的案例研究［J］. 中国农业大学学报，2015（4）：5-14.

135%”（郑茜，2019）[①]。村寨，是最具有IP特质的深度旅游资源，其不断创新的文化遗产将成为推动扶贫走向纵深的动力资源。不少民族村寨是传统民族文化工艺的主要基地，2018年，文化和旅游部、工业和信息化部联合公布了“第一批国家传统工艺振兴目录”；同年，《关于支持设立非遗扶贫就业工坊的通知》出台，鼓励拥有一定工艺基础及市场前景的老少边穷地区民族村寨，通过复兴传统工艺，带动就业并增加贫困人口收入，实现“扶智”与“扶志”的结合。以贵州为例，仅2017年，手工业产值就突破60亿元，实现百万余人就业。通过强化乡村振兴与文化遗产复兴的同构关系，推动传统的复兴与创意造物的践行，村寨旅游扶贫正在走向“狠、稳、准”的新阶段。

第四节 民族村寨旅游扶贫的可行性及局限性

一、民族村寨旅游扶贫的可行性

大多数民族地区经济基础薄弱，产业规模和劳动吸纳能力十分有限。一方面，自我发展能力不足，且在自然地理条件和生态环境的约束下，难以借鉴工业化背景下其他地区成功的经验实现脱贫；另一方面，在长期环境适应中形成的族群文化，随着城镇化与现代化的发展渐渐丧失了满足生计的功能，不得不“从文化转型上求生路”（费孝通，1998）[②]。村寨旅游具有促进社会经济发展和实现民族团结的社会功能，民族村寨是旅游扶贫的对象和基础，“村”是我国旅游扶贫推进的基本单位（见表2-2）。

① 郑茜．少数民族文化与经济演绎双重变奏［DB/OL］．（2019-01-16）．http：//www.cssn.cn/mzx/201901/t20190107-4806884.shtml.

② 费孝通．从实求知录［M］．北京：北京大学出版社，1998：65.

表 2-2 八个民族省（区）乡村旅游扶贫重点村

Table 2-2 Rural Tourism Poverty Alleviation Key Villages in 8 Ethnic Provinces

省（区）	建档立卡贫困村（个）	辐射建档立卡贫困户（户）	辐射贫困人口数（人）
内蒙古	565	36270	96201
广西	688	83245	325363
贵州	2422	324014	1076563
云南	1619	310812	1125635
西藏	1055	34032	119800
青海	594	35652	118507
宁夏	89	13678	51320
新疆	754	90061	329969

数据来源：国家旅游局. 关于印发乡村旅游扶贫工程行动方案的通知［EB/OL］.（2016-08-11）. http：//www.cpad. gov.cn/art/2016 /8/11/art_1747_672.html.

（一）能打破“富饶的贫困”的悖论，激活资源价值实现经济增长

我国的资源分布具有明显的地域性，民族地区资源富集，水利资源、草原面积、森林面积及木材储量分别占全国总量的66%、75%、47%和51.1%。民族地区还是珍稀动植物资源的重要栖息地，矿产储量非常丰富，品种多、品位高，在全国占有重要地位。同时，民族地区人文历史悠久，各族文化异彩纷呈，旅游资源禀赋极高，具有极大的旅游发展潜力（见表2-3）。

表 2-3 民族地区高品质旅游资源

Table 2-3 High-quality Tourism Resources in Ethnic Areas

单位：个（处）

资源类型	全国	新疆	云南	贵州	西藏	内蒙古	广西	青海	宁夏
国家5A级景区	250	12	8	5	4	4	5	3	4
国家4A级景区	1280	72	73	63	11	98	143	19	16
国家历史文化名城	135	5	6	2	3	1	3	1	1
国家级风景名胜区	244	6	12	18	1	2	3	1	2

续表

资源类型	全国	新疆	云南	贵州	西藏	内蒙古	广西	青海	宁夏
优秀旅游城市	337	13	7	7	1	11	13	2	1
国家级自然保护区	437	10	6	9	11	29	23	7	9
世界人与自然生物保护圈	26	1	2	2	1	3	1	0	0
国家森林公园	660	7	25	6	1	14	12	4	3
世界地质公园	35	1	25	1	0	3	1	1	0
国家地质公园	206	8	11	10	0	12	11	7	1
生态博物馆	16	0	1	4	0	1	10	0	0
世界遗产	53	2	5	5	1	1	2	1	0

注：资料来源：国土资源部官网、国家旅游局官网、中国旅游信息网等网站；时间截至2018年12月12日。

民族地区又是我国扶贫攻坚的主战场，“富饶的贫困”是基本特点。2008年《全国生态脆弱区保护规划纲要》提出八大生态脆弱区，基本涵盖了我国少数民族省份。这些地方经济落后、贫困程度深、人们的发展愿望强烈，但是“由于大多是生态过渡区和植被交错区，生态环境十分脆弱，只能实行限制性及保护性开发”（杨德进等，2016）[①]。早期经济理论认为，自然资源（尤其是矿产资源）是工业发展的前提和经济起步的基础，“资源诅咒”假说则对此提出挑战，认为在某些情况下，丰富的资源可能成为经济发展的阻碍，要想逃离“诅咒”，“将资源保留在地下”是最佳选择。民族村寨大多位于“老、少、边、山、穷”地区，自然条件差，经济发展起点低，传统产业薄弱，人民群众困难多，人地矛盾十分突出。同时，由于自然景观及文化习俗人类经济活动影响小，生态和民族旅游资源丰富，旅游业可以成为新的经济发展增长点。我国

① 杨德进，白长虹，牛会聪.民族地区负责任旅游扶贫开发模式与实现路径［J］.人文地理，2016（4）：119–126.

2000年以来实施的“国家旅游扶贫试验区”建设和2014年开始实施的“乡村旅游富民工程”，民族村寨旅游将在激活地方资源价值、推动资源价值增值及社会经济发展等方面起到巨大作用。

（二）能增加贫困人口享受公共服务，获取社会保障和福利的机会

长期以来，民族村寨居民的生活环境差，住房、饮水、厕所、排污、垃圾处理等基本社会生活得不到保障。不少民族村寨均为木质或石土结构，在特殊的地理环境中极易受到暴雨、泥石流、大风、严寒等恶劣天气的威胁，村民栖息之所随时面临着危险。

村寨旅游发展，符合产业发展需求的基础设施建设是根本。首先，打通游客通道是贫困地区发展旅游的起点。交通的便捷性是高效、强势的政治团体形成的基础，交通不便的人们注定会被政治排斥在外。杰克逊（2015）指出，邻里或乡间的道路网络是任何一个健康政治景观的必备要素[①]。为解决游客的进入性，政府相关部门会优先集中资金建设交通、水电、通信等基础设施。其次，旅游为村民带来了社会福利的改进。对于民族村寨而言，旅游带来了生活水平的提高，更为村民的生活增加了可能的机会。民族村寨旅游在推动旅游基础设施建设及完善的同时，客观上也能够极好地改善村寨居民的人居环境，给村民带来实际的福祉。

（三）能变革民族地区落后思想文化，提升贫困人口自我发展能力

我国少数民族地区多位于偏远的山区，资源贫乏、交通阻塞、信息不畅、基础设施建设滞后，整体教育文化水平相对较低。以小农经济、高度自给自足为特质的村落，在环境、经济、政治、文化上都处于和谐状态，依托于自然生态环境的家庭结构、生计模式、社会组织及文化信仰相互耦合，形成一个相对稳定的低经济水平的社会循环系统。笔者访谈中，帮扶干部讲到这样一个事件：“我帮扶的那家贫困户，有三口人，一个老母亲快80岁，两个儿子都是50多岁。有一次我到他们家，都快中午11点了，老太太正在做饭，两个儿子都还在睡觉，老太太做好饭还要去喊他们才起来吃饭。我就给她家讲，打算想办法给两个儿子找个工作。老太太说不用，如果要帮她家就给她的两个儿子讨个

① 约翰·布林克霍夫·杰克逊.发现乡土景观［M］.北京：商务印书馆，2015：60.

媳妇。”（帮扶干部 LDN 语）[①] 在长期封闭的生存环境中，不仅泯灭了人发展的机会及资本，更泯灭了人发展的希望。

萨克斯（2007）指出：“终结贫困不仅是苦难的结束，更需要穷人登上发展的阶梯，获得发展的机会和希望。”[②] 村寨旅游扶贫模式，依托村民自身熟悉的生活语境，从事着与日常差别不大的相关劳作，外界思想的进入开阔了眼界、解放了思想，也转变着观念。例如，苗族的传统理念坚持平日不能随意动芦笙，否则会招来祸害。贵州雷山县郎德上寨在旅游开发之初，吹芦笙迎客项目遭到了村寨居民的强烈反对，甚至周边村寨以堵水、围寨等方式试图阻止。后来在郎德村支书说服“鬼师”做思想工作才使得活动得以开展，正是这次大型的芦笙迎客活动极大地提升了郎德的知名度，使得该村不但没有招来“祸害”，反而因旅游走上致富之路。妇女和老人等弱势群体，由于资本存量低，想要“被资本化”而收益困难重重，这部分人是贫困群众的主体。旅游的服务性及文化性，使得老人、妇女等原来社会中的弱势群体，通过掌握的技能为游客提供服务，获得额外的经济收入的同时，身份地位得到认可，在社区中的自主决定权得以提升。以西江苗寨为例，全村 2300 多名妇女，参加农家乐接待、歌舞表演、苗族刺绣、银饰售卖的就多达 1500 余人，从迎客、接待、敬酒、餐饮、展演到保洁、客房服务等，全村 65% 的妇女参与其中，苗家传统“男主外，女主内”的家庭分工模式正在受到威胁。一位在家做家务的男主人不情愿地说道：“不在家带仔咋个办？家头要花钱嘛！你看现在我们这里家家都在搞旅游，人家外面来的老板招工又只招女的，要唱歌、敬酒、跳舞、打扫卫生这些，一天到晚不落家。”（西江村村民 YFG 语）[③]

“发展”不是去改变他者立竿见影的行动，而是基于文化自觉的内生；经济发展是扶贫的基础，但并不是唯一目标。少数民族展示了传统技艺和能力，并因此而获得经济收益及社会尊重和认可。一方面，市场体现和尊重了人的社会价值，使村民在旅游产业系统中通过分工合作，更好地和谐融入旅游为核心的生态社会中；另一方面，村民对于自己的民族文化和传统产生了自信，并为

① 2018 年 7 月 28 日，对纳雍县帮扶干部 LDN 的访谈；地点：纳雍县政府。
② 萨克斯 . 贫穷的终结［M］. 上海：上海人民出版社，2007：35-54.
③ 2019 年 5 月 25 日，对黔东南西江村村民 YFG 的访谈。

了适应旅游的市场需求，传统文化技能获得新的发展空间。

（四）能创造多层次的就业机会格局，推动贫困人口实现职业转变

劳动力无限供给的刚性与需求量的有限性，使得我国城市及乡镇企业的劳动吸纳能力渐趋饱和，农村隐蔽性失业问题凸显，对社会经济发展造成重要隐患。旅游具有“一业兴，百业旺”的产业特点。在村寨旅游发展中，游客通过消费带来了资金的注入，利用旅游产业关联性强的特点，撬动了其他经济的发展。

发展村寨旅游能够有效解决农村产业空心化，带动就业，稳定农村社会经济结构，缓解城市就业压力，对于推动旅游富民及社区和谐发展具有重要意义。国内外的案例已经证实，发展民族村寨旅游对于村民充分就业具有重要作用。例如，常年失业率在30%左右的南非的Matatiele，随着“自己把握梦想”旅游计划的开展，共创造了800个临时就业机会。第一，村寨旅游发展能够孵化大量的小微本土企业，为农民创造“离土不离乡”的就业就会，对于解决当地村民、妇女、残障人士、低文化程度的培训及就业等方面的作用尤其突出。第二，为外出务工者提供了返乡创业的平台。目前，很多乡村社区出现了一个被称为“新乡村主义者”的群体，他们有乡土情结，也有城市视野，经营的产业能够让村民知道方向及希望，也能够让城市人品味乡愁及山野，是村寨旅游扶贫“最后一公里”的重要纽带。第三，推动村寨居民的职业转变。在西部自然条件恶劣、土地资源稀缺且贫瘠，靠土地谋生活的劳动力成本十分高昂，“面朝黄土，背朝天”是世代农民唯一且不得已的选择。坎贝尔（2016）说过：“最坏的生活是没有选择的生活，最愉快的生活是具有最多机会的生活。”[①]旅游业具有较好的职业进入性，其产业的发展正好为现代技能缺失、文化水平不高又不愿意从事农业生产的乡村妇女、年轻人创造了就业的机会，让村民拥有了可能改变完全依靠土地的机会与选择。

① 胡柳．乡村旅游精准扶贫研究［D］．武汉：武汉大学，2016.

二、民族村寨旅游扶贫的局限性

（一）村寨旅游扶贫的条件

大多数民族村寨经济基础薄弱，发展水平相对较低，产业规模和劳动力吸纳量十分有限。民族地区自我发展能力不足，且在自然地理条件和产业环境的约束下，难以借鉴工业化背景下其他地区成功的经验实现脱贫。民族村寨旅游，通过激活民族文化和自然生态资源，为当地村民找到了资源的比较优势，创造了离土不离乡生计机会，村民通过参与旅游发展成功实现脱贫致富。但是，民族村寨旅游仅仅是众多产业脱贫模式中的一种，而且，并非所有民族村寨都可以通过旅游发展而脱贫，也并非所有民族村寨都达到了满意的脱贫效果，村寨旅游扶贫并不能解决民族地区面对的所有贫困问题，受到诸多条件的限制。民族村寨旅游要具有扶贫的功能，需具备以下条件（见图 2–8）：

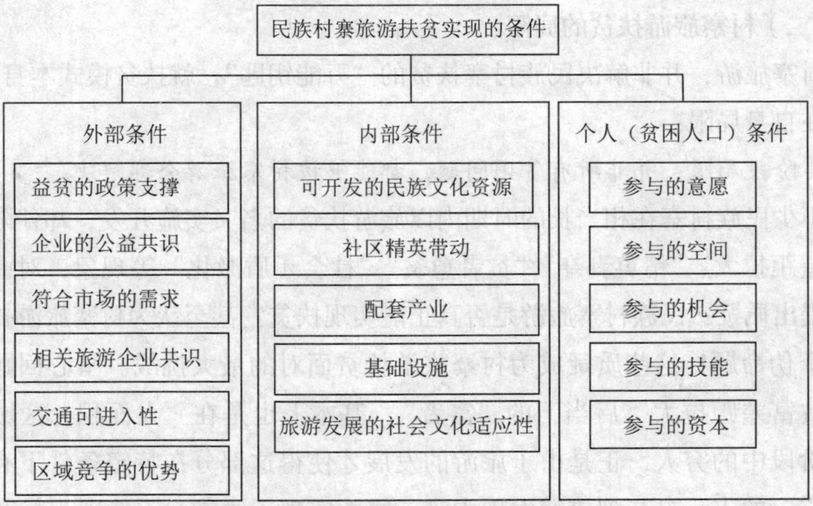

图 2–8 民族村寨旅游扶贫实现的条件

Figure2–8 Conditions for Poverty Alleviation in Ethnic Village Tourism

注：笔者自绘。

首先，从外部条件来看，包括：（1）需要政府制定相关益贫政策，同时需要以逐利为核心的企业具有社会公益共识；（2）市场导向是旅游产业的核心，村寨旅游产品能够符合市场需求，与相关旅游企业形成共识，特别是能纳入旅行社的旅游线路规划;（3）交通可进入性，特别是与主要的客源地具有良好的可达性;（4）一定区域内的村寨往往在资源上具有较大的同质性，因此，民族村寨还必须具有区域内的竞争优势。

其次，从内部条件来看，包括:（1）优质旅游资源。独特的民族文化是村寨旅游扶贫的重要基础，虽然文化具有可建构性，但即使是新建的旅游村寨和移民村寨，也需要以村寨主体原生的民族文化为建构基础;（2）社区有产业精英，能够对村民参与旅游发展起到示范及带头作用;（3）配套产业及基础设施。有与旅游相关的配套产业、具有一定接待能力和水平的旅游接待设施;（4）社会文化适应性。具备能够接纳旅游产业嵌入及外来游客的社区环境。

最后，从贫困个体来看，旅游脱贫不具有必然性，前提必须是贫困人口拥有旅游参与的意愿、机会和空间，同时具备参与旅游的资金、资产或技能等一技之长，是村寨旅游能够解决贫困的个人条件。

（二）村寨旅游扶贫的局限

村寨旅游，并非解决民族村寨扶贫的“万能钥匙”，就扶贫模式本身而言，亦存在自身局限：

1. 阶段局限：并非所有贫困问题，都能够被村寨旅游全部解决

不少民族村寨在相当长的时期内以旅游扶贫的名义实施开发，却伴随出现贫富差距拉大、“精英剥夺”“贫者愈贫”“社会矛盾激化”等现象，对此，有学者提出质疑：民族村寨旅游是否真正能实现扶贫？甚至认为村寨旅游扶贫就是一个伪命题！这些质疑成为村寨旅游扶贫面对的最大挑战。平心回顾，所谓“贫富差距拉大”后当下的“富者”，基本上也是在“大面积、区域性贫困”阶段中的穷人，正是由于旅游的发展才使得这部分在特定条件下有“一技之长”的人，参与到旅游发展中来，继而实现了脱贫。不能因为村寨旅游没有在一定时期解决所有人的贫困，就因此否定其对贫困减缓的作用。正如Goodwin（2007）批评道：否认旅游扶贫的学者因为学术争议而无视旅游自身的性质，将应该以何种方式通过旅游发展帮助穷人的困惑作为不发展旅游的理由[①]。因此，需要正视民族村寨旅游扶贫在特定阶段解决贫困能力的局限，充

① Goodwin H. Measuring and reporting the impact of tourism on poverty［A］// D Airey，J Tribe J. Tourism Research：New Direction，Challenges and Applications［C］. Oxford：Elsevier. 2007：63-75.

分认识村寨经济发展的主要矛盾，最大限度发挥旅游扶贫的经济能效，逐步破解贫困。

2. 市场局限：并非所有民族村寨，都可通过旅游发展实现脱贫

可供开发的资源、可行的交通和基础条件及有旅游发展意愿的村民，是民族村寨旅游发展的前提，然而，并非所有民族村寨都在特定时期能够同时具备这些门槛进入条件，即使具备这些条件也并不就能实现村寨旅游扶贫的优质发展。今天，随处可见地方政府及相关报道对旅游推动地方社会经济发展、带动农民脱贫致富的宣传，旅游似乎成为经济落后地区摆脱贫困的“救命稻草”。低水平盲目效仿难以获得市场认可的旅游项目，使贫困地区政府财政不堪重负的同时也增加了群众的负担，成为一个“难以摆脱的包袱”（陈兴贵，2006）[①]；另外，将整个地方经济发展的重任都强压在旅游上，一厢情愿地认为只要建设起旅游设施就能带来旅游收益，完全无视旅游市场的特点，也使得旅游产业不堪重负。无视市场需求，无法与旅游企业对话的“一厢情愿”的发展模式，只会无谓地消耗民族村寨旅游发展的“元气”，进一步衍生发展后劲不足、发展路子收缩、品牌效应乏力等问题。

3. 产业局限：并非所有旅游产业，都应该成为村寨的主导产业

健康的经济生态是一个村寨健康的基础。不少民族村寨因为旅游的发展而放弃了传统农业，由农业村寨转型为旅游村寨，但并不意味着所有民族村寨都具有这样的条件。对于乡村民族社区来说，旅游是一种嵌入传统生活的经济活动，它有其自身发展的门槛及条件、关联及机制、规律及能限。依托旅游实现扶贫，必须尊重其内在的规律。从一定程度上看，旅游仅仅是推进村寨社会经济多元化的补充，依托其具有良好的产业关联性的特点，为低经济效率的传统农业向高经济效率的现代产业搭建了平台，让生活在传统社区中的居民拥有了多样化的生计战略。此外，旅游的发展，离不开传统产业的支撑，特别是在一些偏远的民族社区，完全用旅游发展取代一切其他产业经济方式，是非常危险的！

① 陈兴贵．民族旅游开发中应注意的几点问题［J］．贵州民族研究，2006（3）：33-37.

4. 模式局限：并非所有民族村寨，都适合打造成核心旅游景点

村寨旅游扶贫模式并非均适合打造成核心旅游景点，不同的民族村寨在资源禀赋、地理区位、产业优势等方面存在较大差异，必须充分考虑旅游产业的系统结构，通过差异化的发展战略，将各村寨个体整合进立体旅游产业体系之中。特定区域内同质化，只会加剧不必要的竞争，带来地方经济不必要的抵耗。部分具有良好资源及区位条件的村寨，可以建设成符合市场要求的民族特色旅游村寨；依托景区的民族村寨，则可以通过配套服务功能的完善，通过对于景区的分流形成景区配套旅游村寨。此外，还可以依托自身交通、产业加工、传统农业等优势，形成配套地方旅游发展的交通接待旅游村寨、产业基地旅游村寨及农业观光旅游村寨等，通过旅游接待、产品加工、物资供应、种养殖发展等方式，丰富地方旅游产品，带动脱贫致富并构建起“全域旅游”空间结构。

本章小结

民族村寨旅游扶贫能够推动打破社会原生的贫困均衡，构建起幸福和谐的富美乡村；能够帮助村民从低物质的原生幸福，走向高物质均衡的次生幸福。与其他扶贫方式相比较，就地化、能参与、有尊严、包容性及可创新是民族村寨旅游扶贫的重要特征。民族村寨旅游通过打破“富饶的贫困”，激活资源价值实现经济增长；通过提供社会公共服务，让贫困人口获得社会保障及福利改进的机会；通过思想文化的变革，提升贫困人口的自我发展能力；通过就业机会的创造，实现贫困人口的职业转变。但是，村寨旅游无法破解民族地区贫困面临的所有问题。扶贫是一项立体综合工程，旅游，不是解决民族村寨社会经济发展一切问题的灵丹妙药，仅仅是推进村寨社会经济多元化的补充，它为低经济效率的传统农业向高经济效率的现代产业搭建了平台，让生活在传统社区中的居民拥有了多样化的生计战略。它仅仅是一个产业，因其极强的产业关联度，在这个特殊的需求时代能够为民族村寨改变传统生计格局创造条件。因此，一个真正“健康”的民族社区，应该是一个多元的产业体系，具有自我衍生及分散风险的能力。

第三章　贵州民族村寨旅游扶贫的现实选择及发展阶段

第一节　贵州民族地区的贫困

贵州，简称“黔”或“贵”，位于我国西南地区云贵高原东部，与川、渝、湘、滇、桂五省（区）为邻，是典型的喀斯特山区，山地（丘陵）面积达92.5%，喀斯特（出露）面积达61.9%。全省土地贫瘠破碎，耕地严重不足，“八山一水一分田”是典型写照。贵州先后经历了郡国并立、经制州、羁縻州、与藩国并存、土流并治等社会历史阶段，于1413年（明永乐十一年）设贵州布政司，正式成为13个省区之一[①]。1949年12月26日，贵州省人民政府成立。贵州民族地区主要包括3个自治州及11个自治县，见表3-1：

表3-1　贵州民族自治州（县）

Table3-1　Guizhou Ethnic Autonomous Prefecture（County）

单位：平方千米

民族自治地方	土地面积	民族自治地方	土地面积
黔西南布依族苗族自治州	16804	紫云苗族布依族自治县	2284

① 贵州省地方编纂委员会.贵州省志·民族志［M］.贵阳：贵州民族出版社，1999：1.

续表

民族自治地方	土地面积	民族自治地方	土地面积
黔东南苗族侗族自治州	30337	威宁彝族回族苗族自治县	6296
黔南布依族苗族自治州	26197	玉屏侗族自治县	516
道真仡佬族苗族自治县	2156	印江土家族苗族自治县	1961
务川仡佬族苗族自治县	2773	沿河土家族自治县	2469
镇宁布依族苗族自治县	1703	松桃苗族自治县	2861
关岭布依族苗族自治县	1468	三都水族自治县	2384

数据来源：贵州省民委。

一、贫困面积大，贫困程度深

传统贵州“天无三日晴，地无三尺平，人无三分银”，在农业文明和工业文明历程中，由于农业资源不足，生态条件脆弱，产业覆盖遗漏，与中、东部地区的差距拉大，是典型的西部欠发达省份及“全国贫困人口最多、贫困面最广、贫困程度最深、扶贫开发任务最重的省份”[①]。

（一）贫困面积大

扶贫开发前，贵州呈现整体贫困的特点，“六山”[②]是主要的贫困地区。《中国农村扶贫开发纲要（2011—2020）》的实施，收缩了贵州的贫困面积，逐步形成“武陵山片区贵州贫困区、乌蒙山片区贵州贫困区及滇桂黔片区贵州贫困区”三大片区（见图 3-1），占全省 86.3% 的贫困人口分布在这三大片区，贫困治理复杂（见表 3-2）。

① 贵州省发展和改革委员会 . 贵州省扶贫异地搬迁工程实施规划（2016—2020）[R].2016.
② “六山”即麻山、瑶山、雷公山、月亮山、乌蒙山和武陵山。

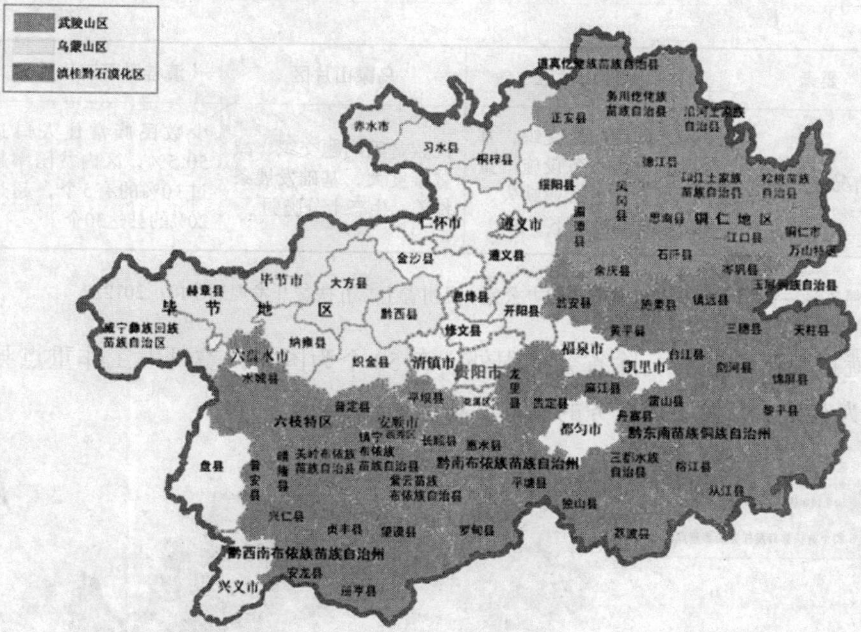

图 3-1 贵州省集中连片特殊类型贫困区域分布

Figure 3-1 Distribution of Special Types of Poverty in Guizhou Province

资料来源：贵州省扶贫开发领导小组办公室 . 贵州省“十二五”扶贫开发规划［R］.2012.

表 3-2 贵州省集中连片特殊类型贫困区的基本情况

Table 3-2 The Basic Situation of Special Types of Poverty Areas in Guizhou Province

要素	武陵山片区	乌蒙山片区	滇桂黔石漠化片区
建档贫困人口（万）	129.5	182.3	345.4
县（区、镇）（个）	16	11	44
面积（万平方千米）	3.14	3.24	8.67
占全省面积（%）	17.8	18.4	49
主要少数民族	土家、苗、侗、仡佬等	彝、苗、回等	苗、侗、布依、水、土家、仡佬、白、回等

续表

要素	武陵山片区	乌蒙山片区	滇桂黔石漠化片区
贫困情况	民族贫困问题交织，基础及公共服务设施严重不足，特色产业缺失，区域发展极度不平衡	民族贫困问题交织，减贫难度大，基础发展条件差，生态十分脆弱	少数民族常住人口达50.5%，区内贫困率超过30%的有5个，超过20%的县达30个

资料来源：贵州省扶贫开发领导小组办公室 . 贵州省十二五扶贫开发规划［R］.2012.

就行政区域来看，除省会贵阳外，有 50 个为国家扶贫开发工作重点县，33 个为有扶贫开发工作任务的非重点县（见图 3–2）。

图 3–2　贵州省国家扶贫开发工作重点县分布图

Figure 3–2　Distribution Map of Key Counties in Guizhou Province' s National Poverty Alleviation and Development Work

资料来源：贵州省扶贫开发领导小组办公室 . 贵州省"十二五"扶贫开发规划［R］.2012.

其中，毕节和黔东南的贫困人口占到了全省的 40.5%，贫困程度尤其深重。毕节、黔东南及铜仁市的贫困村数量均达到1000个以上，黔东南的贫困发生率甚至高达21.7%（见表3–3）。

表3–3　贵州九个地州市的农村贫困面状况

Table 3–3　Rural Poverty in Nine Prefecture Cities of Guizhou

地区	贫困村（个）	贫困人口		贫困发生率（%）	贫困发生率比上年下降（%）
		总量（万人）	占全省比（%）		
全省	9000	493.00	—	14.0	4.0
毕节市	1981	115.45	23.4	16.5	3.3
黔东南州	1853	84.32	17.1	21.7	4.9
铜仁市	1565	58.32	11.8	15.5	5.1
黔南州	836	58.29	11.8	16.5	4.2
遵义市	871	55.83	11.3	8.4	2.4
黔西南州	629	43.23	8.8	13.8	4.7
六盘水市	615	41.65	8.5	15.7	3.9
安顺市	583	34.39	6.5	13.7	4.0
贵阳市	67	1.52	0.3	0.8	1.0

数据来源：贵州省统计局．2015年贵州省贫困现状分析［R］．2016.

（二）贫困程度深

农业是人类社会生存的根本，耕地是维持农业生产最重要的生存资料。在农业时代，耕地质量优越的地区往往就会成为一个国家的政治、经济及文化中心。“刀耕火种”是贵州少数民族地区传统的耕作方式，民间称为“赶山吃饭”。正如《贵阳府志》所述：“山田硗瘠，咸居于陂陀、峭壁之间仅可植蜀黍、红稗诸杂粮，故山农尤苦。”[①] 特别是麻山、瑶山及乌蒙山片区，粗放的生产方式往往伴随着简单而传统的生活适应方式，黄土黄泥坯、茅草房、杈杈房、干栏式窝棚等，聚落与土地的关系结构松散，社会结构原始，曾经是贵州传统村寨的社会特征。此外，常年的战争也是导致贫困的重要原因，“致使民

① 肖琯，等．贵州府志：一百一十卷［M］．咸丰二年．

众大批死亡或逃散，大姓夷为寒族，大村夷为小寨"[①]。可以说，近代贵州的发展史，就是一部反贫困的抗争史！（见表 3-4、表 3-5）

表 3-4　贵州深度贫困的现实

Table 3-4　The Reality of Deep Poverty in Guizhou

时间节点	贫困现实
1977年	人均粮食社会占有量不到250公斤，比全国水平少50公斤。人均粮食150公斤以下的生产队占34%，社员收入仅为46元，全国倒数第一
1978年	贵州人均GDP仅175元人民币，为全国平均水平的46.2%，人均工农产值全国倒数第一
1985年	农村贫困发生率高达57.5%
2002年	贵州贫困县的数量占全国的8.45%，国家级和省级贫困县的数量占全省88个县的94.32%
2011年	按2300元扶贫标准，贵州有贫困人口1149万人，贫困发生率33%，占全国近9.4%
2015年	贵州有493万贫困人口，是全国贫困人口数量最多的省份，占全国8.77%。全省88个县（市、区、特区）中，贫困发生率在10%以上的有61个
2019年	要确保再减少农村贫困人口110万人左右，实现17个左右贫困县摘帽

资料来源：（1）1977 年、1978 年、1985 年、2002 年数据来源于《贵州减贫志》《中国农村扶贫开发的新进展》；（2）2011 年、2015 年数据来源于《贵州省贫困现状分析》；（3）2019 年数据来源于《贵州省 2019 年脱贫攻坚工作要点》。

表 3-5　贵州省贫困面基本情况

Table 3-5　The Basic Situation of Poverty in Guizhou Province

年份	2010	2011	2012	2013	2014	2015
贫困县（个）	50	66	66	66	66	66
贫困乡（个）	934	868	740	568	409	190
贫困村（个）	13973	13973	13973	13973	9000	9000
贫困人口（万人）	418	1149	923	745	623	493
脱贫人口（万人）	137	60	226	178	122	130

① 常恩 . 安顺府志：三十二卷［M］. 咸丰二年 .

续表

年份	2010	2011	2012	2013	2014	2015
摘帽乡镇（个）	—	66	128	172	159	219
贫困发生率（%）	12.1	33.4	26.8	21.3	18.0	14.0

数据来源：贵州省统计局 .2015 年贵州省贫困现状分析［R］.2016.

（三）贫困发生率高

“深度贫困地区的扶贫、治贫和脱贫，是脱贫攻坚战‘最难啃的硬骨头’。”（杨一哲等，2019）[①] 贵州的深山区、石山区、高寒山区是我国贫困程度最深、贫困人口分布最集中的地区，贫困发生率在全国处于较高层级（见图 3–3）。

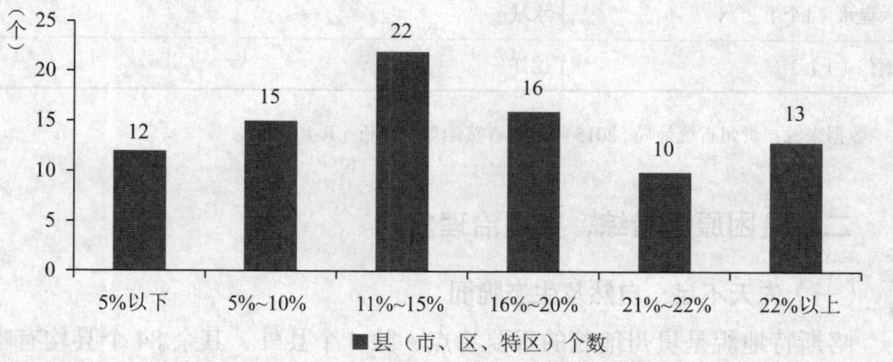

图 3–3　2015 年贵州贫困发生率的分布情况

Figure 3–3　Distribution of poverty incidence in guizhou in 2015

数据来源：贵州省统计局 . 2015 年贵州省贫困现状分析［R］. 2016；笔者自绘。

贵州的民族地区是全省社会经济发展的“洼地”。2001—2010 年，三个民族自治州（黔东南、黔南、黔西南）的农民人均收入与全省平均水平差距从 71 元增加到 200 元；与全国 30 个州平均水平差距从 2.5 元增加到 500 余元[②]。

① 杨一哲，陶珊珊 . 乡村振兴：改革经验、现实困境与推进策略——第三届中国县域治理高层论坛会议综述［J］. 贵州社会科学，2019（1）：162–168.

② 贵州省扶贫开发领导小组 . 贵州省“十二五”扶贫开发规划［R］.2013.

全省贫困程度最深（贫困发生率20%以上）的23个县中，有20个集中于三个自治州（见表3-6），“少数民族贫困人口占贵州贫困人口的70%”（胡朝相等，2011）①。

表3-6　贵州贫困发生率高于20%的县（市、区、特区）

Table 3-6　Counties (cities, districts, special zones) with poverty incidence higher than 20%

所属地州市	贫困发生率高于20%的县（市、区、特区）
黔东南苗族侗族自治州（13个）	榕江、台江、从江、三穗、丹寨、锦平、剑河、黄平、天柱、施秉、雷山、麻江、镇远
黔南布依族苗族自治州（5个）	三都、罗甸、望谟、荔波、长顺
黔西南布依族苗族自治州（2个）	晴隆、册亨
毕节（1个）	织金
六盘水（1个）	水城
铜仁（1个）	德江

数据来源：贵州省统计局．2015年贵州省贫困现状分析［R］．2016.

二、贫困原因错综，贫困治理复杂

（一）先天不足：自然及生态脆弱

喀斯特地貌是贵州地貌的重要特点，除4个县外，其余84个县均有喀斯特发育，土地资源贫乏，“连片面积达1万亩以上的坝子不足20个”（王永厅，2018）②。喀斯特基岩分布之广、厚度之大、所占比例之高全国首屈一指（见图3-4）。

① 胡朝相，单晓刚．贵州民族村镇的双重任务：保护文化，消除贫困［J］．理论与当代，2011（10）：22-25.

② 王永厅．中国西南喀斯特地区贫困治理问题研究——以Y县贫困治理实践为例［D］．西安：陕西师范大学，2018.

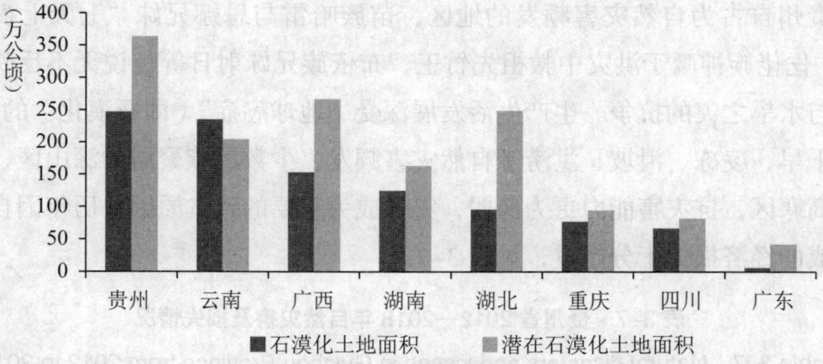

图 3-4　主要省份石漠化及潜在石漠化土地面积

Figure 3-4　Rocky Desertification and Potential Rocky Desertification Land Areas in Various Provinces

数据来源：国家林业和草原局．中国·岩溶地区石漠化状况公报［R］. 2012；笔者自绘。

由于土壤成分中 95% 能被水溶解而流失，土壤成土速度只有流失速度的 1%，"每形成一厘米厚的泥土，需要 2500~8500 年"（张茵，2014）[①]！贵州耕地土层薄，"石漠化、风沙大、烈日悬空雨难下，七分种、三分收、包谷洋芋度春秋"的生活状态，使农业现代化进程受阻，贵州农业水平基本上处于农业现代化的初级阶段（见图 3-5）。

图 3-5　2012—2018 年贵州农业产业增加值

Figure 3-5　Added value of Guizhou Agricultural Industry in 2012-2018

数据来源：贵州省统计局．贵州宏观经济数据库［Z］.2020-06-16；笔者自绘。

① 张茵．贵州：山与人的交响［J］．中国国家地理，2014（10）：47-62.

贵州自古为自然灾害频发的地区，苗族哈雷与思娜兄妹“七天七夜受洪水”、仡佬族神鹰于洪灾中救祖先竹王、布依族兄妹射日等传说无不反映了各民族与水旱之灾的抗争。生产生活发展深受“地球癌症”（即石漠化）的制约，贵州干旱、凌冻、滑坡、洪涝等自然灾害频发，少数民族聚居的深山区、石山区、高寒区，抗灾害能力更为薄弱，灾害成为重要的致贫原因，历年因自然灾害造成的经济损失十分严重，见表 3–7：

表 3–7　贵州省 2012—2018 年自然灾害及损失情况

Table 3–7　Natural disasters and losses in Guizhou Province from 2012 to 2018

年份	受灾人口（万人）	农作物受灾面积（千公顷）	农作物绝收面积（千公顷）	自然灾害造成直接经济损失（亿元）
2012	1227.66	552.7	67.42	66.21
2013	2162.62	1578.05	362.84	140.06
2014	1385.28	345.93	9.75	196.76
2015	581.03	217.06	31.65	73.76
2016	663.33	329.18	51.35	173.73
2017	532.43	257.29	40.79	60.25
2018	581.92	335	59	45.81

数据来源：贵州省统计局 . 贵州宏观经济数据库［Z］.2020-06-16.

资源承载力不足，是贵州重要的致贫原因。整个“十三五”期间，贵州省的迁出区与生态脆弱地区、地质灾害高发地区和地方病多发地区高度重合，资源承载力严重不足、公共服务严重滞后且建设成本过高、灾害频发易发、处在禁止开发区或限制开发区、地方病高发等，是异地搬迁的重要原因，见图 3–6：

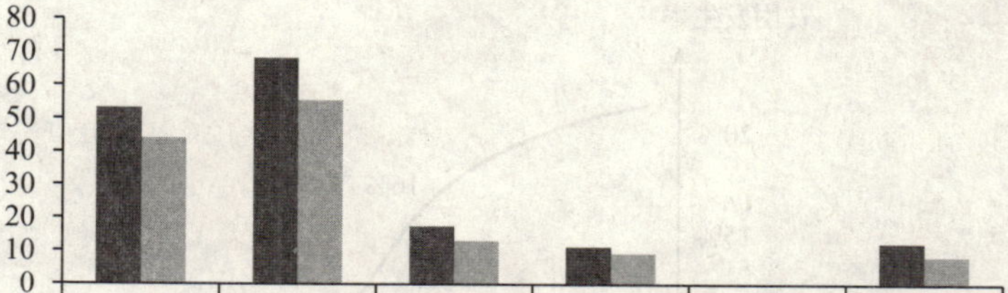

	资源承载力严重不足地区	公共服务严重滞后且建设成本过高地区	地质灾害频发易发地区	禁止或限开发地区	地方病高发地区	其他地区
■搬迁人口总规模（万人）	53.0781	68.1933	17.3993	11.2453	0.2341	12.3592
■建档立卡人口（万人）	44.07	55.49	13.05	9.43	0.18	8.25

图 3-6　贵州“十三五”期间异地搬迁不同原因人口分布

Figure 3-6　During the 13th Five-Year Plan period of Guizhou，different reasons for relocation population distribution

数据来源：贵州省发展和改革委员会 . 贵州省异地搬迁工程实施规划（2016—2020）[R].2016-12；笔者自绘。

（二）内生乏力：整体文化水平低

改善人口素质并增进知识是穷人福利改进的重要动力（舒尔茨，1990）①。世界银行研究发现，贫困发生率与家庭人口受教育程度呈正相关，受教育年限超过 12 年的家庭，基本不存在贫困（见图 3-7）。

贾林瑞等（2018）对我国集中连片特困地区的研究也发现，以教育为代表的能力贫困是引致贫困的深层次原因，受教育程度与贫困具有重要的相关性②（见图 3-8）。

① 西奥多 · W. 舒尔茨 . 论人力资本投资［ M ］. 北京：北京经济学院出版社，1990：58.

② 贾林瑞，刘彦随，刘继来，等 . 中国集中连[illegible]困地区贫困户致贫原因诊断及其帮扶需求分析［ J ］. 人文地理，2018（2）：85-93，151.

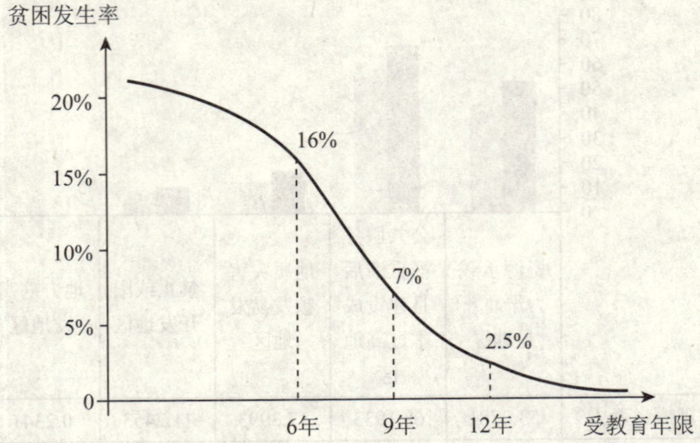

图 3–7　世界银行研究的家中受教育年限与贫困发生率关系

Figure 3–7　The World Bank Study Looked at the Relationship Between Years of Schooling at Home and the Incidence of Poverty

注：根据世界银行数据；笔者自绘。

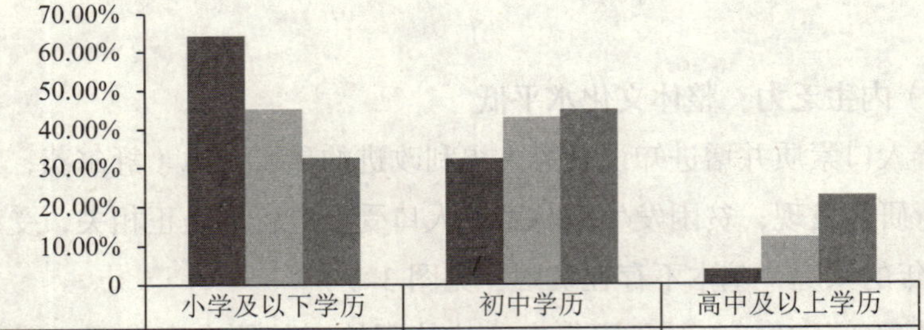

	小学及以下学历	初中学历	高中及以上学历
■贫困户	64.10%	32.20%	3.70%
■脱贫户	45.20%	42.90%	11.90%
■非贫困户	32.60%	44.90%	22.50%

图 3–8　11 个集中连片特困地区不同群体学历分布

Figure 3–8　Distribution of Educational Qualifications of Different Groups in 11 concentrated and contiguous poverty–stricken areas

数据来源：贾林瑞，刘彦随，刘继来，等. 中国集中连片特困地区贫困户致贫原因诊断及其帮扶需求分析［J］. 人文地理，2018（2）：85–93，151；笔者自绘。

教育落后、观念保守是贫困地区的共性。2017 年，贵州的文盲率居全国第二，达 10.11%。比全国平均水平高出 5.26%（国家统计局，2018）[①]。贫困导致教育落后，教育落后成为贫困的原因。阿玛蒂亚·森（2013）认为，贫困“会使人丧失挖掘自身潜力的能力”[②]，民族地区人口素质低，居民无法摆脱传统陈旧的生活方式及生产方式，而且还阻碍了人口资源向人力资源的有效转化。此外，在城市化进程的影响下，大量的知识及技能型人才向经济发达地区转移，更加剧了脱贫的难度。因此，长期以来在贵州民族地区便形成了人口、资源及贫困三者的恶性循环。

（三）条件制约：收入渠道受局限

长期以来，贵州的商品经济发展水平低，产业发展滞后，人地矛盾突出，生态承载力严重不足，加之人口文化素质差，劳动技能不足，收入来源渠道十分有限（见表 3–8）。

表 3–8 2015—2019 年全国及贵州人均可支配收入

Table 3–8 Per Capita Disposable Income in China and Guizhou from 2015 to 2019

指标		2015年	2016年	2017年	2018年	2019年
全国	城镇（元）	31195	33616	36396.2	39250.84	42358.80
	农村（元）	5919	12363	13432.4	14617.03	16020.67
贵州	城镇（元）	24580	26743	29080	31592	34404
	农村（元）	7387	8098	8869	13314	10756
贵州占全国比重	城镇（%）	78.8	79.6	79.9	80.5	81
	农村（%）	64.7	65.4	66.0	91	67.14

注：根据贵州省统计局“宏观经济数据库”及国家统计局“国家数据”2015—2019 年统计数据计算得出。

传统种养殖及外出务工是农民主要的收入来源，随着政策性补贴的增加，转移性收入在农民收入中所占比重日益增大。贵州农村常住人口家庭收入中，

① 国家统计局 . 中国统计年鉴 2018.

② 阿比吉特·班纳吉，埃斯特·迪弗洛. 贫穷的本质——我们为什么摆脱不了贫穷［M］. 北京：中信出版社，2013：5.

转移支付收入达 20%（见图 3-9）。如果单纯考虑贫困人口，转移支付占比应该会更高。一旦转移性收入取消或减少，在没有其他可持续收入跟进的情况下，返贫就成为必然。

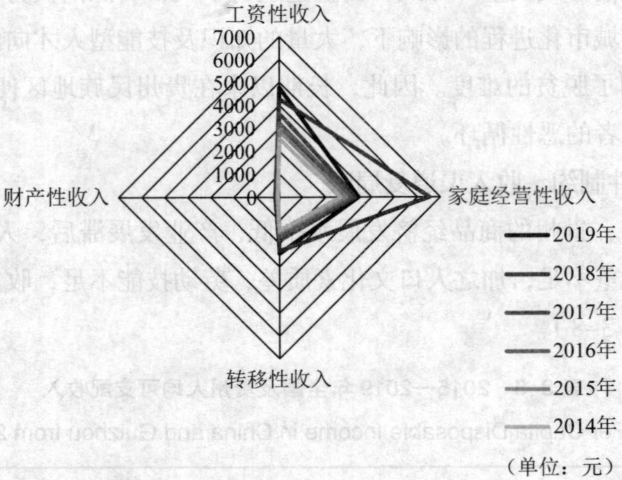

图 3-9　2014—2019 年贵州农村居民家庭人均可支配收入来源

Figure 3-9　Sources of per capita disposable income of rural households in Guizhou, 2014—2019

数据来源：贵州省统计局 . 贵州宏观经济数据库［Z］.2020-06-16；笔者自绘。

（四）欠账严重：社会保障条件差

收入不足，是贵州贫困的重要特征。但是，贫困并不仅仅是收入的局限，历史欠账、自然生境、文化技能、劳动机会及社会保障等众多因素都是导致贫困的深层次原因。扶贫过程中“贫”与“非贫”存在“悬崖效应”①。如果保障体系不健全，在致贫因素的冲击下，往往会难以脱贫或者极易返贫。贾林瑞等（2018）研究显示 11 个集中连片特困地区在 2012—2014 年的年均返贫率高达 21.45%，其中因病返贫率高达 70.5%，因学返贫率高达 25.6%，贫困人口

① 全国人民代表大会农业与农村委员会 . 乡村振兴战略实施情况的调查与思考［J］. 中国合作经济，2019（2）：33-38.

深陷“扶贫—脱贫—返贫—再扶贫—再返贫”的恶性循环[①]。由于区位、社会、经济、战争等因素制约，贵州长期以来农业生产水平低下，医疗保障条件严重欠账。“因病致贫，因病返贫，因贫致病，因贫返病”具有内生互联的关系。以2014年为例，贵州因病返贫人口达82万，占贫困人口总数的13.2%（王朝新等，2018）[②]。

农业经济的脆弱性，在各种保险机制缺失的情况下，往往会因病致贫、因学致贫、因创业失败致贫、因灾致贫。笔者调研中发现，即使新农合能够为患者报销住院费用主要部分，但是对于贫困户而言，还要拿出剩余的费用，同样捉襟见肘。农户们说：“有些患慢性病需要长期服药，一个月上千元的开销。还有些得绝症的，花了钱也是一场空。家头有人生病，不光是医疗费，还要出去城里头看病的交通费、候诊时候的住宿费、生活费等”（陇财村村民LXM语）[③]；“一个人生病，全家人都得围着转，哪样事情都干不成了”（陇财村村民DJ语）[④]。因为疾病，家庭收入极易出现“断崖”，同时支出猛增，对于本身就处于困境之中的农户来说，极易导致“富汉变穷汉，穷汉变债汉”。正如托尼（2014）的描绘，穷人“就像一个长久站立在齐脖深的河水中的人，只要涌来一阵细浪，就会陷入灭顶之灾”[⑤]。

第二节　贵州民族村寨的主要特征

费孝通先生认为小农经营形成的耕作面积小、水利设施的使用及合作需求、安全及土地平等继承原则是中国农民聚村而居的原因[⑥]。为人们提供一个安全且适应发展的居住场所是聚落的重要社会功能；对气候、地貌、水

① 贾林瑞，刘彦随，刘继来，等.中国集中连片特困地区贫困户致贫原因诊断及其帮扶需求分析［J］.人文地理，2018（2）：85-93，151.

② 王朝新，宋明，黄勇，等.贵州农村扶贫开发报告（2015—2016）［M］.北京：社会科学文献出版社，2018：229.

③ 2019年6月25日，对安顺陇财村村民LXM的访谈；地点：安顺陇财村。

④ 2019年6月25日，对安顺陇财村村民DJ的访谈；地点：安顺陇财村。

⑤ R. H. 托尼.中国的土地与劳动力［M］.北京：商务印书馆，2014：77.

⑥ 费孝通.乡土中国，生育制度，乡土重构［M］.北京：商务印书馆，2017：9.

系（源）及植被的适应是聚落得以延绵的基础。特定空间区域中长期形成的区位空间关系、人群关系、群体文化与情感认同是“地方”的三个核心概念。贵州地理环境复杂、自然条件差异巨大、民族文化多元（杜佳等，2014）①，在“逃避统治中逐渐形成了与谷地不同的文化、社会组织和生计方式”（斯科特，2019）②。由于争战不断、民族迁徙等因素带来复杂的文化变迁、冲突及交融，各民族社会经济形态及生产生活方式极不平衡。刘敦祯（1940）指出：“贵州因地理、气候、材料、风俗及其他背景之特殊，产生各种大同小异之作风。每种作风，又随时代之递嬗，形成若干变化。”③

一、是交融散布于崇山峻岭中的“活化石”

费孝通（1999）指出：“由于杂居的情况，（在贵州）各民族并不能构成独立的政治及经济单位，但在共同的政治及经济单位中，各民族一般说是处于不同的地位……因之形成了非常复杂的民族关系。”④“山地，并非仅仅是政治抵制的空间，同时也是文化拒绝的区域。”（斯科特，2019）⑤贵州民族史，就是战争与迁徙的历史；今日山地村寨散布于崇山峻岭之中、“分布上的交错杂居”“你中有我、我中有你”、互嵌交融的居住格局，便是战争逃避与边缘求生的产物。华夏、氐羌、苗瑶、百越等诸族系和不同时期进入的蒙古、回、满等民族，与贵州的濮人交融，逐步形成了西南重要的民族交会地之一⑥。布依族在云贵高原生息的历史可以追溯到石器时代，与古代的“濮人”“僚人”“百越”有密切的渊源关系，被认为是贵州境内最早的世居民族（杨明等，2014）⑦；苗族的先民为了躲避战争和追杀从黄河流域经长江流域，迁徙至贵州境内；侗族源于百越人支系的西瓯及骆越，陆续从广东、福建等地进入贵

① 杜佳，余压芳．贵州历史文化村落研究进展［J］．南方建筑，2014（3）：73-78.

② 詹姆士·斯科特．逃避统治的艺术［M］．北京：生活·读书·新知三联书店，2019：36.

③ 周真刚．近二十年来贵州少数民族村寨聚落研究综述［J］．贵州民族研究，2012（1）：31-41.

④ 费孝通．贵州少数民族工作情况及民族工作［A］//费孝通文集：第六卷［M］．北京：群言出版社，1999：235-257.

⑤ 詹姆士·斯科特．逃避统治的艺术［M］．北京：生活·读书·新知三联书店，2019：23.

⑥ 贵州省地方志编纂委员会．贵州省志·民族志［M］．贵阳：贵州民族出版社，1999：1.

⑦ 杨明，王仕佐，等．贵州文化概论［M］．贵阳：贵州大学出版社，2014：34.

州（伍家平，1992）[①]。外来民族与濮人、僚人相互融合，奠定了贵州的民族文化格局，也共同创造了灿烂的历史文化。明清推行民族歧视及阶级压迫政策，统治阶级采取了残酷的剥削和血腥的统治手段，使得原来生活在山间土壤肥沃的坝子中的少数民族，为了躲避杀戮和压迫，再次迁徙至深山丛林之中。他们在山间要塞垒筑营盘、设置哨卡，或聚族而居或几个民族共居，形成了相对独特而又封闭的民族文化。从明朝的“土司”制度，到清朝的“改土归流”，再到民国时期，贵州一直被统治阶级视为“外化生苗”之地，政治上处于“有族属，无君长”状态，由“族老”“寨老”“理老”订立族规民约的方式来维系地方社会秩序，过着与世隔绝的生活[②]。各聚落有效躲避了外族侵扰的同时，也阻断了与外界的文化联系，形成了“十里不同风，百里不同俗”的文化特征，成为具有鲜明民族特色的“活化石”，具有珍贵的“遗产”价值。

二、拥有着适应山地自然环境的生存智慧

福柯（2001）说：“知识，是对事物的理解，是生存下去的手段。”[③]耕地严重缺乏、生态高度敏感及自然灾害频发是贵州大多数少数民族地区的特点，必须面对比平原地区民族更大的生存压力。为了适应自然生态环境，山地民族不断地探索和寻找适应方式，找到了一套最大限度适应自然的生存智慧和地方性知识。各民族村寨局限于相对封闭的山地空间内繁衍生息，阻断文化融合的同时，也调和了文化冲突，形成多元共生、和而不同的文化特质及特色鲜明而又相对稳定的经济模式。

按照不同标准划分，贵州民族村寨的形式差异巨大（见表 3-9），但无论是哪个民族、位于什么地理位置、具有什么格局的民族村寨都无不遵循和践行着对自然的尊重与合理利用的智慧。

① 伍家平．论民族聚落地理特征形成的文化影响与文化聚落类型［J］．地理研究，1992（3）：50-57.

② 从江县民族宗教事务局．从江民族志［M］．贵阳：贵州人民出版社，2016：20.

③ 樱井哲夫．福柯：知识与权力［M］．石家庄：河北教育出版社，2001：23.

表 3-9 不同标准下贵州民族村寨聚落的分类

Table 3-9 Classification of Ethnic Village Settlements in Guizhou under Different Standards

标准		细分	特征
地理环境	地理位置（管彦波，1997）[①]	高原山地聚落	包括高原地带所组成的地理单元
		丘陵坝子聚落	包括一些山间盆地、坝子所组成的松散区域
	山地结构（赵星，2010）[②]	峰丛洼地型聚落	单一民族小聚居，呈散珠状向心分布
		山地型聚落	单一民族小聚居，形成半坡村和山地村，呈散珠状
		坝子型聚落	聚族而居，呈串珠状
		山间盆地、丘原型聚落	分散杂居，呈片状
文化特征	文化在聚落中的表现（伍家平，1992）[③]	辐聚型聚落	聚落中的某一部分具有权威性，是聚落成员文化认同的连接点
		辐散型聚落	没有标志性建筑，聚落具有分散性特点
社会功能	产业背景下的功能（张中奎，2016）[④]	旅游型聚落	以特色民族文化为卖点进行旅游开发
		工艺产业型聚落	以特色民族手工艺为生计
		原生态文化型聚落	有某种民族文化的一般特征，主要指纳入中国传统村落保护名录的许多民族村寨

“高山彝苗水仲家，仡佬住在石旮旯”的民族俗语对贵州民族分布格局进行了极好的概况。耕地、山林、河流等是村寨成员最基本的生产生活资料，村寨地域空间格局往往与该民族特定的生产生活方式密切相关，对自然的崇拜是信仰的核心。贵州大多数村寨遵照“土地为核心”“占山不占田，傍水不占水”的原则选址，极大地保障了土地的利用，又有效地避免了洪水野兽的侵害。乌蒙山韭菜坪一带的彝族，常常 3~10 户聚族而居在海拔 2000 米以上的

① 管彦波 . 西南民族聚落的背景分析与功能研究［J］. 民族研究，1997（6）：54–59.

② 赵星 . 贵州少数民族聚落文化研究［J］. 贵州民族研究，2010（3）：66–70.

③ 伍家平 . 论民族聚落地理特征形成的文化影响与文化聚落类型［J］. 地理研究，1992（3）：50–57.

④ 张中奎 . 绿色发展理念下民族村寨的未来发展研究［J］. 贵州大学学报，2016（9）：56–51.

山区，以畜牧为主要农业生产方式，在村寨建设的选址上以“上边有坡养羊，下边有田种粮”为原则；作为重要的农业文化遗产“饭稻羹鱼”是贵州黔东南侗族、苗族及水族共有的农业传统，根据当地流传的《古歌》来看，作为古越民族一支的侗族“稻田养鱼”的历史竟长达千年①。“稻鱼鸭”共生的循环农业生态智慧对于缓解人地矛盾、提高农业产量、改善生活水平发挥了重要作用；柳江两岸无数秀美的侗寨蜿蜒于江边，“无山就无树，无树就无水，无水就无田，无田不养人”②的谚语广为流传，每个寨子都毫不例外地会培育一块风水林，作为安置死者的重要场所。正是这样的坚守，使得这些处于塌方及泥石流频发地的寨子，上百年来安然无恙。这些维系生态和谐却又充满诗意的乡土景观，经历了无数的“战天斗地”后得以幸存，从某种层面上揭示了科学的最高境界。

三、凝固于自给自足的封闭经济结构之中

贵州民族地区世代相传的生产技术、劳作工具及经验，对农田进行简单而粗糙的耕耘，形成了“种田为吃饭，织布为穿衣，抚林为建房，养猪为腌肉，喂鸡喂鸭为待客”的自给自足的自然村落经济。只要遭遇自然灾害，山地村民随时面临着生存的危机。“一小片土地，古老的耕种技术、变化莫测的气候”足以让“每个村头都可以看到饥饿的灵魂”（马学良等，1983）③。2018 年，贵州的贫困村达 7500 个，占行政村总量的 38.06%；深度贫困村 2760 个，分布在除贵阳外的 8 个地州市。其中，黔东南、毕节、黔南及铜仁的深度贫困村分布最密集，也是贵州省贫困程度最深的地区（见图 3-10）。

---

① 张丹，闵庆文，孙业红，等. 侗族稻田养鱼的历史、现状、机遇及对策［J］. 中国生态农业学报，2008（4）：987-990.

② 崔海洋. 试论侗族传统文化对森林生态的维护作用——以贵州黎平县黄岗村个案为例［J］. 西北民族大学学报（哲学社会科学版），2009（2）：83-87.

③ 马学良，今旦. 苗族史诗［M］. 北京：中国民间文艺出版社，1983：257.

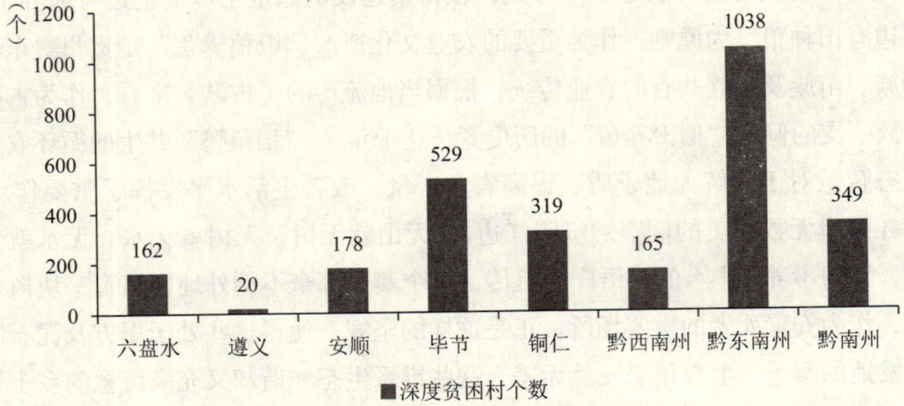

图 3-10 贵州 2760 个深度贫困村分布

Figure 3-10 Distribution of 2760 Deep Poverty Villages in Guizhou

数据来源：贵州省扶贫开发领导小组办公室；深度贫困村为贫困发生率 20% 以上的村；笔者自绘。

人类学家奥斯卡·刘易斯（2014）指出特定的社会方式维系着穷人文化生活观念的内部互动及强化，同时隔断了与外部社会的交往，逐步形成独自运行的游离于主流文化的贫困亚文化，并在下一代的成长中自然习得，形成贫困的持续和传递①。空间的闭塞，衍生出生产与交换的闭塞、生活与交往的闭塞以及文化与社会心理的闭塞。由于狭窄的社会关系网络，使得信任、互惠仅仅局限于同村、同族之中，加之民族信仰、共同价值观念和与市场经济的不一致性，使得在民族地区贫困往往呈现整村、整族、同姓群体的特点（钟君，2016）②。

家庭的经济发展水平受到收入与支出两个因素的影响，低水平的收入及与收入水平不匹配的支出、消费，是贵州民族地区不少家庭的典型特征。根据相关统计，贵州农村居民单是食物及烟酒的消费就达 36.9%（见图 3-11）。

① 奥斯卡·刘易斯．桑切斯的孩子们［M］．上海：上海译文出版社，2014：89-95.
② 钟君．社会资本视角下的少数民族村寨贫困问题研究［J］．求索，2016（5）：47-51.

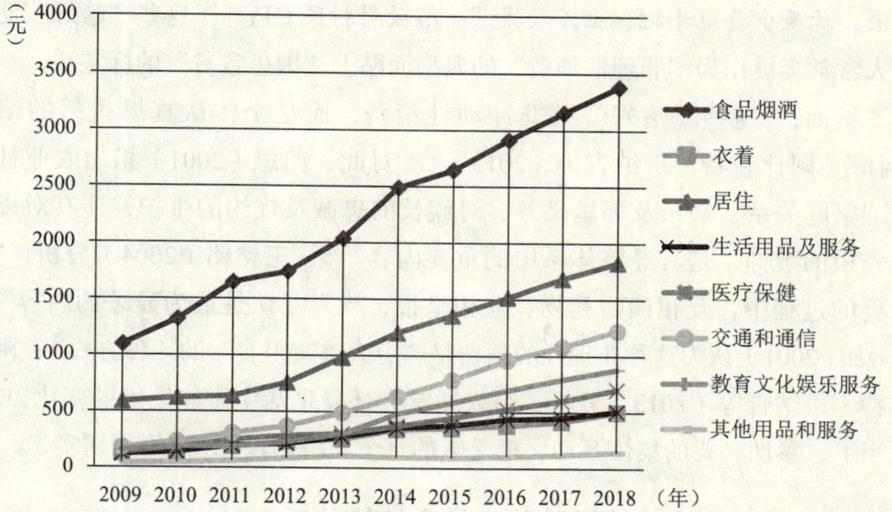

图 3-11 贵州 2009—2018 年农村家庭人均生活消费支出

Figure 3-11 Per Capita Living Expenditure of Rural Households in Guizhou from 2009 to 2018

数据来源：贵州省统计局 . 贵州宏观经济数据库［Z］.2019-08-09；笔者自绘。

对于贵州民族地区而言，各民族均有饮酒的习惯，在日常生活中有“无酒不成席”的习俗，无论婚丧嫁娶、建房修路、迎来送往还是日常作息等均离不开酒的消费，“请酒”“吃酒”在贵州不少地区成为“婚丧嫁娶”等重大事务的代指，因此，“酒”在贵州农村地区“食品及烟酒消费”项目中占比始终位居榜首，这一方面与经济发展水平低有关，另一方面也与区域特殊消费习惯有关。此外，为维系“熟人社会”的人际关系，人情来往也是民族地区的主要开支。“我们苗家好客，家头来客时，兄弟叔伯、左亲右戚都要喊来吃饭。客人在我家吃了后，又要轮流到这些亲戚家吃，来串一次门要挨家挨户地吃，三四天才吃得完。现在有些在外面打工的就不会喊去吃，但是只要在屋头，肯定都要喊到家里吃饭的。”（下司镇居民 TDL 语）① 随着经济收入的增加，乡村逐步呈现出办酒频繁及份子钱攀升的趋势。“一年要讲万数的钱去吃酒，现在玩得好的朋友请你最低都要两百。”（万福村村民 PSM 语）② “像亲的，自己家姊妹

① 2019 年 5 月 22 日，对凯里市下司镇居民 TDL 的访谈；地点：凯里市下司镇。
② 2018 年 11 月 16 日，对兴义市万福村村民 PSM 的访谈；地点：兴义市万福村。

办酒，你至少要甩千把、上万数钱。”（解放村村民 CJY）[①] 这些“嗜好”使得穷人常常会被作为“非理性消费”的典型而贴上“因愚致贫”的标签。

然而，“这些‘嗜好’并非冲动性消费，而是个体认真思量后的慎重抉择”（阿比吉特·班纳吉等，2013）[②]。对此，弗思（2001）指出农业社会中“家庭关系、宗亲及邻里义务、对族长的忠诚及规约的维护，还有对鬼神及先祖的敬仰，是其经济体系中的重要内容”[③]；王铭铭（2004）分析，“在嫁娶的过程中，互相馈赠礼物、互相呈报、族人互认是最为显著的内容”[④]；Orwell（2001）认为这种非理性的消费是“穷人逃避沮丧”的一种方式[⑤]；阿比吉特·班纳吉等（2013）分析：穷人通常会怀疑生活中可能发生的变化，“关注当下，参加必要的集体互动，把乏味的日子获得愉悦”，来得更切实[⑥]。

四、通过仪式性的活动确定社会结构关系

在贵州少数民族村寨中，与个人生活相关的重要节事、族群中定期的宗教性质集会是村民财富积蓄消费的重要途径；集体性的活动也并非单纯满足娱乐需求，而是在这些节庆、仪式中完成层级划分。费孝通指出：“在礼节性场合，炫耀财富的思想替代了勤俭节约。在丧葬、结婚聘礼、宴席等方面，特别是举行村际游行，财富挥霍严重。”[⑦] 任何一个普通家庭都难免会遇到婚娶、病死、建房等重要的家庭开支，特别是“红白喜事”是每一个家庭均会遭遇的重大开销。笔者 2019 年 5 月曾亲历过一场丧葬活动，整个仪式一共 5 天，整个葬礼办下来，费用高达十余万元（见表 3-10）。对此，主人家抱怨道：“肯定是亏的嘛，关系好的至亲才会送 500（元）以上的礼钱，一般的关系就是 200（元）或者 300（元），而且是一家五六口人一天三餐都来吃饭，何况这些礼钱早晚

① 2019 年 2 月 6 日，对普定县解放村村民 CJY 的访谈；地点：普定县解放村。
② 阿比吉特·班纳吉，埃斯特·迪弗洛.贫穷的本质——我们为什么摆脱不了贫穷［M］.北京：中信出版社，2013：36
③ 雷德蒙·弗思.人文类型［M］.北京：华夏出版社，2001：57.
④ 王铭铭.溪村家族［M］.贵州：贵州人民出版社，2004：56.
⑤ George Orwell. The Road to Wigan Pier［M］. Penguin Classics，2001：81.
⑥ 阿比吉特·班纳吉，埃斯特·迪弗洛.贫穷的本质——我们为什么摆脱不了贫穷［M］.北京：中信出版社，2013：36.
⑦ 费孝通.江村经济［M］.北京：北京大学出版社，2012：234–235.

还不是要还的？”（解放村民 YDP 语）①“白事是大事，亏钱还不是要办。村里有一家老人是正月间过世的，先生算的日子要在家停个把月，大家天天去吃饭，他家人还不是要硬撑着办下来。如果哪家晚上给老人家守夜，只有零星几个人，面子上咋个过得去嘛！有些还要请吹拉弹唱的，就是为了一个热闹的气氛。”（解放村村民 YKX 语）②

表 3–10　贵州普定县解放村一次丧葬活动的开销

Table3–10　Expenses for a Funeral Activity in XinhuaVillage，Puding County，Guizhou Province

项目	费用（元）	备注
餐费	34000.00	每一桌188元（四荤两素一汤），一日两餐，夜宵为米粉，6元一碗
场地布置费	5000.00	搭帐篷、布置陵场、租用座椅板凳、租用陵灯和麻将机、烧炉子
现场杂费	3000.00	供吊唁客人的葵花子、包谷花、矿泉水等费用
请先生做道场费	3600.00	共5天晚上道场仪式费，人员有一位先生及三个助手，仪式时间每晚7：00—12：00；还包括先生引路、选地、安葬等仪式费用
买墓地及立碑费	25000.00	由于该公墓为村集体土地，本村村民给予优惠政策，陵地花费仅1000元；但碑石费用昂贵
烟、酒水及纸巾费	34401.00	除最后一天正席的酒水为“习酒”瓶装酒（85元一瓶）外，其余均为当地自酿散酒；纸巾（供送礼人的回礼及现场使用，心相印，13元一提）
杂费	7113.00	买孝衣（共23套，四个直系亲属家庭8人8套、侄儿男女等共15人15套）、香蜡纸竹、买老衣（死者衣物）、死者垫盖、租用冰棺
丧葬费	1100.00	出殡费、骨灰盒购买、礼炮（15元一响，共12响）
合计（元）	113214.00	

数据来源：笔者于 2019 年 5 月 8—12 日在普定县的调研。

随着老百姓生活水平的提高，一些礼仪及节事的频数及规模都有扩大的趋势，成为名副其实的“百节之乡”。洪名勇（2013）曾统计，“一年之中，贵州全省的大型民族节日集会达1046次”③；翁泽红（2004）曾经调查过榕江县极端贫困乡的计划乡，仅 1996 年“鼓藏节”就宰杀牛 100 余头、猪 400 余头，总

① 2018 年 6 月 18 日，对普定县解放村村民 YDP 的访谈；地点：普定县解放村。
② 2018 年 6 月 18 日，对普定县解放村村民 YKX 的访谈；地点：普定县解放村。
③ 洪名勇 . 民族习惯与农村居民消费：一个实证分析［J］. 贵州大学学报，2013（2）：22–26.

共花费竟达10万余元[①]。贵州榕江县，“过鼓藏节时家家都要请客，每家最少要邀请20门亲戚，一门亲戚10~20人，一家的客人起码有200个以上。全鼓社有500多户，不连本村的人，光是客人就有10万人！”（摆贝鼓社区居民YZW语）[②] 在贵州安顺地区，以清明节为例，家庭祭祀从以宗族为单位的“大众坟”到自己直系亲属坟，整个活动短则3天、长可达一周。每次聚会都会伴随家族的祭祀仪式及餐饮开销，普通族人少则数百，显贵之家多则上千人！

在访谈中，村民被问及是否觉得自己被这些仪式性的活动“所累”时，村民们普遍认为，定期的宗族活动是自己精神世界的重要内容和价值体现：“自己家族的事情，理所应该出钱，家头如果添了男娃娃，给老祖宗上坟时，还要宰头羊去山上给大家吃，高兴啊，生了女娃的就没得这个资格。”（讲义寨村民ZZY语）[③]“搞这些活动有剩余的话，这些钱就作为一族人的活动基金，那家有困难的时候可以借去用，或者补贴给一些老弱病残。”（石头堡村民WJY语）[④] 可见，这样的族群集会，不是一种单纯的文化活动，而是在构建一种稳定、和谐的社会关系；既满足了自己的需要，又回报了别人的慷慨，还形成了族群中独特的“福利制度”，保障所有的人都拥有更多的生存及参与机会。

布迪厄指出：“实践信仰场域暗中制作的入场券，能够惩罚或开除规则破坏者，并培养要求参与者认可规则的基本预设。”[⑤] 宗族聚会，往往要求“富人”解决“大头”，穷人可以只参与不出钱，一般家庭按照家庭人员多少出必要的份子钱，富贵家庭则被要求支出与其收入相匹配的费用，“更多的财富必然招来更多的社会义务”（William，2000）[⑥]。表面上体现出一种“以富帮穷”和谐家族结构，但正是在这样的社会原则中，完成了社会权利的确定：首先，是传统农业社会“均等化”思想的体现。由于家族和亲属占据社会关系的中心，个体之间“在学习技术和获得资源方面没有明显不平等现象”（马文·哈

① 翁泽红.试论苗族传统消费习俗对贵州苗族聚居区义务教育普及的影响——从苗族表现在酒上的消费习俗来看［J］.贵州文史丛刊，2004（3）：83-86.

② 2019年10月22日，对榕江县摆贝鼓社区居民YZW的访谈；地点：榕江县摆贝鼓社区。

③ 2018年2月25日，对普定县讲义寨村民ZZY的访谈；地点：普定县讲义寨。

④ 2018年2月28日，对普定县石头堡某族负责人WJY的访谈；地点：普定县石头堡。

⑤ 皮埃尔·布迪厄.实践感［M］.北京：中央编译出版社，2003：103-104.

⑥ William A Haviland. Anthropology［M］. Ninth ed. Harcourt College Publishers，2000：513.

里斯，Harris，1988）[①]，在这样的族群社会中，富有而吝啬于承担责任会遭到舆论的谴责。其次，确定富人的社会主导地位。一方面，在传统乡村社会中，“流言蜚语和嫉妒”具有极强的腐蚀力，同时抛弃穷人将成为“富裕村民的真正和现实的威胁”（斯科特，2013）[②]。另一方面，“给予，是在表示他高人一等、胜人一筹，表示他是主人；接受，如果不回报或者不多加回报，那就是表示诚服，表示成为被保护人或仆从、成为弱小者，表示选择了卑下”（莫斯，2016）[③]。最后，利用“关系投资”谋求“利益回报”。笔者在调研中曾听到这样的事件：某村一名包工头获得本村基础设施建设工程项目，就租下某村民家新建的一栋楼房给工人住，但是没想到有一个工人住进去当晚就因疾病死于房内。对此，包工头仅仅象征性地给新房主人赔了2000元钱就了事。不少村民感叹：“要是换作外面来的老板，人家新修的房子就搞出事情，不喊你赔几十万元、请先生来做道场肯定不会放过的，有些可能还要直接喊你把他的房子买了。”（解放村村民GLL语）[④]

五、风险依靠有限自我救助社会组织系统

穷人的社会充满了风险，越贫穷，抵御风险的能力就会越弱。斯塔夫里阿诺斯（1992）指出：“人类作为一个物种能够存活下来，是因为互相帮助，而不是因为丑陋的个人主义。”[⑤] M. 利普顿（2013）指出：“不少貌似怪异的村庄活动都具有神秘的保险功能。”[⑥] 通常情况下，除非整个群体都同时遭遇威胁，否则，在稳定的传统社区中个体是不会被饥饿威胁的。斯科特（2013）分析，当农民生存中遇到危机时，首先会在家庭层次上衍生许多“自救”的生存方案，其次通常在家庭之外均存在着一套具有减震器功能的社会网络[⑦]。在乡村，社会互助是婚丧嫁娶等重要事件得以延续的重要基础。虽然随着农民外出务工日益频繁，“一家有事，举寨行动”的乡村社会准则受到动摇。但是，在贵州

① 马文·哈里斯．文化人类学［M］．北京：东方出版社，1988：193-194.
② 詹姆斯·C. 斯科特．农民的道义经济学［M］．南京：译林出版社，2013：7.
③ 马塞尔·莫斯．礼物——古式社会中交换的形式与理由［M］．北京：商务印书馆，2016：124.
④ 2017年2月26日，对普定县解放村村民GLL的访谈；地点：普定县解放村。
⑤ 斯塔夫里阿诺斯．远古以来的人类生命线［M］．北京：中国社会科学出版社，1992：25.
⑥ 詹姆斯·C. 斯科特．农民的道义经济学［M］．南京：译林出版社，2013：6.
⑦ 詹姆斯·C. 斯科特．农民的道义经济学［M］．南京：译林出版社，2013：33-34.

不少的民族村寨这样的“规则”仍然在持续发挥作用，“不要说是在外打工，不管你在哪里，除非是在坐牢，人家有事你不来，以后你家有事大家都不会去的”（石头堡村民 WMG 语）[①]。

贫穷，可以体现为社会资本的缺乏。“穷人常常会利用一些富有创意的方式来分散风险”，同时，村民“有一个范围广泛的熟人网络：基于宗教或种族的大家庭及社区”，可以通过相互帮助，渡过难关，“传统互助网络的确有助于分摊灾难的影响，但这种保障并不是完美的”（阿比吉特·班纳吉等，2013）[②]。当某个家庭遭遇一些突发事件时，村里的其他家庭一般均会伸出援手，因为村民们认为通过外力的帮助这样的家庭通常会很快渡过难关；但当一个家庭某人患上大病时，人们只会象征性给一点补助，而不愿涉及借钱等事项，因为，身患绝症往往是“无底洞”似的投入，无力偿还的可能性是极大的。班纳吉等（2013）研究发现，穷人中至少三分之二的人有过借钱的经历，但借钱的对象也很少会是政府及正规的贷款机构[③]（见图 3–12）。

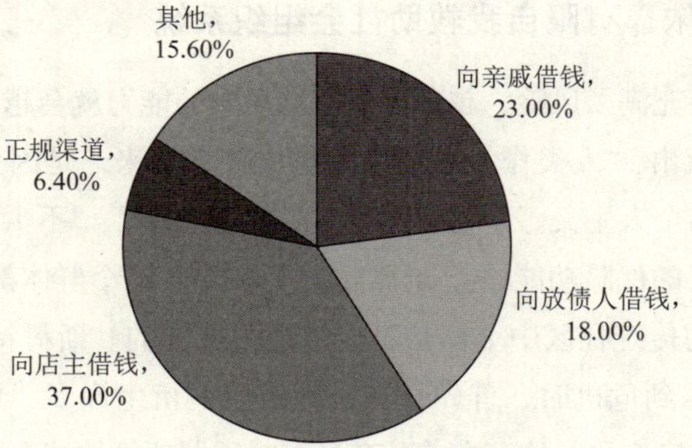

图 3–12　穷人借钱的主要对象分布

Figure 3–12　The distribution of main targets for poor people to borrow money

资料来源：阿比吉特·班纳吉，埃斯特·迪弗洛．贫穷的本质——我们为什么摆脱不了贫穷［M］．北京：中信出版社，2013：139；笔者自绘。

① 2019 年 5 月 6 日，对普定县石头堡村民 WMG 的访谈；地点：普定县石头堡村。

② 阿比吉特·班纳吉，埃斯特·迪弗洛．贫穷的本质——我们为什么摆脱不了贫穷［M］．北京：中信出版社，2013：127.

③ 阿比吉特·班纳吉，埃斯特·迪弗洛．贫穷的本质——我们为什么摆脱不了贫穷［M］．北京：中信出版社，2013：127.

对于民族村寨中大多数家庭而言，经济收入情况差别不大；而富有家庭，往往在“公共事务”中“慷慨地”展现经济实力，但对于广泛而长期存在的“借钱”则心存顾虑。“都是一个寨子的，大家都是族亲，你说我借钱给这个不借给那个，都说不过去。而且有句老话‘救急不救穷’，无底洞似的，三天两头有人来借钱，我也是靠劳动吃饭的，承受不起嘛！”（解放村民 CB 语）[①]“一个寨子有钱的就那么几家，那些做生意看起来有钱的人家，资金都是套在生意里面的，借个千把还勉强，借多了人家也恼火。”（秀水村村民 GBF 语）[②] 当亲友之间的“借钱”遭遇困境时，“熟人社会”的网络成为解决困难的重要依靠，农村地区非常活跃的、将闲散的钱汇集起来的各种“会”，则成为遭遇结婚、建房、读书等大事时解决用钱困难的重要途径。

第三节　贵州民族村寨旅游扶贫的发展条件

扶贫，始终是贵州“三农”工作的重中之重。经历数代人长期的反贫困斗争，贵州民族地区贫困人口大幅度减少。但由于历史欠账严重、社会经济薄弱、贫困群体贫弱，贵州民族地区的贫困面仍然较广，贫困程度仍然很深（见表 3–11、图 3–13）。

表 3–11　贵州民族自治地方的贫困情况

Table 3–11　Poverty in Guizhou national autonomous areas

区域及占比	扶贫工作重点县	深度贫困县	极贫乡镇	深度贫困村
全省（个）	51	14	20	2760
民族自治地方（个）	42	10	19	2319
民族自治地方占比（%）	82	71	95	84

数据来源：贵州省民委。

① 2018 年 12 月 26 日，对普定县解放村包工头 CB 的访谈；地点：普定县解放村。
② 2018 年 12 月 23 日，对安顺市秀水村村民 GBF 的访谈；地点：安顺市秀水村。

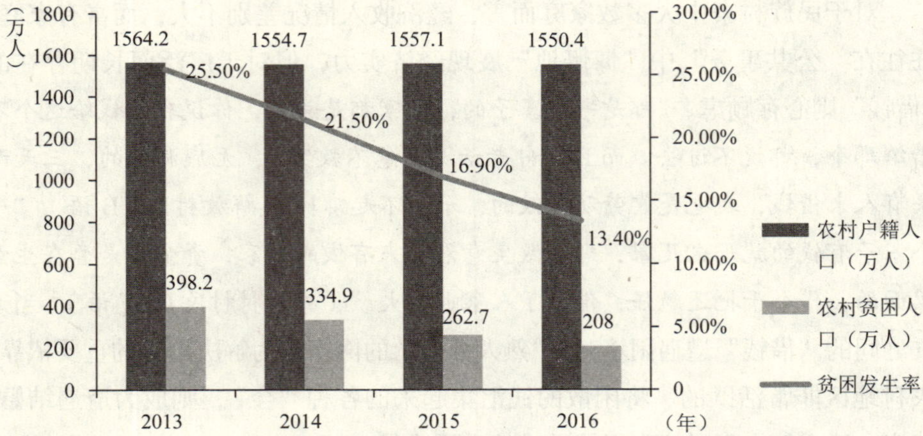

图 3-13　2013—2016 年贵州民族自治地方贫困人口

Figure 3-13　Poor people in Guizhou's ethnic autonomous areas from 2013 to 2016

数据来源：贵州省扶贫办；笔者自绘。

根据国家统计局 2016 年的数据，贵州黔东南、黔南及黔西南三个自治州农民纯收入只分别占到全国农村居民收入的 61%、72% 及 63%（见表 3-12）。

表 3-12　2016 年贵州三个自治州主要的社会经济指标

Table 3-12　Main Socio-economic Indicators of Guizhou's Three Autonomous Prefecture in 2016

自治州	黔东南	黔南	黔西南
少数民族人口（万人）	383.33	246.41	149.36
少数民族人口占比（%）	80.29	59.05	41.76
地区生产总值（亿元）	939.05	1023.39	929.14
农民纯收入（元）	7584	8844	7779

数据来源：中华人民共和国国家民族事务委员会。

截至 2019 年，贵州 88 个县中，仍有 85 个尚有脱贫任务，有 51 个贫困县要力争脱贫摘帽[①]。至 2020 年，全省贫困率降到 3% 以下，贵州已经进入攻坚

① 贵州日报 . 贵州脱贫攻坚的成就对世界启迪巨大［DB/OL］.（2018-11-25）. http：//gz.people.com.cn/n2/2018/1125/c194827-32328339-2. html.

决胜的关键期（见图 3–14）。贵州 3000 余个民族村寨，拥有恬美的自然田野与古朴绚丽的民族文化，被誉为“人类疲惫心灵的最后家园”，是脱贫攻坚的重要途径。

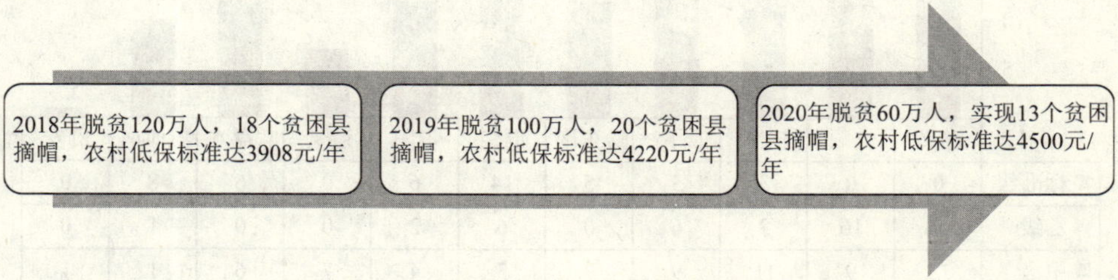

图 3–14 贵州三年脱贫攻坚计划

Figure 3–14 Guizhou's Three–Year Poverty Alleviation Program

资料来源：中共贵州省委，贵州省人民政府；笔者自绘。

一、资源禀赋

明代大儒王阳明盛赞“天下山水之秀聚于黔中”。“山地公园省”贵州，是长江和珠江上游的重要生态屏障，世居 17 个少数民族人口占全省总人口数的 36.1%，不同民族文化互嵌融合，形成了“十里不同风、五里不同俗、一山不同族”的独特景象。截至 2018 年 10 月，全省拥有世界自然遗产 4 个、人类非物质文化遗产 1 个、5A 级旅游景区 6 个、4A 级旅游景区 102 个、省级乡村旅游示范区 131 个、乡村旅游扶贫重点村 1104 个。至 2019 年，全省有中国传统村落 724 个、中国少数民族特色村寨 213 个。2018 年，依据《贵州省乡村旅游村寨建设与服务标准》（DB52/T 1173—2017），完成了对全省 124 个村寨的评定，极大地推进了旅游村寨的质量提升（见图 3–15）。

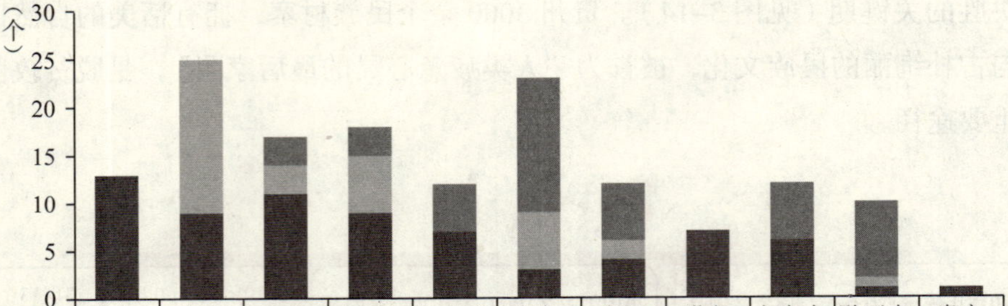

	遵义	安顺	毕节	黔南	黔东南	铜仁	贵阳	遵义	六盘水	黔西南	贵安
■标准级	0	0	3	3	5	14	6	0	6	8	0
■乙级	0	16	3	6	0	6	2	0	0	1	0
■甲级	13	9	11	9	7	3	4	7	6	1	1

图 3-15　贵州省标准级以上乡村旅游村寨分布

Figure 3-15　Distribution of Rural Tourism Villages above Standard Level in Guizhou Province

数据来源：贵州省文化和旅游厅，之前评定情况截至 2018 年 5 月；2019 年 9 月 20 日，增加 26 个；笔者自绘。

从全省的范围来看，旅游资源富集区与民族地区具有极大的叠加性，贵州省旅游资源大普查中新发现的资源单体达 5 万多处，60% 分布在相对贫困的乡村。仅黔东南州三级以上的资源就多达 1584 处，具有民族文化与自然风光组合的天然优势（见图 3-16）。

二、脱贫攻坚

贵州是《中国 21 世纪议程》确定的两个极贫区之一，深山、石山和高寒山区以及少数民族聚居区居住着贵州 80% 的贫困人口，是最难啃的“硬骨头”。依靠旅游发展，带动地方脱贫，是生态民族大省的重要出路。习近平总书记对贵州的旅游十分关心，多次对贵州旅游发展做出重要批示（见表 3-13）。

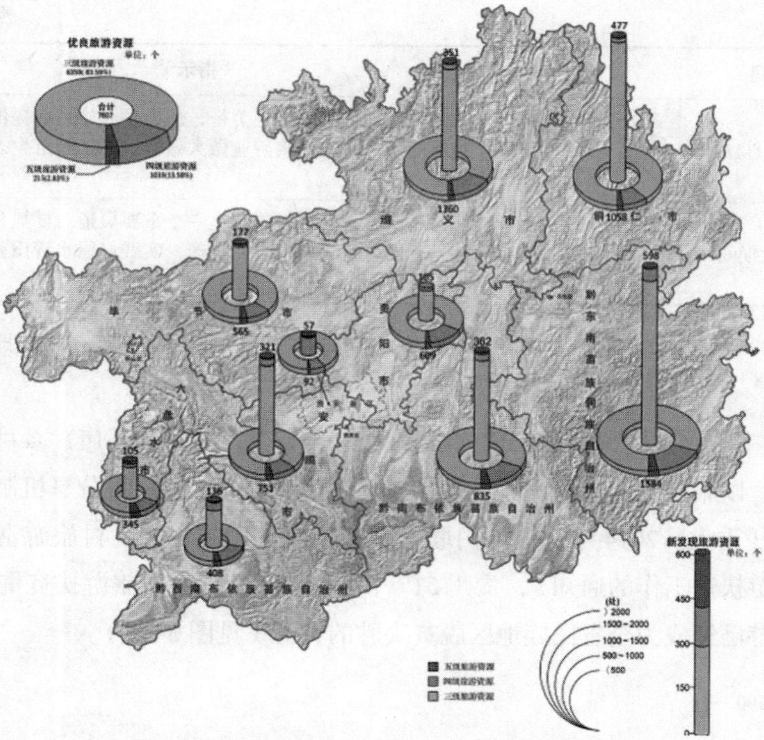

图 3-16　贵州旅游普查优良资源分布图

Figure 3-16　Distribution Map of Excellent Resources in Guizhou Tourism Census

资料来源：贵州省旅游发展委员会 . 贵州省旅游发展白皮书［R］.2017-09-01.

表 3-13　习近平总书记对贵州旅游发展的重要指示

Table 3-13　General Secretary Xi's Important Instructions to Guizhou Tourism Development

时间	场合	指示
2011年5月10日	习近平总书记视察贵州	贵州拥有旖旎秀美的自然风光，拥有底蕴丰厚的少数民族传统文化，拥有像黄果树瀑布等名气很大的风景名胜，还拥有像遵义会议会址这样的红色景点，发展现代旅游业具有丰富的资源和良好的基础
2014年3月7日	习近平总书记参加“两会”贵州代表团审议	贵州自然名胜资源十分丰富，素有“公园省”之美誉，自然风光神奇秀美，山水景色千姿百态，溶洞奇观绚丽多彩，自然风景与古朴浓郁的民族风情交相辉映，这是贵州的优势所在

续表

时间	场合	指示
2015年6月18日	习近平总书记视察贵州	贵州素有“公园省”之美誉，这为发展旅游业提供了得天独厚的条件；要把旅游业做大做强，丰富旅游生态和人文内涵
十九大期间	习近平总书记参加贵州省代表团讨论	脱贫攻坚，发展乡村旅游是一个重要渠道。要抓住乡村旅游兴起的时机，把资源变资产，实践好绿水青山就是金山银山的理念

资料来源：贵州省旅游发展委员会办公室．贵州旅游 2017 年工作总结及 2018 年工作安排意见（黔旅发〔2018〕4 号）[Z]. 208-03-07.

“十三五”期间，贵州实现旅游脱贫 50 余万人。在全面小康、乡村振兴的背景下，以旅游发展撬动民族地方经济，构建多渠道旅游成果分享机制，旅游扶贫责任重大。2014 年，七部门联合发布《关于实施美丽乡村旅游富民工程推进旅游扶贫工作的通知》，贵州 517 个村纳入“美丽乡村旅游扶贫重点村”，村寨旅游已经成为全省民族地区脱贫决胜的利器（见图 3-17）。

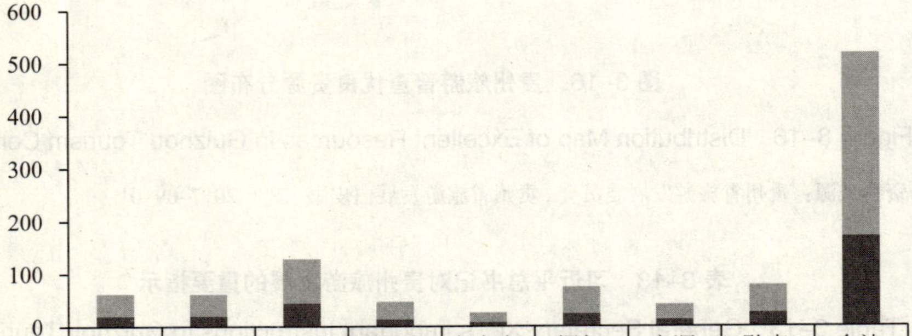

	毕节	遵义	黔东南	黔西南	六盘水	铜仁	安顺	黔南	合计
■第二批	42	41	84	33	18	50	28	52	348
■第一批	20	20	44	14	8	24	13	26	169

图 3-17 贵州省纳入全国“美丽乡村旅游扶贫重点村”名单村寨分布

Figure 3-17 Distribution of Villages in Guizhou Province Included in the National “Key Villages for Poverty Alleviation through Tourism in beautiful countryside”

数据来源：第一批“美丽乡村旅游扶贫重点村”名单（2014—2015）；第二批“美丽乡村旅游扶贫重点村”名单（2016—2020）；笔者自绘。

三、市场驱动

旅游，既是关乎人民群众生活质量和幸福指数的民生产业，又是新旧动能转换的驱动产业。近年来，贵州旅游“井喷”高速发展，旅游人数及旅游收入屡创新高，为村寨旅游扶贫发展持续注入活力（见图 3-18）。

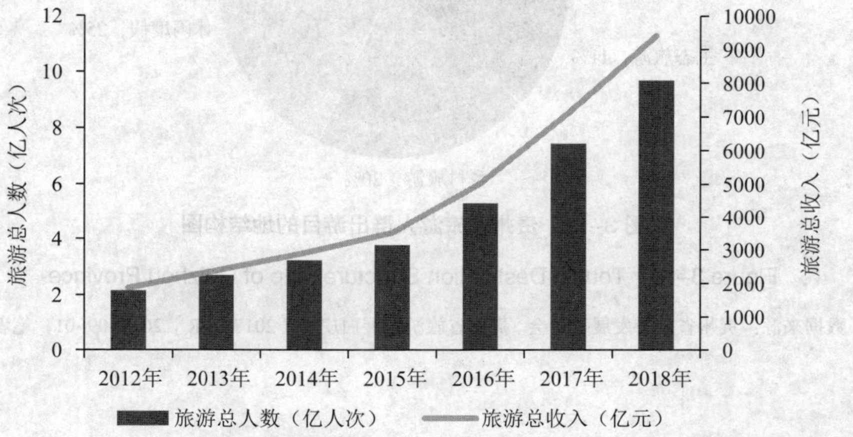

图 3-18　贵州省 2012—2018 年旅游总人数及旅游总收入

Figure 3-18　The Total Number of Tourists and Tourism Income in Guizhou Province from 2012 to 2018

数据来源：贵州省统计局 . 贵州宏观经济数据库［Z］.2020-06-16；笔者自绘。

彭兆荣（2004）指出，对于都市人群而言，“乡村魅力”是一种“挡不住的诱惑”，对游客的意义不仅是空间的转换，更是体验“价值”的转换①。民族村寨文化的异质性，正好满足了现代人寻找和体验真实的需求。贵州认准旅游脱贫的路子，以民族村寨为重要载体打造具有世界知名度的乡村旅游目的地，推动贵州旅游进入内涵式发展阶段。就入黔游客的旅游目的来看，民族文化旅游及乡村旅游的比重占到 28%，而且生态游及观光游等项目也或多或少与民族文化有一定关系，民族文化将在未来贵州旅游发展中扮演着越来越重要的角色（见图 3-19）。

① 彭兆荣 . 旅游人类学［M］. 北京：民族出版社，2004：77.

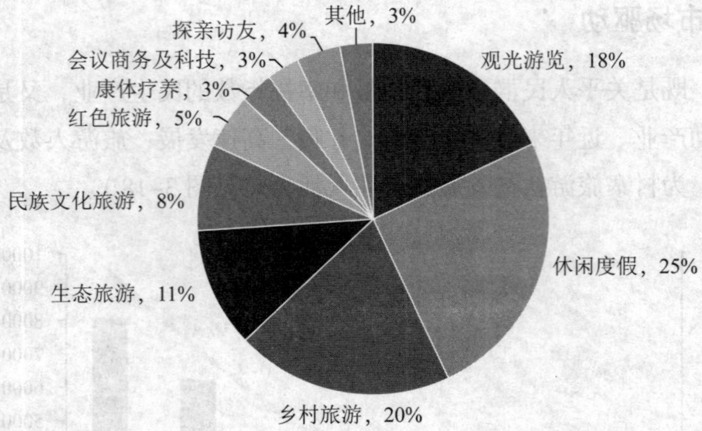

图 3–19　贵州省旅游人群出游目的地结构图

Figure 3–19　Tourist Destination Structure Map of Guizhou Province

数据来源：贵州省旅游发展委员会 . 贵州省旅游发展白皮书（2017）[R].2017-09-01；笔者自绘。

第四节　贵州民族村寨旅游扶贫的发展阶段

一、起步期（改革开放至 1990 年）

摆脱经济落后，是贵州民族地区发展旅游的重要缘起。镇宁布依族苗族自治县政府投资 3.5 万元建设了黄果树风景区于 1978 年接待了首批海外游客，景区中的布依族村寨石头寨成为贵州最早被国际游客认知的民族村寨。1983 年，石头寨、上郎德、青曼、西江苗寨、麻塘革家寨等 8 个民族村寨成为贵州省旅游局开启旅游扶贫实践的样本，这些村寨也同时被世界旅游组织纳入乡村旅游发展的重要观测点。1984 年，贵州省文化厅集合了同济大学、中央民族大学等高校师生，开展了民族村寨调查相关工作。此次调查历时两年，共涉及 10 个民族、30 多个村寨，编制了 100 多万字的调查报告（杨正文，2008）①，

① 杨正文 . 从村寨空间到村寨博物馆——贵州村寨博物馆的文化保护实践 [J]. 中国农业大学学报（社会科学版），2008（9）：5-20.

并选择郎德等一批保护较好的民族村寨建立露天民族民俗博物馆。随着对外开放的不断扩大，国际民间组织的交流与合作日趋频繁，港澳台及全国各地到贵州考察、观光及访问的各界人士不断增多，贵州民族村寨逐渐进入国际视野。1986 年，贵州省人大常委会公布《贵州省文物保护管理办法》，将关岭滑石哨、丹寨大簸箕、雷山郎德寨、黎平肇兴、从江高增等列为民族保护村寨。随后，陆续有十余个民族 30 多个村寨以“民族文化村”“民族文物村”“村寨博物馆”“生态博物馆”等名义向公众开放[①]。

在起步期，民族村寨成为贵州对外开放的重要基地，通过民族关系及民族政策的调整，部分村寨初步具备了旅游接待能力。在政府的政策鼓励下，部分居民纷纷利用可能的资源和条件，参与到旅游发展中，成为贵州民族村寨旅游发展的最早受益者。村寨旅游推动了民族地区生活水平的提高及思想观念的变革，但由于起点低、底子薄、基数小，村寨旅游的扶贫作用有限。

二、成长期（1991—2010 年）

1991 年，贵州省旅游局在全国率先提出“旅游扶贫”的概念，并展开了旅游扶贫的实践探索。国家旅游局和省人民政府先后投入 1.36 亿元[②]，精选 130 多个具有发展能力的民族自然村，按照重点扶持和优先发展的原则，推进村寨旅游地的建设。1992 年，“以旅游促进对外开放，以旅游促进脱贫致富”的思路被纳入《贵州省国民经济和社会发展“九五”计划和 2010 年远景目标纲要》。1994 年《关于实施开放带动战略打好扩大开放总体战的决定》拟建设 24 个旅游基础建设项目，黔西南民族风情点、黎平南泉民族风情站以及花溪镇山布依族民族文化村被纳入其中。1998 年，中国与挪威在贵州六枝共投资 186.7 万元，建成中国也即亚洲首座生态博物馆。随后，黎平堂安和地扪、锦屏隆里、花溪镇山等生态博物馆陆续开馆，开创了中国村寨旅游扶贫的新模式（卢宏，2008）[③]。

贵州省开始有计划、有目的地帮助一批民族村寨通过旅游实现脱贫。2002

① 贵州省文物局副局长张勇在2015年中法乡村文化遗产学术研讨会——皖南古村落保护与发展上做题为“贵州传统村落保护的探索及实践”的演讲。

② 贵州省地方志编纂委员会．贵州省志·旅游志［M］．贵阳：贵州人民出版社，2009：6.

③ 卢宏．我国民族村寨旅游综述［J］．贵州民族研究，2008（1）：118-128.

年，《中共贵州省委、贵州省人民政府关于加快旅游发展的意见》明确了建设旅游扶贫示范村的思路。2004年，首届“中国·贵州乡村旅游国际论坛”在贵阳举行，达成了“乡村旅游——反贫困战略的实践”的国际共识。同年，涉及黔东南南花、郎德、季刀、怀恩堡、猫猫河、南猛、脚猛7个民族村寨的巴拉河乡村旅游项目得到新西兰政府资助，形成了“秀丽山水+田园风光+民族文化+历史遗存”为特色的民族村寨旅游线路；2006年，贵州实施“百乡千村扶贫工程”，选择100个最贫困村镇，按照每村70万元的标准有意识地推动民族村寨旅游基础设施的改善。2009年，贵州省委确定“十二五”期间，重点建设500个村寨的目标。

自2006年开始，贵州民族旅游村寨以每年200个的速度递增，村寨旅游脱贫的战略成效显著。1996年，全省共有648个村寨通过旅游发展，实现95475户33万人脱贫；1998年、2000年及2003年，村寨旅游分别带动377751人、496765人及532100人实现脱贫[①]；到2005年，已将近100万人通过村寨旅游实现脱贫致富[②]。这一阶段的民族村寨旅游扶贫以“效率为主，兼顾公平”，对地方社会经济发展的作用显著提升。在资金有限的情况下，为了实现扶贫效益的最大化，政府优先扶持地理或资源优势较好的民族村寨。贵州的民族村寨大多属于贫困地区，长期积贫积弱，因此，民族村寨旅游的发展基本上是政府主导、企业参与的模式；在利益分配上，也广泛采取“政府和企业分大头，民族村寨分小头”的方式。这一发展模式，在有效推动民族村寨旅游迅速市场化、促进地方社会经济发展的同时，也形成了贫困人口参与不足、扶贫靶向偏离的格局。

三、成熟期（2011年至现在）

随着贵州旅游突飞猛进，民族村寨旅游进入高效、高质发展的关键期。贵州省把旅游产业作为新的经济抓手和突破口，推动产业转型升级、加速发展，进入了“质”“量”并举的新阶段。2011年，全省实施了以旅游为发展重点的“百村计划”。2012年，《中国农村扶贫开发纲要（2011—2020年）》实施

① 贵州省地方志编纂委员会．贵州省志·旅游志［M］．贵阳：贵州人民出版社，2009：463.
② 龚晓宽．贵州经济社会发展60年研究［M］．北京：中央文献出版社，2009：130.

“整村推进”战略，民族村寨旅游成为贵州“整村推进”重要的突破。2016年《“十三五”旅游业发展规划》出台，明确提出要推进贵州建设乌蒙山和滇桂黔民族文化旅游区、黔东南建设成为民族风情旅游目的地的目标[①]，为贵州民族地区的脱贫攻坚创造了良好机会。为高标准引领贵州民族村寨旅游发展，2017年，贵州颁布了《贵州省乡村旅游村寨建设与管理标准》等三个地方标准，有力地推动了民族村寨旅游扶贫的高质量发展。

本章小结

由于自然地理、历史条件、文化特质等因素，贵州是我国贫困面积最大、贫困程度最深的省份之一。而贵州民族地区则是“洼地中的洼地”，自然生态脆弱、人民整体文化水平低、收入渠道局限、社会公共保障欠账严重，贫困与民族、宗教等问题交织，贫困治理复杂。散布于崇山峻岭中的贵州民族村寨，在长期相对封闭的社会经济环境中，形成了一套与之适应的文化特性、生存智慧、经济结构、社会关系及日常准则，维系了低经济水平下的原生幸福。随着全国脱贫攻坚决胜，现代社会的发展必然打破民族村寨的传统经济文化模式，对高经济水平幸福生活的向往，使得贵州民族村寨能够依托因封闭而保存的原生资源，充分利用脱贫攻坚的政策支撑，在市场驱动下，实现脱贫致富。20世纪80年代，贵州最早在全国提出了旅游扶贫的概念，并依托民族村寨探索脱贫之路，逐步经历了由艰难起步到渐趋成熟的重要阶段，村寨旅游扶贫已经成为贵州民族地区最重要的扶贫模式之一。

① 中华人民共和国国家发展和改革委员会.旅游发展十三五规划（国发〔2016〕70号）[R].2016.

第四章　贵州民族村寨旅游扶贫效果评估

针对扶贫效果评估的复杂性，充分考虑贵州民族村寨旅游扶贫的特殊性，为获得全面客观的效果评价结论，研究充分考虑了以下方面：

首先，评价对象的特征。（1）贵州开展村寨旅游扶贫的村寨多达3000余个，但除了极少数非常典型的旅游村寨外，并非所有村寨减贫的贡献均来自旅游发展，因此，无论是行政统计层面还是实践理论层面，全面梳理村级旅游扶贫相关统计数据是不现实的。（2）贵州的民族旅游村寨在区域上并非呈现均质分布。贵州有3个民族自治州和11个自治县，但是发展旅游的民族村寨受资源、市场、区位、行政等方面影响呈现相对集中的分布特征。因此，以典型区域发展数据估测研究对象是科学而可行的办法。（3）就产业内部来看，难以有效地将村寨旅游相关数据从整个旅游产业的相关数据中剥离，尽量选择民族地区的数据，能更有效地反映民族村寨旅游的减贫成效。（4）贫困的多维性加之村寨旅游扶贫数据收集的复杂性，单纯从经济视角考察扶贫效果是不足的，从福利的视角回应扶贫的真实效应，有利于保障未来多维减贫政策制定及实施的科学性。

其次，现有的评价体系。旅游扶贫效应涵盖了对区域的宏观经济效益以及对于贫困人口的微观经济效益（肖建红等，2014）[①]，现有旅游扶贫绩效的评价体系主要包括区域旅游扶贫绩效指标和微观社会的感知绩效指标。前者主要从旅

---

① 肖建红，肖江南. 基于微观经济效应的面向贫困人口旅游扶贫（PPT）模式研究——以宁夏六盘山旅游扶贫实验区为例［J］. 社会科学家，2014（1）：76-80.

游产业关联度的视角，考虑利益分配、贫困人口受益、可持续性等要素构建评价体系（Wattanakuljarus，2008）①；后者主要从对经济、社会及环境的效应、扶贫效应感知、贫困人口的参与能力、意愿及权利等方面进行评估（方兰兰②，2015；郝冰冰等③，2017）。本研究整合以上两个研究方向，在对贵州村寨旅游扶贫整体数据进行宏观描述的基础上，选取民族村寨旅游扶贫最为典型的黔东南为样本，结合民族地区及村寨旅游扶贫的特点，构建评价体系进行科学评价；微观视角选取全省九个地州市及贵安新区涉及苗、侗、布依、彝、仡佬、回、瑶、水、土家等民族的43个旅游村寨为样本，摒弃传统居民感知的评价，以福利为研究切入，科学评价村寨旅游扶贫对村民，特别是贫困人口的真实福利。

基于以上考虑，本研究从宏观绩效描述、区域绩效评估及微观福利评价三个视角，力争全面刻画贵州村寨旅游扶贫的整体效应，见图4-1：

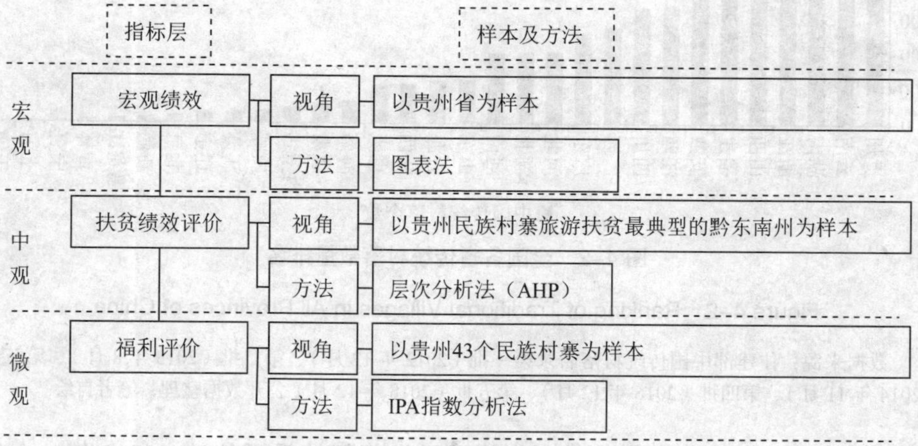

图4-1 贵州民族村寨旅游扶贫效果评价体系

Figure 4-1 Evaluation System of Tourism Poverty Alleviation Effect in Guizhou Ethnic Villages

注：笔者自绘。

① Wattanakuljarus A, Coxhead L. Is tourism-based development good for the poor? A general equilibrium analysis for Thailand [J]. Journal of policy Modeling，2008，30（6）：929-955.

② 方兰兰．民族村寨旅游扶贫效应研究［D］．长沙：湖南师范大学，2015.

③ 郝冰冰，罗盛锋，黄燕玲，等．国内外旅游扶贫效应文献量化分析与研究综述（2000—2016）［J］．中国农业资源与区划，2017（9）：190-198.

第一节　贵州民族村寨旅游扶贫整体效果

一、民族村寨旅游扶贫的大格局形成

在旅游的推动下，民族村寨不仅是贵州旅游发展的标签，甚至是我国旅游扶贫的名片。至 2018 年 12 月，在我国公布的 5 批中国传统村落（共 6799 个）中，贵州传统村落占比 10.66%，共计 725 个，数量列全国首位①（见图 4–2）。

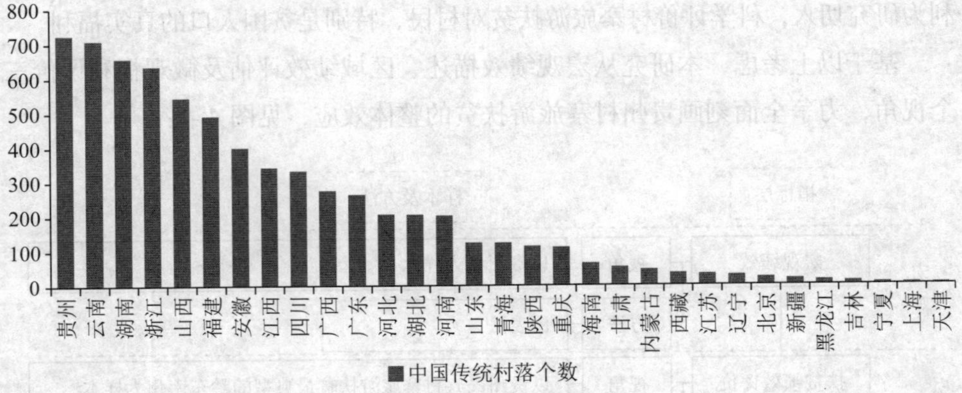

图 4–2　全国各省传统村落数量排名

Figure 4–2　Ranking of Traditional Villages in All Provinces of China

数据来源：住建部中国传统村落名录第一批（2012 年 12 月）、第二批（2013 年 8 月）、第三批（2014 年 11 月）、第四批（2016 年 12 月）、第五批（2018 年 12 月）公开数据整理；笔者自绘。

宝贵的村寨文化资源，是贵州旅游后发赶超的重要基础。2015 年，全省共有贫困村 9000 个，作为乡村旅游扶贫试点村 519 个（见图 4–3），有 53 个贫困村被纳入 100 个景区建设工程②。

① 贵州省文物局副局长张勇在2015年中法乡村文化遗产学术研讨会——皖南古村落保护与发展上题为“贵州传统村落保护的探索及实践”上的演讲。

② 贵州省旅游局.全省山地旅游扶贫暨首批38个村山地旅游扶贫规划对接会资料汇编［Z］.2015.

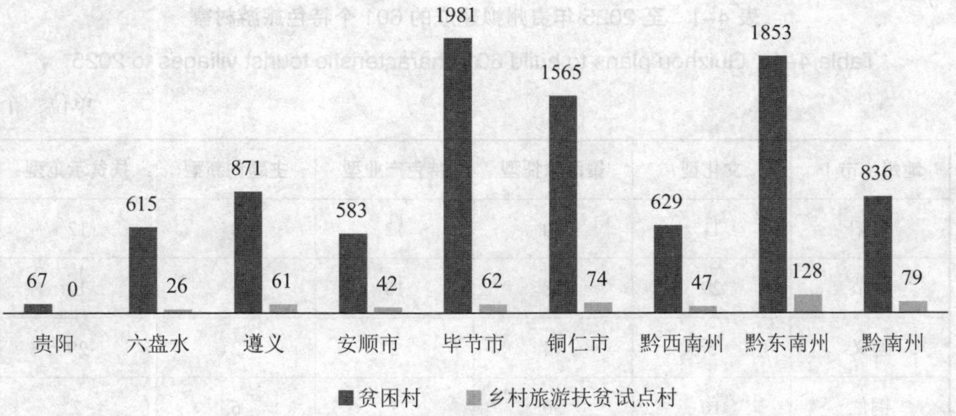

图 4-3　贵州省贫困村及乡村旅游扶贫试点村分布

Figure 4-3　Distribution of Poverty-stricken Villages and Rural Tourism Poverty Alleviation Pilot Villages in Guizhou Province

数据来源：贵州省旅游局．全省山地旅游扶贫暨首批 38 个村山地旅游扶贫规划对接会资料汇编［Z］.2015；笔者自绘。

“十三五”以来，贵州按照“农业增效、农民增收、农村繁荣”的目标，每年重点培育 100 个少数民族特色村寨，形成了西江、肇兴、音寨、石桥等一大批具有较高知名度的村寨旅游品牌。到 2018 年，全省已经有 3000 余个村寨发展旅游，有 2422 个贫困村纳入全国《乡村旅游扶贫工程行动方案》，实现带动贫困人口 107.65 万人①。村寨旅游已经成为贵州提升当地经济、实现经济转型的重要手段，至 2025 年，贵州将建成 601 个特色旅游村寨，走出文化型、景区依托型、特色产业型、主题创新型、扶贫示范型等村寨旅游扶贫道路（见表 4-1）。截至 2020 年 9 月，贵州已经形成国际乡村旅游目的地 1 个（全国仅 9 个）、全国乡村旅游创客示范基地 4 个、全国乡村旅游重点村 38 个、省级乡村旅游重点村 151 个、全国旅游扶贫重点村 2422 个、全国旅游扶贫监测点 5 个②。

① 新华网贵州频道．贵州：超过3000个自然村寨开展乡村旅游［EB/OL］.（2018-07-08）. http：//www.gz.xinhuanet.com/ 2018-07/ 17/c_ 1123138507.htm.

② 贵州省文化和旅游厅．贵州文化和旅游扶贫成果展 .2020 年 9 月 23 日．

表 4-1　至 2025 年贵州拟建成的 601 个特色旅游村寨

Table 4-1　Guizhou plans to build 601 characteristic tourist villages to 2025

单位：个

地州（市）	文化型	景区依托型	特色产业型	主题创新型	扶贫示范型
贵阳	11	10	12	8	12
毕节	29	18	10	6	12
遵义	5	14	2	2	29
铜仁	10	30	7	6	7
六盘水	13	3	5	1	0
安顺	2	1	0	0	3
黔西南	11	13	8	2	7
黔东南	88	27	19	15	26
黔南	24	30	23	9	14

数据来源：贵州省旅游发展委员会 . 贵州省全域山地旅游发展规划（2017—2025）[R] .2017-12-21.

二、民族村寨旅游扶贫推动经济发展

贵州省旅游资源 60% 以上分布在相对贫困地区，通过新建、改造、提升了一大批村庄，为民族村寨旅游扶贫奠定了基础，有效地推动了民族地区的社会经济发展，提升了民族地区县域经济发展水平（见图 4-4），农村居民人均可支配收入从 2012 年的 4753 元，到 2019 年突破 10000 元。

民族地区农业生产能力弱、传统产业覆盖遗漏，民族村寨旅游的发展对于激活第三产业、调整产业结构、推动产业融合具有重要作用（见图 4-5）。

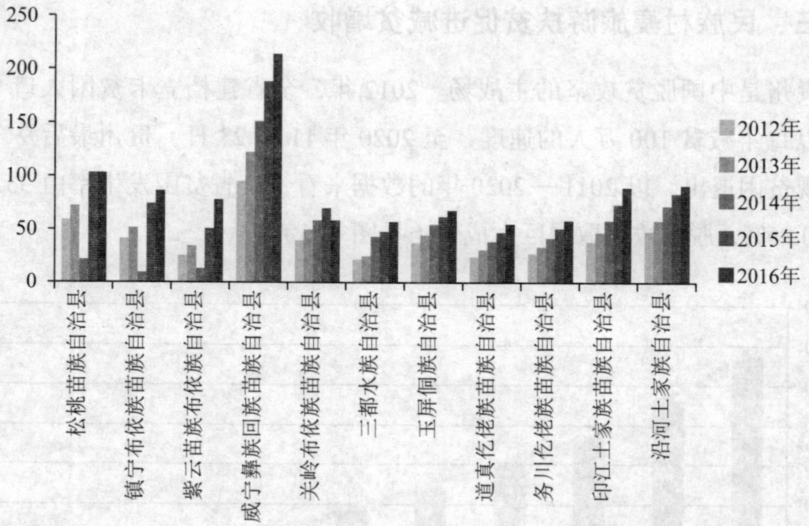

图 4-4　2012—2016 年贵州民族自治县地区生产总值

Figure 4-4　Gross Domestic Product of Guizhou Ethnic Autonomous County from 2012 to 2016

数据来源：国家民委公开数据；单位：亿元；笔者自绘。

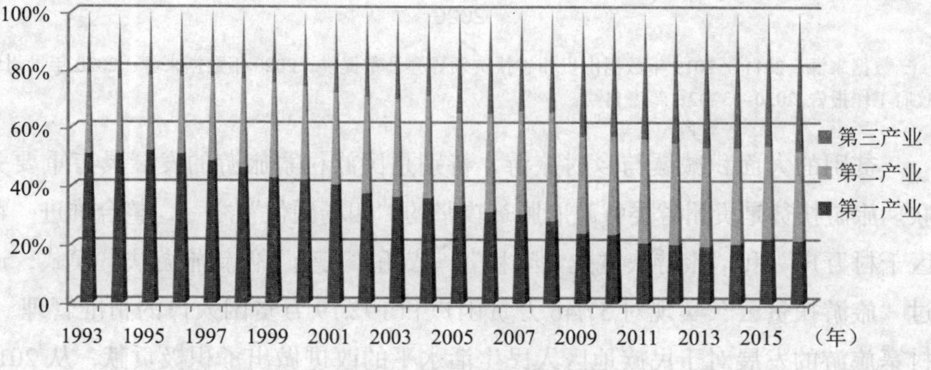

图 4-5　1993—2016 年贵州民族自治地方三次产业比重

Figure 4-5　Proportion of Three Industries in Guizhou Ethnic Autonomous Areas from 1993 to 2016

数据来源：国家民委信息公开统计数据；笔者自绘。

三、民族村寨旅游扶贫促进减贫增收

贵州是中国脱贫攻坚的主战场。2012 年，全省建档立卡贫困人口 923 万人，以每年减贫 100 万人的速度，至 2020 年 11 月 23 日，贵州最后 9 个贫困县实现贫困退出。以 2011—2020 年的数据来看，全省贫困发生率由 33.4% 下降到 0.85%，脱贫攻坚取得巨大成效（见图 4–6）。

图 4–6　贵州省 2011—2020 年贫困人口及贫困发生率

Figure 4–6　Poverty Population and Poverty Incidence in Guizhou Province from 2011 to 2020

数据来源：2011—2019 年数据由贵州省扶贫领导办公室提供；2020 年数据来源：2020 年贵州省政府工作报告 .2020-03-02；笔者自绘。

贫困的大面积减缓与乡村旅游，特别是民族村寨旅游的发展具有重要关联。旅游扶贫是贵州省委省政府脱贫攻坚的“四场硬仗”之一，整合推进“百区千村万户”和“旅游扶贫九大工程”，依托“三变”创新旅游扶贫模式，通过“旅游扶贫云”实现对 57.46 万贫困户和 192.19 万贫困人口的精准管理[①]。村寨旅游的发展对于民族地区人民生活水平的改进做出了积极贡献，从 2012 年至 2019 年，全省农村居民“恩格尔系数”[②] 由 44.61% 下降至 36.74%（见图 4–7）。

① 贵州省旅游发展委员会 . 贵州省全域山地旅游发展规划（2017—2025 年）[R] . 2017-12-21.

② 根据联合国粮农组织提出的标准，恩格尔系数在 59% 以上为贫困，50%~59% 为温饱，40%~50% 为小康，30%~40% 为富裕，低于 30% 为最富裕。

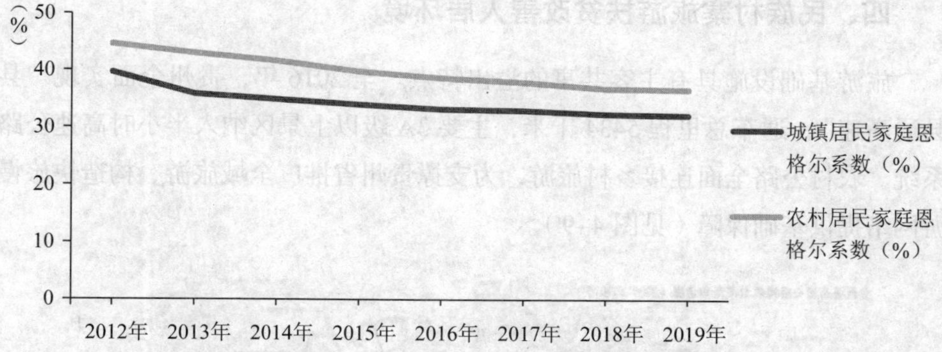

图 4-7　贵州省 2012—2019 年农村与城镇居民家庭恩格尔系数

Figure 4-7　Engel coefficient of rural and urban households in Guizhou Province in 2012-2019

数据来源：贵州省统计局 . 贵州宏观经济数据库［Z］.2020-06-18；笔者自绘。

民族村寨旅游的发展让越来越多的群众分享到旅游的红利。通过对贵州近 30 年旅游收入与农村居民可支配收入增长情况来看，两者的发展趋势具有一致性，旅游已经成为贵州农民收入增长的重要来源（见图 4-8）。

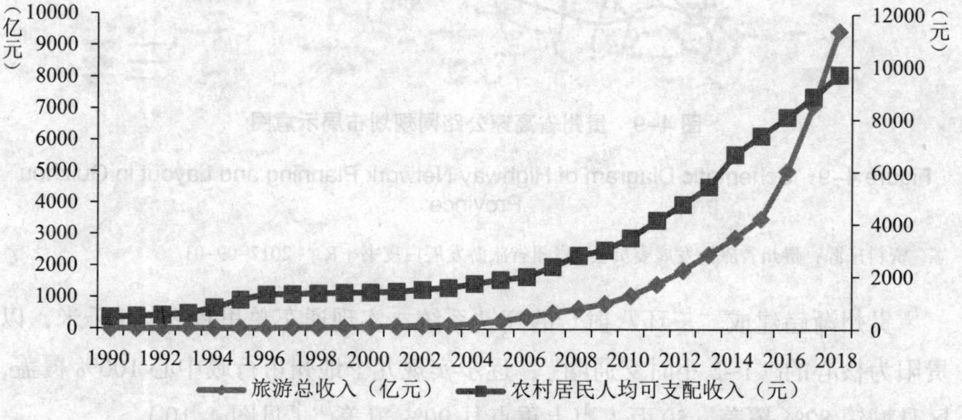

图 4-8　1990—2018 年贵州旅游总收入与农村居民可支配收入

Figure 4-8　Total tourism income and disposable income of rural residents in Guizhou from 1990 to 2018

数据来源：贵州省统计局 . 贵州宏观经济数据库［Z］.2020-06-16；笔者自绘。

四、民族村寨旅游扶贫改善人居环境

旅游基础设施具有主客共享的溢出特点。至 2016 年，贵州全面实现“县县通高速”，通车总里程 5434 千米，主要 3A 级以上景区纳入半小时高速公路系统。农村公路全面连接乡村旅游，为支撑贵州省推广全域旅游、构造快旅慢游网络提供基础保障（见图 4–9）。

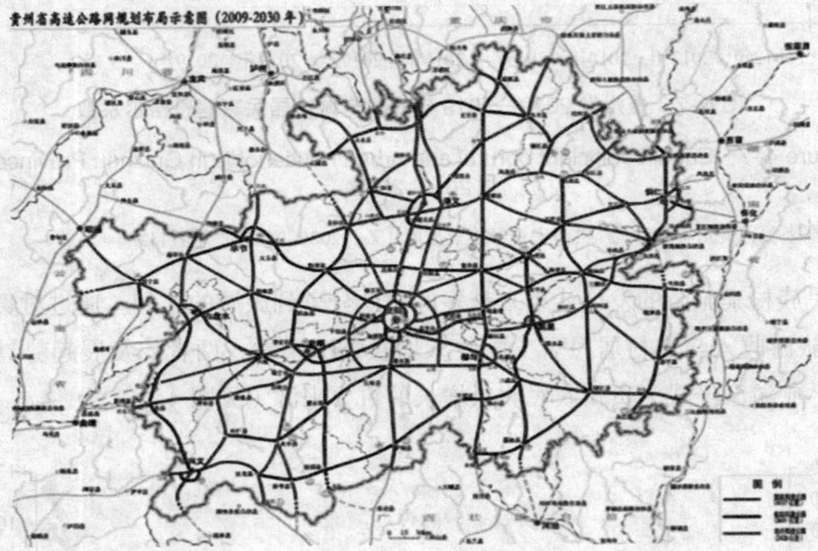

图 4–9　贵州省高速公路网规划布局示意图

Figure 4–9　Schematic Diagram of Highway Network Planning and Layout in Guizhou Province

资料来源：贵州省旅游发展委员会 . 贵州省旅游发展白皮书［R］. 2017–09–01。

贵州渐趋建成“三环八射”的高铁系统，实现通车总里程 834.8 千米，以贵阳为核心的“1~2 小时交通圈”，逐步实现九个地州市行政中心 100% 覆盖，区县城镇 82% 覆盖，50 万人以上重点县 90% 覆盖[①]（见图 4–10）。

2017 年，贵州建制村通路率及客运率均达 100%。农村组组通硬化路三年大决战建成“组组通”硬化路 7.87 万千米，2019 年，完成 30 户以上村民组硬化通路目标，惠及沿线 1200 万群众（见表 4–2）。此外，贵州建成了 88 个

① 贵州省旅游发展委员会 . 贵州省旅游发展白皮书［R］. 2017–09–01.

县（市、区）的村级交通调度中心、3000 余个村级服务站，注册 765 家客运公司、4.7 万辆客运车，建设成了服务 40 万偏远群众的“村村通”村级交通出行系统。

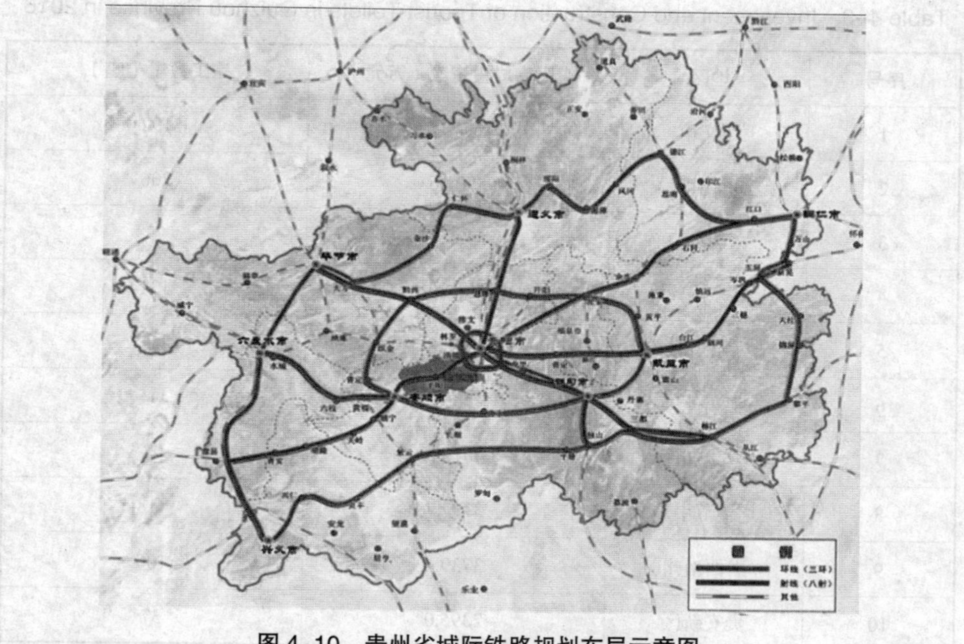

图 4–10　贵州省城际铁路规划布局示意图

Figure 4–10　Schematic Diagram of Planning and Layout of Guizhou Intercity Railway

资料来源：贵州省旅游发展委员会 . 贵州省旅游发展白皮书［R］. 2017-09-01.

表 4–2　贵州省 2017—2025 年规划旅游公路建设情况

Table 4–2　Guizhou province plans to build tourist roads from 2017 to 2025

等级	数量（条）	历程（千米）
国家级旅游公路	10	2990
省级旅游公路	17	2786
市州级旅游公路	16	2176
乡村级旅游公路	26	1737

数据来源：贵州省旅游发展委员会 . 贵州省全域山地旅游发展规划（2017—2025）［R］.2017-12-21.

旅游为村寨建设注入了资金，"美丽乡村""厕所革命"等增加了村寨居民的社会福利，贵州民族村寨人居环境发生了巨大变化（见表 4-3）。

表 4-3 2016 年贵州省旅游厕所投资及建设情况

Table 4-3 Investment and Construction of Tourist Toilets in Guizhou Province in 2016

序号	地区	实际完成投资额（万元）	完工数量（座）
1	遵义市	15773.7	192
2	贵阳市	5701.6	206
3	六盘水市	5429.0	77
4	黔东南州	5062.9	131
5	铜仁市	4953.8	111
6	黔南州	4706.0	111
7	安顺市	4010.5	98
8	毕节市	3797.7	118
9	黔西南州	3739.4	100
10	贵安新区	2395.0	37

数据来源：贵州省旅游发展委员会．贵州省旅游发展白皮书［R］. 2017-09-01.

五、民族村寨旅游扶贫重构人地关系

长期以来"生态恶化—贫困—生态再恶化"是贵州民族地区难以摆脱的贫困循环圈。旅游发展在一定程度上改变了村落的传统经济结构，替代了生态脆弱地区采矿、冶炼、低效耕作等环境影响大的产业，缓解了人口与资源、环境的矛盾，实现了旅游发展区的生态修复，推动形成人地之间良好的生态关系，践行了"绿水青山就是金山银山"的"两山理论"。贵州少数民族基本上生活在高寒、石山等生态脆弱区，发展村寨旅游：一方面，降低了原住地的生态压力，并通过推进退耕还林工程，使自然生态得到修复，为旅游业发展优化了环境本底；另一方面，以旅游业引导村寨经济发展，能够形成绿色的产业门槛，促使居民自愿自觉地进行环境保护。贵州作为石漠化的重灾区，不仅是自然地质条件作用的结果，更是长期生产生活方式作用的结果，地方产业选择对石漠化程度具有重要影响。旅游产业为人们找到了新的谋生之路，将劳动力从对土地的依赖中解放出来，为石漠化治理做出了贡献（见图 4-11）。

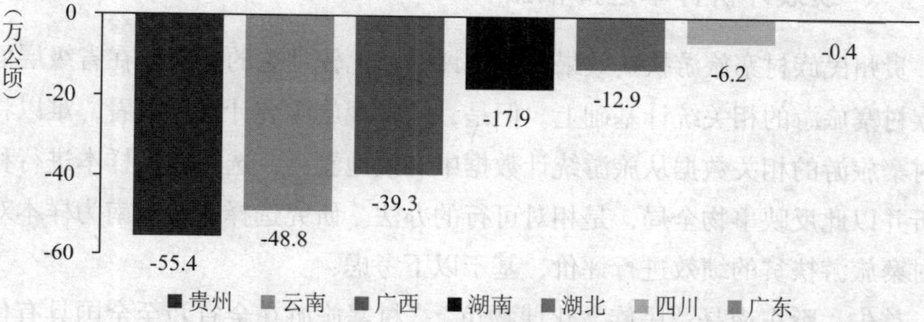

图 4-11　主要省（区）石漠化面积动态变化情况

Figure 4-11　Dynamic changes of rocky desertification areas in major provinces(regions)

注：数据来源：国家林业和草原局 . 中国 · 岩溶地区石漠化状况公报［R］.2016；笔者自绘。

同时，贵州森林覆盖率大幅度提升，由 1995 年的 14.8% 增加到 2019 年的 58.5%，植被也逐步由灌木型向乔木型演变（见图 4-12）。

图 4-12　贵州省 1995—2019 年全省森林覆盖率

Figure 4-12　Forest Coverage Rate of Guizhou Province from 1995 to 2019

数据来源：贵州统计年鉴；笔者自绘。

第二节　贵州民族村寨旅游扶贫绩效评价：以黔东南为样本

一、绩效评价样本选择依据

贵州民族村寨旅游扶贫效果的科学评估，比较理想的是建立在省级层面对民族村寨旅游的相关统计基础上。但是，从常规旅游统计指标来看，难以将民族村寨旅游的相关数据从旅游统计数据中有效地剥离，选择典型样本进行科学分析并以此反映事物全局，是相对可行的办法。研究选择以黔东南为样本对贵州村寨旅游扶贫的绩效进行评价，基于以下考虑：

首先，黔东南是"民族文化博物馆"，村寨旅游在全省乃至全国具有代表性。黔东南 32 个少数民族占户籍人口的 81.34%，拥有国家级非物质文化遗产 72 项。全州 3299 个民族村寨，以保存完好、原生神秘而著称，拥有全省 56.49% 的"中国传统村落"、44.13% 的"中国少数民族特色村寨"和 29.95% 的"贵州少数民族特色村寨"（见表 4–4）。

表 4–4　黔东南典型民族村寨情况

Table 4–4　Typical Ethnic Villages in Southeast Guizhou

类型		第一批（个）	第二批（个）	第三批（个）	第四批（个）	第五批（个）	合计	
							数量（个）	占比（%）
中国传统村落	贵州省	90	202	134	119	179	724	—
	黔东南	60	165	51	33	100	409	56.49
中国少数民族特色村寨	贵州省	62	151	—	—	—	213	—
	黔东南	14	80	—	—	—	94	44.13
贵州少数民族特色村寨	贵州省	272	241	255	247	—	1015	—
	黔东南	57	70	91	86	—	304	29.95
全国乡村旅游重点村	贵州省	12	—	—	—	—	12	—
	黔东南	1	—	—	—		1	8.33

续表

类型		第一批（个）	第二批（个）	第三批（个）	第四批（个）	第五批（个）	合计	
							数量（个）	占比（%）
全省乡村旅游重点村	贵州省	61	—	—	—	—	61	—
	黔东南	9	—	—	—		9	14.75

数据来源：文化旅游部网站、贵州文化和旅游厅、黔东南州民族宗教事务委员会、住建局；截至2019年11月29日。

民族村寨的质量及数量在全国地州中首屈一指，有相当一部分村寨通过旅游开发，已经成为黔东南乃至贵州旅游对话世界的“名片”（见图4–13）。

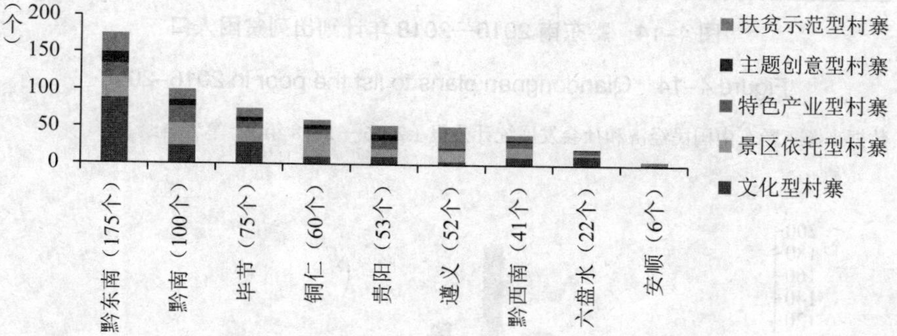

图4–13　贵州省特色旅游名村/寨类型及分布

Figure 4–13　Types and Distribution of Famous Tourist Villages in Guizhou Province

数据来源：贵州省旅游发展委员会.贵州省全域山地旅游发展规划（2017—2025）[R].2017-12-21；笔者自绘。

其次，黔东南攻坚任务依然相当艰巨。黔东南16个县市中有“国家扶贫开发重点县”14个，是贵州贫困发生率最高的地州，是全省扶贫“洼地”中的“洼地”（见图4–14和图4–15）。

至2019年12月，黔东南尚有贫困人口28.6万、贫困县9个、贫困村894个（其中，深度贫困村686个）（张宏辉，2019）①。面临着公共服务能力不足、

① 张洪辉.新中国成立70周年来黔东南经济社会发展成就经验及未来展望[J].黔东南州“壮丽70年·奋进新时代”主题征文活动，2019.

贫困人口可持续增收困难、人民群众内生发展动力不足等现实问题，按时打赢脱贫攻坚战面临严峻挑战。

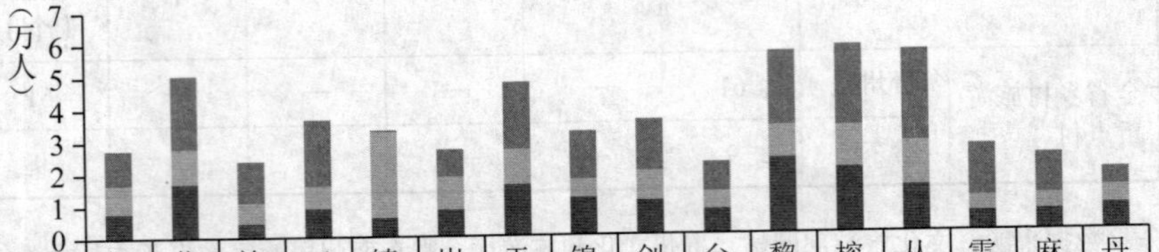

	凯里市	黄平县	施秉县	三穗县	镇远县	岑巩县	天柱县	锦屏县	剑河县	台江县	黎平县	榕江县	从江县	雷山县	麻江县	丹寨县
■2018年（万人）	1.08	2.24	1.3	2.04	0.05	0.85	2.06	1.48	1.58	0.91	2.28	2.47	2.8	1.6	1.25	0.56
■2017年（万人）	0.9	1.1	0.63	0.71	2.67	1.02	1.1	0.58	0.92	0.55	1	1.3	1.38	0.47	0.49	0.56
■2016年（万人）	0.78	1.69	0.46	0.9	0.6	0.84	1.6	1.16	1.07	0.77	2.34	2.02	1.44	0.61	0.64	0.79

图 4-14　黔东南 2016—2018 年计划出列贫困人口

Figure 4-14　Qiandongnan plans to list the poor in 2016-2018

数据来源：黔东南国民经济和社会发展统计公报（2016—2018 年）；笔者自绘。

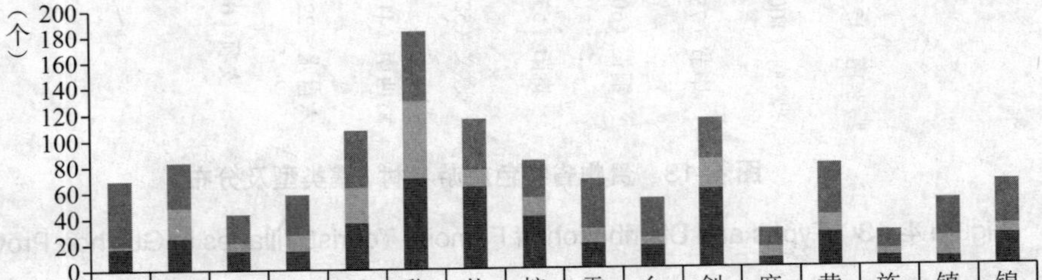

	凯里市	丹寨县	岑巩县	三穗县	天柱县	黎平县	从江县	榕江县	雷山县	台江县	剑河县	麻江县	黄平县	施秉县	镇远县	锦屏县
■2018年（个）	50	35	22	31	44	54	39	29	38	30	31	14	40	14	29	34
■2017年（个）	2	23	6	12	27	59	13	14	11	6	23	8	13	5	15	7
■2016年（个）	17	25	15	15	36	70	63	40	19	17	60	7	26	8	7	24

图 4-15　黔东南 2016—2018 年计划出列贫困村

Figure 4-15　Qiandongnan plans to list poor villages from 2016 to 2018

数据来源：黔东南国民经济和社会发展统计公报（2016—2018 年）；笔者自绘。

最后，村寨旅游扶贫是黔东南最重要的扶贫方式之一。黔东南是“发展乡村旅游，助推脱贫攻坚”的典范①，“在民族村寨的整村连片保护和利用上”走在全国前列（高舜礼，2017）②。2018 年，全州拥有开展旅游的自然村寨 1471 个，解决 40 万人就业。“十三五”以来，全州村寨旅游带动 13 万人脱贫，占同期脱贫总量的 25%③。

二、扶贫绩效计算

旅游发展能够推动贫困地区脱贫致富及社会经济发展（唐建兵④，2007；周波等⑤，2011），旅游扶贫的效应主要指旅游发展在贫困地区发挥的综合作用（郝冰冰等，2017）⑥，既包括消除贫困的作用，也包括伴随的负面影响（张伟等，2005）⑦。旅游扶贫绩效的评估大多以测量旅游发展对贫困地区带来的综合效应及乘数效应为手段（陈友莲，2011）⑧，常用的方法包括层次分析法、因子分析法、多元线性回归法和产业经济学等方法，其中，层次分析法是最常用、最成熟的方法之一（邢慧斌，2017）⑨。

1977 年，层次分析法（Analytical Hierarchy Process，AHP）由美国运筹学教授萨蒂（A.L.Saaty）首先提出。层次分析法整合了定性分析与定量研究，利用数学工具实现多目标、多准则、多因素的系统复杂分析。对于旅游扶贫绩效的评估，核心在于确定指标集合论域和评语集合论域，依托层次分析法确定层次结构模型并确定权重，通过构建评估模糊矩阵获得整体绩效水平，见图 4–16：

① 黔东南信息港.第十三届贵州旅游产业发展大会在从江开幕［EB/OL］.（2018–07–17）. http：//www.qdn.cn/html/2018/qdnnews_0717 /1677 77. shtml.

② 高舜礼 . 贵州黔东南保护民族村寨助推旅游扶贫［EB/OL］. http：//gotrip.zjol.com.cn/xw14873/lyjsb/201712/ t20171227 _6165983.shtml.

③ 张洪辉.新中国成立70周年来黔东南经济社会发展成就经验及未来展望［J］.黔东南州“壮丽70年·奋进新时代”主题征文活动，2019.

④ 唐建兵 . 旅游扶贫效应研究［J］. 成都大学学报（社会科学版），2007（2）：71–75.

⑤ 周波，李毅 . 广西巴马旅游扶贫贡献率研究［J］. 旅游论坛，2011（2）：72–78.

⑥ 郝冰冰，罗盛锋，黄燕玲，等 . 国内外旅游扶贫效应文献量化分析与研究综述（2000~2016）［J］. 中国农业资源与区划，2017（9）：190–198.

⑦ 张伟，张建春，魏鸿雁 . 基于贫困人口发展的旅游扶贫效应评估——以安徽省铜锣寨风景区为例［J］. 旅游学刊，2005（5）：43–49.

⑧ 陈友莲 .“旅游飞地”对旅游扶贫绩效的影响及其防范［J］. 三农探索，2011（12）：39–40.

⑨ 邢慧斌 . 国内旅游扶贫绩效评估理论及方法研究述评［J］. 经济问题探索，2017（7）：47–53.

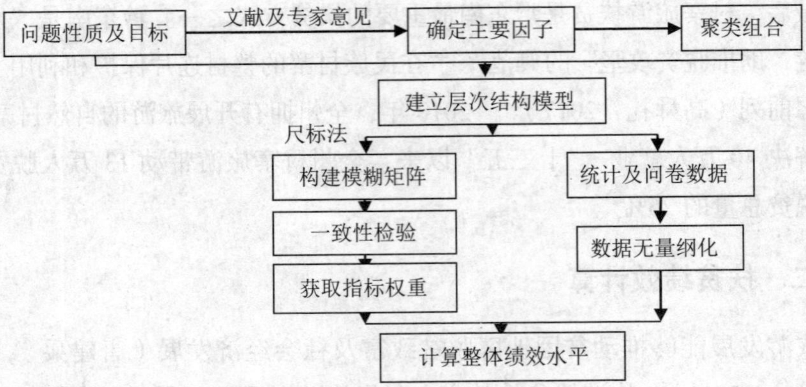

图 4-16　层次分析法的主要技术过程

Figure 4-16　The Main Technical Process of Analytic Hierarchy Process

注：笔者自绘。

（一）建立评价模型

随着贫困评价维度的不断拓展，扶贫效应的评价体系也在日渐丰富，为保障研究的科学性，充分借鉴现有学者的指标体系（见表 4-5）。

表 4-5　宏观旅游绩效评价主要指标

Table 4-5　Main Indicators of Macro Tourism Effect Evaluation

代表学者	指标
张伟等（2005）①	实际效应、感知效应、效应的可持续性等
焦克源等（2017）②、林秀峰（2018）③	经济发展、社会进步、生态环保、精神文化等
周歆红（2002）④、王志章等（2018）⑤	经济、社会、生态、文化、技术等

① 张伟，张建春，魏鸿雁. 基于贫困人口发展的旅游扶贫效应评估——以安徽省铜锣寨风景区为例［J］. 旅游学刊，2005（5）：43-49.

② 焦克源，杨建花. 基于AHP－熵权法的民族地区旅游扶贫效益评估研究——以甘南藏族自治州为例［J］. 农林经济管理学报，2017（2）：133-143.

③ 林秀峰. 基于"精准扶贫"的旅游扶贫绩效评估研究——以水磨古镇片区为研究对象［J］. 经贸实践，2018（9）：93.

④ 周歆红. 关注旅游扶贫的核心问题［J］. 旅游学刊，2002（1）：17-21.

⑤ 王志章，王静. 基于可持续发展的少数民族地区旅游扶贫绩效评价研究［J］. 云南民族大学学报（哲学社会科学版），2018，5（9）：89-97.

续表

代表学者	指标
张琳等（2017）①	公众期望、政策适应性、扶贫精准性、价值感知、效果满意度等
王仟滢等（2019）②	旅游资源、经济发展、社会进步、生态环境、精神文化等绩效

结合民族地区村寨旅游扶贫的特点，运用德尔菲法请五位相关学科专家对选取因子的重要性进行三轮打分，获得影响村寨旅游扶贫绩效的因子 19 项。通过充分考虑选取因子的科学性及数据获取的可靠性，最终确定影响因子 16 项（见表 4–6）。评价指标体系的最高层是民族村寨旅游扶贫绩效，即决策层要达到的目标（Z）；指标层，为实现目标的措施、政策及准则等，形成经济、社会、文化、生态四个决策指标 B_1、B_2、B_3、B_4；最底层为因子层（C），是主要影响因子聚类分析的结果，由 16 个因子构成。相关因子主要数据依据是黔东南州《国民经济和社会发展统计公报（2011—2018）》，部分数据由相关行政部门补充。

表 4–6　民族村寨旅游扶贫绩效评价指标体系

Table 4–6　Performance Evaluation Index System of Tourism Poverty Alleviation in Ethnic Villages

目标层（Z）	指标层B（权重）	因子层C（相对权重）		
		因子名称及代码	数据来源	性质
村寨旅游扶贫绩效	经济指标 B_1	旅游总收入（亿元）C_{11}	*	+
		旅游总人数（万人）C_{12}	*	+
		农村居民人均可支配收入（元）C_{13}	*	+
		旅游对村寨经济的贡献（村民年人均旅游收入/年均收入×100%）C_{14}	#	+

① 张琳，童翔宇，杨毅.湘鄂渝黔边民族地区精准扶贫效益评价及增进策略——基于结构方程模型的实证分析［J］.贵州民族研究，2017（1）：177–180.

② 王仟滢，霍云惠.基于AHP–模糊综合评价的旅游扶贫绩效研究——以安徽省歙县为例［J］.农家参谋，2019（7）：177–179，181.

续表

目标层（Z）	指标层B（权重）	因子层C（相对权重）		
		因子名称及代码	数据来源	性质
村寨旅游扶贫绩效	社会指标B_2	旅游对村寨就业贡献（旅游从业人数/全村就业人数×100%）C_{21}	*	+
		农村最低生活保障人数递减率（%）C_{22}	#	+
		通油路村（个）C_{23}	*	+
		城镇化率（%）C_{24}	*	+
	文化指标B_3	高考录取本科人数（人）C_{31}	*	+
		普通中学在校学生人数（万人）C_{32}	*	+
		文化馆、博物馆及图书馆个数（个）C_{33}	*	+
		公共文化服务设施覆盖用户（万户）C_{34}（有线数字电视用户+互联网宽带户数+广播电视农村直播卫星用户）	*	+
	生态指标B_4	营造林面积（万公顷）C_{41}	*	+
		新增综合治理水土流失面积（平方千米）C_{42}	*	+
		石漠化治理面积（平方千米）C_{43}	*	+
		自然保护区面积（万公顷）C_{44}	*	+

数据来源："*"《黔东南州国民经济和社会发展统计公报（2011—2018）》；"#"《全州 503 个重点旅游村寨数据》；"+"表示该指标具有正效应。

（二）构造判断矩阵

Santy 等人提出的 1~9 级尺标法（即一致矩阵法）因其较好的操作性和准确性而得到普遍采用，其要义在于：采用 9 级对比尺度将复杂要素，通过两两比较降低诸多因子互较的难度。论文判断矩阵的构造，也采纳这一方法。（见表 4–7）

表 4–7　1~9 级尺标法的含义

Table 4–7　1–9 Meaning of Scale Method

标度	含义
1	表示两个因素相比，具有同样重要性

续表

标度	含义
3	表示两个因素相比，一个因素比另一个因素稍微重要
5	表示两个因素相比，一个因素比另一个因素明显重要
7	表示两个因素相比，一个因素比另一个因素强烈重要
9	表示两个因素相比，一个因素比另一个因素极端重要
2，4，6，8	上述两相邻判断的中值
倒数	因素i与j比较的判断a_{ij}，则因素j与i比较的判断$a_{ij}=1/a_{ji}$

根据1~9级尺标法，构造判断矩阵，其中，$a_{ij}=1, i=j=1, 2, \cdots n$；$a_{ji}=1/a_{ij}, i, j=1, 2, \cdots n, ij$；$a_{ij}=\frac{a_{ik}}{a_{ki}}$，$i=j=1, 2, \cdots n$，详见表4-8：

表4-8　比较判断矩阵

Table 4-8　Comparison Matrix

A	B_1	B_2	…	B_j	…	B_n
B_1	a_{11}	a_{12}	…	a_{1j}	…	a_{1n}
B_2	a_{21}	a_{22}	…	a_{2j}	…	a_{2n}
…	…	…	…	…	…	…
B_i	a_{j1}	a_{j2}	…	a_{ij}	…	a_{in}
…	…	…	…	…	…	…
B_n	a_{n1}	a_{n2}	…	a_{nj}	…	a_{nn}

为减少重要性评判的主观性，赋值通过对专家、学者发放问卷及访谈的方式酌定（详见附件五），逐层确定A–B_1~B_4及B_i–C_{11}~C_{ij}的判断矩阵，见表4-9和表4-10：

表 4-9　A-B_1~B_4 判断矩阵

Table 4-9　A-B_1~B_4 Judgment Matrix

	B_1	B_2	B_3	B_4
B_1	1	3/2	3	3/2
B_2	2/3	1	3/2	1
B_3	1/3	2/3	1	1/2
B_4	2/3	1	2	1

表 4-10　Bi-C_{11}~Cij 的判断矩阵

Table 4-10　Bi-C_{11}~CijJudgment Matrix

	C_1				C_2				C_3				C_4			
	C_{11}	C_{12}	C_{13}	C_{14}	C_{21}	C_{22}	C_{23}	C_{24}	C_{31}	C_{32}	C_{33}	C_{34}	C_{41}	C_{42}	C_{43}	C_{44}
C_{ij}	1	3/2	3/2	2/3	1	5/3	5/2	3/2	1	1/3	3/2	3/5	1	1	1/2	3
	2/3	1	3/5	1/2	3/5	1	2/3	3/2	3	1	5	5/3	1	1	1/2	3
	2/3	5/3	1	2/3	2/5	3/2	1	1	2/3	1/5	1	1/3	2	2	1	5
	3/2	2	3/2	1	2/3	2/3	1	1	5/3	3/5	3	1	1/3	1/3	1/5	1

（三）层次单排序及一致性检验

利用数学软件 Matlab，计算判断矩阵 A-B_1~B_4 和 B_i-C_{11}~C_{ij} 各自的最大特征值与特征向量；一致性检验通过计算获得，检验系数 $CR=\frac{CI}{RI}$，其中，RI 参照随机一致性取值表（见表 4-11）。$CI=\frac{\lambda max-n}{n-1}$，当 CR<0.1 时，具有满意的一致性，通过一致性检验，见表 4-12。

表 4-11　随机一致性指标 RI 的取值

Table 4-11　The value of random consistency index RI

阶数（N）	1	2	3	4	5	6	7	8	9	10
RI	0	0	0.52	0.89	1.12	1.26	1.36	1.41	1.46	1.49

表 4-12　判断矩阵 A-B_1~B_4 和 B_i-C_{11}~C_{ij} 的最大特征值、特征向量以及一致性检验

Table 4-12　The Maximum Eigenvalue, Eigenvector and Consistency Test of Judgement Matrices A-B_1~B_4 and Bi-C_{11}~ C_{ij}

	A- B_1~B_4	B_1-C_{11}~ C_{14}	B_2-C_{21}~ C_{24}	B_3-C_{31}~ C_{34}	B_4-C_{41}~ C_{44}
λ_{max}	4.0104	4.0307	4.1161	4.0031	4.1308
W =（ w_1， w_2，…w_n）	（0.7143，0.4442，0.2565，0.4762）	（0.5149，0.3097，0.4316，0.6728）	（0.7260，0.4072，0.4092，0.3737）	（0.2706，0.8168，0.1679，0.4811）	（0.3841，0.53841，0.82871，0.1347）
CI	0.0034	0.0102	0.0387	0.0010	0.0436
RI（取值参数表，查得）	0.89	0.89	0.89	0.89	0.89
CR= CI/ RI	0.0038	0.0114	0.0435	0.0011	0.0489
递阶层次模型的随机一致性	通过一致性检验	通过一致性检验	通过一致性检验	通过一致性检验	通过一致性检验

（四）层次总排序及其检验

在表 4-12 的基础上，利用公式

$$B_n = \sum_{j=1}^{m} a_j b_{ij}$$

对特征向量进行归一化处理，获得总目标下各层次的相对权重（见表 4-13）。在层次总排序的基础上，对整个模型的判断一致性进行检验，B 层 B_1，B_2，B_3，…B_n 对应 Z 层中因素 Z_j（j=1，2，3，…m）的层次单排序一致性指标为 CI，随机一致性指标为 RI，则层次总排序的一致性比率为：

$$CR_{总} = \frac{W_1 CI_1 + W_2 CI_2 + W_3 CI_3 + \cdots + W_n CI_n}{W_1 RI_1 + W_2 RI_2 + W RI_3 + \cdots + W_n RI_n}$$

当 CR<0.1 时，具有满意一致性。经计算，本文中 CR<0.1，通过一致性检验。

表 4-13 村寨旅游扶贫系统的层次总排序

Table 4-13 The Ranking of Village Tourism Poverty Alleviation System

层次Z / 层次C	B_1	B_2	B_3	B_4	C层次总排序结果	
	0.3777	0.2349	0.1356	0.2518	权重（X_i）	排序
C_{11}	0.2669				0.1008	1
C_{12}	0.1605				0.0606	7
C_{13}	0.2237				0.0845	5
C_{14}	0.3488				0.1317	2
C_{21}		0.3789			0.0890	4
C_{22}		0.2125			0.0499	11
C_{23}		0.2136			0.0502	10
C_{24}		0.1950			0.0458	12
C_{31}			0.1558		0.0211	14
C_{32}			0.4704		0.0638	6
C_{33}			0.0967		0.0131	16
C_{34}			0.2771		0.0376	13
C_{41}				0.2218	0.0558	8
C_{42}				0.2218	0.0558	9
C_{43}				0.4786	0.1205	3
C_{44}				0.0778	0.0196	15

（五）绩效计算

由于采集到的各个指标的单位不同，数值的含义也存在差异，因此，需要对于原始数据的标准化，将数据转换为无量纲化数据。本文选取的指标均属于（或经过处理转化为）效益型指标（即数值越大，绩效越好），采用极值法进行处理，公式如下：

$$p(i,j)=\frac{p(i,j)-\min(p(i,j))}{\max(p(i,j))-\min(p(i,j))}\quad(i=1,2,3,\cdots m;\ j=1,2,3,\cdots n)$$

通过无量纲化处理，整理数据，得到表 4-14：

表 4–14　模糊效益矩阵转换表

Table 4–14　Fuzzy Benefit Matrix Conversion Table

指标	权重（X_i）	数据处理值P（i，j）							
		2011年	2012年	2013年	2014年	2015年	2016年	2017年	2018年
C_{11}	0.1008	0.0166	0.0176	0.0225	0.0279	0.0343	0.0490	0.0689	0.0830
C_{12}	0.0606	0.2105	0.2136	0.2711	0.3319	0.4033	0.5943	0.8290	0.9580
C_{13}	0.0845	0.3500	0.4100	0.4738	0.5442	0.6084	0.6723	0.7435	0.8179
C_{14}	0.1317	0.0002	0.0005	0.0007	0.0009	0.0011	0.0013	0.0022	0.0031
C_{21}	0.0890	0.0001	0.0001	0.0004	0.0004	0.0005	0.0012	0.0015	0.0008
C_{22}	0.0499	0.0000	0.0000	0.0005	0.0010	0.0012	0.0005	0.0012	0.0029
C_{23}	0.0502	0.0289	0.0973	0.1201	0.1535	0.2226	0.2858	0.3110	0.3110
C_{24}	0.0458	0.0010	0.0010	0.0011	0.0011	0.0023	0.0023	0.0025	0.0027
C_{31}	0.0211	1.0000	1.0434	1.1526	1.1379	1.1645	1.4825	1.5312	1.6102
C_{32}	0.0638	0.0024	0.0024	0.0025	0.0026	0.0025	0.0025	0.0024	0.0024
C_{33}	0.0131	0.0046	0.0046	0.0051	0.0051	0.0051	0.0054	0.0054	0.0055
C_{34}	0.0376	0.0066	0.0070	0.0229	0.0119	0.0125	0.0133	0.0174	0.0415
C_{41}	0.0558	0.0003	0.0003	0.0004	0.0002	0.0003	0.0003	0.0005	0.0003
C_{42}	0.0558	0.0036	0.0003	0.0077	0.0064	0.0083	0.0126	0.0180	0.0150
C_{43}	0.1205	0.0090	0.0081	0.0088	0.0074	0.0078	0.0071	0.0040	0.0046
C_{44}	0.0196	0.0022	0.0022	0.0019	0.0020	0.0019	0.0019	0.0019	0.0020

依托表 4–13、表 4–14 得到的各个指标的权重及模糊效益矩阵，建立综合评价模型，如下：

$$M=\sum_{i=1}^{m} X_i P\ (i,\ j)$$

其中，j=1，2，3，…n，根据上述公式，获得黔东南 2011—2018 年旅游扶贫绩效得分，见表 4–15：

表 4-15 黔东南州 2011—2018 年村寨旅游扶贫绩效

Table 4-15 Benefits of Village Tourism Poverty Alleviation in Qiandongnan Prefecture from 2011 to 2018

指标		2011年	2012年	2013年	2014年	2015年	2016年	2017年	2018年
经济指标（B_1）	C_{11}	0.0017	0.0018	0.0023	0.0028	0.0035	0.0049	0.0069	0.0084
	C_{12}	0.0128	0.0129	0.0164	0.0201	0.0244	0.0360	0.0502	0.0581
	C_{13}	0.0296	0.0346	0.0400	0.0460	0.0514	0.0568	0.0628	0.0691
	C_{14}	0.0000	0.0001	0.0001	0.0001	0.0001	0.0002	0.0003	0.0004
	综合得分	0.0440	0.0494	0.0588	0.0690	0.0795	0.0979	0.1203	0.1359
社会指标（B_2）	C_{21}	0.0000	0.0000	0.0000	0.0000	0.0000	0.0001	0.0001	0.0001
	C_{22}	0.0000	0.0000	0.0000	0.0000	0.0001	0.0000	0.0001	0.0001
	C_{23}	0.0014	0.0049	0.0060	0.0077	0.0112	0.0143	0.0156	0.0156
	C_{24}	0.0000	0.0000	0.0000	0.0000	0.0001	0.0001	0.0001	0.0001
	综合得分	0.0015	0.0049	0.0061	0.0078	0.0114	0.0146	0.0159	0.0160
文化指标（B_3）	C_{31}	0.0211	0.0220	0.0243	0.0240	0.0246	0.0313	0.0323	0.0340
	C_{32}	0.0002	0.0002	0.0002	0.0002	0.0002	0.0002	0.0002	0.0002
	C_{33}	0.0001	0.0001	0.0001	0.0001	0.0001	0.0001	0.0001	0.0001
	C_{34}	0.0002	0.0003	0.0009	0.0004	0.0005	0.0005	0.0007	0.0016
	综合得分	0.0216	0.0225	0.0254	0.0247	0.0253	0.0320	0.0332	0.0358
生态指标（B_4）	C_{41}	0.0000	0.0000	0.0000	0.0000	0.0000	0.0000	0.0000	0.0000
	C_{42}	0.0002	0.0000	0.0004	0.0004	0.0005	0.0007	0.0010	0.0008
	C_{43}	0.0011	0.0010	0.0011	0.0009	0.0009	0.0009	0.0005	0.0006
	C_{44}	0.0000	0.0000	0.0000	0.0000	0.0000	0.0000	0.0000	0.0000
	综合得分	0.0014	0.0011	0.0016	0.0013	0.0015	0.0016	0.0016	0.0014

为了便于观察，用百分制来表示效益测度的分值，见表 4-16：

表 4-16　黔东南州 2011—2018 年村寨旅游扶贫绩效综合得分

Table 4-16　Comprehensive Score of Village Tourism Poverty Alleviation Performance in 2011-2018 in Qiandongnan Prefecture

指标	2011年	2012年	2013年	2014年	2015年	2016年	2017年	2018年
经济指标（B_1）	4.40	4.94	5.88	6.90	7.95	9.79	12.03	13.59
社会指标（B_2）	0.15	0.49	0.61	0.78	1.14	1.46	1.59	1.60
文化指标（B_3）	2.16	2.25	2.54	2.47	2.53	3.20	3.32	3.58
生态指标（B_4）	0.14	0.11	0.16	0.13	0.15	0.16	0.16	0.14
综合效益得分（Z）	6.85	7.79	9.19	10.28	11.77	14.61	17.10	18.91

三、绩效评价分析

（一）综合绩效评价结果

整体而言，村寨旅游扶贫的绩效逐年上升，成效显著。通过对黔东南州 2011—2018 年的数据分析，综合绩效得分总体呈上升趋势，从 2011 年的 6.85 上升到 2018 年的 18.91，增长率达到 7.31 倍，特别是 2016 年、2017 年及 2018 年三年，增幅分别达到 24.13%、17.04% 及 10.58%，说明《贵州省乡村旅游村寨建设与管理标准》等相关推动民族村寨质量提升的地方标准的颁布和实施，在黔东南民族村寨旅游扶贫质量提升中取得明显成效（见图 4-17）。

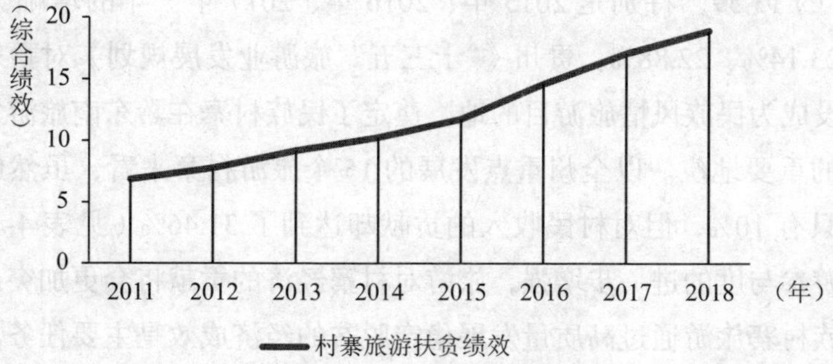

图 4-17　黔东南州 2011—2018 年村寨旅游扶贫综合绩效

Figure 4-17　Overall Performance of Village Tourism Poverty Alleviation in Qiandongnan Prefecture from 2011 to 2018

注：笔者自绘。

2011—2018年，村寨旅游扶贫的经济绩效、社会绩效、文化绩效以及生态绩效分别增长了3.09倍、10.67倍、1.66倍及1倍，其中，以经济和社会绩效的增长最为显著（见图4-18），在脱贫攻坚阶段，经济、社会发展是村寨旅游扶贫的主要目标。

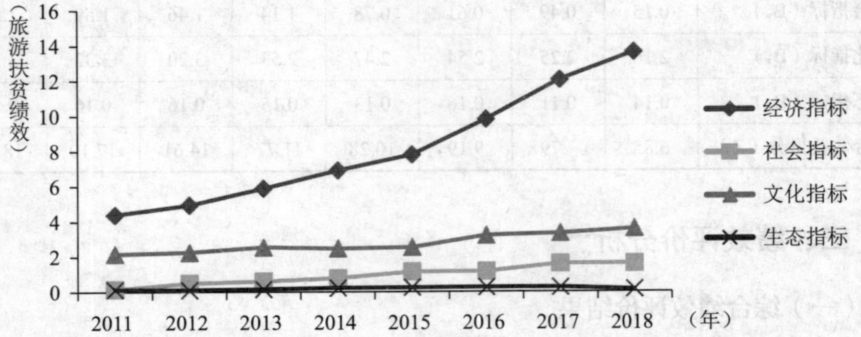

图4-18 黔东南州2011—2018年村寨旅游扶贫绩效

Figure 4-18 Performance of Village Tourism Poverty Alleviation in Qiandongnan Prefecture from 2011 to 2018

注：笔者自绘。

（二）子绩效评价结果

第一，村寨旅游扶贫的经济效益显著。经济贡献由2011年的4.40增加至2018年的13.59，特别是2015年、2016年、2017年三年的增幅分别达到17.34%、23.14%、22.88%。贵州《"十三五"旅游业发展规划》对黔东南州的定位是建设成为民族风情旅游目的地，奠定了民族村寨在黔东南旅游发展及脱贫攻坚中的重要地位。以全州重点发展的15个旅游村寨来看，虽然旅游对就业的贡献只有10%，但对村民收入的贡献却达到了31.46%（见表4-17）。随着村民旅游参与度的进一步增强，旅游对村寨经济的贡献将会更加突出，未来黔东南民族村寨旅游通过高质量发展稳定脱贫的经济成效是主要任务。

表 4-17 黔东南部分村寨的旅游贡献情况

Table 4-17 Tourism Contribution of Some Villages in Southeast Guizhou

村寨	就业人数（人）	旅游从业人数（人）	就业贡献（%）	人均年收入（元）	人均旅游收入（元）	收入贡献（%）
岩寨村	1430	30	2.09	7890	3528	44.71
曼洞村	963	16	1.66	6830	2390	34.99
富贵村	258	45	17.4	8900	900	10.11
仙坝村	1560	80	5.12	8400	200	2.38
望城村	1330	60	4.51	8000	3500	43.75
新桥村	925	130	14.05	5000	2500	50.00
铺田村	300	20	6.66	10000	5000	50.00
下寨村	1158	55	4.75	15000	5000	33.33
岜沙村	1580	330	20.88	7800	3200	41.03
丹江村	930	20	2.15	4680	2050	43.80
大利村	890	15	1.68	4620	2450	53.03
红阳村	580	128	22.09	7200	800	11.11
屯州村	315	20	6.35	4508	600	13.31
肇兴村	3046	580	19.04	4800	1200	25.00
皇岗村	1008	230	22.81	3900	600	15.38

数据来源：对各村村委调查数据计算。

第二，村寨旅游扶贫社会绩效提升明显。社会贡献由 2011 年的 0.15 增加至 2018 年的 1.60，增长了 9.67 倍。在中共中央、国务院将“整村推进”作为农村扶贫开发的重要策略及在脱贫攻坚的任务驱动下，村寨旅游的发展极大地改善了当地居民的经济生活及收入水平，推动社会就业及医疗卫生条件的改善，改善了居住及出行条件（见表 4-18）。长期以来少数民族聚居的深山区基础服务设施欠账多，旅游发展程度相对较低的民族村寨农村生态、民生保障、消防隐患等问题仍然十分严峻，民族村寨旅游扶贫的社会绩效有待提高。但是，随着经济绩效的提升，交通、危房改造等基础社会绩效的效益显现，后发的医疗、教育等社会指标会随着村寨旅游扶贫的进一步发展和社会福利工程向西部民族地区的推进，逐步提高。

表 4-18 黔东南主要民生指标

Table 4-18 Main Livelihood Indicators in Southeast Guizhou

指标	情况
交通出行	2015年，142个乡镇实现半小时上高速，30户以上自然村寨全部通硬化路、建制村通客率达100%
教育	2018年，“普九”人口覆盖率达100%，普通中学与中等职业教育学校、普通小学专任教师、普通中学及中等教育专任教师数量分别是1949年的15倍、13.6倍及100.9倍
医疗	卫生机构（含村卫生室）、卫生技术人员、卫生机构床位分别是1949年的241倍、752倍及1943倍；城乡医保、低保全覆盖

数据来源：张宏辉 . 新中国成立 70 周年来黔东南经济社会发展成就经验及未来展望［J］. 黔东南州“壮丽 70 年 · 奋进新时代”主题征文活动，2019.

第三，村寨旅游扶贫文化绩效的提升有限。文化贡献由 2011 年的 2.16 增加至 2018 年的 3.58，增长了 0.65 倍。黔东南保存良好的原生民族文化是村寨旅游发展的基础，但是文化如何在市场的作用下转变为有利于扶贫的资本，尚需进一步探索。加之，由于片面追求经济社会效益，在市场的推动下，忽视了深层次的文化开发，文化“异化”或“让位经济”的现象比较典型，传统社会潜伏着深层次的文化危机，制约了未来村寨旅游的高质量发展。虽然文化效益增长缓慢，但是从长远来看，随着经济绩效的增加，文化指标的增长应该具有必然性。

第四，村寨旅游扶贫生态绩效的提升平缓。生态绩效整体平缓反映出生态并未由于旅游的发展、游客的大量涌入而恶化：其一，黔东南州各民族自古有良好的生态自觉、全州自身生态本底相对较好，难以体现出明显的变化。以 2018 年为例，全州的森林覆盖率高达 67.37%，16 个县市中森林覆盖率高于 70% 的县有 6 个[①]。其二，评价模型对生态绩效评价选择的四个指标中，由于森林覆盖率增加及水土流失和石漠化治理工程的推进，前三个指标反而会随着生态的优化下降。自然保护区面积一直保持原状，并未随着旅游及现代化进程

① 分别为锦屏县 72.12%、剑河县 72.15%、黎平县 72.72%、榕江县 73.89%、雷山县 72.56%、丹寨县 70.68%。

的推进而减少。

（三）评价结论

通过对黔东南村寨旅游扶贫绩效的分析，可以获得以下研究结论：第一，村寨旅游为黔东南民族地区贫困减缓起到了举足轻重的作用，是民族村寨经济发展、社会进步、文化保护以及生态保持的重要因素。第二，村寨旅游扶贫是民族地区大面积贫困缓解的重要动力。在脱贫攻坚阶段，绝对贫困是攻坚的主要对象，因此村寨旅游扶贫的绩效也首先典型地体现在经济方面。第三，村寨旅游扶贫社会及文化方面的绩效，对交通、人居环境改善、文化复兴和保护等方面具有直接改进作用，但是与旅游不具有直接关联性的医疗、教育、社会保障等需要随着经济发展水平的进一步提升，才能够逐步显现。第四，在通常情况下，村寨旅游的发展有利于改变传统的生计方式、缓解人地矛盾，推动生态环境的保护。但是对于黔东南而言，多数世居民族在长期与自然的斗争中形成了与自然和谐共生的生存智慧，生态环境质量一直相对较优。由于生态本底较好，并未随着旅游的发展而恶化，也应归因于民族村寨旅游扶贫的生态贡献。

随着绝对贫困的消除，村寨旅游扶贫稳定脱贫成效、消除相对贫困是核心目标。未来，村寨旅游扶贫如何进一步以旅游发展带动产业兴旺、促进经济能效高质量；如何有效提升社会绩效，增加贫困人口实质性参与的机会，让旅游发展为村民带来切实的社会福利；如何在市场上体现民族村寨的文化及生态资本价值，对村民传承民族文化、保护生态环境以资本价值的回馈，是未来村寨旅游扶贫发展的重点。

第三节　贵州民族村寨旅游扶贫福利评估

现有旅游对民族村寨影响的研究，“多从经济影响的研究范式”（林水富等，2017）[①]，关注民族村寨社区微观主体的旅游感知及态度的讨论，鲜有从福利的视角构建福利评估的综合体系。旅游，具有极强的产业融合能力，这能够

① 林水富，杨国荣，魏勇生，等.乡村旅游社区农户福利感知实证研究——以宁德世界地质公园周边5个乡村旅游社区为例［J］.福建农林大学学报（哲学社会科学版），2017（3）：86-93.

极大地提升社会经济水平，但对于扶贫而言，旅游究竟在多大程度上提高了居民的社会福利水平才是考核的重点。村寨旅游的发展对于地方贫困减缓具有重要作用，随着扶贫参与主体的多元化，如何审视传统产业及社会结构变革形成的多元利益格局，切实关照旅游给民族村寨社区居民带来的真实福利，是客观认知与正确评价村寨旅游减贫能效的重要标尺。

一、福利的内涵及测量

“福利”（welfare）一词，最早可追溯至公元前12世纪至公元前8世纪，《伊利亚特》《奥德赛》等史诗中就有关于交换不公平对福利影响的记载。之后，古希腊色诺芬在其论著《经济论》中进一步分析了财富与福利的关系（朱荣科等，1998）[①]。马歇尔认为福利是物资手段和精神手段的复合体，也就是人们生活得很好、感觉很幸福的状态（施雯等，2015）[②]。庇古是真正将福利纳入经济研究领域的学者，《福利经济学》成为其研究福利经济的奠基之作。庇古（2013）指出福利即人们从事经济活动获得的利益及满足感，效率与公平是福利经济学追求的基本目标，优化资源配置而推动国民收入最大化是提升社会福利的重要手段；任何穷人增加收入且并不减少国民收入分配的举措都会促进社会经济福利提升，“收入均等化是推动社会福利的良方”[③]。但庇古的观点却受到Robbins（1938）[④]、Kaldor（1939）[⑤]、Hicks（1940）[⑥]等人的批判，主张将社会福利评价构建在效率的基础上，认为帕累托最优，即经济效率最高的状态，才是社会福利最大的状态。Bergson（1938）[⑦]、Samuelson（1947）[⑧]等人拓展了用社会福利函数来进行社会福利评价的思路。Kuznets（1955）进一步认为收

① 朱荣科，赵亚乔.福利经济思想的重新表述与学科诞生［J］.财经问题研究，1998（7）：69-71.

② 施雯，宋德群，周艳波.农户福利研究述评［J］.农业经济，2015（9）：113-114.

③ 阿瑟·塞西尔·庇古.福利经济学［M］.北京：华夏出版社，2013：67-72.

④ Robbins L. Interpersonal Comparison of Utility：a Comment［J］. *The Economic Journal*，1938（192）：635-641.

⑤ Kaldor N. Welfare propositions of economics and interpersonal comparisons of utility［J］. *Economic Joural*，1939（49）549-552.

⑥ Hicks J R. Valuation of Social Income［J］. *Review of Economic Studies*，1940（7）：7.

⑦ Bergson A. A Reformulation of Certain Aspects of Walfare Econoimcs［J］. *Quarterly Journal of Economics*，1938（2）：37-42.

⑧ Samuelson P A. Welfare Economics，Foundations of Economic Analysis［M］. Cambridge，MA：Harvard University Press，1947：68-71.

入与福利的关系具有阶段性，在不同收入阶段，收入增加引致基尼系数变化继而对社会福利产生不同影响，如果不调控分配任由基尼系数自由发展，则社会福利与基尼系数就会出现库茨涅茨倒U形曲线[①]。斯坦·林恩（1985）认为贫困问题的实质是物质与非物质等多种福利问题的累积[②]。阿玛蒂亚·森（2003）认为应该根据人们功能性活动的大小及自由程度来测度福利，而非人们拥有的财富、资源及商品的效用，描绘福利包括三个方面：相关行动及政策对社会地位提升的益处；政策及行动结果能否促进福利；总福利由所有社会福利加总构成[③]。

利用社会福利函数、形成判断标准、制定衡量指标等是当前测量社会福利的常用方法。庇古（1929）指出效用是测量福利的重要标尺，将个体福利累加就是社会福利[④]。通过提取个体偏好形成效用函数，继而获取评价个人福利的指标函数的手段，“得到了长期以来的检验，是正确的、可行的科学做法”（武康平等，2012）[⑤]。

二、基于可行能力的民族村寨旅游扶贫福利评估体系

按照主体不同，福利可以分为个人福利（personal welfare，即个人所获得的满足或利益）和社会福利（social welfare，即社会的整体福利水平）（武康平等，2012）[⑥]。村寨福利的评估，更多指社会福利，是一种群体感觉物质充裕并充分享有安全、健康及受教育权利、社会平等、生活有序等有关幸福的事项均得以实现的社会状态；从福利研究的区域尺度来看，可以分为国家福利（national welfare/county welfare）、地方福利（local welfare）及社区福利（community welfare），旅游村寨居民的福利，是社区福利的范畴，是整个社区中个人福利的总和。

可行能力理论指出由于“能力”无法直接观测，故通常利用对功能性活动

① Kuznets S. The American Economic Review［J］. *Economic Joural*，1955（1）：1–28.

② 斯坦·林恩.走向贫困衡量尺度的第三阶段［DB/OL］.（1985-08-06）. http：//www.docin.com/p-1563875828.html .

③ 阿马蒂亚·森.以自由看待发展［M］北京：中国人民大学出版社，2003：37–42.

④ Pigou A.C. The Economics of Welfare［M］. London：Mac millan. 1929：32–37.

⑤ 武康平，张国胜，周伟.民生福利评价的理论与实践［J］.南京社会科学，2012（7）：1–7.

⑥ 武康平，张国胜，周伟.民生福利评价的理论与实践［J］.南京社会科学，2012（7）：1–7.

的评估来测度福利。在森的可行能力理论基础上，我国不少学者逐步探索了针对不同研究对象的福利评估指标体系（见表 4–19）。

表 4–19 福利评估指标

Table 4–19 Welfare evaluation index

代表学者	福利评估指标
Sen（2003）[①]	政治自由、经济条件、社会机会、透明性保证和防护性保障5个方面
高进云等（2007）[②]	家庭经济、居住条件、社会保障、社区生活、环境以及心理6个方面
贾燕等（2009）[③]	经济状况、居住条件、社会保障、社区生活、环境功能、发展机遇以及心理7个方面
马贤磊等（2012）[④]	经济状况、社会保障、居住条件与环境、社会资本以及决策参与自由5个方面
刁述军等（2014）[⑤]	经济状况、居住条件、社会保障、社区环境等客观指标、发展空间、心理状况6个方面
王寻寻等（2017）[⑥]	经济状况、居住环境、社会机会、生活保障、城市适应5个方面

目前，国内外学者对旅游经济福利效应的研究主要集中在旅游发展的经济、社会及环境的影响基础之上，本书福利评价模型构建也是在这一思路上的拓展：

首先，旅游业为目的地带来的经济福利是重要内容。一方面，旅游业对地方经济的发展具有显著作用，能够有效推动经济福利水平的提升。在不存在负外部效应的情况下，旅游能够带来目的地经济产值的增加，并在旅游乘数效应的作用下，催生、带动相关产业发展，增加就业，提升社会经济总福利。另一

① 阿玛蒂亚·森.以自由看待发展［M］.北京：中国人民大学出版社，2003：150.

② 高进云，乔荣锋，张安录.农地城市流转前后农户福利变化的模糊评价［J］.管理世界，2007（6）：45–55.

③ 贾燕，李钢，朱新华.农民集中居住前后福利状况变化研究［J］.农业经济问题，2009（2）：30–36.

④ 马贤磊，孙晓中.不同经济发展水平下农民集中居住前后的福利变化研究［J］.南京农业大学学报，2012（2）：8–11.

⑤ 刁述军，吴平.基于森的功能和能力福利理论的农村社区居民福利水平评价——以成都市10个农村社区为例［J］.改革与战略，2014（5）：130–133.

⑥ 王寻寻，苗齐.不同补偿方式下失地农民福利状况研究——以江苏省淮安市为例［J］.江苏农业科学，2017（8）：308–312.

方面，由于价格效应、荷兰病效应、漏出效应及生态环境等成本增加，也会造成经济福利的降低（见图 4–19）。“积极影响与消极影响的‘双向均衡’”（刘长生，2011）[①] 最终决定旅游的经济福利效应。

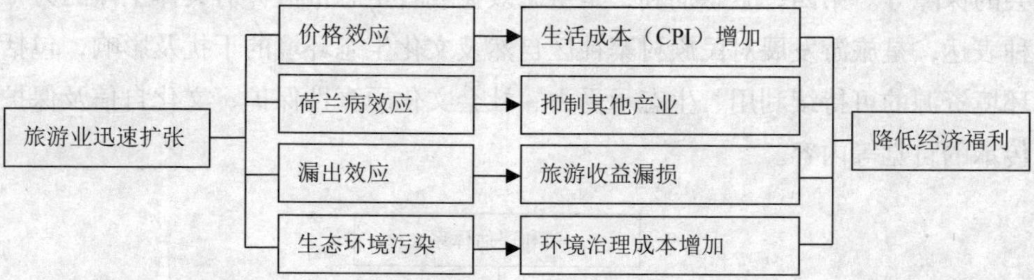

图 4–19　旅游发展对经济福利降低的主要因素

Figure 4–19　The main factors of tourism development reducing economic welfare

注：笔者自绘。

其次，除了对经济福利的影响外，旅游发展也会带来对社会、文化、生态等方面的福利影响。正效应包括社会生活环境改善、传统文化修复和保护及生态环境优化等；负外部效应，包括对旅游目的地社会生态环境破坏、对于文化的冲击、社会不公平增加、犯罪及社会治安的影响、社会结构的破坏、主客矛盾及冲突增加等。

综上，本研究根据阿玛蒂亚森的可行能力理论，结合当前学者们的研究成果，充分考虑旅游产业的发展特点，综合平衡其对经济、社会、政治及生态方面的影响，结合民族村寨的社区特征，构建以下福利评价模型（见图 4–20）。

该福利评估体系包括：第一，经济福利。村寨旅游对于民族社区经济发展状态的影响，即旅游发展是否有效提升了村寨居民的经济收入水平，是旅游对民族村寨社会福利影响的重要指标。该指标体系涉及整体经济发展情况及利益分配情况，个人的就业机会、收入情况、生活水平，弱势群体的关照等。第二，社会福利。主要考虑旅游发展对民族村寨社区社会和谐、生活幸福感、自我归属感及上进心等的影响，具体为社群的凝聚力、传统弱势群体的社会地

① 刘长生. 一般均衡视角的旅游产业福利效应研究——基于中国四个世界双遗产旅游地的面板数据分析［J］. 旅游科学，2011（4）：36–48.

位、思想变革、自我发展动力、道德风尚、社会治安及邻里关系等。第三，政治福利。主要指旅游发展对民族村寨村民政治权利及机会的影响，包括对于政治事务的参与、社会福利的保障、政策的明朗及执行认同、自我发展及权利机会的保障等。第四，生态福利，是生态效益或者生态价值针对具体主体的另一种表达，是旅游发展对民族村寨社区自然及文化生态环境的干扰及影响，包括环境资源的可持续利用、生态承受力、社会文化原真性保护、文化自信及保护传承的自觉等内容。

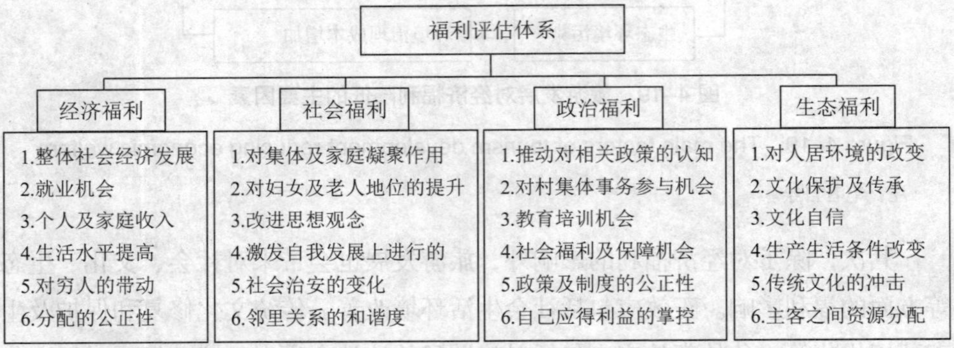

图 4-20　基于可行性能力的旅游村寨居民福利评估体系

Figure 4-20　Evaluation System of Residents' Welfare in Tourism Villages Based on Feasibility Ability

注：笔者自绘。

三、民族村寨旅游扶贫福利评估

（一）研究方法：重要度—满意度分析模型（Importance-Performance Analysis，IPA）

Martilla 等（1977）最早提出"重要度—满意度"（Importance-Performance Analysis,IPA）分析法，并在机车产品属性分析方面开展应用①。O'Sullivan（1985）首先在休闲业的研究中使用了 IPA 分析法②。随后，Evans（1989）将该法应用于

① Mariilla J A,James J C. Importance — performance analysis［J］.*Journal of Marketing*，1977（1）：77-79.

② 侯玉霞，吴忠军.基于国内外游客 IPA 分析的民族特色主题民宿转型升级研究——以龙胜各族自治县平安寨、大寨为例［J］.社会科学家，2018（5）：72-80.

旅游目的地旅游者满意度的研究[①]。目前，IPA 分析法在旅游业中得以广泛应用，涉及满意度的研究（Almanze 等[②]，1994；杨海哨[③]，2015；陈旭[④]，2013）、旅游感知的研究（宋子斌等，2006）[⑤]、产品需求的研究（李纯等，2011）[⑥]、旅游服务质量的研究（孙子惠等，2019）[⑦] 等。IPA 分析法已经成为旅游研究中相对成熟的方法，但就目前的研究文献来看，将 IPA 分析法运用于旅游福利的研究相对有限，代表文献有林水富等（2017）对农民社区旅游福利感知的实证研究[⑧]。

目前，民族村寨旅游扶贫效应的研究更多侧重于社区参与、文化变迁、居民满意度等、游客旅游感知等单体或多个影响因素的研究，缺乏从福利的综合视角、评判旅游扶贫对村寨居民福利影响的讨论。IPA 分析法通过科学设计评判指标，将考察指标的重要度及满意度作为横轴和纵轴，以两者得分的均值为横纵轴的交叉点构建二维四相方格图。通过观测相关指标在四象限中的位置，确定村寨旅游扶贫福利改进的途径。第Ⅰ象限中指标重要度及满意度均较高，是要保持的优势区域；第Ⅱ象限中指标重要度低而满意度较高，为不需要花太多精力的维持区；第Ⅲ象限为重要度及满意度均较低，是可以列为“低优先”事项的机会区；第Ⅳ象限的重要度高但是满意度低，是需要重点改进的修补区（见图 4-21）。

---

① Evans M R，Chon K S. Formulating and evaluating tourism policy using importance Analysis［J］. *Hospitality Education and Research Journal*，1989（1）：203-213.

② Almanza B A，Jaffe W，Lin L. Use of the service attribute Matrix to measure consumer satisfaction［J］. *Journal of hospitality & Tourism research*，1994（2）：63-75.

③ 杨海哨 . 基于 IPA 模型的温泉养生旅游产品满意度调查分析［D］. 南京：东南大学，2015.

④ 陈旭 .IPA 分析法的修正及其在游客满意度研究的应用［J］. 旅游学刊，2013（11）：59-66.

⑤ 宋子斌，安应民，郑佩 . 旅游目的地形象之 IPA 分析——以西安居民对海南旅游目的地形象感知为例［J］. 旅游学刊，2006（10）：26-32.

⑥ 李纯，娄丽芝，邓峰，等 . 顾客对温泉旅游服务品质需求的 IPA 分析——以郴州汝城福泉山庄为例［J］. 中南林业科技大学学报（社会科学版），2011（2）：125-127.

⑦ 孙子惠，史灵歌 . 基于 IPA 分析法的智慧景区服务质量评价——以龙门石窟旅游景区为例［J］. 内江师范学院学报，2019（4）：86-92.

⑧ 林水富，杨国荣，魏勇生，等 . 乡村旅游社区农户福利感知实证研究——以宁德世界地质公园周边 5 个乡村旅游社区为例［J］. 福建农林大学学报（哲学社会科学版），2017（3）：86-93.

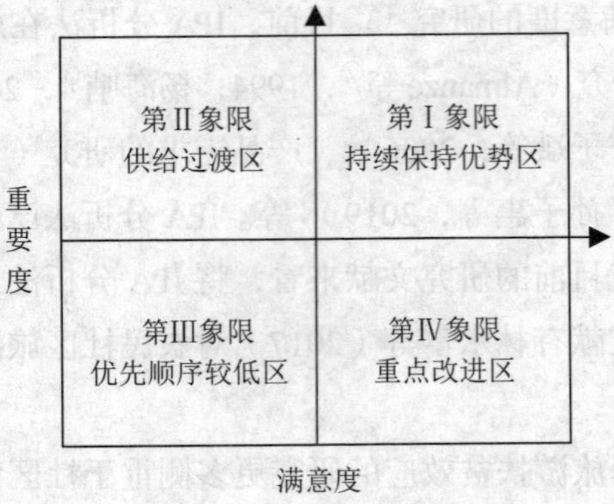

图 4–21 IPA 架构

Figure 4–21 IPA architecture diagram

注：笔者自绘。

（二）问卷设计及数据来源

目前，关于福利的测评大多建立在问卷调查的基础上，通过量化调查对象的偏好，以此作为福利核算的依据。本研究也遵循这一研究方法，让总需求呈现一定的偏好，然后根据偏好来对社会福利进行评价。设计问卷以"被调查者基本信息—被调查者福利感知—问题解释变量"为思路进行设计（问卷详见附录一），包括三个部分：第一部分为人口统计特征指标；第二部分为福利测量指标，要求被调查对象对影响旅游福利的 24 个指标的重要度及满意度进行评价，评价方法主要运用 Likert 量表来完成，分值越高，则表明村民认为的重要程度及满意程度高，反之则低；第三部分主要为解释性指标，通过揭示村寨对旅游发展的愿望及诉求，更好地解释计量分析结论（见图 4–22）。

为保障研究的科学性，在问卷发放样本村寨的选择上基于以下原则：第一，村寨的典型性及代表性。选择的民族村寨基本为全省、地州或县市旅游扶贫的典型，已经具备一定旅游发展业态，且在一定程度上推动了当地贫困减缓。同时，还充分考虑了民族村寨的分布区域、民族特征、旅游发展阶段及特征等。第二，能够整合相关人力及资金。由于时间、精力及资金的局限，仅靠笔者一人的力量难以完成庞大的问卷及调研工作，因此，依托在高校工作的优势，一方面，集结了民族学、经济学及旅游管理等相关专业的研究生及本科生

9 人组成核心调研团队，团队中有 2 人为苗族、1 人为侗族、2 人为彝族、1 人为布依族，且能熟练掌握本民族语言；另一方面，借助工作单位的学生暑期调研及实践机会，组合学生形成调查团队，完成部分教学实习点村寨的问卷发放及收集工作。在学生开展正式调研之前，进行了问卷预填、要旨讲解、专题培训、现场问题解答等程序对问卷调研团队进行培训，保障问卷发放、填写、收集及整理的科学性及有效性。第三，民族村寨的可达性及进入性。民族村寨问卷发放工作往往会受到交通、食宿、语言等方面的制约，在选择调研村寨时也尽量考虑选择可达性较好、基本能解决调研期间食宿、现有团队在语言和文化等方面障碍较小的村寨。将整个调研团队分为 5 个小组，于 2017 年 7 月 9—17 日进行问卷的试填，通过对问卷进一步修正后，于 2018 年 5 月 15—18 日、2018 年 7 月 6—20 日、2018 年 10 月 20—29 日、2019 年 6 月 2—6 日、2019 年 7 月 6—18 日进行正式问卷发放。尽可能覆盖贵州主要的民族地区，深入涉及苗、侗、布依、彝、仡佬、回、瑶、水、土家、汉等民族旅游村寨 43 个（见图 4-23）。

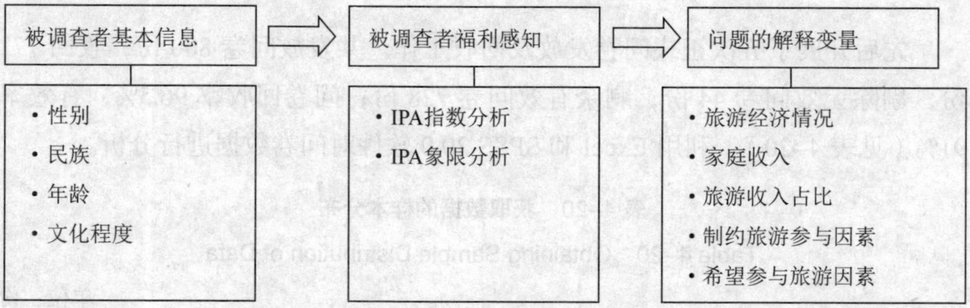

图 4-22　调查问卷的主要结构

Figure 4-22　Main structure of questionnaire

注：笔者自绘。

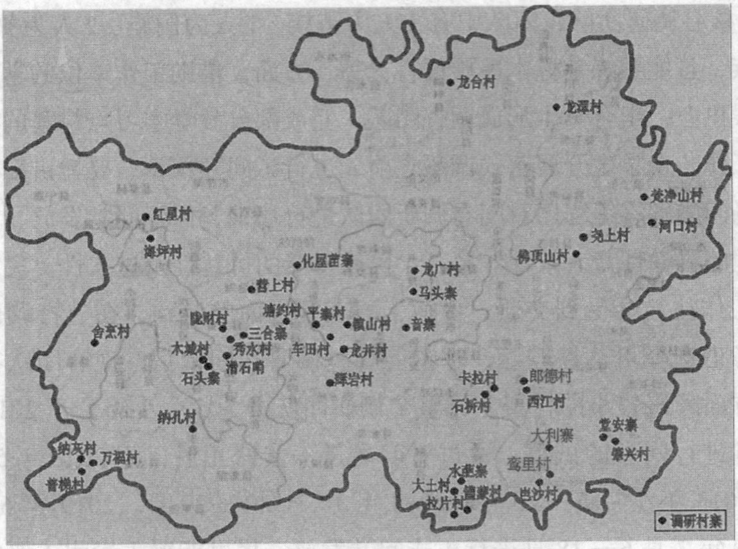

图 4-23　问卷发放村寨分布

Figure 4-23　Distribution of Villages Where Questionnaires were Distributed

注：笔者自绘。

先后开展了五次正式问卷发放及回收工作。共发放问卷 800 份，收回 772 份，剔除无效问卷 44 份，剩余有效问卷 728 份；问卷回收率 96.5%，有效率 91%（见表 4-20）。利用 Excel 和 SPSS 20.0 软件对问卷数据进行分析。

表 4-20　获取数据的样本分布

Table 4-20　Obtaining Sample Distribution of Data

单位：份

地（州）	序号	村寨	主体民族	问卷	地（州）	序号	村寨	主体民族	问卷
贵阳市	1	龙井村	布依	13	黔东南州	23	岜沙村	苗	37
	2	龙广村	汉、布依	12		24	鸾里村	侗	10
	3	马头寨	布依	12		25	郎德村	苗	16
	4	镇山村	布依、苗	14		26	西江村	苗	28
贵安新区	5	平寨村	布依	16		27	肇兴村	侗	67
	6	车田村	苗、汉	15		28	堂安寨	侗	18

续表

地（州）	序号	村寨	主体民族	问卷	地（州）	序号	村寨	主体民族	问卷
六盘水	7	舍烹村	苗、彝、布依	21	黔东南州	29	大利寨	侗	11
	8	海坪村	彝	12		30	石桥村	苗、水	10
安顺市	9	木城村	布依	12	黔南州	31	卡拉村	苗	10
	10	石头寨	布依	22		32	辉岩村	布依	17
	11	滑石哨	布依	18		33	音寨	布依	15
	12	秀水村	汉、苗	21		34	拉片村	瑶	12
	13	陇财村	布依	12		35	水葩寨	水	15
	14	三合寨	苗	10		36	大土村	苗	16
	15	塘约村	汉、苗、回	13		37	懂蒙村	瑶	13
铜仁市	16	佛顶山村	仡佬	15	黔西南州	38	纳灰村	布依	64
	17	尧上村	仡佬	12		39	纳孔村	布依、苗	12
	18	梵净山村	土家	18		40	普梯村	布依	8
	19	河口村	土家、侗、苗	12		41	万福村	汉、布依、苗	12
毕节市	20	营上村	汉、苗	10	遵义市	42	龙台村	苗	10
	21	化屋苗寨	苗	15		43	龙潭村	仡佬	12
	22	红星村	汉、彝、苗	10	合计	728			

（三）样本描述性统计分析

问卷发放对象符合研究问题的基本要求（见表 4-21）。从性别来看，男女比例适中，男性比例略高于女性，由于问卷发放为随机方式，男性在村寨中社会活动较女性频繁，这与民族村寨中“男主外，女主内”的家庭格局有关；年龄方面，20 岁及以下占 17.45%，51~60 岁占 21.57%，61 岁及以上占 23.08%，合计比例占 62.10%，反映出贵州民族村寨与大多数农村一样，老年人及未成年人为村寨人口的主体，多数年轻人被迫外出务工，乡村整体缺乏产业及活力；从居住年限来看，与人口年龄分布大概一致，这与贵州民族村寨传统的宗族社会格局有关，人口的流动相对有限；为充分考虑贵州省少数民族格局，问卷对象选择的民族主要集中于苗、侗、彝、布依及其他（主要是瑶、水、土家、仡佬等民族），不少村寨有汉族的嵌入，因此汉族人口占一定比例；从文化程度看，小学文化及文盲占比高达 52.47%，初中也达 28.85%，大学（或大专）以上的只有 6.59%，反映出在贵州民族村寨中整体文化水平偏低的特点。

表 4-21　调查对象人口统计

Table 4-21　Population statistics of survey objects

序号	项目	具体情况											
1	性别	男						女					
		频数（人）			占比（%）			频数（人）			占比（%）		
		426			58.52			302			41.48		
2	年龄	20岁及以下		21~30岁		31~40岁		41~50岁		51~60岁		61岁及以上	
		频数（人）	占比（%）	频数（人）	占比（%）	频数（人）	占比（%）	频数（人）	占比（%）	频数（人）	占比（%）	频数（人）	占比（%）
		127	17.45	94	12.91	98	13.46	84	11.54	157	21.57	168	23.07
3	居住年份	3年以下		3~5年		6~10年		11~20年		21~30年		30年以上	
		频数（人）	占比（%）	频数（人）	占比（%）	频数（人）	占比（%）	频数（人）	占比（%）	频数（人）	占比（%）	频数（人）	占比（%）
		73	10.03	65	8.93	148	20.33	130	17.86	169	23.21	143	19.64
4	民族	汉		侗		彝		苗		布依		其他	
		频数（人）	占比（%）	频数（人）	占比（%）	频数（人）	占比（%）	频数（人）	占比（%）	频数（人）	占比（%）	频数（人）	占比（%）
		64	8.79	188	25.82	56	7.69	148	20.33	193	26.51	79	10.86
5	文化程度	小学及以下			初中			高中及中专			大学（含大专）以上		
		频数（人）	占比（%）		频数（人）	占比（%）		频数（人）	占比（%）		频数（人）	占比（%）	
		382	52.47		210	28.85		88	12.09		48	6.59	

数据来源：问卷统计；N=728。

（四）量表信度分析

为保证数据的可靠性与一致性，需要对量表进行克朗巴哈信度系数 α 检验。0<α<1，“当 α>0.9 时，具有良好信度；可接受的最小信度为 0.7”（白凯等，2010）[①]。经检验，$\alpha_{总体度量表}$=0.929，调查结果的信度满意。

（五）IPA 指数分析

IPA 指数（IPAI）分析。其计算公式为 IPAI=（I–P）/I×100（罗晶，2018）[②],IPAI 为 IPA 指数，能够直观表现出重要性与满意度之间的差距，客观地评价村民对各福利指标的满意程度。I 为指标的重要性，P 为绩效表现（即满意度），IPAI 越小，则表明指标的重要性与满意度之间的差距越小，村民整体的福利感知越高（包珺玮等，2015）[③]。具体 PAI 指数的表征见表 4–22：

表 4–22　IPA 指数（IPAI）对满意度的评价标准

Table 4–22　IPA Index（IPAI）Evaluation Criteria for Satisfaction

PAI指数水平	≤1.00	1.01~5.00	5.01~10.00	10.01~15.00	≥15.01
满意度	非常满意	满意	一般	不满意	非常不满意

参考：於佩红．基于 IPA 分析法的海岛旅游游客满意度研究：以温州市洞头为例［J］．旅游研究，2014，6（2）：51–55.

将收集问卷数据录入 SPSS 20.0，通过计算获得表 4–23：

表 4–23　贵州民族村寨旅游扶贫福利感知重要度与满意度统计分析

Table 4–23　Statistical Analysis on Perceived Importance and Satisfaction of Tourism Poverty Alleviation Welfare in Guizhou Ethnic Villages

维度	序号	指标描述	重要性均值（I）	满意度均值（P）	I–P	IPAI	满意程度
经济福利	1	旅游推动社会经济发展	4.75	4.34	0.41	8.61	一般
	2	旅游提供就业机会	4.70	4.41	0.29	6.17	一般

① 白凯，马耀峰，李天顺，等．西安入境旅游者认知和感知价值与行为意图［J］．地理学报，2010（2）：244–255.

② 罗晶．抓住员工满意度提升的痛点［J］．企业管理，2018（5）：78–81.

③ 包珺玮，王晓峰，宋光飞，等．基于IPA法的精品旅游景区服务质量定量评价：以翠华山景区为例［J］．干旱区资源与环境，2015（2）：196–201.

续表

维度	序号	指标描述	重要性均值（I）	满意度均值（P）	I–P	IPAI	满意程度
经济福利	3	旅游增加个人及家庭收入	4.90	4.68	0.22	4.49	满意
	4	旅游提高了整体的生活水平	4.30	3.67	0.63	14.65	不满意
	5	旅游带动贫困人口致富	3.51	2.92	0.59	16.81	非常不满意
	6	旅游收入分配的公正性	4.79	3.34	1.45	30.27	非常不满意
社会福利	7	旅游对集体及家庭的凝聚作用	3.22	3.79	–0.57	–17.70	非常满意
	8	旅游提高妇女及老人等人群地位	3.21	3.29	–0.08	–2.49	非常满意
	9	旅游提升村民见识，改善观念	3.77	3.89	–0.12	–3.19	非常满意
	10	旅游激发上进心，生活有奔头	4.40	4.09	0.31	7.05	一般
	11	旅游对社会治安的作用	3.25	3.91	–0.66	–20.31	非常满意
	12	旅游对邻里及人际关系的作用	3.45	3.02	0.43	12.36	不满意
政治福利	13	旅游推动地方政策的落实及理解	4.10	3.98	0.12	2.93	非常满意
	14	旅游增加参加集体事务的机会	3.19	3.12	0.07	2.08	满意
	15	旅游推动教育培训	4.42	4.27	0.15	3.39	满意
	16	旅游增加社会福利及保障	4.55	4.79	–0.24	–5.28	非常满意
	17	旅游政策及制度的公正性	4.21	3.22	0.99	23.52	非常不满意
	18	掌控自己应得旅游利益	4.82	3.46	1.36	28.22	非常不满意
生态福利	19	旅游改善村寨的人居环境	4.30	4.13	0.17	3.95	满意
	20	旅游推动传统文化的保护及传承	4.17	3.69	0.48	11.51	不满意
	21	旅游增加对本民族文化的自豪感	3.96	3.42	0.54	13.64	不满意
	22	旅游改进生活设施及条件	4.88	4.66	0.22	4.51	满意

续表

维度	序号	指标描述	重要性均值（I）	满意度均值（P）	I–P	IPAI	满意程度
生态福利	23	外来文化对村寨传统的影响	3.07	3.45	–0.38	–12.38	非常满意
	24	游客与村民资源分配	3.08	3.26	–0.18	–5.84	非常满意

注：IPAI=（I–P）/I × 100。

根据表 4–23，获得测量指标满意度评价结果，见表 4–24：

表 4–24 测量指标满意度评估结果

Table 4–24 Evaluation Results of Measurement Index Satisfaction

满意程度	测量指标
非常满意	7.旅游对集体及家庭的凝聚作用；8.旅游提高妇女及老人等人群地位；9.旅游提升村民见识，改善观念；11.旅游对社会治安的作用；12.旅游对邻里及人际关系的作用；13.旅游推动地方政策的落实及理解；16.旅游增加社会福利及保障；23.外来文化对村寨传统的影响；24.游客与村民资源分配
满意	3.旅游增加个人及家庭收入；14.旅游增加参加集体事务的机会；15.旅游推动教育培训；19.旅游改善村寨的人居环境；22.旅游改进生活设施及条件
一般	1.旅游推动社会经济发展；2.旅游提供就业机会；10.旅游激发上进心，生活有奔头
不满意	4.旅游提高了整体的生活水平；20.旅游推动传统文化的保护及传承；21.旅游增加对本民族文化的自豪感
非常不满意	5.旅游带动穷人致富；6.旅游分配的公正性；17.旅游政策及制度的公正性；18.掌控自己应得旅游利益

注：图中序号代表评价指标详见表 4–23。

（六）IPA 象限分析

运用 SPSS 20.0 统计软件，以村民对 24 个因子的福利感知的满意度及重要性为纵轴（Y 轴）和横轴（X 轴），以满意度和重要性的总体均值（4.04，3.78）作为坐标原点，将 24 个坐标分布图划分为Ⅰ（保持区）、Ⅱ（供给过渡区）、Ⅲ（优先顺序较低区）和Ⅳ（重点改进区）四个象限（详见图 4–24）。

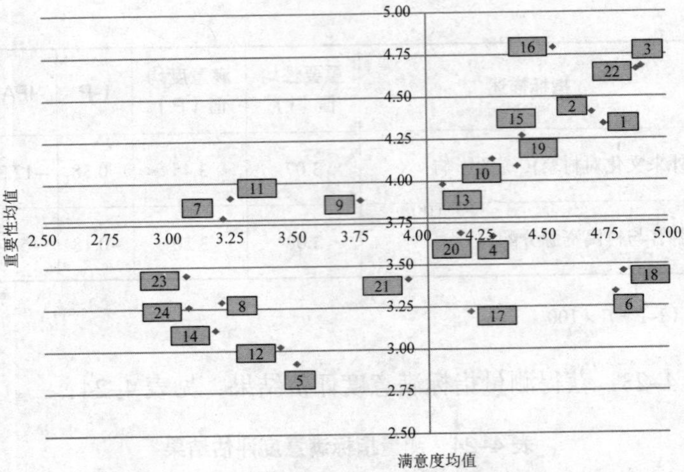

图 4-24　福利感知重要性及满意度的 IPA 分析图

Figure 4-24　IPA Analysis Chart of Importance and Satisfaction of Welfare Perception

注：图中序号代表评价指标详见表 4-23；笔者自绘。

象限Ⅰ为持续保持优势区。该区为重要性均值与满意度均值均较高的区域，位于该区的指标包括 1、2、3、10、13、15、16、19、22 九项，是村寨旅游扶贫推动村民福利改进的重要成果，需要继续保持及优化。经济福利中 1、2、3 项反映出村民对于村寨旅游扶贫的认可，旅游有效地推动民族村寨社会经济发展、解决就业并增加个人及家庭的收入，村民的经济福利整体改进；位于该象限的社会福利指标 10，反映旅游扶贫激活了村民生产生活，给村民带来了生活的希望及可能；位于该象限的政治福利指标 13、15、16，折射了村寨旅游扶贫有利于推动政策的落实及理解、提升个人发展能力的机会、增加社会保障。这些评估结果与国家及省级层面对于村寨旅游扶贫的支持性政策实施、注重乡村能人培训创业及国家福利保障体系在农村的推进有重要关系，是政策成效的体现；位于该象限的生态福利指标 19、22，反映了发展资金的注入，主观上构建了村寨旅游扶贫的基础，客观上优化和改善了村寨的生产生活环境。

象限Ⅱ为供给过渡区。该区为重要性均值低而满意度均值高的区域，位于该区的指标包括 7、9、11 三项，均为社会福利指标。一方面反映了民族村寨村民对这些子项的福利诉求较低，另一方面，也与传统村寨自身社会体系有较大关系。首先，民族村寨宗族、家族等传统社会组织凝聚较高，有一套自我运转体系，旅游扶贫带来的社会干扰较小；其次，所谓“提升见识和改善观念”，有较强的外界社会的话语，在民族村寨自身的文化逻辑中，却成为被漠视的需求，某种程度也造成了扶贫资源的浪费；最后，对于社会治安而言，在传统的村寨社会中“乡规民约”是重要的社会规范准则，长期以来民族村寨“夜不闭户，路不拾遗”是常规的生活状态，在村民的传统概念中“社会治安”并非关注的重点。可见，贵州民族村寨尚处于旅游发展的初级阶段，对游客仍普遍持欢迎的态度，负面影响尚未显现或被意识到。

象限Ⅲ为优先顺序较低区，又称为次要改进区或缓慢改进区。该区为重要性均值与满意度均值均较低的区域，位于该区的指标包括经济福利的 5 子项、社会福利的 8 和 12 子项、政治福利的 14 子项及生态福利的 21、23、24 子项等。这些项目之所以重要性及满意度均较低，并非不应该被引起重视。贵州民族村寨旅游除了部分发展相对成熟外，大部分尚处于逐步发展的阶段，加之传统经济贫困，经济发展及个人收入增加是主要诉求；随着村寨旅游逐步走向成熟，精准扶贫日趋推进，这些项目将会受到进一步关注。在经济福利中，由于穷人更多地被理解为“建档立卡贫困户”，因子针对“民族村寨居民”整体样本的问卷，缺乏对弱势群体的关注也未获得贫困群体的满意，折射出村寨旅游扶贫中“精准扶贫”工作尚有较大不足；社会福利提高妇女及老人等群体的社会地位，呈现出“不重要”的指向，也同样由于涉及部分少数群体，因此针对整体样本的调查必然反映出该项目重要程度较低的特点。虽然旅游的发展在某种程度上提升了老人及妇女的社会经济地位，但是在传统社会结构中，这种变化是相对微弱的。此外，村民认为由于旅游发展而邻里关系变化不重要且不满意，反映了由于传统村寨生计模式的变革，村民之间的协作关系变得不那么紧密，因此，对于人际关系的变化呈现出既“怀念过去”，又能“平和调适”的现实状态；在政治福利中对于集体事务的参与之所以被认为“不重要”，一方面对于部分传统社会结构保持较好的村寨，自身的运转体系使其有自我的参与规则，旅游发展带来的变革难以促进传统，另一方面，对于国家政治体系介入完全的民族村寨，行政村的格局取代了传统的宗族格局，村民社会结构演变为联结度低、开放性大、流动性强的“半熟人社会”，村民参与村寨公共事务的成本增加，且由于处于经济发展初期，“小农社会”会呈现出政治的顺从与依赖继而忽视自己的政治权利；生态福利中涉及文化自豪感增强、外来文化的冲击及游客与村民的资源争夺等问题目前尚未引起村民的关注，目前来看并非村寨面临的主要矛盾。

象限Ⅳ为重点改进区。该区为重要性均值高而满意度均值低的区域，位于该区的指标包括 4、6、17、18、20 五项，涉及经济福利中的 4（旅游提高了整体的生活水平）、6（旅游收入分配的公正性），反映了旅游虽然对于地方经济发展有较大作用，但是关乎民生及个人的生活水平提升尚未得以有效落实，并且公平的利益分配机制以保障切实的获得感是民族村寨旅游发展中亟待破解的难题；政治福利中的 17（旅游政策及制度的公正性）、18（掌控自己应得旅游利益），这两项诉求也是因前面两条经济诉求衍生的，有公正的政策制度对旅游发展利益的保障，是村民朴素而基本的要求；生态福利中的 20（旅游推动传统文化的保护及传承），随着工业化、城镇化的推进，年轻人面临现代教育格局的融入及外出务工的需求，传统民族文化的传承及保护令人堪忧。旅游的发展，激活了民族传统文化，使村民的传统意识得以复兴。该子项反映了民族村寨村民对于本民族文化的关怀和重视，同时，也是“文化是旅游发展基础”的意识体现。

四、福利改进方向

根据以上分析，结合调查问卷，贵州民族村寨福利改进的方向如下：

方向一，进一步推动经济收入增加及生活水平提升。除了极少数因旅游发展而致富的地方精英，大多数民族村寨村民的经济收入水平不高，渴望更美好的生活，是福利改进的重要方向。问卷显示，家庭收入水平在 2 万元以下的高达 25%，2 万 ~5 万元的达 26.25%，也就是说 50% 左右的家庭收入不到 5 万元（见图 4–25）。这固然有一定的村民在填写问卷中的保守因素，但却能客观上反映出整体收入水平较低的现实。

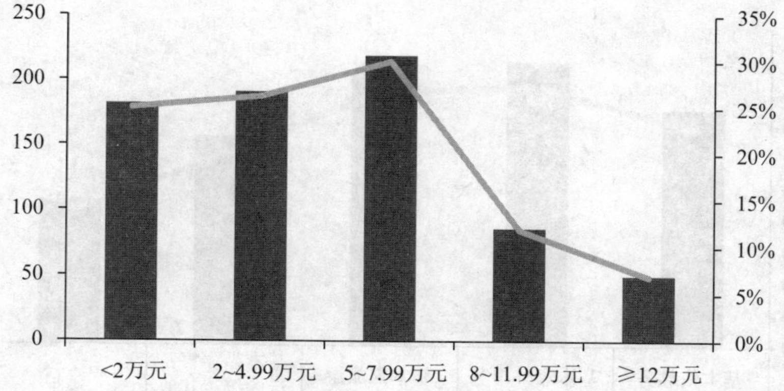

图 4–25 贵州民族旅游村寨村民家庭收入分布情况

Figure 4–25 Household Income Distribution of Villagers in Guizhou Ethnic Tourism Villages

注：数据来源：问卷统计；样本量：34 个民族村寨，728 人；笔者自绘。

方向二，拓展旅游对村寨经济发展的内生张力。研究选择的均是地方政府重点发展且有一定旅游产业发展基础的旅游村寨。而问卷显示，有 24.06% 的村民以旅游为主要生计来源，该数据的准确性可能会因村民对"旅游业"概念的理解而有一定偏差，但却能反映以下现实：第一，旅游发展激活产业调整，推动民族村寨生计格局的多元化（见图 4–26）。农业的占比正在降低（只有 20.63%），这是一个民族村寨健康发展，降低生活风险的"理性选择"。第二，旅游发展尚未显现出应有的张力。依靠旅游为生的群体是较早进入传统旅游产业（主要集中在农家乐和旅馆、民宿等）的村民，旅游在家庭收入中的占比仍然相对较低，能占到 50% 以上的只有 35% 左右（见图 4–27）。随着民族村寨旅游逐步转型升级，外来资本的进入，在传统旅游扶贫格局下，剩余的村民要想以同样的方式进入旅游业，困难重重，需要从其他方面去寻找参与旅游的生路。

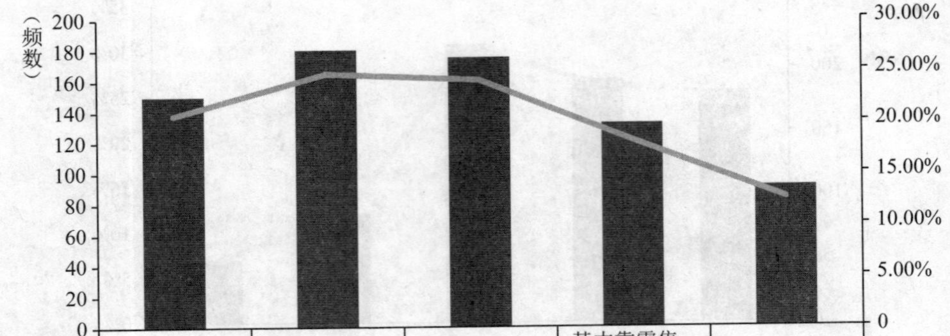

	基本依靠务农，其他为辅	基本靠外出务工，其他为辅	基本靠旅游业，其他为辅	基本靠零售、运输等，其他为辅	其他
频数	150	180	175	132	91
占比	20.63%	24.69%	24.06%	18.13%	12.50%

图 4-26　贵州民族旅游村寨村民家庭收入来源

Figure 4-26　Sources of Family Income of Villagers in Guizhou Ethnic Tourism Villages

注：数据来源：问卷统计；样本量：34 个民族村寨，728 人；笔者自绘。

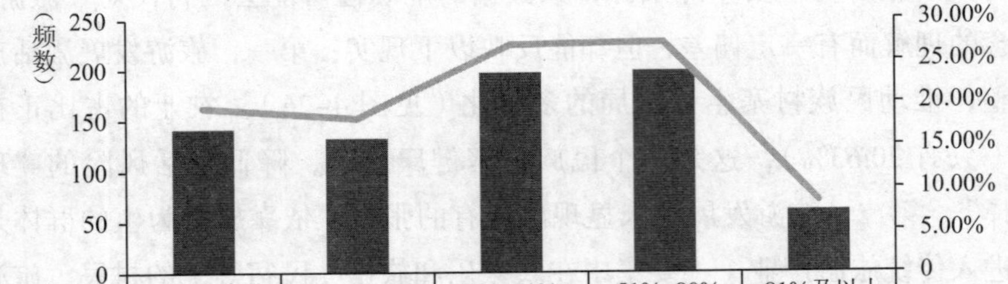

	10%及以下	11%~20%	21%~50%	51%~80%	81%及以上
频数	141	132	196	198	61
占比	19.38%	18.13%	26.88%	27.19%	8.44%

图 4-27　贵州民族旅游村寨村民家庭旅游收入所占比例

Figure 4-27　Proportion of Family Tourism Income in Ethnic Tourism Villages in Guizhou

注：数据来源：问卷统计；样本量：34 个民族村寨，728 人；笔者自绘。

方向三，拓展旅游扶贫思路，切实关照资金及技术等瓶颈。村寨居民希望参与旅游发展的方向集中在三个方面（见图 4-28）：第一类是传统的旅游业态（如农家乐、旅馆、民宿等），村民普遍希望通过积累一定的资金，依靠自有资源走向致富，这主要是缘于社区精英及外来投资者的示范作用；第二类是能够到旅游公司上班，依靠旅游公司每个月发工资，有一份体面的“正式职业”是民族村寨不少年轻人的理想；第三类利用自有资产分享旅游收益。随着农村产权制度改革、农村土地“三权分置”的进一步落实，农民利用自家土地、房屋、林地、水塘等资源获得旅游收益成为可能，这样的旅游参与模式，克服了传统旅游扶贫模式中“资金”“技术”“人力”等方面的局限，有利于真正意义上的“旅游精准扶贫”。

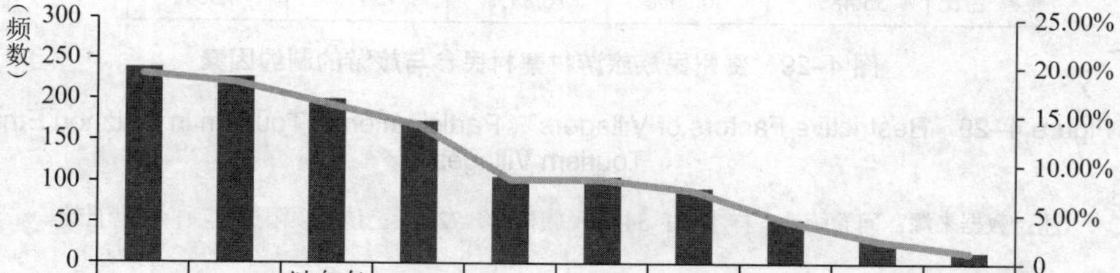

	经营客栈	开餐馆	以自有土地、房屋投资入股	到旅游公司上班	出租房屋	卖农副土特产	开杂货店	生产工艺纪念品	其他	跑运输
频数	239	227	200	173	106	106	92	54	29	14
占比	19.24%	18.33%	16.15%	13.97%	8.53%	8.53%	7.44%	4.36%	2.36%	1.09%

图 4–28　贵州民族旅游村寨村民希望参与旅游发展的方式

Figure 4–28　The Ways in which Villagers in Guizhou Ethnic Tourism Villages Hope to Participate in Tourism Development

注：数据来源：问卷统计；样本量：34 个民族村寨，728 人；该选项限选三项；笔者自绘。

方向四，村寨旅游扶贫政策的针对性及公正性。扶贫政策制定过程中，要有针对性，即需要依据民族村寨村民的切实发展诉求来进行引导和制定；要体现公正性，要合理兼顾旅游发展的市场效益与机制公平的关系，最大限度地去关照和考虑贫困、弱势人群的利益。依据问卷调查的结果显示，村民们普遍意识到的旅游参与的制约因素集中在资金和技术缺乏以及对于市场不确定性（客流量）等方面（见图 4–29）。

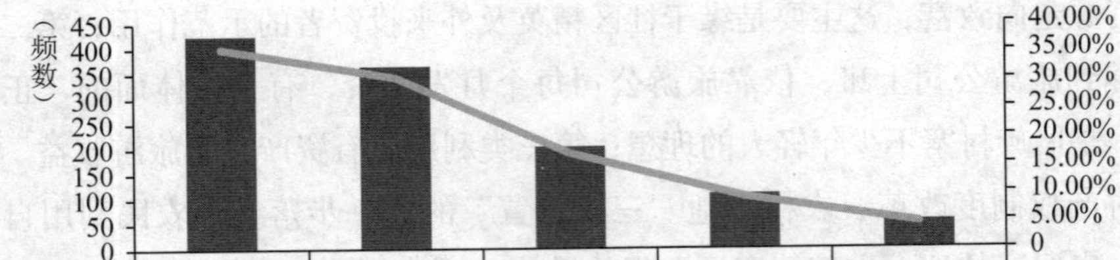

	缺乏资金	缺乏技术	游客不来或停留时间有限	其他（精力、政策、担心风险等）	语言障碍
频数	425	364	203	109	55
占比	35.48%	30.36%	16.89%	9.11%	4.55%

图 4–29　贵州民族旅游村寨村民参与旅游的制约因素

Figure 4–29　Restrictive Factors of Villagers' Participation in Tourism in Guizhou Ethnic Tourism Villages

注：数据来源：问卷统计；样本量：34 个民族村寨，728 人；该选项限选三项；笔者自绘。

因此，福利提升的重点在于，首先，如何帮助村民获得启动发展的资金。问卷显示，村民们遇到困难时往往首先求助的对象是亲属及家族，最后才是政府等公共机构（见图 4–30）。虽然“熟人社区”是借钱的主要对象，但是只有当有消费需求时才能开口借钱，如果是为了从事生产，“人们往往认为这不是借钱的理由”[①]。穷人的发展需要资金，但银行的准入性在一定程度上限制了穷人获得贷款的机会，国际上普遍认为小额信贷被认为是 20 世纪 90 年代以来有效的减贫模式之一。其次，如何帮助村民获得旅游发展技能。随着我国旅游业态的日渐成熟，村寨居民很难再以传统的农家乐等方式参与旅游，低水平的旅游发展方式只会带来更大的风险。村民理解的旅游发展技能仅仅是炒菜、房间整理、卫生消毒、消防防御等方面的初级技能，但是从政府引导的视角，更应该扩展为如何更科学的选择投资项目、如何有效赢得市场认可、如何合理运筹自身资源等更高水平的技能。最后，如何帮助村民更好地应对市场。“旅游，是靠脚投票的”，增强社会适应及抗风险能力，需要政府科学引导及干预，也需要健康多元的村寨经济体系的建立。

① 费孝通 . 江村经济［M］. 北京：北京大学出版社，2012：89–92.

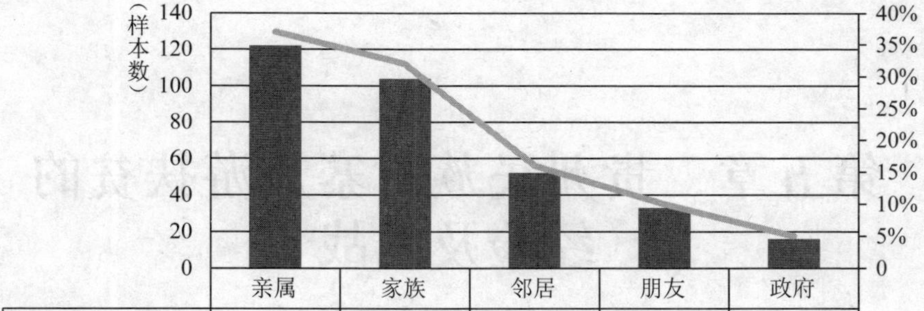

	亲属	家族	邻居	朋友	政府
样本数	122	104	52	33	16
百分比（%）	37	32	16	10	5

图 4–30 村寨村民遇到困难时可能求助的对象及所占比例

Figure 3–30 The Target and Proportion of Villagers in Villages Who May Seek Help in Difficulties

注：数据来源：问卷统计；样本量：34 个民族村寨，728 人；该选项限选三项；笔者自绘。

本章小结

客观而全面的评价体系是获得科学评价结果的前提。对贵州民族村寨旅游效果的评价，首先，从总体效果来看，依托省级层面的相关数据，民族村寨旅游扶贫的大格局已经形成，并有效实现推动经济发展、促进减贫增收、改善人居环境及重构人地关系等重要功能；其次，以民族村寨旅游扶贫最为典型的黔东南为评价样本，通过层次分析法，构建评价指标体系，获得村寨旅游对黔东南的贫困缓解起到了重要作用，经济绩效显著，对社会及文化绩效具有直接促进作用，也是保育生态环境的重要选择等结论；最后，通过甄选全省具有代表性及差异性的 43 个民族村寨，通过重要度—满意度分析模型，依托问卷数据，利用 IPA 指数分析法，对民族村寨旅游扶贫的福利影响进行评价。以村民的福利感知为出发点，明确未来村寨旅游扶贫福利改进的方向。村寨旅游扶贫对民族地区大面积的贫困减缓、社会经济发展及文化生态的改进起到了积极作用，促进村民整体福利普遍提升。

第五章　贵州民族村寨旅游扶贫的经验及挑战

第一节　贵州民族村寨旅游扶贫的经验

一、政府主导：贫困地区的合理逻辑

中国扶贫攻坚之所以取得巨大成就，核心在于党和政府的主导作用（易柳，2018）[①]。村寨旅游扶贫的过程中，平衡旅游的市场性与扶贫的公益性之间的矛盾是扶贫成效实现的根本。将民族文化资源转化为符合市场需求的旅游产品是一项系统工程，仅凭社区的力量是难以实现的，需要地方政府、村寨社区及外来资本合力完成。虽然，在村寨旅游发展中，政府容易发生角色异化而成为"寻租"及"逐利"的主体，可能会"背离公众利益而追逐特定集团的自身利益"（布坎南，2013）[②]。政府组织角色与功能的复杂性极易凸显经济人的角色而偏离公共利益代言人的身份，出现一些有损政府形象乃至引发民族村寨冲突的群体事件。但是，毋庸置疑，对于民族贫困地区而言，政府主导和投资是推动民族村寨旅游迅速发展并带动地方脱贫致富的重要动力。Ashley等（2001）

① 易柳.改革开放40年中国扶贫政策的演化与前瞻——立足国家层面政策文本的分析［J］.西南民族大学学报（人文社会科学版），2018（4）：183-191.

② 詹姆斯·M.布坎南.自由的界限［M］.杭州：浙江大学出版社，2013：56-76.

强调，旅游发展的很多事情，还是必须由政府来完成[①]（见图 5-1）。

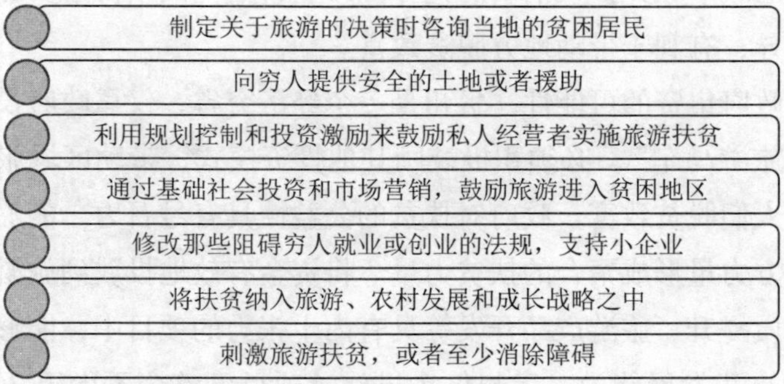

图 5-1　旅游扶贫中的政府职能

Figure 5-1　Government Functions in Poverty Alleviation through Tourism

参考：Caroline Ashley，Dilys Roe，Harold Goodwin. Pro-Poor Tourism Strategies：Making Tourism Work for the Poor［Z］. ODI，IIED，and CRT，2001；笔者自绘。

贵州民族村寨旅游扶贫的成功，党和政府的主导作用是核心。由于社会经济条件局限，贫困地区旅游发展中通常易出现放弃当地局部利益让渡外来资本发展优先权，形成经济漏损和“旅游飞地化”。同时，政府容易受资本的作用而异化为“寻租”及“逐利”的主体，偏离对人民公共利益代言人的角色，其原因在于村寨旅游扶贫发展阶段不成熟、主体力量不均衡、有效监管不健全导致的，不能因此否定政府的重要功能。

第一，政府主导的必要性。“市场失灵是产业政策最朴素的逻辑理由”（张维迎等，2017）[②]。对于经济基础薄弱、市场力量贫弱的贵州民族地区，传统扶贫方式难以有效撬动地区经济发展。旅游业直接关系人民生活品质、正外部性强，在特定历史阶段，政府集中力量办大事，以行政手段汇聚村寨旅游扶贫的相关资源，能有效弥补市场失灵。

第二，政府投入的合理性。贵州经济贫弱、市场机制不健全、基础设施长期欠账，特别是对民族地区而言，投资与消费能力不足。资金的投入是旅游项

① Caroline Ashley，Dilys Roe，Harold Goodwin. Pro-Poor Tourism Strategies：Making Tourism Work for the Poor［Z］. ODI，IIED，and CRT，2001.

② 张维迎，林毅夫．政府的边界［M］．北京：民主与建设出版社，2017：3.

目建设的前提，但由于投资回收期长、市场风险高，外来资本进入十分谨慎。旅游是提升区域形象并扩大消费的先导性产业，依托民族村寨资源，政府财政的投入和引导，有利于带动地方脱贫致富。

第三，政府集资的可能性。贵州是一个经济穷省，仅靠政府投资难以在短期内拉动“旅游马车”，必须积极鼓励其他投资模式，带动区域旅游经济，帮助民族地区人们脱贫致富。政府对扶贫的公益性具有号召力，能够依托政府公信力动员各方力量形成聚合的扶贫力量。将资金有效地投放到旅游基础设施建设、村民素质提升、旅游产品开发等具有内生张力的项目中，能够有效地提升区域整体的自我发展能力。贵州仅乡村旅游项目已整合不少于 300 亿元的资金，用于农村“水、电、路、信、房、寨”等基础设施建设的投入。鉴于旅游的特殊性和基础设施的薄弱状况，在未来相当长时间内，政府投资仍是贵州旅游和经济发展的重要动力，详见表 5-1：

表 5-1　2014—2016 年贵州省旅游投资情况

Table 5-1 Tourism Investment in Guizhou Province from 2014 to 2016

时间 \ 类别		当年建设投资	景区内部建设投资	景区外部建设投资
2014年	数量（万元）	716849.7	513901.6	202972.0
	增长率（%）	100.2	78.0	192.4
2015年	数量（万元）	1163762.6	884391.6	279371.0
	增长率（%）	62.3	72.1	37.6
2016年	数量（万元）	2635434.2	1639371.9	995961.7
	增长率（%）	126.5	85.4	256.5

数据来源：贵州省旅游发展委员会 . 贵州省旅游发展白皮书［R］. 2017-09-01.

第四，部门合作的系统性。旅游扶贫涉及面广，是一项系统工作，必须调动各行业主管部门的积极性，形成多部门联合推动旅游业发展的格局（图 5-2）。

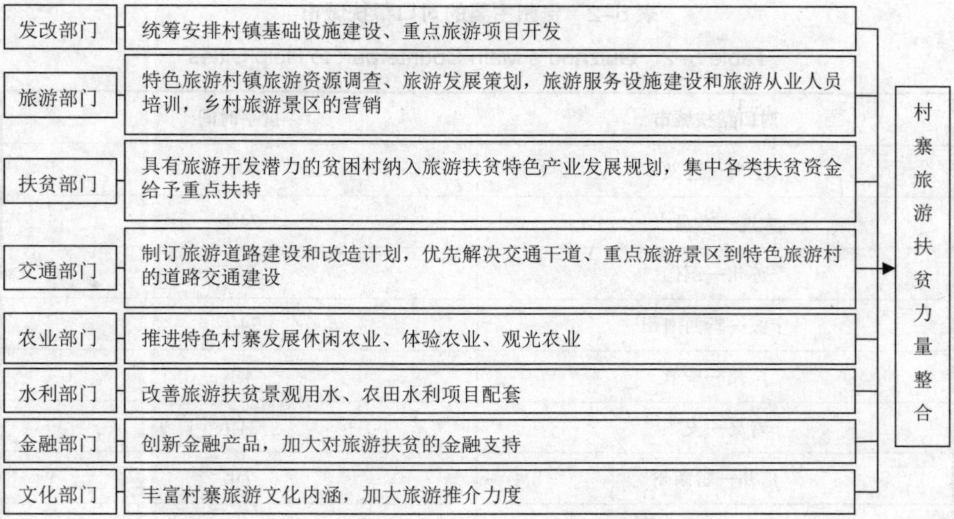

图 5–2　贵州村寨旅游扶贫中的部门力量整合

Figure 5–2　Integration of Departments in Poverty Alleviation by Tourism in Guizhou Villages

注：笔者自绘。

第五，对口帮扶。《国务院办公厅关于开展对口帮扶贵州工作的指导意见》（即国发〔2013〕11 号）要求各省、自治区、直辖市人民政府，国务院各部委、各直属机构，加强领导，精心组织，健全制度，强化管理，加强指导，督促落实，开展对口帮扶贵州工作，促进贵州经济持续健康发展。对口帮扶工作的推进，不仅增强了贵州基本公共服务能力、深化了区域的经济合作与交流，也有效地推动了贵州旅游客源市场的迅速拓展，为村寨旅游扶贫创造了良好的市场条件（见表 5–2）。以 2019 年为例，广州、浙江和江苏的入黔游客分别达到 6798 万人次、3776 万人次和 3526 万人次，位居外省入黔游客前三。对口帮扶省份入黔游客，也从 2015 年的 3361 万人次，增长为 2019 年的 17527 万人次，五年之间，增长了 4.2 倍。

表 5-2　贵州主要的对口帮扶城市

Table 5-2　Guizhou's Main Counterpart to Help Cities

对口帮扶城市	携手时间
上海—遵义	7年
大连—六盘水	24年
苏州—铜仁	7年
宁波—黔西南州	24年
广州—毕节	4年
青岛—安顺	24年
广州—黔南州	7年
杭州—黔东南州	7年

数据来源：贵州省文化和旅游厅 . 贵州文化和旅游扶贫成果展 . 2020-09-23.

二、搭建平台：高标准开展国际合作

贵州村寨旅游扶贫过程中，广泛依托国际平台，就人才培养、规划开发、市场拓展等领域与法、日、美、意、挪等经济发达国家及中国台湾、中国香港等地区深入交流合作，最大限度地借鉴国际旅游扶贫的经验。1999 年，获得了世界银行 20 年 36 万美元的软贷款；2002 年，省人民政府与世界银行、世界旅游组织及国家旅游局合作，在我国第一次利用世界银行资金编制了《贵州旅游发展总体规划》；2009 年以来，世界银行的文化自然遗产保护和发展项目，有效推动村寨垃圾和给排水公共设施建设的同时，还推动修缮传统民居 986 户、建成游客服务中心 8 个（其中县级 2 个、村镇级 6 个）、公厕 22 个、停车场 8 个、广场 2 个、村寨步道 80 千米，安置垃圾箱 540 个；2004 年，在新西兰政府支持下，涉及巴拉河流域 7 个村寨的、与国际接轨的《以村寨为单位的乡村旅游标准》形成。此外，挪威的生态博物馆建设项目、世贸中心的海外旅游高级人才培训项目、中国香港的旅游职业学校建设和妇女职业培训项目等，形成了良好的贵州村寨旅游扶贫的国际合作环境。

三、生态补偿：优化旅游及人居环境

建立健全生态补偿机制，形成市场化生态补偿模式，促进民族村寨的生态效益转变成经济效益和扶贫效益。贵州村寨旅游发展战略，一方面，与深入推进石漠化治理，大力实施天然林资源保护、退耕还林（草）、水土保持等重点生态工程建设，探索生态农林产业、生态畜牧业和生态旅游业创新发展机制整合，促进农户增收致富。依托毕节、黔东南等生态文明建设试验区经验的建设，以发展生态村为重点，以公路尤其是高速公路沿线为主线打造生态文明示范带，以点连线、点线带面，推进民族村寨所在区域生态环境连片整治。另一方面，整合乡村旅游专项资金、旅游厕所建设奖补资金和传统村落、人居环境整治等相关项目资金并优先向贫困地区倾斜，打破贫困村寨旅游发展中基础及公共服务设施的瓶颈（见表 5–3）。以减少农药、化肥施放、集镇村庄整治为重点，加强民族村寨环境保护。

表 5–3　改善贵州特色民族村寨生产生活条件重点指标

Table 5–3　Key indicators to improve the working and living conditions of Guizhou characteristic ethnic villages

序号	指标	2020年	序号	指标	2020年
1	通沥青（水泥）路行政村率	100%	10	自然村通广播电视率	100%
2	自然村通路率	100%	11	村卫生室达标率	100%
3	村寨道路硬化率	100%	12	有合格文化室和农家书屋的村比率	100%
4	入户道路硬化率	100%	13	有卫生厕所农户比率	100%
5	农村饮水安全人口比例	100%	14	清洁能源使用率	90%
6	集中供水覆盖率	100%	15	垃圾收集池、垃圾清运车、简易污水处理设施	≥各1个/自然村
7	自然村通电且一户一表率	100%	16	生活垃圾无害化处理率	≥80%
8	建制村通宽带率	100%	17	生活污水处理率	≥80%
9	自然村通话率	100%	18	农作物秸秆综合利用率	≥80%

续表

序号	指标	2020年	序号	指标	2020年
19	畜禽养殖废物综合利用率	≥80%	21	村寨设施管护、环境保洁、村庄绿化、村容美化等各方面的管理制度	完善
20	房前屋后、村寨道路、河道、空地可绿化覆盖率	≥60%			

资料来源：王朝新，宋明，黄勇，等.贵州农村扶贫开发报告（2015—2016）[R].社会科学文献出版社，2018（1）：210.

四、长效管护：村寨设施的投管机制

贵州结合普通国、省干线升级改造、“组组通”硬化路三年大决战等工作，加快贫困村水、电、信等建设和改造力度，提升旅游扶贫基础设施水平。培育建档立卡贫困户积极参与村寨旅游，推进“三改一整”工程，优化人居环境、提升旅游发展条件（见表5–4）。

表5–4　贵州“十三五”脱贫攻坚规划“四在农家·美丽乡村”基础设施六项行动计划

Table 5–4　Guizhou’s “13th Five–Year Plan” for Poverty Alleviation “Four in Rural beautiful countryside” Infrastructure Six Action Plans

项目类型	主要建设内容及规模	投资（亿元）	项目实施效益
小康路	建成通村沥青（水泥）路12.52万千米，实施农村公路安全生命防护工程0.84万千米，进行危桥改造	2360	项目覆盖5941个贫困村，带动198万贫困人口脱贫
小康水	实施农村饮水安全巩固提升人口251万人，发展农村周边100亩以上集中连片耕地灌溉面积309万亩。实施水库工程、河道治理和水土保持工程	2758	项目覆盖3073个贫困村，带动244万贫困人口脱贫
小康电	新建、改造和扩建输电线路5.33万千米、变电站6146座，新建及改造一户一表32万户	341	项目覆盖4436个贫困村，带动126万贫困人口脱贫
小康信	实施“行政村通光纤”和“4G网络覆盖行政村”工程；搭建农村邮政综合服务平台1193个	214	项目覆盖4526个贫困村，带动101万贫困人口脱贫

续表

项目类型	主要建设内容及规模	投资（亿元）	项目实施效益
小康房	完成73万户农村危房改造	535	项目覆盖5126个贫困村，带动122万贫困人口脱贫
小康寨	建设通组（寨）道路6.32万千米，实施288万户“三改”及庭院硬化工程，开展垃圾收集处理和集中式饮用水源地保护工作，修建文体活动场所等便民服务设施	1425	项目覆盖5338个贫困村，带动166万贫困人口脱贫

资料来源：贵州省扶贫办．贵州省“十三五”脱贫攻坚专项规划［R］. 2017.2.

随着农村公益事业建设的加快，加强民族村寨基础设施管理与维护的问题日渐突出。特别是在乡村两级经济基础比较薄弱的欠发达民族农业地区，村级基础性公益事业管理、维护方面的资金缺口比较大，仅靠“一事一议”筹措管理资金还很难解决问题。长效机制的建立，是贵州民族村寨基础设施持续优化的基础：一是在部分村寨基础设施项目中，要明确安排一部分资金作为后续管理资金，同时，地方政府和村级组织还可筹措一部分资金，把这些资金捆到一起，作为管理基金使用，专门用于只能投入、不能产出的村级公益项目管护。二是明晰产权主体，分清管护责任。民族村寨具有典型的“公共池塘”的性质，“有人建、无人管”主要原因就是产权不明晰，因此，对部分村寨基础设施项目，国家在投资的同时，尽可能事前确定产权主体单位，实行行业管理和村民自治管理相结合，配套建立相应的管理措施，并引入市场机制，保证工程持续、长久使用。

五、文旅融合：以旅游激活文化传承

早在20世纪80年代，贵州就出台了《贵州省文物保护管理办法》，对“具有地方特点和民族特点”及“具有研究价值的典型民族村寨”予以保护。随后，陆续出台了《贵州省民族民间文化保护条例》（2003 年）、《贵州省文物保护条例》（2005 年）及《贵州省非物质文化遗产保护条例》（2012 年）等相关条文，从法律层面强化了对民族村寨的法律保护。

文化是民族村寨的灵魂。宝贵的民族民间工艺是民族村寨旅游发展的核心竞争力。贵州的乡间村落散布着世界级人类非物质文化遗产 2 项、国家级 85

项（140处）、省级561项（709处），国家级传承人57名、省级传承人402名。通过实施《贵州省支持民族民间工艺品产业化发展若干政策措施》《贵州省民族民间工艺品产业"十三五"发展规划》《贵州省旅游商品生产示范基地建设管理办法》等政策与规划，民族传统工艺已经成为贵州众多民族旅游村寨的灵魂。为避免"人走技亡"，贵州大力培养了一批稳定的传统工艺人才队伍（见表5–5），至2016年，从业人员达10万余人，至2020年，全省命名1000家传习所。

表5–5 贵州省级以上传统工艺人才情况

Table 5–5 Guizhou province above the provincial level of traditional craft talent

<table>
<tr><th>人才级别</th><th colspan="6">人才类型（单位：人）</th></tr>
<tr><td rowspan="2">国家级</td><td colspan="2">工艺美术大师</td><td colspan="2">陶瓷设计艺术大师</td><td colspan="2">传承人</td></tr>
<tr><td colspan="2">2</td><td colspan="2">5</td><td colspan="2">20</td></tr>
<tr><td rowspan="2">省级</td><td>工艺美术大师</td><td>陶瓷艺术大师</td><td>高级工艺美术师</td><td>工艺美术师</td><td>传承人</td><td>名匠</td></tr>
<tr><td>92</td><td>14</td><td>105</td><td>52</td><td>60</td><td>401</td></tr>
</table>

"保护传统民族文化并非一个静态尘封的过程，而是一种动态的扬弃选择。"（笪玲，2018）[①] 通过对传统村寨民族文化的提炼和梳理，贵州打造了一批民族文化和历史文化为特色的村寨。形成了以银饰制作闻名的麻料、控拜村；以编制鸟笼著名的卡拉村；以苗绣为特色的乌吉村；以布依绣花为代表的板万村；号称"芦笙制作第一村"的排卡村；蜡染制作历史悠久的石头寨；保留传统生产皮纸工艺的石桥村；等等。通过培养乡村工艺品和演艺节目，民族文化资本直接提升村民的生活水平，促进了经济独立、文化自信和民族自豪感的提升。民族民间传统非物质文化已经成为贵州民族地区脱贫致富、乡村振兴的重要动力。

六、村民主体：激发群众的内生动力

村寨旅游扶贫中建立充分发挥贫困群众主体地位的扶贫工作机制，切实通

① 笪玲."旅游+"视野下农业水利遗产价值创新研究——以贵州安顺鲍家屯为例［J］.云南农业大学学报（社科版），2018（12）：25–33.

过旅游产业引导，改变“逼民致富，求民致富”的被动局面。村寨旅游形成“谁积极，支持谁”的财政扶贫资金投放机制，激发贫困地区和贫困群众脱贫致富的内生动力，树立“要我脱贫”变为“我要脱贫”观念。在扶贫工作中尊重群众意愿，从贫困群众要求最迫切的问题入手，广泛动员和有效组织群众主动参与扶贫开发，不断提高贫困人口的参与度，强化贫困人口在扶贫开发中的主体地位，充分尊重群众对扶贫项目的知情权、选择权、参与权和监督权，充分发挥贫困村寨广大干部群众的主动性和创造性，激发贫困群众的责任意识、民主监督意识、竞争意识和进取意识，自力更生、艰苦奋斗，不断增强自我脱贫和自我发展能力，立足自身实现脱贫致富。

第二节　贵州民族村寨旅游扶贫的挑战

一、异化与重构：传统乡村社会的“脱嵌”

传统少数民族村落以小农经济、高度自给自足为特质，依托自然生境中的家庭结构、生计模式、社会组织及文化信仰相互耦合，形成在环境、经济、政治、文化上都处于相对稳定的和谐状态。互惠共助的“原始共产主义”是传统社会的基础，亲缘、宗族、邻里、地缘等关系是社会关系的核心，村寨中除了农业及小手工业，基本上没有其他业态，村寨生活在相对封闭的低水平社会经济结构中形成了一套具有极强适应性的运行体制，“‘生于斯，长于斯’把人和地的姻缘固定了”（费孝通，1998）[①]。传统乡村社会是每一个村民的“根”，正如一些异地搬迁村民担忧的：“如果在城里头找不到稳定的工作，你咋个搬得起这个家？如果家里面的人生病咋个办？虽然医疗条件更好，哪个陪你去医院？你急用钱的时候，哪个借钱给你？拔掉在村子里面的根，在城市里头简直寸步难行！”（纳孔村村民LDZ语）[②]“山中无甲子，寒尽不知年”，环境阻隔了与外界信息的交流，独立于群山峻岭中的民族村寨形成了一套具有民族性、

① 费孝通 . 乡土中国，生育制度，乡土重构［M］. 北京：商务印书馆，2011：73.

② 2017 年 7 月 18 日，对贞丰县纳孔村村民 LDZ 的访谈；地点：贞丰县纳孔村。

宗教性及文化性为特征的社会组织。费孝通先生指出："在亲密的血缘社会中商业是不能存在的。"① 随着政府扶贫政策推动旅游产业的介入，市场经济的行为逻辑随之嵌入村民的交际日常之中，使得传统的血缘、地缘和亲缘为纽带的伦理基础遭到破坏，"熟人社会"的伦理关系逐步演变为市场经济导向的"契约关系"。"原来都是家头人自己干，忙的时候把亲戚邻居请来帮忙。现在家家都基本上雇人，多数是旁边那几个寨子的，20~40岁，有力气也能干。每天固定来收拾洗涮，忙完了她还可以回家照顾屋头，大家都好。"（纳灰村民宿老板WK语）②"自家人倒是要放心点，但是现在年轻人都出去打工，不好请人了。请外头人也有好处，就是哪样东西都好讲，一个月好多钱、做哪些事、包几顿饭，大家都明明白白的。"（纳灰村村民PEM语）③旅游推动着商业的迅速发展，当家庭成员已经不能满足需求时，家庭商业模式由传统的"人情关系"向现代"契约关系"转换成为必然。

波兰尼（2007）认为在互惠经济和再分配经济阶段，经济参与的个体及群体存在义务关系，经济发展符合社会道德规范，是嵌入型的；进入市场经济阶段，经济受利益驱动摆脱道德约束，处于"脱嵌"状态，从而产生一系列社会问题④。当从传统社会走向市场社会，"市场的便捷增加了短期利益的比重及获取的容易程度，（传统社会）便会追逐市场继而逐步丧失传统的社会习俗与自给自足的经济结构，最终彻底改变原有的生态系统"（高善必，1998）⑤。旅游将传统乡村逐步卷入市场经济，"原始共产"主导下的互惠共享农耕文明，在市场因子的介入下，极易产生家庭代际冲突、邻里关系冷漠和村内利益分化等社会问题。在市场的冲击下，贫困人口更容易在"利"的渴望及"道"的狭隘中迷失，在"熟人社会"中每个人都能成为谦谦君子，一旦越出"熟人社会"就极易道德失范。一位岜沙苗寨外来投资老板抱怨道："我的下水道，常常莫名其妙地就被人堵了，比如想修个厨房，当地村民宁愿天天躺起晒太阳，也没人愿意给你修。甚至看到你家客人多的时候，还跑进来要跟人家合影

① 费孝通．乡土中国，生育制度，乡土重建［M］．北京：商务印书馆，2011：76.
② 2017年7月15日，对兴义市纳灰村民宿老板WK的访谈；地点：兴义市纳灰村。
③ 2017年7月15日，对兴义市纳灰村村民PEM的访谈；地点：兴义市纳灰村。
④ 卡尔·波兰尼．大转型：我们时代的政治与经济起源［M］．杭州：浙江人民出版社，2007：172.
⑤ D. D. 高善必．印度古代文化与文明史纲［M］．北京：商务印书馆，1998：37.

要钱。"（邑沙苗寨经营者 LFD 语）[①] 旅游发展带来的"异化"，加速了乡村社会"'大传统'（great tradition）崩溃瓦解与'小传统'（little tradition）迷失自我"（罗伯特·芮德菲尔德，2013）[②]。传统地缘和血缘关系被肢解，市场经济缺乏社会基础无法完全建立，"村民因此在村庄内部变成了马克思所说的'一袋马铃薯'，村民已经原子化了"（贺雪峰，2013）[③]。

二、机会与风险：产业机会的盲目与麻木

贵州少数民族长期生活在山区，以传统农耕劳作为主。无论是陶渊明《归园田居》中的"采菊东篱下，悠然见南山"，还是翁卷《乡村四月》中的"绿遍山原白满川，子规声里雨如烟"，所产生的意境均演绎着乡村满满的"幸福感"。在恬静的乡村生活中，穷人似乎并没有太多的欲望，传统社会"没有'工作狂'的概念，他们有自己的行为准则，更乐意将较多的时间和精力花在闲暇和礼仪当中"（钱箭星，2000）[④]。

但是，这种恬静的幸福正在现代化的冲击中日渐消弭。今天农民的生活水平比以往的任何一个时代都强，但是农民的表情则"越来越麻木，出现了面部表情痴呆化的倾向"（贺雪峰，2013）[⑤]。爱默生（2016）说："每个人的眼睛都会流露出他在广大社会中所处的地位。"[⑥] 大量具有侵略性的外来信息激活了农民强烈的物质需求，挣扎于这种强烈的物资消费欲望与现实的无力感之间，加之强有力的社会交往，越来越将农民挤压到社会的最底层。今天的农民，比任何一个时代发展致富的愿望都强烈，他们会在不切实的希望中冲动，也会在希望毁灭后麻木。

对于民族村寨而言，旅游具有不离土不离乡、参与途径多元、有效利用日常生活资本、成本相对较低等优势，强大的旅游市场需求，驱动着当地村民对自身文化价值的认知及自信，这是许多地方政府纷纷依靠旅游脱贫、当

① 2019 年 6 月 5 日，对邑沙苗寨外来经营者 LFD 的访谈；地点：邑沙苗寨。
② 罗伯特·芮德菲尔德 . 农民社会与文化［M］. 北京：中国社会科学出版社，2013：97–99.
③ 贺雪峰 . 新乡土中国［M］. 北京：北京大学出版社，2013：12.
④ 钱箭星 . 原始部落的生态平衡——一个生态人类学的视角［J］. 云南大学人文社会科学学报，2000（2）：51–55.
⑤ 贺雪峰 . 新乡土中国［M］. 北京：北京大学出版社，2013：74.
⑥ 何景明 . 旅游扶贫的理论及其实践发展［M］. 北京：经济科学出版社，2016：33.

地民族希望凭借旅游致富的重要原因。在政府的推动和引导下，村民们权衡自身实力，希望能够参与旅游发展；特别是看到部分“带头人”因旅游而致富，纷纷对旅游发展跃跃欲试。旅游，成了经济落后地区摆脱贫困的“救命稻草”；发展的强烈愿望，往往容易忽略旅游发展中的风险。村寨发展旅游，村民通常都会持欢迎的态度，并非常积极地去适应旅游发展带来的变化（Xiao等，2004）[①]。但是，收益与风险往往会成正比例关系。旅游业被称为“建立在流沙上的大厦”，是一种脆弱性、季节性非常强的高风险产业，如果经过村民所能忍受的阶段收益期望仍未实现，村民与旅游之间的“蜜月期”会很快结束（Jim等，2002）[②]。人类有追求美好生活的基本要求，但是旅游的理性参与需要农民自身市场能力的成熟，当社区能力不足时，面对旅游发展容易导致“羊群效应”，即羊群非常缺乏组织的协调性，当其中一头羊冲撞起来，整个羊群都会毫不犹豫地跟着乱撞，全然不顾周边是有狼群还有丰美的水草。马克思（2005）指出，小农阶级“不能代表自己，一定要别人来代表他们。他们的代表一定要同时是他们的主宰，是高高站在他们上面的权威，是不受限制的政府权力，这种权力保护他们不受其他阶级的侵犯，并从上面赐予他们雨水和阳光”[③]。榕江县大利村以多达400多株的古楠木及建于清代的四合院而闻名。在旅游未充分发展之时，大多数普通家庭经济收入主要依靠传统种养业，家庭中剩余劳动力还可以外出打零工、做小生意、跑运输、参加建筑队等以获得额外收入，这是一套适应环境及规避风险的混合生计模式。随着大利村被纳入榕江县旅游发展重点村寨，政府资金大举进入，旅游发展氛围初步形成。村寨居民也似乎看到了沉寂的村寨摆脱贫困的希望，家家户户纷纷四处举债、修建旅舍饭店，以饱满的热情投入旅游建设之中。但是，旅游市场的发展并不像村民们想象的火爆，甚至在旅游淡季门可罗雀，村民们的传统生计模式遭到荒废，旅游还未“迅猛发展”就陷入“寒冬”。一系列的“教训”让村民越来越理性地看待旅游发展，即便在旅游相对成熟的村寨，不少村民仍然会持一定的保守态

① Xiao H，Ii L. Villagers' perceptions of traditions：Some observafions on the development of rural cultural tourism in China［J］. *Tourism Retention Research*，2004（2）：69 –80.

② Jim C Y，Xu S S W. Stifled stakeholders and subdued participation：Interpreting local responses toward Shimentai Nature Reserve in South China［J］. *Environmental Management*，2002（3）：327–341.

③ 张其学. 后殖民主义视域中的马克思［J］. 哲学研究，2005（6）：20–24.

度。黎平堂安侗寨，2005 年作为“生态博物馆”正式对外开放，距离著名的肇兴侗寨景区仅 8 千米。优越的地理位置，优质的民族文化资源，本应该极易撬动地方旅游产业的发展，但是由于规模小，政府、村两委、社区关系复杂而模糊，至今堂安仅仅作为肇兴游客户外徒步的旅游点，与旅游相关的业态屈指可数，农村仍然依靠传统生计模式，种粮食及外出务工仍然是村寨主要的生计模式（见表 5-6）。

表 5-6　堂安侗寨村民家庭主要的生计方式

Table 5-6 The Main Family Planning Methods of Tang’an Dongzhai Villagers’ Families

生计来源	户数（户）	比例（%）
种粮	6	9.52
种粮+外出务工	25	39.68
种粮+外出务工+服务及手工业（或商业、建筑、畜牧、政府工作）	13	20.63
种粮+服务业及手工业（或种植经济作物、商业、畜牧、建筑业、政府工作）	17	26.98
外出务工+服务与手工业	2	3.19

数据来源：对黎平县堂安侗寨 63 个家庭的问卷。

三、能人与穷人：精英剥夺与贫富差距

传统的农业社会，村民们以相似的方式从事传统的农业经营，没有太多资源和发展机会，“神异权威、传统权威及科层式权威”占据主导地位（马克斯·韦伯，2012）[①]。随着村寨旅游的发展，一些有智慧、懂技术、具胆识、能创业、能进取的地方能人应运而生，他们充分掌控时机，利用自身的技能和才智切实地改变了自己的经济社会地位，逐步在村寨社区中起到典型的示范带头作用，树立起新的威信和权威。来源于乡土、有使命感、有集团化的个人理想

① 丹尼尔·A. 雷恩，阿瑟·G. 贝德安. 管理思想史［M］. 北京：中国人民大学出版社，2012：20.

及稳定性及持久性相对较弱是能人权威的四个特点（张中奎，2019）[①]。村寨旅游发展过程中产生的地方能人，由于拥有一定文化或技能，且为土生土长的地方成员，与社区有着深厚的情结和复杂的关联，非常容易成为村寨经济和社会发展的带头人，他们对解决扶贫开发“最后一公里”的下游问题极具优势。但是，能人在乡村社会中也容易随着经济能力的增强，进而获取政治资本并充分利用掌控的各种资源，最大可能地攫取个人私利，在乡村社会中形成“先富排斥贫困，富人剥夺穷人”的格局。

近年来，我国扶贫的财政投入力度在不断增大，但是减贫的效益却呈现递减之势，精英俘获及扶贫资源在基层社会内卷化是重要原因。旅游参与需要拥有资金、技术或资源上的优势，在村寨旅游发展初期，旅游整体发展水平相对较低，旅游参与的门槛不高；随着旅游转型升级，最早参与到旅游发展中的“能人”，已经拥有并垄断了一定的资源优势，加之外来资本的强势进入，其他村民想要以同样的条件参与旅游发展的机会已经十分有限。“我家房子每年也参加评分，但没得钱修缮，只能自己在院子里面种些花草，所以评分低、分得的钱也少。农家乐也不好搞，要自己投钱还不说，和旅行社没有联系，或者和政府没有密切关系，都没得人来。”（西江苗寨村民 XXB 语）[②] 在经济落后的贫困地区，扶贫资金和政策必然向“能人”倾斜，同时，面对外来项目和发展机会时，穷人希望参与又无所适从，因此，他们也希望村庄精英对项目进行管理，并容许精英在利益上占有支配权以作为其领导村庄的报酬，“扶富不扶贫”必然推动“富者愈富，贫者愈贫”的格局。

少数民族地区社区具有先天的弱质性，这种弱质性一方面体现在资金短缺，大多数农户资金及资产不足，限制了其旅游参与的规模及层级，另一方面主要是观念及技术上的短缺。面对少数民族地区旅游开发中社区逐步边缘化的现实，Sue Beeton（2006）指出：“我对社区旅游的提法十分抵制，因为其基于产品视角，将目的地居民视为访问及凝视的对象，而非旅游发展的主体。”[③] 大多数当地村民建设的旅游服务设施均以家庭为基本单位，缺乏系统的培训，仅

① 张中奎．乡村振兴背景下民族村寨治理权威嬗变与能人权威的兴起——以贵州省为考察中心［J］．广西民族研究，2019（2）：83-89.

② 2019 年 5 月 20 日，对西江苗寨村民 XXB 的访谈；地点：西江也东村。

③ Sue Beeton. Community Development through Tourism［M］. Landlinks Press，2006：17.

仅是简单形式上的模仿，加之信息、交通、环境、区位等诸方面的限制，局限了其旅游产业的空间。西江苗寨旅游开发前，普遍的贫困是基本特征，旅游开发后，收入差距由5万元激增至120万元（司亦含，2014）[①]，大部分村民仅能从事迎宾、保洁、服务员等收益较低的工作，年收入5万~7万元（含房屋建设保护费），而景区中千万元户达到10户，百万元户超过20户，十万元户超过100户。贫富差距带来的严重剥夺感与各种社会文化矛盾交织，如治理不当极易暴发群体事件，西江苗寨就曾出现过影响恶劣的“8·10”[②]事件。

四、扶贫与养贫：难以避免的“公地悲剧”

“公地悲剧”（Tragedy of the commons）最早由英国学者Hardin（1968）提出，指出由于某一群体中的所有个体都有对公共资源的使用权，不具有排他性，因而每个人都尽力去争夺，最终资源由于过度使用而枯竭[③]。新制度经济学认为社会产品包括私人物品（Personal goods）和公共物品（Public goods）；私人物品在产权上具排他性，而公共物品则具非排他性。当产权界定不清时，每个能分享的主体在决策上均会忽视自身行为对他人的负外部性，因此，产生对公共物品的滥用，引发“公地悲剧”。

在旅游扶贫开发中，民族村寨是村民日常栖息生衍的公共资源，当地人鲜活的生活场景、建筑风貌、文化习俗、风物节庆等是旅游得以发展的“活态”载体。当产权笼统地属于整个村寨，产权界定缺位时，必然会产生对公共资源的无序、无度、无界利用。村民们感叹道：“以前大家都是隔壁邻居，关系好得很，但是自从他家（隔壁）开了个民宿，经常有车堵在这个出口，本来就是一条小巷巷，原来有三轮车过都恼火，现在还把车堵在这里，咋个过嘛！”（纳灰村村民WDJ语）[④]“要有游客来，寨子里头得干干净净的嘛。但是就是有些村民不自觉，故意牵牛牵马拉粪便在我家饭店门口，你讲他吧，他还

① 司亦含.交换权利视域下的西南民族地区群体性事件分析——以贵州西江苗寨为例［D］.重庆：重庆大学，2014

② 西江苗寨“8·10”事件：2012年8月10日，雷山县委颁发《景区内村民使用村民、物资倒运车辆须知》，在各相关部门进行景区车辆整治的过程中，暴发了由大部分村民参与的、有组织、有策划的堵车并围攻旅游公司办公楼事件。事件持续一周，给西江苗寨造成了极为恶劣的社会经济影响。

③ Garret Hardin.公地的悲剧［J］.科学，1968（6）：25-28.

④ 2018年11月15日，对兴义市纳灰村村民WDJ的访谈；地点：兴义市纳灰村。

说你自己去跟我家牛马讲去！”（滑石哨村民 LEL 语）[①] 此外，在村寨旅游扶贫开发中还极易出现产权细碎而引致资源浪费和利用不充分等问题，使得“钉子户”“资源整体规划及开发难以推进”等现象频发，学者将这种现象称为“反公地悲剧”的现象（李厚忠，2011）[②]。不少由村民主导的民族旅游村寨，在村寨集体表演项目中以“记工分”的方式试图使旅游能够尽可能多地兼顾贫困人口，但是实际运行过程中不少村民“混人头，不干事”，或者“吃大锅饭”“搭便车”等现象十分突出，极少数真正掌握传统文化技艺的民间艺人“技艺资本”无法得到有效体现，被迫流走他村，最终导致民族表演水平下降，旅游吸引力逐步丧失。还有些旅游扶贫项目，为了带动贫困人口脱贫，往往会优先照顾贫困人口参与，但是原本是“扶贫”项目，却占用着公共资源来“养贫”。调研中不少村干部抱怨：“有不少贫困户，他们脑子没有问题，说的有时候比唱的还好听，但是就不去实打实地干，他们等惯了，靠惯了，也懒惯了，他们手里有钱了，就胡吃胡喝，没有钱了就上访告状，嘴里喊着撸起袖子加油干，但睡在家里啥都不干。”（黔西南州扶贫办干部 LMG 语）[③] 甚至有扶贫干部激愤地说：“我们这里真正的贫困人群是四鬼：懒鬼、酒鬼、赌鬼、药鬼。扶贫扶四鬼，老百姓不满意！”（纳雍县扶贫办负责人 LGH 语）[④] 贫富差距使得穷人与富人之间传统的约束关系削弱，穷人未来生活的希望渺茫，经济不平等最终演绎成为文化对抗，“穷人对富人的指责、诋毁成为弱者的武器”（斯科特，2007）[⑤]。在村寨旅游扶贫中穷人的行为逻辑，究竟是“刁民”的“恶搞”，还是“弱者”的“武器”？“扶贫”与“养贫”的关系又该如何厘清？“公地悲剧”不能继续演绎，是时候去审慎地思考并破解了。

五、增长与消亡：贫困减缓中“无根的增长”

不同的民族及种族文化是社会生活丰富的重要源泉。当今世界，许多国家

① 2017 年 6 月 5 日，对滑石哨村民 LEL 的访谈；地点：黄果树滑石哨。

② 李厚忠．乡村旅游地开发中的“公地悲剧”与“反公地悲剧”研究——以济南市南部山区为例［J］．山东社会科学，2011（11）：146-149.

③ 2017 年 7 月 15 日，对黔西南州扶贫办干部 LMG 的访谈；地点：黔西南州扶贫办。

④ 2018年3月19日，对纳雍县扶贫办负责人LGH的访谈；地点：纳雍县扶贫办。“药鬼”在当地指吸毒人员。

⑤ 詹姆斯・C. 斯科特．弱者的武器［M］．南京：译林出版社，2011：41-42.

将传统文化视为现代社会化发展的障碍，对民族传统文化及少数民族文化进行压制，继而使得民族矛盾及冲突不断；同时，随着全球化浪潮席卷及科技媒体的信息扩散，发达国家和地区的价值观念及文化传统迅速向经济落后地区传播渗透，使得当地本土文化在交融中迅速同化和湮灭。1996 年，联合国发布的《人类发展报告》将这种以歧视和排外的方式毁灭文化多样性最终降低人类整体生活质量的增长模式定义为“无根的增长”（Rootless Growth）[①]。

据不完全统计，我国自然村从 363 万个锐减至 271 万个。贵州 600 年以上历史的文化村落有 1800 多个，2019 年，全省城镇化率达到 49%，民族村寨的数量在迅速减少的同时，“千村一面”“造村运动”“腾笼换鸟”等正在使得乡村失去千百年遗存的个性，在同步小康的进程中，民族村寨的保护问题日趋凸显。文化产业化运作，会面临经济与文化之间的博弈：文化的独特性，是旅游发展的基础，而村寨旅游发展中强烈的经济取向，往往逐步演变为游客希望的意念建构，使本土文化以简陋而肤浅的方式呈现在游客眼前。对此，约翰·厄里等（2016）感叹道：“人们不惜金钱与时间去追逐的新异景点，结果却在不同的地域中邂逅着同出一辙。”[②] Turner C 等（1975）也指出：“简单的批量生产，将原住文化加工成庸俗的观光产品……放眼四望，归一化的世界无不是我们自己……一心追逐的奇风异俗与绚丽多彩，最终只落得千篇一律。”[③] 少数民族村寨是依托于自然山川、江河草场形成的以民族文化为内核的独一无二的特定场合及情境，这套独特的区别于其他民族的文化符号及观念体系是民族得以存续的基础。银饰是苗族驱邪的上品及财富的象征，而由白铜镀银或铜与银合成的所谓“苗银”，银含量无固定比例，在工艺及材质上与传统银饰有本质区别。但由于“苗银”有效结合了民族及现代元素且通过机械化生产降低成本价格，成为贵州不少民族村寨热销旅游商品，而真正传统手工制作的苗族银饰由于价格高昂、外观质朴，往往在大众旅游市场上鲜有问津，形成了“劣币驱逐良币”的现象。“文化立而生旅，文化盛而兴旅，文化衰而消旅”（武魏巍，

① 联合国开发计划署 .1996 年人类发展报告［R］.http：//news.ifeng.com/a/20151215/46680558_0.shtml.

② 约翰·厄里，乔纳斯·拉森 . 游客的凝视［M］. 上海：格致出版社，2016：10.

③ Turner C，Ash J. The Golden Hordes［M］. London：Constable，1975：159.

2004)[①]，一味讲究市场经济效益而漠视民族文化的旅游发展模式，虽然在短期内能够获得较好的经济效益，但是长期而言，这样的旅游必定走向衰亡。

本章小结

贵州民族村寨旅游扶贫，是贵州减贫历程中的重要探索，取得了不少具有全国意义的重要经验，包括政府主导、部门合力、国际合作、资金整合及文旅融合等，这些宝贵的经验是贵州民族村寨旅游扶贫取得成功的重要原因。村寨旅游扶贫虽然有效地推动了贵州民族地区大面积贫困减缓，但是，传统以经济为取向的扶贫模式，逐步衍生出乡村社会的“脱嵌”、村民产业发展的不确定性、精英剥夺及贫富差距拉大、“公地悲剧”、经济增长而文化消亡等一系列的问题，构成了未来贵州民族村寨旅游扶贫的巨大挑战。

① 武魏巍 . 民族旅游发展与民族文化保护研究［D］. 南宁：广西大学，2004.

第六章 贵州民族村寨旅游扶贫案例研究

开展旅游扶贫的村寨在贵州多达3000余处，但是村寨旅游扶贫具有极强的资源依托性，并非在贵州所有的地州市呈均质分布，整体而言呈现典型的地理集中性特点（贵州村寨旅游扶贫尤其以黔东南最具典型性和代表性）。研究通过充分考虑贵州民族村寨旅游扶贫面临的关键问题，重点选择肇兴侗寨、纳灰村及岜沙苗寨作为个案样本，选择依据考虑了以下方面：

（1）主体民族及区域的代表性。案例的选择上考虑了类型学的分析框架，三个村寨既具有共性也具有个性：第一，三者均属滇黔桂石漠化山区，山石裸露、土地贫瘠、广种薄收，形成了贫困面积大、贫困人口多、贫困程度深等区域特征；第二，民族，是一个民族村寨呈现异质性的重要决定因素。三者涉及的侗、布依、苗是贵州最具代表性的民族，肇兴、岜沙及纳灰三个民族社区分别属于黔东南及黔西南自治州的三个县市，在不同的民族文化及自然生态中形成了自身的旅游发展特色，是贵州民族村寨旅游扶贫的代表。

（2）现有相关学术成果的可比性。由于黔东南在区位及交通上的优势，加之对于长期居住城市的学者而言，肇兴及岜沙的文化吸引性更强；而黔西南由于交通通达性较弱，民族文化的异质性不足。在市场的辐射和影响下，造成了三个村寨受到的学术关注及资料积累存在一定差异，能够较好地呈现贵州民族村寨所处的不同发展阶段，便于进行共时及历时的比较，见图6-1：

（3）村寨旅游扶贫模式的典型性。研究分析了脱贫攻坚决胜、乡村振兴启动的关键问题，聚焦乡村治理、土地产权、文化资本三个视角，探讨了行政、土地（产业）、文化三种力量对村寨旅游扶贫的影响，从个案的研究中提炼出提升民族村寨旅游扶贫的可能路径。三个村寨都是贵州较早开展乡村旅游的民族村寨，有着 40 年的村寨旅游扶贫历程，见证了贵州村寨旅游扶贫的重要阶段。依托自身的发展条件，在社区参与模式、旅游扶贫路径上形成了自身特色（见表 6-1）。肇兴侗寨是全国最大的侗寨，是贵州开展村寨旅游扶贫最早的村寨之一，村寨主体民族是侗族，传统族群文化及民族精英在扶贫中起到重要的作用，社区关系复杂；纳灰村是布依族聚居的村寨，位于万峰林景区的核心区。传统村寨旅游扶贫取得成功的同时也暴露出一系列问题，通过农村土地制度改革，构建了健康、多元、立体的村寨产业格局；岜沙苗寨是一个纯苗族聚居村寨，早在 20 世纪 80 年代就凭借独特的文化优势发展村寨旅游。面对长期以来文化保存相对完整但张力不足的困境，通过市场、社区、民族、文化等各方面的积极探索，为村寨居民带来应有的福祉。

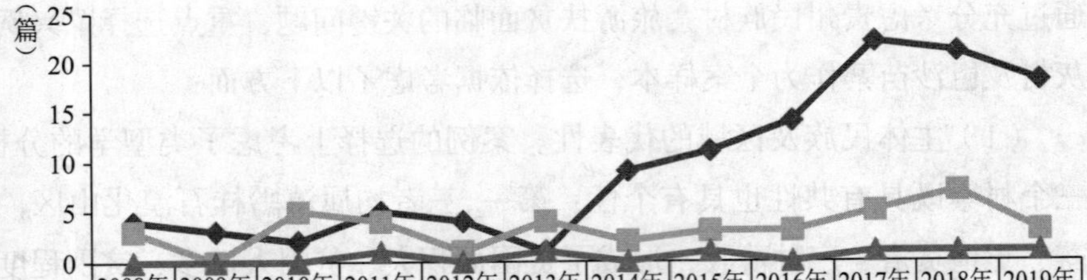

	2008年	2009年	2010年	2011年	2012年	2013年	2014年	2015年	2016年	2017年	2018年	2019年
肇兴侗寨	4	3	2	5	4	1	9	11	14	22	21	18
岜沙苗寨	3	0	5	4	1	4	2	3	3	5	7	3
纳灰村	0	0	0	1	0	1	0	1	0	1	1	1

图 6-1 三个案例村寨研究相关文献数量

Figure 6-1 Number of Relevant Documents on Three Case Village Studies

资料来源：以村寨名为“主题”，中国知网截至 2020 年 2 月 1 日数据；笔者自绘。

表 6-1 三个案例村寨的基本情况及研究内容

Table 6-1 The basic situation and research content of three case villages

案例村	肇兴侗寨	纳灰村	岜沙苗寨
所在地区	黔东南州黎平县	黔西南州兴义市	黔东南州从江县

续表

案例村	肇兴侗寨	纳灰村	岜沙苗寨
主要少数民族	侗族	布依族	苗族
旅游起步时间	20世纪80年代	20世纪90年代	20世纪80年代
出列时间	2015年	2016年	2016年
撬动旅游扶贫方式	公司注资开发	景区带动扶贫	影像文化传播
旅游参与主体	政府+公司+传统社会组织	政府+公司+精英	政府+公司+村集体
问题焦点	基层行政与乡村社会冲突	景区不带村	文化遮蔽与异化
研究视角	乡村治理	土地产权制度改革	文化资本

（4）资料积累及可进入性。前期的学术关注及资料积累是案例选择的重要依据，在对三个案例村寨进行资料收集及前期考察的基础上发现，除了纳灰村之外，其余两个村寨中仅会使用民族语言或“地方土话”的村民占相当比重。因此，在进入之前，专门招募当地研究生及本科生共五名①，顺利地完成了对三个村寨的问卷发放、文字影像资料收集及访谈等实地调研工作，保证了研究的客观性及科学性。

第一节　扶贫困境与乡村治理：来自肇兴侗寨的调查

村寨旅游扶贫的过程中，涉及多元的利益主体，特别是在精准扶贫到户到人的要求下，需要思考如何整合不同的利益集团形成减贫合力。第一，村民，是村寨旅游发展中“被凝视”的主体，“是旅游吸引物总体的一部分”（Murphy，1985）②，依托村寨获得社会经济发展继而摆脱贫困，是村寨居

① 招募学生包括：黎平县侗族学生3名，从江县苗族学生2名，均能熟练使用民族语言及地方“土话”（指地方方言）。

② Murphy P E. Tourism：a community approach［M］. Methuen. New York and London Routledge Taylor & Francis Group，1985：56.

民的权利。但是单纯的村民主导，虽然能较好地保障村民的利益，却存在发展能力弱、市场性不足等缺点，而且易形成“能人主导，弱者边缘化”的格局。第二，政府，具有公共利益取向的同时也存在自身利益诉求。安德森（1990）指出，“政府的任务是服务和增进公共利益”[①]，解决贫困，是任何政府不可推卸的责任。挖掘民族村寨资源，依托旅游发展推动地方社会经发展、人民安居乐业，继而带动地方财政的增加，是民族村寨旅游扶贫中政府的利益诉求。第三，企业，是追求利益最大化的生产单位，“逐利”是其重要特质。思拉恩·埃格特森（2004）指出：“在一个充满不确定性的世界里，寻求有利的生产组合是企业家们活动的中心。”[②]责权明晰的企业拥有较大的经营自主权和决策权，能够使得村寨旅游扶贫适应市场，具有简洁而高效的特点。在中国的扶贫事业中，党和政府始终是重要的决定力量。特别是对于贫困落后的民族地区而言，没有行政的主导，是不可能取得今天的大面积减贫的巨大成效的。但是，由于政府权力过度集中、内部性等特点，常常会带来政府失灵继而导致扶贫政策效率低下及偏离目标群体等问题。为了解决政府失灵，不少社会组织逐步探索提升扶贫效率的干预模式，“赋权”及“社区参与”作为对国家减贫失败的回应。

贵州自古属于“蛮夷之地”，国家层面的法制难以真正有效辐射，“为了逃离国家控制，一切与他们有关的生计手段、社会结构、文化意识，乃至口头传承等，都是精心设计的产物”（斯科特，2019）[③]。以“家族”或“宗族”为核心的村寨聚落成为一个独立的实体性社会单元，形成了一种具有等级性、空间性、单元性的自治自管、自我约束、共同遵守的村寨自治模式。成员的衣食住行、婚丧嫁娶等日常经济生活及宗教祭祀、文化信仰等精神生活基本上通过村寨内部的运转得以满足，使得每个村寨保留着相对独立的社会体系，在彼此疏离中不断延绵发展。扶贫攻坚作为一种国家正式制度嵌入乡村社会中时，往往会发生正式制度与地方文化的冲突，特别在政府、公司、社会组织、村民等形成的多元扶贫格局下，利益主体的矛盾和冲突更加复杂。约翰·普兰

① 詹姆斯·E. 安德森 . 公共决策［M］. 北京：华夏出版社，1990：222.
② 思拉恩·埃格特森 . 经济行为与制度［M］. 北京：商务印书馆，2004：162.
③ 詹姆士·斯科特 . 逃避统治的艺术［M］. 北京：生活·读书·新知三联书店，2019：1.

德（2010）认为："当利益主体的关系无法平衡时，则难以避免出现决策草率、资源浪费、只顾眼前利益等一系列问题。"[①] 村寨旅游扶贫不再局限于社区参与，而要求锁定贫困人口使其通过旅游发展成功脱贫。因此，如何在保证村寨旅游健康发展的同时，有效实现减贫？如何平衡村寨旅游扶贫中市场与公益、发展与减贫、效率与公平的关系？在扶贫主体多元化的格局下，将使这一命题的研究更加复杂化。

一、肇兴侗寨概况

肇兴侗寨为黎平县肇兴镇政府所在地，距黎平县城68千米，与水口、龙额、洛香、永从及双江诸镇及顺化乡毗邻，距厦蓉高速公路出口8千米、贵广快速铁路站6千米，具体区位详见图6-2：

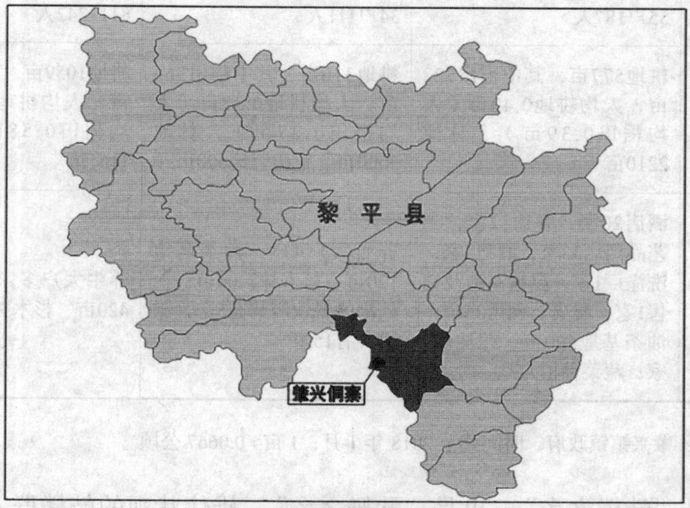

▲ 肇兴侗寨在黎平县的位置

图6-2 肇兴侗寨的地理区位

Figure 6-2 Geographical Location of Zhaoxing Dong Village

注：笔者自绘。

建于南宋绍兴三十年（1160年）的肇兴侗寨，迄今已有850余年历史，

① 郭华.乡村旅游社区利益相关者研究：基于制度变迁的视角［M］.广州：暨南大学出版社，2010：206.

侗族人口达 98% 以上，是我国最大的侗族自然村寨，素有“千户侗寨”“侗乡第一寨”之美誉。全寨包括三个行政村（肇兴村、肇兴中寨村、肇兴上寨村），22 个村民小组（见表 6-2）。

表 6-2　肇兴侗寨三个行政村概况

Table 6-2　General Situation of Three Administrative Villages in Zhaoxing Dong Village

行政村	上寨村	中寨村	肇兴村
面积（km^2）	4.2	5	7.85
自然概况	海拔440米，年均温20℃	海拔410米，年均温21℃	海拔410米，年均温19℃
人口情况	8个村民小组，319户，1350人	5个村民小组，217户，849人	9个村民小组，476户，1795人
贫困人口	55户187人	34户111人	81户242人
土地情况	耕地577亩，其中稻田522亩，人均耕地0.43亩（人均稻田0.39亩），林地2210亩	耕地316亩，其中稻田266亩，人均耕地0.32亩（人均稻田0.27亩），林地3000亩、荒山荒地600亩	耕地1059亩，其中稻田988亩，人均耕地0.63亩（人均稻田0.58亩）；林地1161亩
相关产业	酒店20家，餐饮12家，工艺品门店33家，酒吧2家，洗涤厂1家，琵琶制造及销售1家；靛染、刺绣35户；油茶基地560亩，榨油坊2家；蔬菜种植5户	养殖大户4户；油茶基地120亩、杉木林2200亩；上档次的餐饮店共有5个，旅馆共有15家	养牛大户多家；油茶基地420亩、杉木林1211亩

数据来源：肇兴镇镇政府，时间截至 2018 年 1 月；1 亩≈0.0667 公顷。

肇兴是“鼓楼之乡”，也是“歌舞之乡”，雄伟壮观的鼓楼群、鳞次栉比的吊脚楼、气势恢宏的侗族大歌、绚丽多彩的“踩歌堂”让这个山区村寨蜚声海外（肇兴侗寨的主要名片，见表 6-3）。肇兴还入选联合国世界文化基金会“返璞归真，回归自然”全球十大旅游首选地之一；被世界乡土文化保护基金授予“全球 18 个生态文化保护圈”之一。

表 6-3　肇兴侗寨的主要名片

Table 6-3　Main name card of zhaoxing dong village

时间	肇兴的主要名片
1993年	贵州省文化厅授予“鼓楼文化艺术之乡”
2001年	被贵州省政府列为全省12个重点民族村寨保护地之一
2001年	五座鼓楼组成的鼓楼群被列入上海大世界基尼斯之最
2003年	“肇兴侗族文化生态保护区”被国务院列为全国首批十个民族民间文化重点保护工程试点之一
2005年	《中国国家地理》主办，全国33家有影响力媒体协办的“选美中国”活动，被列入“中国最美的六大乡村古镇”
2007年	被美国《国家地理旅行者》与中国国家旅游局《时尚旅游》评为全球33个最具诱惑力旅游目的地之一
2007年	被建设部、国家文物局评为第三批中国历史文化名村
2012年	第一批入选“中国传统村落”名录
2012年	肇兴、堂安、纪堂等9个侗族村寨被国家文物局列入《中国世界文化遗产预备名单》
2013年	被纳入贵州省“5个100工程”中的“100个旅游景区”

二、肇兴侗寨的传统社会组织及现代意义

侗族的族源与我国百越民族的“西瓯”及之后的“乌浒”“僚浒”有密切关系，历代的称谓各有差异（见图 6-3），以 2879974 人[①]的人口数居我国少数民族的第 10 位。我国侗族集中分布在黔、湘、桂、鄂四省毗邻区域，贵州是侗族主要的聚居区，居住着全国侗族人口总数的 55.7%[②]。

（一）侗款组织

杨庭硕（2004）对侗族社会的特征归纳为：其一，尽可能让生产生活与自然环境保持一致；其二，将自然生态系生产的各种生活产品因地制宜地均衡利用；其三，以合款实现对资源领有的和谐及持久[③]。侗族传统的社会组织结构是以“家庭—房族—寨集体—村寨联合体”的层次秩序，由小而大构建起来的。侗族社会中独特的“款”文化以社会组织的形式，构成侗族传统文化的

① 据 2010 年第六次人口普查。

② 据 1995 年人口抽样调查数据。

③ 杨庭硕 . 侗族生态智慧与技能漫谈［J］. 大自然，2004（1）：3-5.

核心及载体。邓敏文等（1995）指出，侗乡是“没有国王的王国”，侗族人民“结款自治，联款自卫，过着一种有款无官的社会生活”[①]。钱宗范（1996）点评到：“侗族的村寨统治和宗族统治结合如此完美……在我国汉族或者其他少数民族的古代近代社会中都是很少见的。”[②]（见图 6–4）

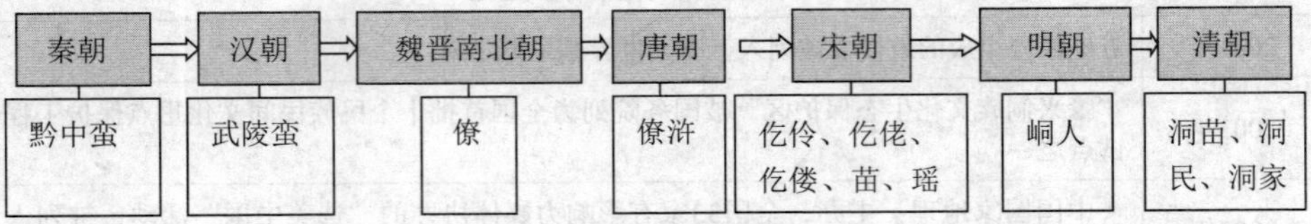

图 6–3　历代对侗族的称谓

Figure 6–3　The title of Dong people in the past dynasties

资料来源：贵州省民族研究所，贵州省民族事务委员会 . 贵州“六山六水”民族调查资料选编 · 侗族卷［M］. 贵阳：贵州民族出版社，2008；笔者自绘。

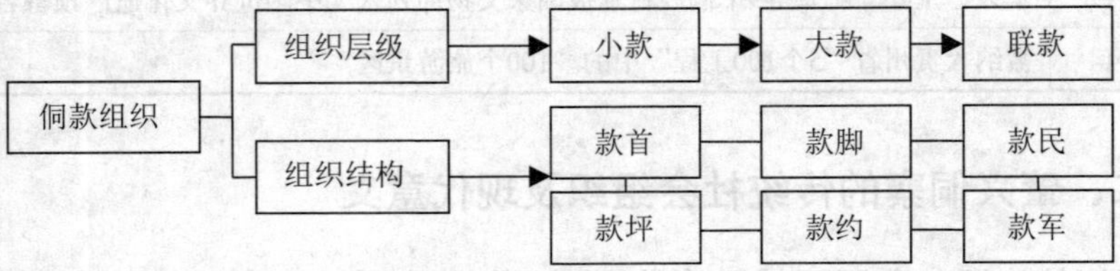

图 6–4　侗款社会组织结构

Figure 6–4　Dong traditional social organization chart

注：笔者自绘。

“洞”，原指侗族社会的政治组织形式。清代黎平府所属的“六洞”就是当时较大的基层行政组织，包括洒洞、云洞、独洞、贯洞、肇洞、顿洞，各洞互不隶属，由“乡老”自行管理洞内事务，由“寨佬”管理各寨事务；“款”，是以洞、寨为基础的政治、军事联盟。“款”是侗族的基本词汇，为结盟、成片、血缘关联等含义，之后，逐步衍生出“友人”“恋人”“演讲”“辩论”等含义。洞内有重大事件时则由“乡老”会议解决，称为“起款”，又叫“合款”，其形式上有小款、大款及联款三种。当遭遇重大事件时，款的规模能够

① 邓敏文，吴浩 . 没有国王的王国——侗款研究［M］. 北京：中国社会科学出版社，1995：96–99.

② 钱宗范 . 试论侗族近代社会宗法文化的基本特征［J］. 广西师范大学学报，1996（3）：40–45.

迅速扩张，《六洞款歌》记载的“九十九公合款”的规模“上至古州（指今天贵州榕江），下至柳州（指今天广西柳州），五十江河，侗村各寨，处处立碑，人人皆知，个个明白，人人从规”，被认为是“侗族历史上影响规模最大的一次联款大会”①。

各款由款首、款脚、款民、款坪、款约和款军等构成。“款首”，一般由为人正直、经验丰富、办事能力强、深谙乡条侗理的寨老、乡老担任，是款民意愿的代表，款首要求处事公平、公正、公开，不实行世袭和终身制，也没有特权，与大家一样要进行生产劳动；“款脚”相当于侗款制下的“公职人员”，平时守护鼓楼，有事传递信息；“款民”即特定侗款组织中的所有人员；“款坪”指款中举行集体议事的场所；“款约”是在长期实践中形成的，对全款所有人都有强制约束力的规约，内容涉及传统风习、伦理道德、禁忌信仰、日常生活等方面，并会随着社会环境的变化进行补充及修订，是全民意志的体现及侗族习惯法的重要部分；各款通常由青壮男子组成“款军”，是武装保卫的中坚力量。

（二）肇兴侗寨的社会组织

肇兴侗寨的建寨广泛流传着“兄弟祖先”的故事：陆姓人确认与相邻从江洛香镇的陆姓是从江西吉安迁来的兄弟俩；其他姓氏人陆续迁入肇兴，虽然改姓陆但仍保留自己的“内姓”，是现在寨中通婚的基础②。肇兴的宗族组织分为“尝、头、基、翁及然五个次层”③。“尝”，相当于汉族的“姓”，肇兴侗寨居民以“陆”姓为主，占到总人口的90%，五大房族自然分居五个片区，称为“团”，即仁、义、礼、智、信五个团；“头”即“群”或“族”的意思，是姓掩盖下的家族单位，是侗族家族组织的第二层次。“为了便于青年之间通婚，把陆姓划为十二个内姓，在不同内姓之间通婚，同一内姓是绝对不能通婚

---

① 贵州省民族研究所，贵州民族事务委员会.贵州“六山六水”民族调查资料选编（侗族篇）[M].贵阳：贵州民族出版社，2008：298.

② 2018年2月6—8日，对肇兴寨佬LHA、地方贤达LKX及歌师ZQR的访谈资料整理；地点：肇兴侗寨。

③ 贵州民族事务委员会，贵州省民族研究所编.贵州“六山六水”民族调查资料选编·侗族卷[M].贵阳：贵州民族出版社，2008：74.

的。”（肇兴侗寨 X 团寨佬 LHA 语）[①] 肇兴侗寨的陆姓总共形成十二个“头”[②]，五个团以一个“头”为主，错居其他几个“头”的人（见图 6–5）。随着侗汉文化的交流，“十二‘头’各自应汉语演变为十二个姓氏，即嬴、满、邓、袁、龙、郭、孟、夏、马、白、鲍、曹十二个‘内姓’”（肇兴歌师 ZQR 语）[③]。同一“头”的人互相视为兄弟姐妹，“本头”内部严禁婚配；“基”即墓地、禁忌和“甑子”的意思，由同一血缘父系大家庭组成，是家族组织的第三层；“翁”即祖父，也称“公”，是“头”之下的支系、家族的第四层；“然”，又称“高然岱侬”，指在房屋中安置用于饮食的火塘的屋子，“岱”“侬”就是哥弟的意思。

图 6–5　肇兴五个团主要的“头”及错居的“头”

Figure 6–5　The Main “Heads” of Zhaoxing’s Five Groups and the “Heads” of Their Misplacement

资料来源：相关文献资料及访谈整理；“*”表示该团主要的“头”；笔者自绘。

Mitchell（1994）认为风景不仅是划分局内人与局外人认同的符号，也是划分阶级、种族和性别的符号[④]。肇兴侗寨的五个“团”，都建有自己的鼓楼、戏台和花桥，保留了较浓厚的互不相统、各自为政的部落特征。鼓楼，侗人称“堂卡”或“堂瓦”，意为“侗人议事的场所”，是村寨的心脏。侗族地区一直有“先有鼓楼，后有侗寨”的说法。肇兴古称“溪洞”，村民将当地的地形看作一条大船，历代修建鼓楼均遵循船的特征，居船头之寨，所建鼓楼要矮；居船舱之寨，鼓楼要高大，形似船上桅杆扯起的篷布；居船尾之寨，鼓楼也需高

① 2018 年 2 月 8 日，对肇兴侗寨 X 团寨佬 LHA 的访谈；地点：肇兴侗寨 X 团。

② 十二个“头”指头宁宰、头面、头陇、头满、头邓、头闷、头伯、头相麻、头井个、头顶报、头乔十一个“头”，后来，“头宁宰”分为“宁”和“宰”两个“头”，最终形成十二个“头”。

③ 2018 年 2 月 6 日，根据肇兴歌师 ZQR 访谈整理；地点：肇兴侗寨。

④ W Mitchell. Landscape and Power［M］. Chicage and London：The University of Chicago Press，1994：1–3.

大，才能使船头昂首前行（见表 6–4）。

表 6–4　肇兴侗寨五座鼓楼基本情况

Table 6–4　The Basic Situation of Five Drum Towers in Zhaoxing Dong Village

鼓楼	层数	高度（m）	占地面积（m^2）	特征
仁寨鼓楼	七层重檐	21.7	60	二至七层为八角，攒尖顶
义寨鼓楼	十一层重檐	25.8	81.6	一至二层四角，三至十一层八角，攒尖顶
信寨鼓楼	十一层重檐	25.9	70.3	一至二层四角，三至十一层八角，攒尖顶
礼寨鼓楼	立面十三层重檐	23.1	77.3	一至四层四角，三至十三层八角，攒尖顶
智寨鼓楼	立面九层重檐	14.9	78.3	一、二及顶层四角，三至八层八角，歇山顶

数据来源：肇兴镇村委会。

（三）传统社会组织的现代意义

第一，宗族社会组织在当前侗族社会心理中仍具有极强的韧性。侗族社会的长期稳定和谐发展离不开“侗款”的约束力，其核心就是共同商议、协调处理、团结一致（黄梅，2015）[①]。内姓通婚使得村寨构成了房族之间复杂的“婚姻圈”，每个家庭及家族都共有同宗同族的情感基因，“形成一种高度的内部凝聚力”（周丹丹，2016）[②]，这是现今“侗款制度及其核心的款文化并没有完全消失”（黄梅，2012）[③] 的重要基础。到民国时期，区、乡、村的行政组织完全取代了侗款组织及村寨组织，只有部分村寨及家庭组织尚留有原来的痕迹。中华人民共和国成立后，款组织被新生的人民政权所取代，但侗族社会的家庭及村寨组织仍然存在，与此适应的习惯法仍在起作用。

第二，侗族传统社会组织具有不断与现代社会需求调适的能力。侗族社会特有的款文化，在长期的社会适应中形成了侗族人民的民族意识，对当前乡村社会治理具有重要意义及价值。例如，为了扭转民族地区铺张浪费、大办红白喜事的风气，黎平县水口镇河口村修订侗款，对红白喜事的礼金数额、天数、

① 黄梅．侗款制度的当代价值研究［J］．民族论坛，2015（12）：77–80.

② 周丹丹．历史记忆与村落共同体的建构——肇兴侗寨起源故事考察［J］. 齐鲁学刊，2016（4）：82–85.

③ 黄梅．侗款传统权威的重构与转型［J］．原生态民族文化学刊，2012（3）：57–62.

礼品的数量、仪式的内容等方面进行了规定[①]。可见，随着法律法规及现代思想的融入，侗款涉及的内容及社会作用都在进行相应的调适，衍生出新的具有时代需求的内容，对于现代乡村治理同样具有重要价值。

第三，传统社会组织作用的“隐”“现”，是相关政策适应与否的“晴雨表”。石开忠（2009）研究发现，历代政府对侗族地区进行政治干预时都存在这样的特点：“这种二重性略稍有偏颇，款组织这种民间的‘隐性’组织就会凸显出来，如果二重性被协调得很好，这种民间组织就会隐藏下去。”[②]孙旭（2016）对20世纪50年代黎平土改工作的研究发现，侗族地区阶级矛盾不大，宗派隔阂深厚，老区土改经验植入时“多以包办和强迫方式完成土改工作，并未真正改变原有的人群分类、人群关系和地方权力格局”，因此，不断陷入地方文化的逻辑冲突之中[③]。这一历史过程反映了国家政治与侗族社会文化逻辑的冲突，也映射了侗族文化顽强的韧性。

三、肇兴侗寨旅游扶贫历程

肇兴侗寨的旅游扶贫开始于20世纪80年代，其间始终存在行政力量与乡村社会的对抗与调适，大致经历了以下历程：

第一阶段（20世纪80年代至1995年），跻身国际视野。随着桂林旅游的迅速火爆，一小部分到桂林的游客徒步由广西三江进入贵州黎平进行考察、采风及探险，肇兴是这条游线的重要节点。1982年，美国《国家地理》杂志社记者奥克斯到肇兴进行采访，保存完好、文化深厚的古村落形象进入国际视野。此后，日本的田畑久夫、金丸良子，NHK电视公司，法国MC4电视台，中国台湾《万里江山大陆寻奇》等学者、媒体的宣传和报道，引起了海外市场对肇兴的极大关注，其一度成为贵州海外游客最多的景区，并于1988年成立了首家涉外旅馆。该阶段肇兴的旅游尚处于萌芽阶段，村民仍然以传统生计方

① 例如，黎平县水口镇河口村修订的侗款对红白喜事进行规定：结婚、满月酒的期限只能是一天；所送的礼品猪肉限制50公斤、米酒50公斤，放鞭炮费用不得超过100元钱；办丧事时，孝布只发给子孙和女婿；等等。

② 石开忠.侗款款组织及其变迁研究［M］.北京：民族出版社，2009：36.

③ 孙旭.20世纪50年代民族地区土地改革的特殊性——以贵州黔东南黎平县侗族地区为例［J］.西南民族大学学报（人文社会科学版），2016（6）：21–27.

式为主，以乡及村级政府为代表的地方行政与传统社会的村治组织各司其职。

第二阶段（1996—2002 年），政府谨慎探索。在国家生态保护战略实施背景下，黎平县林业产业经济受到限制，“旅游兴县”成为黎平经济转型的重要战略，随之，肇兴乡在 1999 年制定“旅游兴乡”战略。肇兴侗寨作为 2000 年第一届鼓楼文化艺术节分会场，国内外游客逐渐增多，部分村民开始了参与旅游的各种尝试。

第三阶段（2003—2008 年），资本大举进入。2003 年，黎平县政府与 SJ 公司签订《肇兴景区开发经营合作协议》，取得 50 年的开发经营权，三年内投资 3500 万元开发景区，开启了肇兴侗寨正式进行旅游开发的步伐。借助 SJ 旅游公司的资金，肇兴侗寨旅游总规划、保护规划和修建详规纷纷出台；“大概投入 4000 余万元，修建星级宾馆两家，对游览步道进行修整，平整出 4 个停车场，在原来的基础上成立了一个 30 人组成的侗族大歌表演队”（原 SJ 旅游公司负责人 XXH 语）[①]，整个景区的接待能力已达到 10 万余人。游客迅速涌入，给这个传统民族贫困山村带来了发展的希望和动力，农家旅馆的数量迅速增加至 48 家 800 余个床位，旅游商店增至 32 家。2005 年，黎平机场正式通航，肇兴入选“中国最美的乡村古镇”名录；2007 年，贵州乡村旅游首游仪式在肇兴举行；2008 年，肇兴成为贵州最受欢迎的乡村旅游目的地之一，仅来自美、法等欧美国家的游客就达 3 万人次；良好发展态势，激发了政府及公司的投资热情：2008 年 12 月，相关部门启动了对肇兴道路、古街道、停车场、公厕、河道治理、信息咨询、水电排污等设施的大规模改造建设[②]；同年，贵州 SJ 旅游投资公司与县政府签署“八寨一山”[③]开发协议（见表 6–5），试图整合包括肇兴在内的八个村寨，打造新肇兴景区。政府及公司的大手笔，使得侗家人的旅游发展热情空前高涨，“申请在 2009 年新建房屋拟建旅馆的农户就达到 80 多户”（原肇兴乡负责人 LJX 语）[④]。

① 2018 年 2 月 7 日，对原 SJ 旅游公司负责人 XXH 的访谈；地点：肇兴镇政府。

② 参见《贵州省发展和改革委员会关于贵州黎平侗乡国家级风景名胜区翘街、肇兴旅游基础设施建设项目可行性研究报告的批复》。

③ “八寨一山”中“八寨”指肇兴、厦格、堂安、登杠、登江、纪堂、宰柳、已伦八个侗寨；而“一山”指侗族的“麦加圣地”——萨岁山。

④ 2018 年 2 月 7 日，对原肇兴乡负责人 LJX 的访谈；地点：肇兴侗寨。

表 6-5 “八寨一山”所指“八寨”基本情况

Table 6-5 The basic situation of “eight villages” referred to in “eight villages and one mountain”

村寨	所在地	面积（亩）	包括村	人口
肇兴	镇政府驻地	26579.85，其中开发380	肇兴村、肇兴中寨村、肇兴上寨村	分别有476户、217户、319户，1795人、849人、1350人
厦格	距镇驻地4千米	11709.6	厦格村、厦格上寨村	分别为135户、237户，691人、1193人
堂安	距镇驻地4.5千米	5681.7	堂安村	202户，866人
登杠	距镇驻地8千米	9001.95	登杠村	220户，1096人
登江	距镇驻地4.5千米	4391.85	登江村	220户，1096人
纪堂	距镇驻地4千米	10122.6	纪堂村、纪堂上寨村	分别为181户、220户，758人、970人
宰柳	距镇驻地10千米	3141.1	宰柳村	105户，408人
纪伦	距镇驻地1.5千米	2410.05	纪伦村	91户，392人

数据来源：肇兴镇镇政府；1 亩≈0.0667 公顷。

第四阶段（2009—2012 年），低迷与矛盾爆发。2009 年，修建厦榕高速及贵广高铁对肇兴外部交通条件带来极大影响。2010 年，厦榕高速正式通车，但是并未扭转肇兴旅游发展的格局，随着旅游业绩的下滑，旅游公司、政府及当地居民矛盾冲突日益凸显，肇兴村寨环境脏乱差严重、违章建筑迅速蔓延、游客怨声不断，村寨旅馆空床率迅速攀升，不少旅游门店一度处于倒闭状态，村民的旅游发展热情及信心受到极大挫伤。政府不得已成立“黎平县肇兴景区保护与建设指挥部”作为临时机构，行使单一的保护建设职能，面对复杂的开发任务及保护压力，显得力不从心。

第五阶段（2013 年至现在），反思与理顺。在各方面的压力下，2013 年，SJ 公司由政府“巨资”回购，标志着肇兴“政府 + 公司”旅游扶贫开发模式失败。肇兴二次开发失败极大挫伤了村民旅游发展的热情，贵州旅游改革的大环境推动了肇兴政府开始从新的视角定位和审视原来的旅游发展思路。2013 年，贵州 100 个景区建设项目将肇兴侗族文化旅游景区纳入 20 个示范景区名单，2014 年，肇兴进入综合改革试点景区名录。在“八寨一山”的基础上，

2014 年 1 月正式启动肇兴景区开放运营仪式。同年，贵广高铁开通，拉近了肇兴与国内主要的客源地、旅游经济圈之间的联系[①]。2015 年，景区收入比上一年翻一番，达 925 万元（门票收入 781 万元），三个贫困村成功出列。2017 年，旅游收入突破 10 亿元，并有效辐射周边村寨，直接带动脱贫 464 人（肇兴旅游业态情况见表 6–6）。

表 6–6　肇兴侗寨主要旅游业态

Table 6–6　Major Tourism Formats in Zhaoxing Dong Village

业态	基本情况							
旅馆	旅馆数量（家）	接待容量（人）		客房间数（425间）				
				单人间	双人间	三人间	四人间	其他
	52	425~827		34	365	9	1	16
餐饮店	饮食店（含餐点店）			夜宵店			酒吧	
	数量（家）	容量（人）	桌位（张）	数量（家）	容量（人）	桌位（张）	数量（家）	容量（人）
	39	2344	230	7	220	32	2	60
商店（32家）	民族工艺品店（家）	特色食品店（家）		特色商品店（家）		其他工艺品店（家）		
	22	5		4		1		

数据来源：黎平县肇兴景区管理委员会；统计时间截至 2018 年 7 月。

四、旅游扶贫中基层行政与乡村社会的拉锯

（一）诉求：共同的强烈脱贫愿望

“黎从榕”[②] 是贵州传统的深度贫困区，长期处于自给自足、小国寡民的自然封闭状态。1986 年 5 月，黎平县民政局按照贫困户年吃粮 200 公斤以下、收入 150 元以下的标准调查，肇兴的贫困户有 1957 户 9258 人，占总人口的

① 乘坐贵广高铁，从广州到从江车程3.5小时，从桂林到从江车程45分钟，从贵阳到从江1.5小时，高铁从江站距离肇兴侗寨仅有 5 千米。

② “黎从榕”指黎平县、从江县及榕江县。

91%。2015 年肇兴镇有乡村人口 23335 人，贫困人口 2706 人，贫困发生率 11.6%[①]（见图 6–6）。

图 6–6　肇兴"十三五"期间脱贫任务及进度安排

Figure 6–6　The Task and Schedule of Eliminating Poverty during Zhaoxing's 13th Five–Year Plan

数据来源：肇兴镇镇政府；笔者自绘。

除了低水平的劳动生产方式及长期封闭的社会经济结构外，缓慢积累的财富大量挥霍在礼俗消费中，也是当地财富难以积累的主要原因。"月也"[②]"赛芦笙""斗牛"等活动，既是排解乡村生活困苦与乏味、促进宗族间社会经济交流的载体，也是宗族展现内部群体对外竞争意识的重要平台。以"月也"为例，时间往往持续 3~5 天不等，其间村民们为了显示富有、热情，还要把对方来客"抢"到自己家里，要把家里最珍贵的食物拿出来献给对方。一个村寨向另一个村寨发出"邀请"称为"送约"，接到"约"的村寨不能拒绝，到第二年，接"约"的村寨必须履行向邀约村寨"还也"的义务，除非从此终结历史形成的关系。"拒绝接收与拒绝赠予或不作邀请一样，便是拒绝联盟与共享，这等将同于宣战"（莫斯，2002）[③]。这些定期而频繁的乡村活动充满了"'荣誉'和'夸富'的色彩"（罗康隆，2006）[④]，也成为村民开销的主要方面。笔者于 2017 年 12 月在肇兴调研时发现，仅"礼团"参加一次赛芦笙邀请赛的费用竟将近 4 万元！（见表 6–7）

① 黎平县政府 . 黎平县十三五规划［R］.2016，12.

② 侗语称为"月也""越嘿"，当地侗族叫"做寨客"，当地汉人称为"吃相思"，即甲寨请乙寨人集体做客之意。

③ 马塞尔 · 莫斯 . 礼物——古式社会中交换的形式与理由［M］. 北京：商务印书馆，2016：62–65.

④ 罗康隆 . 乡民社会中的风险最小化与利益最大化——侗族社会传统生计方式与生存保障的文化解析［J］. 吉首大学学报（社会科学版），2006（6）：86–93.

表 6–7 “礼团”参加一次“纪堂”芦笙邀请赛主要费用开销

Table 6–7 The main expenses of “Li Tuan” participating in a “Ji Tang” Lusheng Invitational Tournament

类别	项目	费用（元）
比赛准备开支	洗洁精	4.00
	餐具	334.00
	油	50.00
	细粉	80.00
	芦笙刷漆	120.50
	安节能灯	258.00
	烟、水	270.00
接待芦笙客	香烟	710.00
	水	45.00
	公雷一炮	560.00
	德平烟炮	670.00
	接待费及聚餐费	12291.9
	住宿费	400.00
	煤气费	20.00
	接待几堂送贴费	585.00
赛芦笙费用	车费	900.00
	水、糖	152.00
	芦笙费	9200.00
	送胎车费	380.00
	红牛	210.00
	红纸	10.00
	修芦笙费	260.00
合计		39776.40

注：(1) 数据来源为 2017 年 12 月 16 日，礼团鼓楼费用公示明细；(2) 接芦笙客：指接待“纪堂”到“礼团”来发邀请贴的客人接待费；(3) 部分费用遭撕损或过于细碎，未罗列；(4)“纪堂”为肇兴镇肇兴乡一个村。

此外，政府财政的贫弱使得地方经济发展举步维艰，想办法增加财政是行政工作的重中之重。“要改乡为镇，人均年收入要4000元是硬指标。而肇兴当时人均年收入只有3000多（元），为了增加财政收入，乡政府也是绞尽脑汁。”（原肇兴乡工作人员LSH语）[①] 老百姓强烈的脱贫愿望、政府沉重的脱贫任务及捉襟见肘的财政困境使得依托旅游为主的产业脱贫成为肇兴最重要的脱贫方式之一，无论是老百姓还是政府都想方设法要“抓住旅游这根救命稻草”。

（二）矛盾：依托“圈寨”划定利益格局

2003年，黎平县政府与SJ旅游投资有限公司签订《投资开发肇兴景区旅游项目合同书》，奠定了“建围墙，修门卡，收门票”的双方收益划分模式。由于整个合同并未涉及任何村民收益，引发了社区争利的诉求，2006年，政府下属的县旅游公司、SJ公司和村寨旅游协会签订三方协议，形成了收入大头归公司、小头归协会的方案。按照协议，前三年企业不用向政府支付资源使用费，从2009年开始，根据经营状况开始支付费用。（见表6–8）

表6–8　肇兴侗寨分配方案

Table 6–8　Distribution Plan of Zhaoxing Dong Village

约定年限及条件		政府	村寨	实际执行
2006—2008年		不参加分配	2006年分红5万元； 2007年分红10万元； 2008年分红15万元	按约履行，但屡次拖延
2009年开始	门票收入≤50万元	不参加分配	25%，10万元保底	约定条件无法实现，2009年停止支付
	50万元≤门票收入≤100万元	县旅游公司提5%	15%	
	门票收入≥100万元	县旅游公司提5%	10%	

数据来源：肇兴镇镇政府；笔者自绘。

考虑到肇兴侗寨宗族组织和行政村在村寨治理中兼容并行的特征，景区采取了“政府+公司+群众=旅游发展协会”的开发模式，划定了政府规范管理、公司投资经营及群众参与接待的旅游发展格局。2006—2008年公司支付的利益分配按照行政村及宗族两个标准作为分配依据（见图6–7）。公司给每个鼓楼支付管理费，从2006年开始支付1万元，随后每年递增1万元，直到

① 2018年2月7日，对原肇兴乡工作人员LSH的访谈；地点：肇兴侗寨。

收门票止按门票分红。由于五个鼓楼户数差异较大，从 80 多户到 360 多户不等，每户分到的钱差别巨大①。

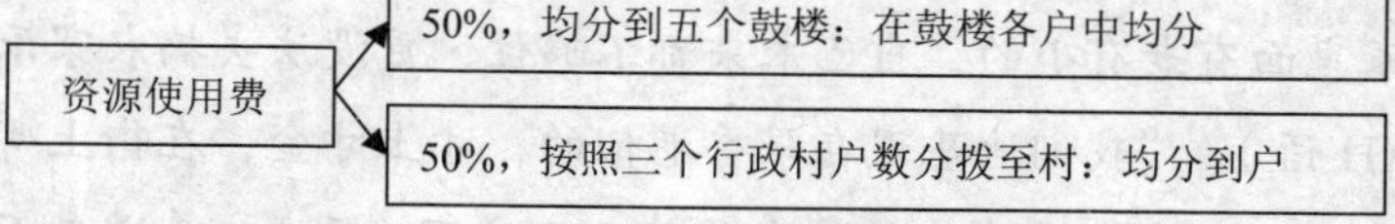

图 6-7　2006—2008 年肇兴资源使用费分配方案

Figure 6-7　Zhao Xing's Resource Use Fee Allocation Plan from 2006 to 2008

注：笔者自绘。

2009 年开始，受到贵广高铁及厦蓉高速建设对外部环境的影响，肇兴游客量锐减。因此，实际的支付情况是，2006—2008 年，公司按照最低金额向村寨支付了一定费用；2009 年由于无法实现约定门票收入，停止向政府和村寨支付任何费用。貌似权利的争取，却由于杯水车薪的利益反而引起了宗族之间的不满及矛盾；由于寨佬是村民的代表，微弱的利益也引起了部分村民对寨佬的质疑。

（三）冲突：旅游剥夺与空间侵占

对于经济落后的贫困山区，在有限的空间及资金下发展旅游，必然出现政府为资本让路、村民被迫为旅游腾出日常空间的情形，也随之引发政府、公司及村民之间的复杂矛盾。

首先，违建与拆建的冲突。旅游的发展刺激了村寨居民脱贫致富的愿望，外来商家及务工返乡者的示范，村民首先选择的旅游参与方式就是扩建自家房屋，进可开办旅馆，退可自行居住。某部门负责人分析："群众建房有两方面考虑：改善居住条件，长期以来不少木质结构的住房年久失修，居住条件恶劣，重修新房能够改善自己居住环境；发展旅游需要，有些自家房子很不错，但是只要能再建新房，就可以把位置好的老房子出租或者自己经营。"（原肇兴乡办公室负责人 LPY 语）② 然而，近 70% 的村民反映政府对房屋管制的政策与老百姓生活需求的冲突十分严重，加之执行过程中"粗暴"的强制方式，村民

① 例如，智团户数最多但分得的钱却最少，2006—2008 年分别为每户 42 元、85 元、127 元；而户数最少的礼团，三年每户分得的钱分别为 91 元、182 元、273 元，是智团的两倍多。

② 2018 年 2 月 7 日，对原肇兴乡办公室负责人 LPY 的访谈；地点：肇兴侗寨。

擅自拆房、建房等矛盾此消彼长。冲突一，限制拆建、改建。为有效保护传统村落，景区内禁止村民随意拆除、改建及扩建老房子，对大部分村民而言，也因此失去了提升生活品质及参与旅游发展的机会。“不准再增加楼层，也不准扩建了。家里面有老有小的，自己本来都不够住，更没法去搞农家乐了。”（肇兴村民 LXH 语）[①]“我们地基现在跟香港似的，寸土寸金，在街上哪个地方你想买个地基，三个平方的地基你最少要花 100 多万（元），普通老百姓根本不可能买得起。”（肇兴村民 LDW 语）[②]冲突二，建房样式的理解误差。当地管理机构明文规定新批建的房屋建筑式样都须是有当地传统的干栏式建筑、高度不能超过 11 米，即使里面可以是水泥砖混结构，但外表也要用木板装饰成吊脚楼的样式，否则便不准修建。基于理解的偏差或者建设成本的考虑，老百姓新建的房子常常会与政府的要求存在偏差。“只许州官放火，不许百姓点灯！你看看这两栋房子有哪点不同？哦，是你家亲戚家的房子就可以，是我家的就说不行？”（肇兴村民 LHY 语）[③]当房屋建好后政府说不行，而村民举家财力均已全部投入，要被强拆，无异于要命。

其次，旅游征地与补偿。土地，是农民生存的根本，在没有寻找到可以依靠的其他谋生道路时，要求农民放弃土地，必然带来冲突。“整个景区里面的土地现在全部被政府征收了，一般三四万（元）一亩，不愿意也不行，我们寨子差点和他们打起来。田地是侗家人的命根子，有劳动力的还可以外出打工，没有劳动力的人家咋个办？”（肇兴村民 LSJ 语）[④]“最好的土地政府都征了，一亩才三万（元），两家人才一亩田，到手上才有一万五（千元），征去就没有了。真正到每家手中才有一万五（千元），能干哪样？”（肇兴村民 LSC 语）[⑤]加之，在土地征收过程中，部分政府及旅游公司人员利用手中权力寻租，在村寨旅游管理中腐败丛生、矛盾尖锐，拆迁队与村民的冲突时有发生，甚至引发群体事件。村民们抱怨到：“我们这个地方呢，三年要换两三届领导，平均一年换一届。都是来这里中饱私囊这样，我来这里捞一把就可以走人，办

① 2018 年 5 月 16 日，对肇兴村民 LXH 的访谈；地点：肇兴侗寨。
② 2018 年 5 月 15 日，对肇兴村民 LDW 的访谈；地点：肇兴侗寨。
③ 2018 年 5 月 17 日，对肇兴村民 LHY 的访谈；地点：肇兴侗寨。
④ 2018 年 2 月 8 日，对肇兴村民 LSJ 的访谈；地点：肇兴侗寨。
⑤ 2018 年 2 月 8 日，对肇兴侗寨村民 LSC 的访谈；地点：肇兴侗寨。

得不好又换人，你来又捞一把，你不行又换他。”（肇兴村民 LPG 语）① 班纳吉等（2013）指出：“贫穷会引起腐败现象，而腐败现象的发生必然会促使贫穷的加剧。”② 旅游开发中，农民不但没有旅游参与的机会，甚至连对传统农业的最终依靠也遭到剥夺，矛盾及冲突就在所难免，“我们和政府之前发生冲突，全寨子 1000 多户跟他们对决打架，他们把特警都叫来了”（肇兴村民 LHY 语）③。

再次，旅游发展机会的剥夺。将肇兴侗寨整体打包，通过“围寨”的方式收取门票并分成，政府实现寻租，公司获得利益，形成政府与公司合作的逻辑。在这一逻辑之下，旅游收益与财政增加是景区运行的原则。基于规范景区经营管理及保障公司投资的回报的考虑，政府及景区出台了相关的政策，限制村民开办经营性旅馆，这激起了村民的极大不满。“开农家乐总要通电吧？现在我们通电要盖八个公章，八个单位批准，你才有电。没有通电手续，去工商办营业执照他也不给你办。”（肇兴村民 LHJ 语）④ 针对 SJ 公司把持肇兴宾馆经营权并向其他商铺征收管理费的行为，世行评估团在 2008 年的考察备忘录中指出：“这一垄断商业活动是不合适的，理由是（1）政府是公共服务的提供者，这样的权力只有政府才能使用；（2）少数民族村寨资产的利润被公司无偿侵占；（3）有悖支持社区脱贫的目标。”⑤

最后，日常空间的野蛮侵占。政府在旅游发展中由于对资本的强烈依赖，必然在与公司的博弈中处于弱势，不但未能对旅游发展进行有效的宏观管理，反而被公司架空，甚至不惜牺牲村民利益为资本让路。“鼓楼旁边这块地一直是我们团搞传统活动的地方，旅游公司为了搞表演场，硬把这块地圈过去。”（肇兴信团村民 LDB 语）⑥ 政府及公司仅仅关注经营性投资，无视对生态的保护。“公司只投钱修宾馆、修路、垃圾箱等这些旅游客看得到的设施，但

① 2018 年 5 月 15 日，对肇兴村民 LPG 的访谈；地点：肇兴侗寨。

② 阿比吉特·班纳吉，埃斯特·迪弗洛.贫穷的本质——我们为什么摆脱不了贫穷［M］.北京：中信出版社，2013：202.

③ 2018 年 5 月 17 日，对肇兴村民 LHY 的访谈；地点：肇兴侗寨。

④ 2018 年 5 月 17 日，对肇兴村民 LHJ 的访谈；地点：肇兴侗寨。

⑤ 世界银行《文化和自然遗产保护与发展项目》（协助备忘录8号）预评估考察团：2008年3月30日至4月12日。

⑥ 2018 年 5 月 16 日，对肇兴 X 团村民 LDB 的访谈；地点：肇兴 X 团。

是排污、垃圾这些配套基本没有花一分钱”（肇兴义团村民 LHY 语）[①]；“现在寨子里喂的牛至少比原来少了90%，因为景区规定牛是不准往街上走的，如果牛拉粪了你要负责任。把我们的原生态搞没得了嘛，原来有牛粪，吃的都是有机菜，现在最多还有20%叫有机菜了”（肇兴村民LDD语）[②]。激起村民愤怒的是小学搬迁的事件，村民们普遍认为：“政府有哪样用嘛？把旅游公司供起，净搞表面功夫。”（肇兴村民LYX语）[③]“向我们宣传，眼光要放长，看人家西江发展旅游，小学还不是搬在半山腰去了。”（肇兴村民 LGH 语）[④]

（四）弱者的武器：传统社会的反抗

肇兴景区发展之初选择了“政府主导，企业运转，带动百姓致富”的旅游模式，但是在实际的市场发展中却逐步沦为纯商业化的运作。某负责人分析：“企业想要收回投资赚到钱，老百姓也想生活好起来。政府的措施老百姓不买账，反而觉得政府和公司是一伙的。”（原黎平县旅游局部门负责人 HCW 语）[⑤]有一定文化水平和资金积累，并且房屋的位置靠近鼓楼、街边及河边的家庭，往往比较容易通过开办旅馆、餐馆、小卖部或者外租等方式获得丰厚的旅游收益；一些年轻人进入旅游公司，参与表演、服务等相关工作，也能够获取一定的收入。而其他的村民要么只能看着游客“干瞪眼”，要么拒绝配合，要么反抗破坏，要么突破规则、边缘求生。

宗族对抗，最大限度保护自己的“领地”。当外部力量进入导致矛盾升级时，传统社会组织的力量就会显现出来。在特定的范围内，有深厚历史积淀的地方人群分类及与之适应的人群互动关系超越了行政的政治话语，某团“管事”说：“大事靠政府，出在我们团的事就由我们处理，政府无权干涉，干涉我们也不会听。”（X 团“管事”LGK 语）[⑥]传统的侗族社会，“寨佬”的选举准绳多为“公正、有奉献精神、地方性知识丰富等”，随着村寨与政府及公司矛盾的加深，村民们对于强势“寨佬”的呼唤越来越强烈，“敢于代表村民和政

① 2018年5月17日，对肇兴义团村民 LHY 的访谈；地点：肇兴义团。
② 2018年5月16日，对肇兴村民 LDD 的访谈；地点：肇兴侗寨。
③ 2018年2月8日，对肇兴村民 LYX 的访谈；地点：肇兴侗寨。
④ 2018年5月15日，对肇兴村民 LGH 的访谈；地点：肇兴侗寨。
⑤ 2018年5月20日，对原黎平县旅游局部门负责人 HCW 的访谈；地点：黎平县委。
⑥ 2018年2月6日，对肇兴X团“管事”LGK 的访谈；地点：肇兴侗寨。

府对抗”成为选举的标准。“五个团就我们最出名，因为我们顶政府顶得比较厉害。我敢做敢当，懂一点法律，又有胆量，所以政府很多事情都找我。我的号召力很大，现在我说不行的事情他们就不敢做！”（X团“管事”LGK语）[①]而不敢为村民出头的“寨佬”则受到普遍质疑：“现在敢带头出头的寨佬越来越少了，哪样都不敢，怕犯错误承担责任。”（肇兴村民LMF语）[②]对此，吴毅（2002）指出：“村庄的公权人物一方面面对普遍贫穷的村民，另一方面又得面对一味索取的国家时，在两者之间摆平衡、走钢丝和不作为，显然是一种较之于‘保护’或‘赢利’都更具有普遍理性的行为选择方式。”[③]

冷漠观望，消极不配合。面对旅游发展带来的机会及空间的丧失，村民们往往将“冷漠”及“不配合”作为反抗的方式。“上面什么文件征求意见叫我们签字是不会签的，签也是帮他们（政府及景区）签的”（肇兴村民LDY语）[④]；“我们巴不得旅游办得不好，领导不要下来，旅游办得红火呢，领导下来，对我们来讲什么都没有，只会受到越来越多的限制”（肇兴村民LSM语）[⑤]。鼓楼中的火塘一直作为侗族人生命不息的象征，既是村民休闲围坐之地，也是游客驻足小憩之所，旅游开发后却沦为了无火之塘。一位村民说：“每个团的火塘原来都是寨佬安排村民轮流值守的，旅游开发之后，旅游公司答应给一些值守的费用，但后来守火塘就不给钱了，自然就没人愿意守了。”（肇兴村民LDY语）[⑥]

“卖苦力”或者“越线”以求边缘谋生。“现在肇兴民宿、餐馆都在大规模建设，虽然我原来还在广州的建筑队干过，但是人家现在都是请的专业的装修公司，一般都不会请我们当地人的，我们只能做点挑砖头、背沙子的苦工。”（肇兴村民LSM语）[⑦]甚至有些不惜以“非法经营”的方式获得生计。以肇兴景区夜市烧烤店为例，共有18家，均未安装油烟处理设备，且仅有8家

---

① 2018年2月6日，对肇兴X团“管事”LGK的访谈；地点：肇兴侗寨。

② 2018年5月16日，对肇兴村民LMF的访谈；地点：肇兴侗寨。

③ 吴毅.村治变迁中的权威与秩序——20世纪川东双村的表达［M］.北京：中国社会科学出版社，2002：76.

④ 2018年5月16日，对肇兴村民LDY的访谈；地点：肇兴侗寨。

⑤ 2018年5月15日，对肇兴村民LSM的访谈；地点：肇兴侗寨。

⑥ 2018年5月16日，对肇兴村民LDY的访谈；地点：肇兴侗寨。

⑦ 2018年5月15日，对肇兴村民LSM的访谈；地点：肇兴侗寨。

办理了营业许可证和卫生许可证，其余10家均为无证经营[①]。

五、破局：村寨旅游扶贫权利的有序归位

西江苗寨创造了村寨旅游脱贫的世界奇迹，激发了政府（特别是黔东南各级地方政府）希望能迅速对其进行复制的愿望。国家力量，乃至国际力量的进入，运动式推进使得肇兴景区所辖三个村寨成功出列，广大人民群众基本实现了脱贫，整个村寨的文化生态也为此付出了沉重的代价。肇兴村寨贫困人口边缘化、民族文化商业化、社区矛盾升级化等民族旅游村寨发展中的负面影响一一显现。

旅游扶贫中，政府被公司“绑架”，在景区发展及民生权利保障中“缺位”，在为公司盈利清障中粗暴“越位”，农村基层政府“在很大程度上正在蜕变为一种掠夺型的、盈利型的准自利组织”（马良灿，2010）[②]；传统社会组织的力量在外来压力的驱动下顽强抗争，却在矛盾的纷争中，走向了只要是政府的要求一律非理性抵制的极端。一个健康的村寨是稳定脱贫成效、实现乡村振兴的基础，如何在历史的转折点，走出一条有别于西江的发展道路，形成健康和谐的民族经济文化生态，是摆在肇兴侗寨旅游发展中的现实难题。2019年6月，中共中央、国务院办公厅印发了《关于加强和改进乡村治理的指导意见》指出要“构建共建共治共享的社会治理格局，走有中国特色的社会主义乡村善治之路，建设充满活力、和谐有序的乡村社会，不断增强广大农民的获得感、幸福感、安全感”[③]。面对窘境，肇兴侗寨开始了积极的探索。

（一）理顺及重构管理分配机制

依托旅游发展核心利益主体，构建旅游扶贫管理及利益分配机制（见图6-8）。

① 资料来源：肇兴镇政府。

② 马良灿．“内卷化”基层政权组织与乡村治理［J］．贵州大学学报（社会科学版），2010（2）：98-103.

③ 中共中央办公厅，国务院办公厅．关于加强和改进乡村治理的指导意见［DB/OL］．(2019-06-23)．http：//www.sohu.com/a/322697940＿120038091.

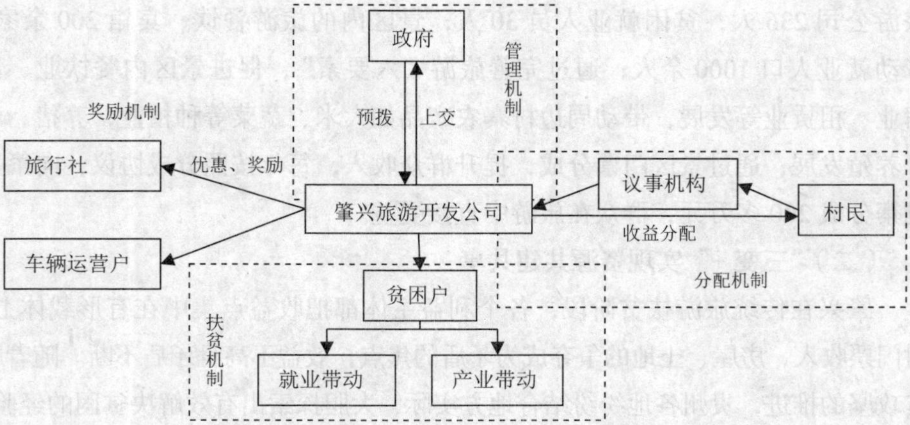

图 6-8　肇兴旅游扶贫管理及利益分配机制

Figure 6-8　Zhaoxing Tourism Poverty Alleviation Management and Benefit Distribution Mechanism

注：笔者自绘。

第一，管理机制。为规范肇兴景区国有资源资产的收支管理，建立景区规范经营管理机制，由肇兴旅游开发公司将税后的国有资源资产经营收入按收支两条线规定全部上缴县级财政；县财政根据公司（含肇兴景区管理委员会）年初核定的预算按月预拨景区日常管理运营经费，年终按实际进行结算。

第二，分配机制。根据景区和村民签订的“二八”分成协议规定进行收益分配（即村民占20%，政府占80%，每年村民占比上升1%，封顶5%）。同时，为充分调动村民参与景区建设管理的积极性，促进景区经济社会协调发展，由管委会、镇政府、肇兴旅游公司、肇兴村“两委”及鼓楼管班寨佬组成议事机构，不定时召开会议协商景区各项管理工作。

第三，奖励机制。根据《县人民政府关于2014年黎县肇兴景区门票优惠政策及奖励办法的批复》，景区与各大旅行社签订合作协议，旅行社组团带客购票进入景区除了给予相应的优惠以外，达到一定数额年终还给予相应的返点奖励；与景区营运车辆经营户签订合作协议，每带一名游客购票进入景区，给予10%的返点奖励。

第四，扶贫机制。景区管理部门向社会招聘441人，其中管委会175人，旅游公司236人，贫困就业人员30人；景区内的旅游餐饮、宾馆200余家，带动就业人口1000余人；通过完善旅游“六要素”，促进景区内餐饮业、住宿业、租赁业等发展，带动周边村寨农产品如大米、蔬菜等种植业，养猪、鸡等养殖发展；通过景区门票分成，提升群众收入，每年按照分成协议，向肇兴侗寨分成200多万元，群众在旅游中直接受益。

（二）“三变+”实现资源共建共享

肇兴在传统旅游扶贫阶段，各个利益主体都把收益点集中在有形载体上，对门票收入、房屋、土地的争夺成为矛盾的焦点，效益不高且矛盾不断。随着脱贫攻坚的推进，贵州各地纷纷结合地方实际，大胆探索出有效解决贫困的经验，六盘水市娘娘山“资源变资产，资金变股金，农民变股民”（即称为“三变”）的脱贫改革创新模式在贵州各地迅速推广。肇兴侗寨结合自身发展特点，重新理顺了旅游经济发展思路，在“三变”的基础上进行了创新及深化（见图6–9）。

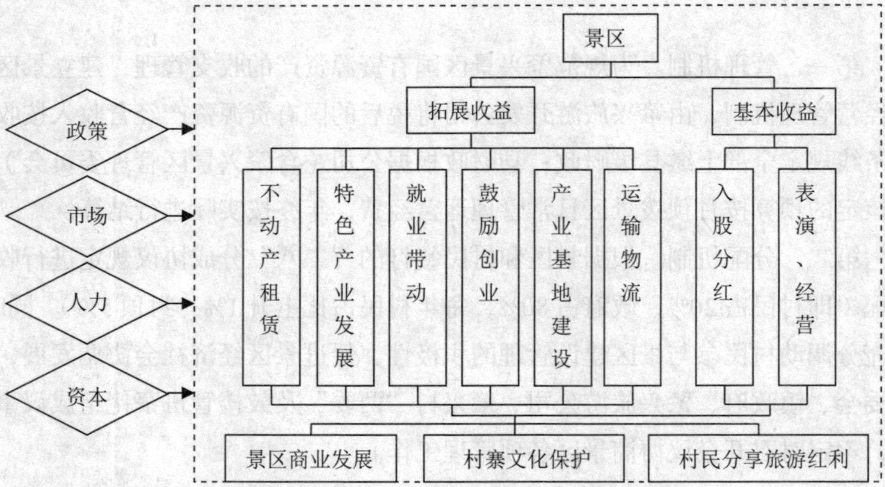

图6–9　肇兴侗寨旅游收益途径拓展

Figure 6–9　The Expansion of Tourism Income Channels in Zhaoxing Dong Village

注：笔者自绘。

首先，通过确权“三变”，村民“共享”景区资源。民族文化资源是肇兴老百姓最宝贵的资源，2013年，由政府成立肇兴景区旅游发展有限公司，通过建立一套完整的资源整理、开发、经营、管理及利益分配机制，鼓励村民将自有有形及无形资产通过合作社入股，实现资源变资产（见图 6–10）。从2014 年景区运营以来，村民共获得 20%~23% 的门票分红，年均 230 万元左右，实现肇兴侗寨村民收入 3700 元 / 人 · 年，核心景区超过 5000 元 / 人 · 年。

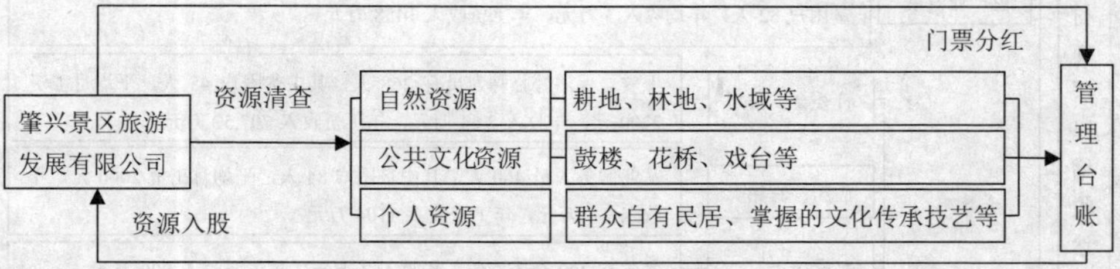

图 6–10　肇兴“资源变资产”的举措

Figure 6–10　Measures of “resources into assets” in Zhaoxing

注：笔者自绘。

其次，突破门票经济，拓展增收途径。旅游的产业张力，使肇兴找到了做大旅游带动地方经济、延长产业链、实现农民增收的发展思路，形成了“人人有事做，户户有收益”的旅游发展格局，见图 6–11：

（三）利益捆绑，延伸传统组织的功能

村民的行为是在一定利益驱动下的社会交换，对利益的评估和权衡是交换的基础。在少数民族社群中，“利益”的评判标准并非单纯指向物质，责任、权威、地位、文化保护、族群规训等构成了“利益”评判的依据。村寨中鼓楼、风雨桥等重要建筑均是村民自己筹资兴建的，每个村民都是先天的主人。肇兴在村寨景观保护工作中，将资源收益共享推动村民自觉共建，创新“款约”对景观保护、维护卫生及共建景区等方面的作用，形成群众保护景区资源的自主意识[①]。由于这些建筑本身就是村民自己“掏钱”建的，加之传统“款约”在侗族社会中的影响力以及旅游资源保护与年度股份分红捆绑，使得村民入股的“资本”持续增值，村民，特别是股民都自觉遵守甚至主动参与到环境及景观的保护中，与之前政府的强制性措施相比，成效显著。

① 礼团制定的鼓楼公约为：一是鼓楼内及鼓楼坪严禁停放大、小机动车及马车，违者罚款 100 元；二是建筑材料（沙、石等）临时存放鼓楼外不得超过 24 小时，放在鼓楼内者每天罚款 100 元；三是禁止在鼓楼周围拌浆、放蓝靛桶淹渍蓝靛，违者每次罚款 100 元；四是年终守寨生火，严禁个人利用鼓楼火塘烧开水、撮火子；五是机动车辆一律停靠礼团原球场坪。

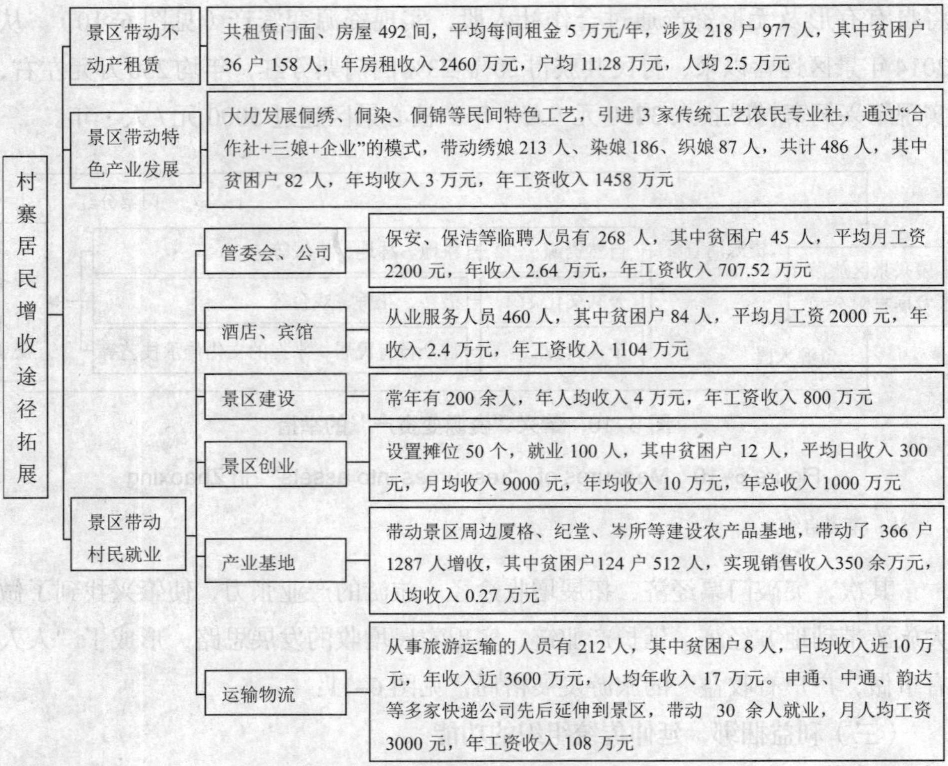

图 6-11　肇兴村寨居民增收途径拓展

Figure 6-11　Ways to Increase Residents' Income in Zhaoxing Village Expanded

数据来源：肇兴景区管理处；截至 2018 年 6 月；笔者自绘。

（四）"十体一户"，传统社会互助创新

由于恶劣的自然人文环境，互助，特别是宗族内及具有兄弟关系的宗族间互助，是侗族社会得以生存和延续的重要基础；其逻辑在于"我们之所以帮助别人，是因为我们日后可能也需要别人的帮助"（阿比吉特·班纳吉等，2013）[①]。"一家建屋，百家忙"是侗族社会的传统，肇兴侗寨中修建鼓楼、桥梁等大型工程时，都会互相赠送木料。义寨 1981 年建鼓楼的大中柱就是令墨寨送的；智寨 1983 年建鼓楼，中柱是纪伦寨送的，四根长凳木料是从江洛香

① 阿比吉特·班纳吉，埃斯特·迪弗洛.贫穷的本质——我们为什么摆脱不了贫穷［M］.北京：中信出版社，2013：128.

来归和平洛送的。“建造的寨子称母寨，送木料的称子寨。子寨送木料，表示鼓楼有子寨的份子；送长凳木料，说明鼓楼里面有他们的位子。”（肇兴村民LKX语）[①]智寨的风雨桥被认为是肇兴地处船形中的一颗“铆钉”，桥的木料就是由五个寨子共筹。只要是寨中之事，每个成员都有义不容辞的责任及义务，当时，“肇兴义寨重建其11层的大鼓楼，消耗木材80立方米，所有木材由群众捐献，全寨共136户，共捐献8500余元。人们献料不分贵贱，捐工不计日月，一般而言鼓楼的大料（中柱、梁柱等）由有名望或有家资的人家捐赠”（肇兴文化博物馆负责人LLO语）[②]。此外，村民之间生产劳动中帮工、换工也普遍存在，多为农忙季节帮忙挑粪、犁田、栽秧、打谷子等。对于寨中的贫寒成员，全寨也会想办法给予尽可能的关照。例如，侗族村民在收割谷子的时候，往往采用禾剪剪下禾穗，即使再仔细，也会使得稻秆上留下部分禾穗，邻里中没有土地或劳动力的贫寒人家便可以进行“二次收割”以解决部分粮食问题，侗家称为“放浪”。

“十体一户”是台江县长滩村为解决村寨“脏、乱、差”而首先探索出来的一种村庄管理模式，随后，逐步拓展到产业发展和公益事业建设等方面，并在整个黔东南地区得到了推广。在政府的有效引导下，“十体一户”的互助模式合理地嵌入到肇兴侗寨社会的互助传统中。目前，该村共发展主体104个，形成了产业发展、环境整治及治安维护的联动互助体系。芮德菲尔德（2013）指出：“把人群当作一个孤立体去研究，那是荒唐的。”[③]任何一个社会结构都会形成一个长期存在而且起十分重要作用的人际关系网，“十体一户”正是通过利用传统的文化逻辑，合理地将个人编织进这张大网中，实现了整体的进步和发展。

① 2018年2月15日，对肇兴村民LKX的访谈；地点：肇兴侗寨。
② 2019年6月9日，对肇兴文化博物馆负责人LLO的访谈；地点：肇兴博物馆。
③ 罗伯特·芮德菲尔德．农民社会与文化［M］．北京：中国社会科学出版社，2013：89.

第二节　扶贫质量与土地产权：来自纳灰村的调查

农村土地资源（乡村建筑、林地草场、农田阡陌等）是发展村寨旅游的基础，通过对其合理开发及利用，提升土地的资本价值，是促进地方社会经济发展及村寨居民增收的重要途径（见图6–12）。首先，土地资源是村寨旅游发展的物质基础及决定因素。土地，是农民生产生活的核心，民族村寨的土地资源不仅是当地村民世代沿袭、生存劳作及文化创造的基础，也是在旅游发展中开展一系列旅游活动的重要物质载体。其次，民族村寨旅游的发展能够促进乡村土地实现增值。传统乡村社会，农业是主要的产业，土地资源的主要价值在于生产满足衣食的粮食作物及经济作物，但不少民族地区，由于自然环境恶劣、土地贫瘠，经济产出水平低，加之自然灾害频发，农业生产风险极高。旅游发展，引导种植特色作物，并且有效利用山地、林地、崖地、洞穴等非农业生产用地来进行旅游开发，提高了农村土地资源的旅游效率及使用价值，伴随着乡村居所的产生推动城市资本的进入，能够带来乡村土地增值及农民增收。

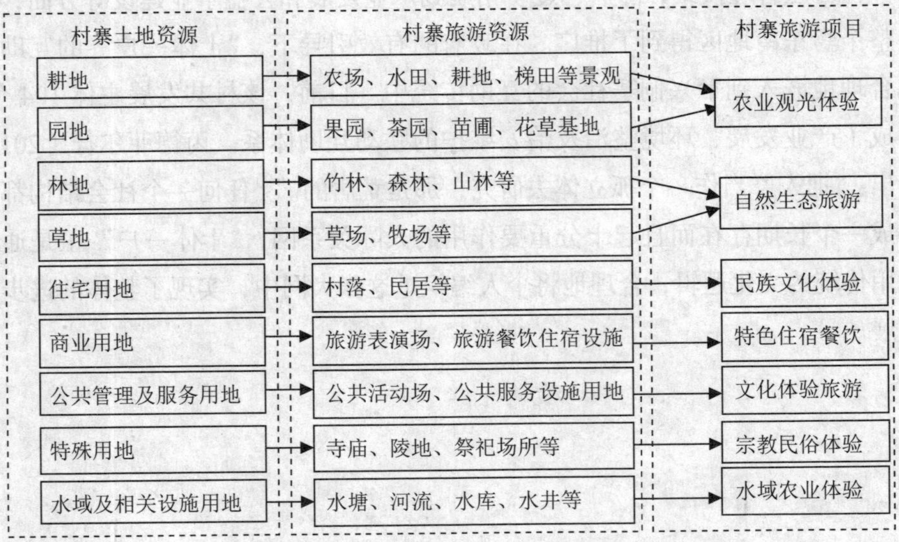

图6–12　村寨土地资源与旅游发展的关联

Figure 6–12　Relationship Between Village Land Resources and Tourism Development

注：笔者自绘。

旅游发展能够提升农村土地利用效率，也会伴随着农业生态、产业特色、土地格局等方面的不利影响（吴冠岑等，2013）[①]。此外，盘活土地发展旅游能在短期内缓解贫困，但这仅仅解决了农民经济上的贫困，在能力、权利等维度并未真正脱贫，如果引导不当可能会导致“旅游再贫困”（罗鲜荣等，2017）[②]。因此，用活土地政策，根据地方优势发挥旅游产业特色，破解提高贫困人口生产生活能力的关键性问题，是巩固脱贫成效、提升脱贫质量、推动振兴发力的重要途径。

一、万峰林纳灰村概况

万峰林景区位于黔西南州兴义市东南部，属珠江上游南盘江北岸，由两万多座奇峰构成，地貌为海拔 800 米的亚热带红壤土山至海拔 1600 米的高寒土山构成的环形山带，因壮美、典型、磅礴的锥形喀斯特地貌而被誉为“中国最美的五大峰林之一”，也因此进入世界自然遗产预选名录。万峰林社区嵌布于万峰林群峰之中，为汉、布依、苗等多民族聚居区，其中布依族占 78%；包括 8 个行政村（即纳录、鱼龙、双生、乐立、上纳灰、下纳灰、万福和瓮本）、76 个村民组、6809 户 22046 人。

本书研究的“纳灰村”地处万峰林景区核心（见图 6-13），从行政上包括上纳灰和下纳灰两个村，根据在纳灰河所处的河段不同，当地习惯将纳灰村分为上纳灰、中纳灰和下纳灰，有 18 个村民组，1183 户 5125 人。整个纳灰河长 27 千米，蜿蜒穿村，形成了一片片适宜种植传统水稻的山间坝子，拥有土地 6.8 平方千米（其中耕地 1554 亩）。纳灰村的少数民族中布依族的比例高达60%[③]，是一个典型的布依族村寨。“纳”在布依语中为“水田”之意，依水而居、稻田占比较大是布依村寨的特点。纳灰村历史文化深厚，至今保留着布依蜡染、纺绣等传统工艺，“八音座唱”“女子徒手高台舞狮”“板凳龙”等国家级非物质文化遗产以及“八大碗”“打糍粑”等传统活动，构成了这个集寨、

① 吴冠岑，牛星，许恒周.乡村土地旅游化流转的风险评价研究［J］.经济地理，2013（3）：187–191.

② 罗鲜荣，王玉强，保继刚.旅游减贫与旅游再贫困：旅游发展中不同土地利用方式对贫困人口的影响［J］.人文地理，2017（4）：121–128，114.

③ 数据来源：纳灰村村委会。

水、桥、树为一体的布依村落的人文灵魂。

图 6–13　纳灰村的地理区位

Figure 6–13　Geographical Location of Nahui Village

注：笔者自绘。

喀斯特地区石漠化与贫困是一对“孪生兄弟”。纳灰村所在地区是典型的石漠化地区，向地索粮的耕种文化增加了土地负担，有的地区还有广种薄收、毁林开荒、放火烧山等陋习，使岩溶区域本就极少的森林资源更加稀缺，从而加速石漠化的形成（见图 6–14）。“一方水土养不活一方人”是当地建成小康社会的重要“短板”。

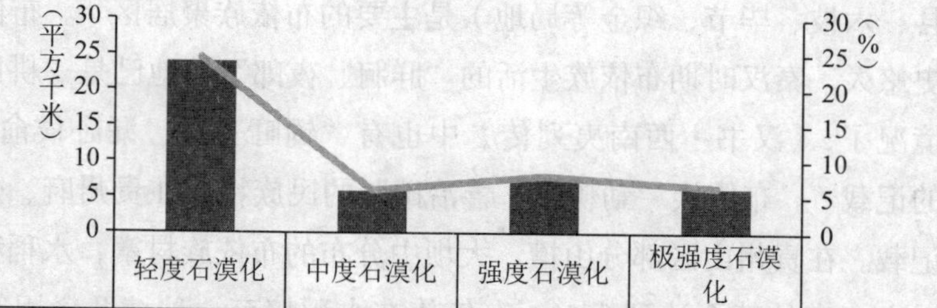

	轻度石漠化	中度石漠化	强度石漠化	极强度石漠化
面积（平方千米）	23.96	5.81	7.78	6.27
占比（%）	24.55	5.95	7.97	6.42

图 6-14 纳灰村所在地区石漠化情况

Figure 6-14 Rocky Desertification in Nahui Village

注:（1）数据来源：黔西南布依族苗族自治州岩溶地区石漠化综合防治规划（2008—2015）;（2）纳灰村原属于下午屯镇，故该数据由下午屯镇提供;（3）笔者自绘。

二、布依族传统的农地习俗

布依族的族源为古代“濮越人”，“濮”为“族”或“人”之意；“越”为“戊”或“钺”之意，是新石器时代布依族先民当作武器或工具的扁平石斧。布依族的称谓，历代有一定差异，见图 6-15：

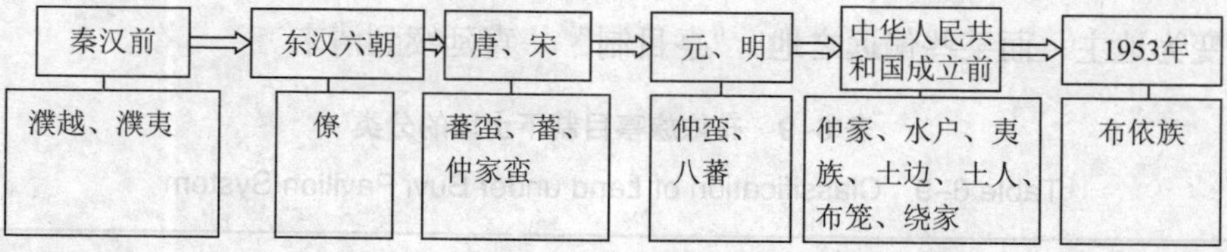

图 6-15 历代对布依族的称谓

Figure 6-15 The title of the Bouyei nationality in the past dynasties

资料来源：贵州省民族研究所，贵州省民族事务委员会.贵州“六山六水”民族调查资料选编·布依族卷［M］.贵阳：贵州民族出版社，2008；笔者自绘。

我国布依族中 97% 以上生活在贵州，有 200 余万人，“今天的南、北盘江及红水河流域”，即“骆越地”（包括贵州的黔南、黔西南自治州，镇宁布依族苗族自治县、关岭布依族苗族自治县、紫云苗族布依族自治县以及贵阳、盘县、六枝、毕节、织金等局地）是主要的布依族聚居区[①]。布依族水稻种植历史悠久，秦汉时期布依族生活的“牂牁、夜郎”等地已是“耕田、有邑聚”的境况了，《汉书・西南夷列传》中也有“钩町王禹，漏卧侯俞……入粟千斛”的记载[②]。布依族“勤耕织，善治田”的民族特质在贵州府、州、县志中均有记载。在贵州山区部分山槽、大坝中分布的布依族村寨，水稻种植面积达70%以上，有的甚至达到90%，布依族在水稻培育、种植及食用等方面积累了丰富的经验，被誉为“水稻民族”。

“土地，是一种具有精神与心理价值的生命事物，内部流动的永恒要素使其生生不息。”（杰克逊，2015）[③]在布依族的社会结构中，土地是划分社会等级的重要依据。分布于黔西南及黔南罗甸等地区的“亭目制”，是布依族社会中重要的政治管理制度，将土官所辖的土地分为“公田”与“私田”，两者的区别为“分地而耕，纳租于主者，是为公田；其余众苗通力合作，土目按亩收利者则属私田”[④]（见表6–9）。除了以上两种外，土官辖区内还有部分荒地，外迁进入的苗族在亭目的许可下以每年承担部分杂役并上缴烟火钱为条件进行耕种，称为“私庄”，即“亭目”的私人土地之意。亭目土地管理制度奠定了布依族社会结构的划分，形成“土司、土目、把事、马排及魔公、粮庄百姓、夫役、私庄百姓及奴婢八个等级”[⑤]。“改土归流”使土官势力遭到削弱并逐步演变为地主，而某些偏远之地，“亭目制”一直延续到清末。

表6–9　布依族亭目制下土地的分类

Table 6–9　Classification of Land under Buyi Pavilion System

分类		布依语（或别称）	特点
公田	粮田	“纳粮”	由布依族老户种植，每年向土官纳租若干粮食
	夫田	“纳夫”，即“夫差田”	种田者必须承担差役

① 贵州省地方志编纂委员会.贵州省志・民族志（上册）[M].贵阳：贵州民族出版社，1999：151–153.

② 贵州省地方志编纂委员会.贵州省志・民族志（上册）[M].贵阳：贵州民族出版社，1999：170.

③ 约翰・布林克霍夫・杰克逊.发现乡土景观[M].北京：商务印书馆，2015：69.

④ 贵州省地方志编纂委员会.贵州省志・民族志（上册）[M].贵阳：贵州民族出版社，1999：195.

⑤ 贵州省地方志编纂委员会.贵州省志・民族志（上册）[M].贵阳：贵州民族出版社，1999：196.

续表

分类		布依语（或别称）	特点
公田	站田	也称“栈田”	种田者不纳粮，也不服劳役，通常在交通沿线，负责接待过往土官及内地驿卒
	马排田	也称“兵田”	种田者必须充当士兵
	祭祀田	—	种田者每年纳租，土官用作祭祀祖先或寨神之资
私田	印田	“纳印”	由土官将其领地内最好的大坝水田划出一部分作为善膳之用，由当地农民代耕
	把事田	“纳赶”	由土官分给下属职员作为薪俸，也由农民代耕

资料来源：贵州省地方志编纂委员会．贵州民族志·民族志（上册）［M］．贵阳：贵州民族出版社，1999：196.

建筑空间格局是一个民族“气质”的载体。David（2000）指出家庭、公共设施及仪式场所是这个社会通过对地方生态环境进行适应和文化选择的结果，并由此形成独特的影响人们行为规范的景观遗产①。传统布依族民居多为两层半木结构三间瓦房，虽然当前不少民居已经被现代化的建筑材料取代，但是主要的格局仍然被顽强地保留下来。房屋中间的“堂屋”是家庭举办婚丧嫁娶等重要事务的场地，是最庄重、最神圣的仪式场所：男子娶妻必须在堂屋中举办仪式才算成礼；女子出嫁必须从堂屋大门出门；只有到一定年龄且寿终正寝逝者的灵柩才能停放于堂屋，死于非命者只能停于村外路口等。

三、纳灰村旅游扶贫历程

旅游有效地推动了地方社会经济的发展，优越的地理位置、良好的资源组合及难得的发展机遇是纳灰村旅游得以迅速发展的重要原因，其旅游扶贫大致经历了起步、成长、成熟三个重要的时期：

起步期（20 世纪 90 年代至 2004 年）。从 20 世纪 90 年代开始，纳灰村一直是兴义市及周边地区居民周末休闲的主要去处。随着贵州省旅游扶贫战略的推进，纳灰村成为黔西南着力打造的乡村旅游扶贫点，在 2002 年提出了“依

① David Lowenthal. “Environment as Heritage” in Flint, Kate & Howard Morphy, Culture, Landscape, and the Evrionment: The Linacre Lectures 1997［M］. Oxford: University of Oxford, 2000: 197–217.

托万峰林，发展旅游业”的战略。在政府的推动下，有条件的村民纷纷以周边市民为主要目标市场，开办了“农家乐”“小饭店”等旅游业态，成为第一批依托旅游发展脱贫致富的村民。随着万峰林景区影响的逐步扩大，纳灰村的旅游接待对象逐步扩大到云南及两广地区，但是由于交通条件较差、旅游接待水平有限，纳灰村仍主要是“兴义市的后花园”。即便如此，旅游业也显现生计转型及提升经济收入水平的能效，催生了当地以农家乐为代表的旅游经营户，吸纳了部分劳动力分享了旅游的收益。该阶段家庭为单位是主要的旅游发展模式，大部分农民仍然依靠传统农业。

成长期（2005—2011 年）。凭借独一无二的峰林资源、自然和谐的生态优势及保存完好的民族文化，在旅游市场的推动下，纳灰村迅速得到了外界的认可及关注。2004 年，纳灰村被国家旅游局授予首批“全国农业旅游示范点”；2005 年，国家领导人视察兴义，深入纳灰村与村民一起打糍粑过新年，纳灰村受到全国关注，当年游客较前年增长 83%，旅游收入增长 115.8%。国有性质的旅游公司开始对景区进行统一规划和开发，形成了“政府 + 公司 + 农户”的旅游发展模式。有一定经济基础或房舍区位优势的农户，纷纷通过新建、扩建或改建等方式推动了纳灰村农家乐在规模及品质上的极大提升。

成熟期（2012 年至现在）。随着贵州省山地旅游大省战略地位的确定，优质的山地资源、连通西南重要旅游集散地的区位条件和多彩共融的民族历史文化推动黔东南抢占了贵州山地旅游的中心地位。通过承办“第六届贵州旅游产业发展大会”“美丽乡村、万峰林峰会”（共七届）“国际山地旅游暨户外运动大会”（共五届）等重大会议及赛事[①]，奠定了黔西南国际山地旅游目的地的地位，纳灰村也迎来了旅游发展的黄金时期。2012 年，全村收入达 2000 余万元，由原来的贫困村一跃成为全省数一数二的小康村，还赢得了农业部“十佳美丽乡村创建模式示范村”称号；2013 年，纳灰村入选“中国十大最美乡村”，并挂牌“民族特色村寨”。2011—2016 年，纳灰村的游客量由 120 万人（次）增至 1750 万人（次）；旅游收入由 3000 万元增至 146 亿元。2016 年，荣膺全州唯一的“中国乡村旅游模范村”。2019 年，上纳灰、下纳灰分别进入“第一

① 黔西南州史志办公室 . 黔西南年鉴（2016）[M] . 昆明：云南人民出版社，2016：371-372.

批全国乡村旅游重点村名单”和“全省乡村旅游重点村名单”。诸多荣誉，是各级政府对纳灰村旅游扶贫成效的认可，也增加了村寨的投资吸引力，大量的外来投资者纷纷落户。

四、华冠背后：景区核心村寨的尴尬

自20世纪90年代，村寨旅游成为纳灰村最重要的脱贫路径，旅游产业融合的经济张力迅速显现。2016年9月，地处石漠化深处的“万峰林旅游扶贫创新示范区”以高于国家贫困线的标准率先在全市整体脱贫，纳灰村成为全国旅游扶贫的典范（见图6-16）。

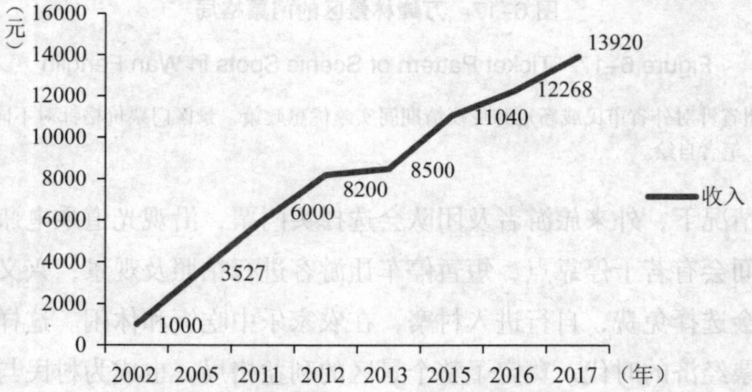

图6-16　纳灰村人均收入增长情况

Table 6-16　Growth of Per Capita Income in Nahui Village

数据来源：万峰林街道办；部分年份数据缺失，但不影响对整体趋势的反映；笔者自绘。

对于民族贫困地区而言，资金、技术及管理经验的匮乏，加之市场张力不足，外来投资谨慎等现实，是政府主导旅游发展的必然选择。依托景区，是村寨旅游发展的重要形式，也是重要优势。但是，由于政府及下属的旅游公司控制万峰林景区发展的主导权，政府往往会通过政策的制定保障企业的经济回报，一般的村寨居民难以真正融入景区之中。整个万峰林的游览方式有两种：买门票沿景区观光道游览及不买门票的村寨游览方式，见图6-17：

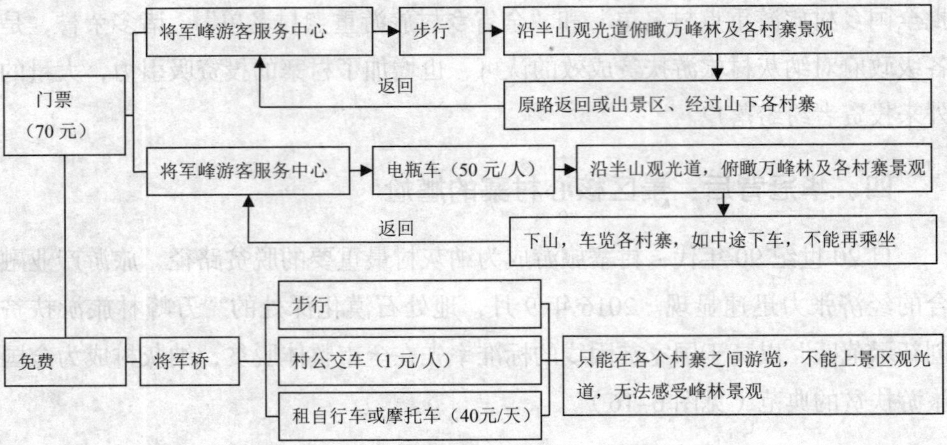

图 6–17　万峰林景区的门票格局

Figure 6–17　Ticket Pattern of Scenic Spots in Wan Fenglin

注：贵州省针对外省市民或新冠肺炎疫情期间实施优惠政策，景区门票价格针对不同时段及对象有一定浮动；笔者自绘。

通常情况下，外来旅游者及团队会选择买门票，沿观光道乘电瓶车游览的方式，其间会有若干停靠点，短暂停车让游客进行拍照及观景；兴义本地度假游客，则会选择免费，自行进入村寨，在农家乐中吃饭和休闲。这样的游览方式，在门票经济的时代，奠定了整个景区的利益格局，也成为村民与景区矛盾的源头。

（一）旅游脱贫但难以致富

整个万峰林的利益主体主要包括政府、旅游公司、社区居民及外来投资者。政府下属的旅游公司，通过游线的规划及管理，将门票的旅游收益进行了有效控制；由于观光游线起点及终点都在西峰林的将军桥，加之村内道路狭窄，政府相关部门对外来车辆进入村寨进行了管控，只能依靠租用自行车、摩托车或乘坐有限的乡村公交进入。所有外来车辆不能进入景区及村寨，只能停于将军桥停车场。这就使得西峰林附近（主要为上纳灰村）的村民凭借卖蛋炒饭、开农家乐、租用自行车和摩托车获取可观收益；由于游客只会零星路过，因此，对于中纳灰及下纳灰村而言，虽然是整个景区的核心，但除了住房地理位置优越的村民（如位于路边、主要景点附近等）可以通过出租房屋或开办民宿等方式获取旅游收益，其他村民仅仅分享了旅游发展带来的基础设施提升福利，却“深陷‘旺丁不旺财’的‘低收入’陷阱之中”（笪玲等，2019）①，要不成为游客眼中的“风景”（限制发展），要不成为“背景”（无法参与）。“大概2012年到2015年上半年，我们村里面这些农家乐随时都是住满的，红得很。2015年4月份，政府下文除了景区和村里面的车子，外面的车子不准进村里面，整个下纳灰就变得死气沉沉的了。现在虽然有一定回升，但想回到原来的状况是不可能了。”（下纳灰村主任LZR语）② 为吸引游客，2011年，下纳灰村在村寨的核心区域（大榕树附近）修建了民族风情街（更好街），并以每个门面2000元补助及免税的政策吸引外来商家。但是由于景区的观光车并不在该点停留，加之多数店铺商品缺乏特色，导致门可罗雀，甚至不少处于关闭状态，见表6–10：

表6–10　下纳灰村“更好街”民族风情街的主要业态

Table 6–10　Main formats of “better street” ethnic street in xia’nahui village

业态	数量（家）	店铺名称
餐饮	14	老杠子、顶素小吃羊肉粉、秘制羊肉粉、路得记（咖啡简餐）、马来跳餐厅、春香小吃店、大榕树金凤小吃店（爸爸去哪儿挂牌店）、王保长、农家味、峰林味羊杂馆、万峰湖野生鱼、无名面馆、米勒哥酒馆、榕桥驿栈
民宿	6	大园子、福兴客栈、兴峰客栈、花好月院、君悦来客栈、舍下民宿
旅游商品	20	万峰林绣花制品专卖、金州宝篱中坊、无道艺坊（关闭）、布衣手工艺体验坊、小小布衣（关闭）、千锤小银匠（关闭）、苗药藏药展销中心（关闭）、布衣阿妈（关闭）、平凡布衣工艺礼品、布衣民族风情、老街水吧、布衣阿妈、布衣手工坊（关闭）、布依族苗族纯银服饰、红花便利、寸氏银匠铺、更好街博物馆、黔货帮本地农产品店、无名小卖店（2家）

注：店铺名称“布衣”应作“布依”，但保持店铺原名未作修改；“关闭”，指店铺由于无法维系经营而处于倒闭状态。

① 笪玲，刘晓鹰.相对剥夺视角下乡旅游扶贫研究——以贵州兴义万峰林社区为例［J］.地域研究与开发，2019（2）：124–128.

② 2018年10月26日，对下纳灰村主任LZR的访谈；地点：下纳灰村村委。

景区的游览控制划分了旅游收益的格局，政府下属的旅游公司获取门票、电瓶车等景区游览收益；旅游本土及外来精英获取农家乐及民宿等旅游接待收益；小经营户通过自行车出租、炒蛋炒饭及粉面、小商品销售等配套服务获取收益。而不具有一技之长，也没有资金积累及房舍区位优势的村民的发展及生活空间均受到极大挤压，同时以低补偿，乃至无补偿的状态分担着旅游发展的成本。“景区修栈道的时候，家家都要出工，一家负责修1米，我家都去背石头修路的。当时炸药炸路的时候，一放炮我们就赶快跑出去，一回到家，房顶都震垮下来，好多东西都砸烂了。当地政府说要给补贴，后来象征性给了几十块钱就算了。”（纳灰村村民 LJH 语）[①]“当时政府也穷，占用了老百姓的包谷地都没赔钱，最开始修栈道的时候，老百姓都是无偿去投工的。说后面景区有收益后会补点钱，但实际他们给的只是占用土地的补偿款，做工是根本没有的。”（纳灰村村民 LZG 语）[②] 此外，村民的生活需求与景区发展要求之间的矛盾也日益凸显，村民纷纷反映，景区 10 多年来没有批给农民住房建设用地，人口不断增加，无房和危房并存。“我们村里面的房子是限制高度的，只能是修两层房子两层半高。有一家人老房子有一百二三十个平方，三个儿子都结婚生子，现在一家有十一二口人，他家申请原地复修，只给他批了一层，重修也不够住嘛。”（下纳灰村支书 LCZ 语）[③] 游客带来的环境问题，也是村民不满的地方：“旅游对老百姓没多大实惠，而且人多了，交通不方便，空气也没原来好了。就打纳灰河的水，原来村里面都是吃河头的水，现在你看看，都是浑的。”（纳灰村村民 LSL 语）[④]

（二）精英俘获及低收入陷阱

地方精英（Local elite），指在特定社区舞台上具有支配能力的个人或家族（Schoppa K，1990）[⑤]，是在某些领域具有特殊才能的群体。吴其付（2007）认为所谓旅游精英是指社区中随着乡村旅游的发展而致富的能人，在经济的推

① 2017 年 7 月 16 日，对纳灰村村民 LJH 的访谈；地点：下纳灰村。
② 2017 年 7 月 16 日，对纳灰村村民 LZG 的访谈；地点：下纳灰村。
③ 2017 年 7 月 15 日，对下纳灰村支书 LCZ 的访谈；地点：下纳灰村村委。
④ 2018 年 10 月 28 日，对下纳灰村村民 LSL 的访谈；地点：下纳灰村。
⑤ Schoppa K .Power, Legitimacy, and Symbol：Local Elites and the Jute Creek Embankment Case［A］//Joseph W Esherick，Mary Backus Rankin. Chinese Local Elites and Patterns of Dominance［C］. Berkeley：University of California Press，1990：140-161.

动下进一步演变为具有较大影响力的精英人物[①]。Rikki（2007）指出，人们对精英的态度总是"充满了爱与恨、骂与咒、赞与羡的态度"[②]。旅游精英凭借自身特殊的身份、占有资本的条件及超凡的个人能力，成为旅游发展中最早形成的财富阶层，"他们是旅游发展坚定的支持者"（Krippendorf，2003）[③]。

最早参与旅游发展的村民，政策、机会及资本倾斜是对他们创业精神的回报，"当时政府为了鼓励大家开农家乐、旅馆，每年都会给补贴，甚至政府出资帮助修建农家乐，多数村民都不干，村里面又去做工作，村干部带头示范，但是最后也只有15家愿意，州政府又安排60家单位来扶持这15家民宿"（上纳灰村原支书FZR语）[④]。随着农家乐的转型升级及外来资本的进入，景区内的峰兮客栈、兜兰小筑、万峰第一家、旎尤八大碗等民宿及餐饮品牌逐步形成并成长为社区内的产业精英，除旅游公司外，他们是最大的旅游受益者[⑤]。蛋炒饭老板HX高兴地说道："平均一天2000多（元）没得问题，要是旺季甚至能卖三四千（元），虽然辛苦点，但是比原死守着几亩土地的日子好过多了。"（上纳灰村村民HX语）[⑥] 民宿老板LYS也说道："原来和丈夫在兴义打工，全家收入加起来也就是4万（元）左右。自从2013年开了民宿，平均入住率能有50%，一间房间一年的收入就能达8万~12万（元）。"（下纳灰村村民LYS语）[⑦] 当旅游处于粗放式发展阶段时，低技能的劳动力是发展的驱动力，贫困人口拥有较多的可能与机会；而随着旅游发展日渐成熟，高技能及高资本推动利益分割格局的形成，村寨中的"后觉者"想要凭借旅游起步期的资金及技术能力参与旅游发展的机会已经渐趋萎缩甚至消失。"我们这边只能靠景区公交来，交通不方便，好多人都懒得来这边玩，旅游开发倒是肥了将军

---

① 吴其付.从普通村民到社区精英：中国旅游精英的典型个案——以阳朔"月亮妈妈"为例［J］.旅游学刊，2007（7）：87-90.

② Rikki Abzug. Community elites and Power Structure, Handbook of Community Movements and Local Organizations［M］. Cnaan and Carl Milofsky：Springer Science Business Media，L L C，2007：98.

③ Martin Mowforth，Ian Munt. Tourism and Sustainability：New Tourism in the Third World［M］. Routledge，2003：234.

④ 2017年7月15日，对上纳灰村原支书FZR的访谈；地点：上纳灰村。

⑤ 至2016年，万峰林景区共有客栈167家，年营业收入达5218.75万元；农家乐249户，年营业收入6025.8万元；农户出租屋184户，年租金收入897万元。

⑥ 2018年10月24日，对上纳灰村村民HX的访谈；地点：上纳灰村。

⑦ 2018年10月22日，对下纳灰村村民LYS的访谈；地点：下纳灰村。

桥、上纳灰那边的人，光炒蛋炒饭就要挣几十万（元）。”（下纳灰餐馆老板娘LSL语）[①]“累积效应”的作用下，社区收入差距拉大，弱者被剥离于产业发展之外，“富者愈富，贫者愈贫”的社会格局成为必然。

（三）产业局限与溢出不足

大多数村民不但没有参与旅游的可能，只能延续低效益的传统农业，甚至丧失了农业选择的机会。村民反映，“为打造景区农耕文化和田园风光，政府要求只能种水稻和油菜，但种这些没什么经济效益”（纳灰村村民LZL语）[②]。更由于话语权的丧失，景区承诺的补偿形同虚设。“油菜一亩能打100斤菜油，约300元。景区给的补助少得可怜，随机性大，180元一亩有过两年，190元一亩有过一年，其余年份都没有补偿；一亩水田年产水稻150斤，农民基本赚不到钱。”（万福村驻村支书CL语）[③]旅游及高效产业发展机会的剥夺，相对贫困的加剧成为必然。在旅游主导的村寨经济中，原本是基础的农业成了配套，仅仅依靠旅游的反哺（补贴）来维系农业的发展，缺乏内生的产业必然难以带动大面积的经济发展。在旅游张力不足的情况下，村民未能切实获得旅游收益，村民与旅游之间的“蜜月期”很快结束。“要在景区上班都是要讲关系的。你家有人在景区当官，就可以去上班”（纳灰村村民HXY）[④]；“原来村这边有两个路口可以上景区栈道，后来都被封了，说是怕游客逃票。你要是想悄悄在里面摆个小摊摊，保安看到就把东西没收，给你撵下来”（纳灰村村民LMG语）[⑤]。目前，该景区核心区内村民收入中，仅有30%是来自景区，其余主要是外出务工。

（四）贫富差距和社区矛盾

旅游发展不但拉大了纳灰村内部的贫富差距，而且重构了整个万峰林社区的经济发展格局，使得8个村落内部及之间的经济状况迅速分化（见表6-11）。未能参与旅游发展、受到产业约束及发展限制又未得到合理补偿的村民参与无望、发展无路，被剥夺了进一步提升自身生活水平的机会。

---

① 2017年7月13日，对下纳灰餐馆老板娘LSL的访谈；地点：下纳灰村。
② 2017年7月17日，对纳灰村村民LZL的访谈；地点：下那灰村。
③ 2017年7月12日，对万峰林社区万福村驻村支书CL的访谈；地点：万福村村委。
④ 2017年7月15日，对纳灰村村民HXY的访谈；地点：下那灰村。
⑤ 2018年10月28日，对纳灰村村民LMG的访谈；地点：下那灰村。

表 6-11　万峰林社区的贫困状况分布

Table 6-11　Distribution of Poverty in Communities in Wan Fenglin

所辖村	村民组（个）	户数（户）	人口（人）	低保户		五保户		一般贫困户	
				户	人	户	人	户	人
瓮本村（*）	15	567	2059	38	82	4	4	56	207
万福村（*）	6	531	2053	14	43	2	2	12	48
双生村	12	246	3301	38	84	0	0	9	37
纳录村	17	1038	2922	17	41	0	0	1	4
乐立村	12	1009	2918	17	48	1	1	1	1
下纳灰村	9	849	2847	15	37	3	3	0	0
上纳灰村	9	693	2378	22	63	2	2	0	0
鱼龙村	6	392	1230	4	10	0	0	0	0

注：* 为贫困村；资料来源为黔西南州万峰林社区街道办。

瓮本村由于地处万峰林深处，剥离在景区之外，仍然依靠喀斯特地区的山地传统农业吃饭，至2018年人均纯收入仅为1200元；万福村位于万峰林腹地，是景区游览线上的重要节点，除了享受了房屋外观立面改造及基础设施建设的福利，依然靠传统种植水稻和早熟蔬菜，以及生猪养殖为主，2017年仍为国家二级贫困村，全村人均纯收入仅1350元。整个社区的致贫原因主要有三个方面（见图6-18）：资本缺失、人身事故及自身发展动力不足。对于人身事故导致的贫困会随着家庭生命周期的变化及社会福利体系的完善逐步解决；而对于资本缺失及发展动力不足，往往是由于发展可能与机会的剥夺导致，需要从更宏观的视角“撬动”穷人的发展空间，才能真正实现可持续脱贫。

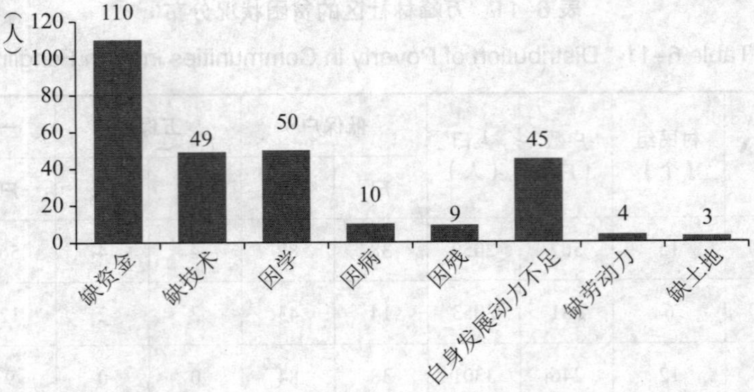

图 6-18　万峰林社区贫困人口的贫困原因

Figure 6-18　Reasons for Poverty of Poor Population in Wan Fenglin Communities

注：(1) 资料来源：黔西南万峰林社区街道办（瓮本、万福、乐立、双生、纳录五村的统计数据）；(2) 笔者自绘。

五、土地产权制度改革提升村寨旅游脱贫质量

郭凌（2008）认为土地征收方式妨碍了农民实现土地的发展权，阻碍了农民通过发展乡村旅游分享收益①。传统的旅游发展模式下，有“一技之长”的村民迅速崛起，成为民族村寨旅游扶贫中的“领头羊”及“致富带头人”。而在旅游发展中从事非技术性工作或者没有旅游参与机会的村民，则会在旅游的发展中陷入持续的低收入状态。旅游发展带来了土地资本价值的迅速增值，在政府逐利或谋求 GDP 的背景下，外来资本力量的进入难免伴随农民土地、房产的大量“非市场标准”的征用。在全村经济发展单纯依靠旅游产业时，丧失土地却又不具备相应发展技能的农民，提升自身生活水平的空间及可能自然日渐萎缩。

让各种要素流回农村，是实现脱贫的根本。2016 年，第二届国际山地旅游暨户外运动大会在兴义召开并发布了《国际山地旅游减贫（贵州）宣言》，指出，山地旅游发展要“把群众自下而上的创造、政府自上而下的推动与市场由外而内的驱动结合起来，紧扣旅游扶贫主线，形成‘产业支撑、市场推动、

① 郭凌．农村土地发展权实现问题研究——以乡村旅游为视角［J］．甘肃社会科学，2008（2）：211-214.

合理开发、生态保护、内外共治’旅游减贫新模式”[①]。在此背景下，纳灰村被纳入“山地旅游扶贫创新示范区”，拉开了创新旅游扶贫模式的探索。

（一）土地产权制度改革措施

产权是“存在于任何客体之中或之上的完全权利，是占有权、使用权、出借权、转权、消费权和其他与财产有关的权利集合体”（戴维·M. 沃克，2003）[②]，在保持所有权的条件下，可以让予其他独立权利。对于土地而言，只要产权明晰，其外部性是能够通过交易双方的协商和谈判来消除的（Coase，1937）[③]。奥尔森（2005）指出财产权利和公正的契约执行权利的明确并可靠、强取豪夺等形式的避免是经济得以繁荣的两个必要条件，而达到这两个条件的关键是政府“拥有必需的创造及保护个人权利的权力，拥有各种强制执行的契约，并受到无法剥夺侵犯私人权利的相关约束”[④]。纳灰村着力从以下方面推进土地产权制度改革：

1. 科学进行土地确权

开展权属调查、地籍测量、土地登记、地籍档案管理、地籍信息系统建设等工作，建立完整的土地信息系统。在此基础上，依据相关法律，秉着“尊重历史、兼顾现实、程序规范、群众认可”原则开展土地登记和确权。同时，采取积极措施防止群众利益遭到侵占，并充分保护妇女等群体的合法利益。2016年8月，纳灰村颁发了新的不动产权证书，解决了长期以来土地产权不清等问题，为土地有序流转奠定了基础。

2. 健全流转相关制度

第一，为持有集体股并进行登记的农户出具股权证，通过确权、认定身份和量化股份等程序，保障村集体和村民的股份权益。除了资源量化入股外，有经济条件的农户还可以资金入股，有效拓展了村民的收入渠道。“我家向村集体入的资源股有6亩，现金股4万多（元），一年的分红差不多有7000（元）左右，还可以自己开个农家乐，一家人生活没得一点问题。”（纳灰村农家乐老

---

① 新华网. 国际山地旅游减贫宣言［EB/OL］.（2016-09-22）. http：//www.sohu.com/a/114895417_123753.

② 戴维·M. 沃克. 牛津法律大辞典［M］. 北京：法律出版社，2003：381.

③ Coase R H. The nature of the firm［J］. *Economica*，*New Series*. 1937（16）：386 -405.

④ 奥尔森. 权利与繁荣［M］. 上海：上海人民出版社，2005：211-213.

板 XM 语）[①] 第二，为保证流转过程中农民的利益及社会稳定性，对土地进行统一定价。以村集体作为市场主体，对内进行资源清理和量化并服务村民，对外开展资源管理、开发。发挥基层组织的优势，通过村委会与村民签订协议的方式，对村民利益负责。纳灰村的土地流转，由万峰林街道办发文规定，整个景区中（从将军桥到万佛寺之间）的流转价格为旱地 1200 元 / 亩·年，水地是 1500 元 / 亩·年。这样的机制，虽然市场化不足，但是政府的控制和干预，对于保障土地改革探索初期的农民利益，是十分必要的。

3. 盘活村寨沉睡资产

最大限度地挖掘村寨的土地资源是推动村民增收的有效途径。在传统农业阶段，土地利用碎片化是主要特征；随着旅游的发展，土地利用以旅游需求为优先，农业的主体地位受到动摇，约束了产业发展格局；农村土地产业制度改革的推进，形成了土地利用多元化的格局，回归土地主体地位的同时，也有效地实现了各个产业的融合发展（见图 6–19）。

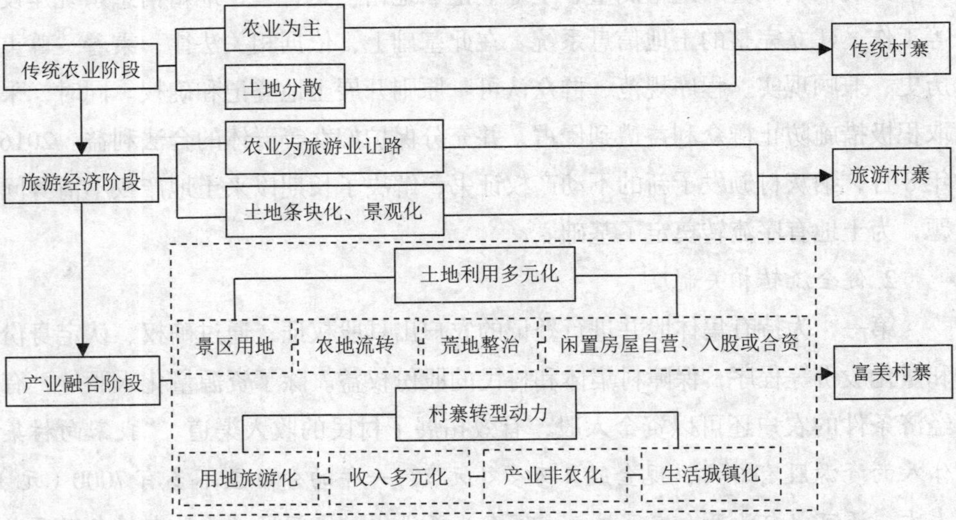

图 6–19　纳灰村土地利用多元化演化路径

Figure 6–19　Evolution Path of Land Use Diversification in Nahui Village

注：笔者自绘。

① 2017 年 7 月 12 日，对纳灰村农家乐老板 XM 的访谈；地点：下纳灰村。

纳灰村在科学规划景区用地的前提下，将土地流转给政府下属的“福稻公司”，种植无公害水稻，发展高效生态农业（见表6-12）；整理“四荒地”，以村集体为主体发展精品水果、有机蔬菜、药材等高效产业；盘活闲置房产及集体土地，以自营、合营、外租等形式发展乡村民宿。旅游撬动地方产业结构的变革，实现了各种入股或参股方式的村企、村村联手共建，推动产业走向科技化、生态化和非农化的同时，也帮助村民以各种方式参与到相关产业发展中，实现了收入的多元化，并有效地推进了村寨生活城镇化。

表 6-12 下纳灰土地流转费发放表（2018 年新增户）

Table 6-12 Under the ash land circulation fee issued table (New accounts will be added in 2018)

姓名	流转土地（亩）			流转费（元）	姓名	流转土地（亩）			流转费（元）
	小计	水田	旱田			小计	水田	旱田	
LYL	0.71	0.71	—	1065	WYJ	0.39	—	0.39	468
YMZ	0.90	0.90	—	1350	ZLJ	0.99	0.6	0.39	1368
FDS	3.29	2.45	—	4683	CYX	1.84	1.84	—	2760
LCR	1.38	1.38	—	2070	LYR	2.36	1.9	0.46	3402
LYX	1.76	1.76	—	2640	LCX	3.87	3.391	0.48	5662.5
XYM	0.66	0.456	0.2	924	LPX	1.20	1.20	—	1800
CCX	0.67	0.0036	0.6664	799.68	DJF	1.26	1.26	—	1890
WYB	1.01	0.62	0.39	1398	合计	22.28	18.467	3.8164	32280.18

注:（1）数据来源：贵州万峰福稻生态有限公司;（2）单价：水田 1500/ 亩·年；旱地 1200 元 / 亩·年。

（二）多元旅游扶贫模式创新

土地流转撬动了传统的农业产业发展模式，创造了旅游产业链衍生的机会，打破剥夺格局下穷人难以致富的陷阱，纳灰村以土地流转为推手，探索了“农民变股民，农民变商人，农民变艺人，农民变工人，农民变市民”的新兴旅游扶贫模式（见图 6-20）。

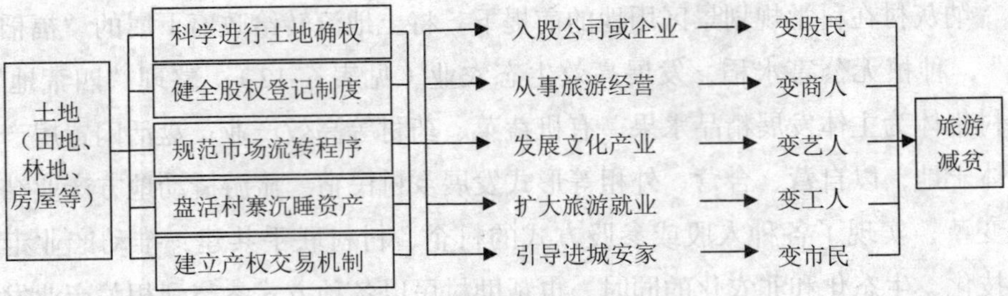

图 6–20　“五变”旅游扶贫模式

Figure 6–20　“Five Changes” Tourism Poverty Alleviation Model

注：笔者自绘。

1. 农民变股民

纳灰村的土地流转一开始主要是代种代耕，成本极低。随着龙头企业和种粮大户进入，纳灰村的土地利益逐步走向规模化。帮助贫困户将自家闲置的房屋、土地等形成资源股（见表 6–13），将“特贷惠”获得的资金形成资金股，自身劳动参与形成人力股，入股万峰林旅游公司、首草公司等大型企业。“全村贫困户有 47 户获得‘特惠贷’235 万入现金股，平均每户可以分红 6000 元左右；有 52 户以闲置房屋土地入资源股，平均每户一年分红 5600 元，分红每年随收益递增。另外，村里面还动员 115 户村民入股建停车场，大概一户每年可分 650 元。”（万峰林党政办主任 LZR 语）①

表 6–13　2016 年万峰林街道办土地流转量及用途

Table 6–13　Land Circulation Volume and Use of Street Offices in Wan Fenglin in 2016

流转数量（亩）	流转用途
2000	石斛种植
1600	打造主题花海
4000	建设国家农业生态园区（种植水稻）
600	种植野菜

数据来源：万峰林社区街道办；1 亩≈ 0.0667 公顷。

① 2017 年 7 月 12 日，对万峰林街道办党政办主任 LZR 的访谈；地点：万峰林街道办。

2. 农民变商人

“穷人在参与自由市场之前，都需要一定的帮助。”（阿比吉特·班纳吉等，2013）[①] 帮助村民参与旅游发展的各相关业态中，通过鼓励农户以自营、合营等方式发展民宿、农家乐、商品销售等旅游产业（见表 6–14）。

表 6–14　“农民变商人”情况

Table 6–14　“Farmers Become Businessmen” Situation

业态	业态数量（家）	贫困户（家）	年户均收入（万元）
农家乐	249	15	24.2
精品客栈	167	12	31.3
旅游商店	78	5	3.5
特色农产品店	12	4	7.6
旅游服务	84	10	3.2
超市（小卖部）	106	5	4.7

数据来源：万峰林街道办。

3. 农民变艺人

对各村能工巧匠、民族文化传承人等进行全面排查、统计、归类，通过产业引导和“双创”孵化计划，使贫困户参与到刺绣、竹编、藤编等手工业中，带动贫困户 13 户 24 人，实现人均收入 2100 元；组建布依八音、舞狮、布依傩仪舞等文艺团队，向万峰林旅游公司出售传统技能与服务，带动贫困人口 66 人，实现人均收入 2800 元。

4. 农民变工人

根据地域特色，引入相关企业。依托万峰林旅游公司、华大基因集装箱养育公司、首草公司及客栈、农家乐等相关商户带动当地农民进入公司、农家乐、民宿、客栈、青铜器制作等企业就业，实现由农民变工人。以稻福公司招募农民种植水稻为例，每天每人能获得工钱 80 元。企业为贫困人口创造了就业机会，以 2018 年为例，贫困人口中有 30 人在万峰林旅游公司就业，实现月

① 阿比吉特·班纳吉，埃斯特·迪弗洛.贫穷的本质——我们为什么摆脱不了贫穷［M］.北京：中信出版社，2013：207.

收入 2100 元；有 50 人在农家乐、民宿就业，人均月收入 2363 元；有 35 人在首草公司就业，人均月收入 2300 元[①]。

5. 农民变市民

政府部门提出了"只做减法、不做加法、政策支持、进城安居"的思路，禁止建立新房。鼓励村民将自家房屋、土地、林地等入股企业，对于符合条件的村民，整合异地安置等相关政策，引导贫困人口进城变市民。以下纳灰村为例，一栋两层约 250 平方米的房子，租金为 4 万 ~5 万元，租用年限一般为 15~20 年，通常由外来投资者在老房子的基础上进行重新修建，留出一层或者半层供原主人日常生活居住，其他部分用于民宿经营。至 2017 年，景区农户出租房屋 184 户，年租金收入共 897 万元，其中贫困户出租房屋 18 户，年租金收入 88 万元。还有些全部租给老板，自己凭借租金进城买房。至 2018 年，整个万峰林社区进城买房的贫困户达 21 户 39 人[②]。

（三）稳慎推进产权制度改革

"谨慎，是穷人的选择准则，生存的压力使得每个人都是精打细算的经济学家。"（班纳吉等，2013）[③] 笔者调研中发现，部分村民对土地、房屋流转仍然持保守态度，纷纷表示："自己一家老小，加起来六七口人，自己房子都不够住。开民宿的老板虽然说一次给你四五十万（元），但是我不能拿着这点钱就跑到城里去守起个空房子住在那儿吧？一家人还得生活。"（纳灰村村民 LDW 语）[④]"土地肯定不能流转出去，我家世代就只会种田，一家老小还得靠它吃饭。更何况祖上留下来的东西，哪能在我这里就没有了。"（纳灰村村民 GJL 语）[⑤] 此外，村民对自家土地及房屋的坚守，也是对乡村生活空间的捍卫。"把房子租给人家倒是能多找点钱，平时人少还不觉得，但凡家头有点（婚丧嫁娶）事的时候，在哪里找地方办事情"（纳灰村村民 WAD 语）[⑥]；"有三个老婆婆说租我家楼上三间房子，就只是星期六星期天来这玩哈，租给人家，你晓

① 数据来源：万峰林社区街道办。
② 数据来源：万峰林社区街道办。
③ 阿比吉特·班纳吉，埃斯特·迪弗洛.贫穷的本质——我们为什么摆脱不了贫穷［M］.北京：中信出版社，2013：3.
④ 2018 年 5 月 16 日，对纳灰村村民 LDW 的访谈；地点：纳灰村。
⑤ 2019 年 6 月 6 日，对纳灰村村民 GJL 的访谈；地点：纳灰村。
⑥ 2018 年 10 月 22 日，对纳灰村村民 WAD 的访谈；地点：纳灰村。

得人家哪哈来玩，人家闹你，你也不好讲，所以我就不租，空起就让它空起。租了，人家和你打伙在一栋房子，始终不好做事情”（纳灰村村民 LGH）[①]。因此，宅基地、土地、田地等资本对于村民而言，不光是收入的重要来源，更是生活的“保险箱”。旅游发展带来的土地流转可能会带来一系列负面冲击，乃至直接导致一个家庭破产继而深陷赤贫。纳灰村在土地流转的过程中，充分尊重了当地老百姓的意愿及对土地的情感。在土地流转过程中，没有采取“一刀切”的方式，有劳动力的家庭仍然保持了对土地种植的坚守。

充分考虑土地对农民的生存及保障功能，确定了具有韧性及人性化的流转模式。有一定劳动能力或一技之长的人，可以在土地流转后，通过从事相关产业劳动获取稳定的收入，但是对于缺乏劳动力和劳动技能的群体，往往成为脱贫攻坚的难点。“我们这里多数人家都是种一年收的粮食可以吃三年，多数有一点经济头脑的，靠流转的钱再打点工，（土地）租出去十年八年生活都没有问题；但是有些有特殊困难的贫困户，土地流转三四年后，粮食吃光了，公司种的大米要卖 20~30 元一斤，这些贫困户不可能买来吃，他就无法了。”（下纳灰村支书 LZS）[②] 经过村委与政府及相关部门的协商，虽然合同签订的流转时间是 20 年，为了保障土地流转中有特殊困难的群众的生活，可以中途申请将自己的土地要回来种 1~2 年。同时，流转土地的公司在用工上也是优先考虑流转土地本村本组的人，所以虽然流转了，但是多数人还是在耕种自己家的土地。农民与产业工人在工作节奏上有较大差异，公司在计工时也不按月，而是一天一付（120 元 / 天）。

（四）积极发扬传统农业智慧

贵州是土地资源相对缺乏的省份，在农业时代，农民对土地的珍视尤为突出。洪名勇（2011）详细讨论了马克思农地习俗制度理论，并指出“由于各地区、各民族所处的社会经济环境不同，各民族之间农地习俗元制是不完全一样的，从而形成了农地习俗元制的多样性及差异性”[③]。布依族积累了非常丰富的水稻种植技术，纳灰村农田中央的“八卦田”是景区乘电瓶车车览的重要景

① 2018 年 10 月 24 日，对纳灰村村民 LGH 的访谈；地点：纳灰村。
② 2018 年 10 月 25 日，对下那灰村支书 LZS 的访谈；地点：下纳灰村。
③ 洪名勇. 马克思土地产权制度理论研究——兼论中国农地产权制度改革与创新［M］. 北京：人民出版社，2011（1）：322.

观，万峰林旅游公司以 2.8 万元一亩的价格将其收购，但仍然由原土地主人按照公司要求以保护景观为目的进行种植。后来，由一家公司转租这片土地种植不打农药的绿色生态水稻，却连续四年均因为虫害而亏损，这家公司因私人关系找到原田地主人想办法。原田地主人提出，要在八卦田里养“稻花鱼”，自从养鱼后，八卦田形成了生态大米、稻花鱼及景观保护的和谐：原田地主人开办农家乐售卖稻花鱼；租地公司不打农药销售高品质生态大米；旅游公司节约了景观维护的成本，避免了与农民在种植作物要求上的冲突（见图 6–21）。

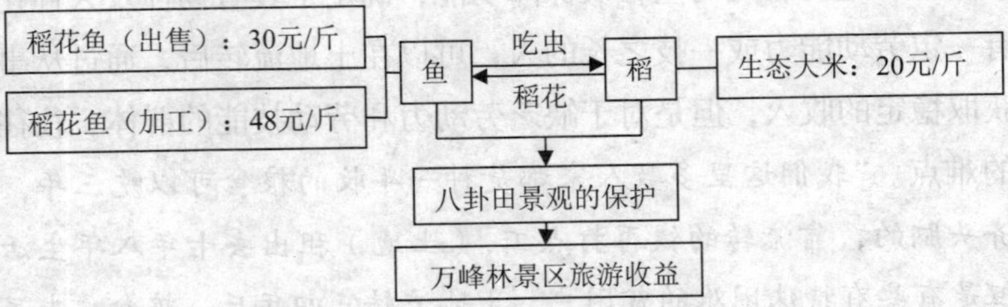

图 6–21　八卦田的“鱼稻”生态系统

Figure 6–21　“Fish and Rice” Ecosystem in Bagua Field

注：笔者自绘。

第三节　扶贫创新与文化资本：来自岜沙苗寨的调查

未来是一个“地方”与“文化”的时代，每个“地方”都因“文化”的差异而各具特色，旅游产业本质上就是地方文化产业。麦克康奈尔（2008）说：“旅游就是去朝圣他者的真实生活。”① 民族村寨是特定群体生产方式、群体生活、族群关系、文化信仰等演化形成的文化产物。文化通过有利信息的传播，推动相关利益者的相互合作；增加地方的吸引力，为当地产业创新提供支撑；推动文化成为当地的投资及消费对象，促进当地文化资本的价值增

① 麦克康奈尔 . 旅游者——休闲阶层新论［M］. 桂林：广西师范大学出版社，2008：8.

值（Greffe，2010）[①]。

文化，是脱贫攻坚走向纵深的重要力量：第一，文化是经济增长的资本之一。戴维·思罗斯比（2004）指出："文化资本是以有形或无形的财富形式表现出来的文化价值积累，这种积累会引起物品和服务的不断流动。与此同时，形成本身具有文化价值和经济价值的商品。"[②] 村寨旅游扶贫的逻辑起点在于依托少数民族村寨独特的民族文化为吸引物，通过旅游开发程序形成旅游产业，继而通过产业发展带动当地老百姓脱贫致富。第二，文化资本促进社会公平。布迪厄认为，社会地位并非单纯由经济资本决定，文化资本也扮演着重要的作用[③]。卡斯特（2003）指出，文化信息资源的不均衡性是目前贫富差距迅速扩大的重要原因[④]。文化资本同样"凝结着成员关系与资源分配的不平等，而且，在文化隐蔽与秘密的保护中实现了这种不平等的合法化"（朱伟珏，2005）[⑤]。传统村寨社会中，文化资本的主体是全体村民，对文化资本共同占有及使用，从某种程度上克服了经济、人力、社会资本的不平等性，成为"生成权利与利益支配的生生不息的源头"（张怡，2004）[⑥]。第三，文化资本促进可持续发展。只有当文化具有资本的价值和属性，并且在市场交换中实现和积累其价值，才能真正保持文化的持续鲜活，否则，仅具有保护属性的文化最终将被历史抛弃。经济增长与文化保护是村寨旅游扶贫中始终存在的博弈，大量外部信息注入加剧了民族文化的变异及利益主体的矛盾，极大地削弱了村寨旅游扶贫的能效。马翀炜（2006）指出："不尊重当地文化逻辑的符号建构会使当地人逐步丧失自由选择的机会，这将意味着贫困的继续。"[⑦] 重塑乡村文化、再造村落共同体与共享机制，是实现精准扶贫与乡村振兴有机衔接的关键。第四，文化资本实现文化调适。贫困，是贫困文化的直接结果，也是贫困文化延续的重要原

① Greffe X. 前言［A］//Jansen-Verbeke M, Priestley G K, Russo A P. 旅游文化资源：格局、过程与政策［Z］. 北京：中国环境科学出版社，2010：13.

② 戴维·思罗斯比. 什么是文化资本［J］. 马克思主义与现实，2004（1）：33-35.

③ 布迪厄. 实践感［M］. 上海：译林出版社，2012：27-35.

④ 曼纽尔·卡斯特. 千年终结［M］. 北京：中国社会科学出版社，2003：147，150.

⑤ 朱伟珏."资本"的一种非经济学解读——布迪厄"文化资本"概念［J］. 社会科学，2005（6）：117-123.

⑥ 张怡. 文化资本［J］. 外国文学，2004（4）：61-67.

⑦ 马翀炜. 文化符号的建构与解读——关于哈尼族民俗旅游开发的人类学考察［J］. 民族研究，2006（5）：61-69，108-109.

因。民族地区由于经济的落后，在现代工业话语的背景下，生活的“无力感”常常使落后、懒惰、麻木、懦弱、散漫成为“弱者的武器”。文化资本对于增强村民的自豪感、幸福感以及生活自信具有重要意义。在文化资本的话语下，村民依托自身的文化传承，通过旅游开发将无形的文化转换为可以提高经济收入水平和社会地位的社会财富，实现文化与经济的共荣，继而提升民族地区人民生活的幸福感与获得感。

一、岜沙苗寨民族文化

苗族是一个古老的民族，远古的“九黎”“三苗”及“南蛮”是苗族的祖先。早在两汉时期，从江地带就有苗族的先民迁徙生活，由于历史地理原因，长期以来，从江地区的苗族处于封闭、半封闭的状况，有“林木蓊郁，重峦叠嶂，荫绝人间，外人无与往来”[①]的记载。

位于从江县丙妹镇的岜沙苗寨[②]（见图 6-22），是一个有近千年历史的纯粹苗族自然村寨，属于黔东方言南部土语的黑苗支系，有“喜食辣，好饮酒，信仰万物有灵论的传统”[③]。苗寨海拔 480~660 米，面积 18.2 平方千米，距县城 7.5 千米。岜沙人相传是蚩尤第三个儿子的后代，其祖先因“逐鹿大战”战败后从东方跋涉而来[④]，逃到“永克”（苗语，即黎平府）安顿下来，为避免由于人口不断增加而与收留他们的恩人有冲突，整个家族迁徙到这块山林宝地。为铭记“永克”人的收留之恩，岜沙祖先将寨子取名“分送”，“分”指寨子；“送”，指永克，意思是“永克”过来的寨子。全寨共有十一个姓，分别是贾、滚、吴、王、刘、梁、孟、蒋、唐、易和石，一个姓一个家族。“贾家是最早来到宰庄定居的，‘开天辟地’时就来了；长寨的吴家相传是侗族，由于逃避洪灾逃到岜沙，也有说是抱养的，随之黎平的孟、滚两家，也迁来；随后是王家和梁家，在这里也住了几十代人了；刘、易二姓相传是湖南籍汉人，是到岜沙担货贩卖的生意人；唐和石家来得最晚，石家是河南籍汉人，由

① 从江县民族宗教事务局．从江县民族志［M］．贵阳：贵州人民出版社，2016：20.
② 岜沙，当地人称 biā shā，为侗语，意为“草木茂盛的地方”，苗语称“分送”。
③ 庄勇．近代基督教传入黔东南黑苗社会的原因探析［J］．东岳论丛，2011（5）：88.
④ 余未人．千年古风：岜沙苗寨纪事［M］．石家庄：河北教育出版社，2003：7.

于祖父石昌林到从江当兵而在岜沙定居。”（岜沙村民 GMX 语）[①] 中华人民共和国成立之前，从江县境内的苗族一直流传着“铜不黏铁，苗不黏客”的说法，也就是苗族忌讳与汉族婚配。因此，刘、易及石姓应该是较晚进入岜沙的家族。

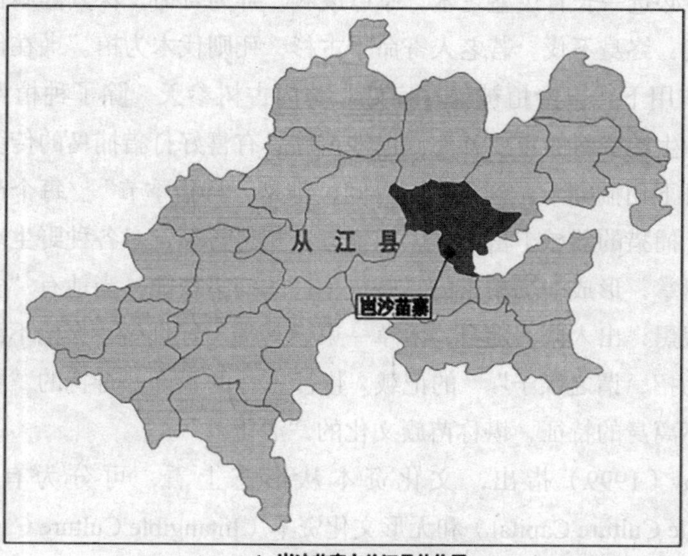

图 6-22　岜沙苗寨的地理区位

Figure 6-22　The Geographical Location of Miao Village in Basha

注：笔者自绘。

岜沙苗寨包括 5 个自然村寨[②]，16 个村民小组、499 户 2358 人[③]。全寨耕地 106.83 公顷（包括稻田 78.71 公顷，旱地 28.12 公顷），人均耕地只有 0.78 亩，耕地严重不足，传统农业生产只能勉强解决吃饭问题。遇到收成不好的年景，则有近 1/4 的群众无法解决温饱，建档立卡贫困户达 159 户 724 人。岜沙是当地有名的贫困村，“很多人家用稻草编草垛做凳子；睡的床一般就是用两根条

① 2019 年 6 月 8 日，对岜沙村民 GMX 的访谈；地点：岜沙苗寨。
② 五个寨子指：养溜即大寨、养亨即宰戈新寨、养基即王家寨、岭拉即大榕坡新寨和嘎乡即宰庄。
③ 数据来源：岜沙村村委会。

凳上面铺几块板子就当床了”（岜沙村民GKY语）[①]。“岜沙还没有开发旅游前，到处都是稀泥巴路，老百姓基本都不穿鞋。”（贵州师范大学ZXS语）[②] 根据民国《从江县志》（稿本）记载：“苗族迷信鬼神，每寨设一神堂，堆以石，盖以油纸伞。旁蓄万年青一株，以为表记，朔望必祀。或祀一古木，以神所凭依。男妇老幼，必选一长青茂盛之木，系以废衣，拜为寄命，保其健康长寿，四时以酒饭致祭，终身不伐。若老人寄命于古杉，死则伐木为棺。”[③] 在传统生态文化理念的作用下，岜沙植被保存完好，寨内古树参天。除了种植禾稻外，捕猎鸟兽成为生活资料的重要补充。岜沙苗族具有喜好打猎捕鸟的传统，从每年的阴历十月下旬摘完禾，到来年正月间，都是“打猎季节”。每个苗民都是打猎的好手，捕猎的器械丰富多样、捕猎方法相得益彰，对各种野生动物的生活习性了如指掌，形成一套精密的具有传承性的捕猎技能。当地有“多蓄发髻于项，衣尚短黑，出入柴刀随身，禾草一束燃其端。好打鸟，火枪不离身，好养鸟，以类为招，谓之媒子”[④] 的记载。岜沙古朴的服饰、奇特的“鬏鬏”户棍发型及枪不离身的特征，堪称苗族文化的“活化石”。

Throsby（1999）指出，文化资本从形态上看，可分为有形文化资本（Tangible Culture Capital）和无形文化资本（Intangible Culture Capital）[⑤]。岜沙主要的民族文化资源见表6–15：

表6–15　岜沙苗寨民族文化资源

Table 6–15　The Ethnic Culture Types of Basha Miao Village

大类	亚类	代表类型	文化描述
有形文化	自然文化	寨头林	村旁的百年古树林，岜沙人认为这些树关系到村寨的龙脉，是全寨的命根子
		农业景观	村寨保留着集体共有的山地、林地，如放牛坡、斗牛塘、芦笙堂等

① 2019年6月5日，对岜沙村民GKY的访谈；地点：岜沙苗寨。
② 2019年7月30日，对贵州师范大学ZXS的访谈；地点：贵州师范大学。
③ 从江县民族宗教事务局.从江县民族志［M］.贵阳：贵州人民出版社，2016：103.
④ 从江县民族宗教事务局.从江县民族志［M］.贵阳：贵州人民出版社，2016：21.
⑤ Throsby David. Cultural Capital［J］. *Journal of Cultural Economics*，1999（23）：3–12.

续表

大类	亚类	代表类型	文化描述
有形文化	建筑文化	祖母石	安放在大寨养榴的向阳地势平坦的高地上
		芦笙坪	位于大寨内，面积约250平方米，坪内有祖母石一尊，为县级文物保护单位
		吊脚楼	木质建筑、榫卯结构，杉木为柱，杉板为墙，青瓦、杉树皮盖顶
		寨门	是村寨的防御设施，也是村寨迎来送往的重要场所
		禾晾	岜沙种糯禾，家家都建造有禾晾，就是晾晒粮食的架子，多是一字形禾晾
		禾仓	储谷物的场所，悬山屋顶，杉树皮或小青瓦，四柱落地，长方形或正方形
		香樟木纪念堂	纪念岜沙苗族同胞为支持北京修建毛主席纪念堂敬献香樟树而建的树神亭
		守堖坪	守堖，原为守寨之意。随着治安好转，逐步演化为岜沙青年恋爱社交的重要方式。目前，岜沙共有三处守堖坪
	服饰文化	抢手男装	岜沙男孩到18岁的时候，就把头发扎成辫子绑于头顶，称为“户棍”，这种以头顶蓄发并束辫为棍的形状将一直保持终身
		妇女装饰	女人头发散绾插银簪、木梳，头发似“公鸡头”，项戴粗大银环；身穿对襟无领布扣或布带上衣，袖和衣角有花边叠嵌，挂苗王方印三角胸兜；下穿百褶短裙
		枫香染	妇女用枫树脂作染剂，用鸡毛杆、细竹片为笔，沾上枫树脂在白布上画纹样。然后染色，加温去蜡而显花，造型朴实简练，主题明确
		纺织工艺	岜沙人收获棉花后要经过去籽、弹花、纺纱、组纱、放纱、理纱、织布、印染、缝制等十余道工序做成“亮布”或称“蛋浆布”来制作衣服
		刺绣	岜沙刺绣绣法简单、独特，绣工精巧。女子会用1~3年精心制作嫁衣；已婚男人的烟袋、服饰枪袋等配饰上的刺绣，也反映了家中妻子的刺绣水平
	艺术文化	芒筒	为单簧气鸣乐器，又称地筒、莽筒、芦笙筒。发音浑厚、粗壮，弱奏圆润、柔和
		芦笙	苗语称为“怒尬”，每年的农历十一月十九举办，芦笙节是岜沙人民一年一度欢庆丰收的节日，是青年人互诉衷情、情感交流、沟通心灵的浪漫时节
无形文化	劳作习俗	开秧门	为岜沙春种传统习俗，开了秧门，人们就得到了土地公的保佑，栽秧不会生病，弯腰不疼；耕牛不痛，万事吉利；满载满种，年年丰收，禾谷满仓
		换工	大家不计劳酬，相互帮忙干农活的习俗

续表

大类	亚类	代表类型	文化描述
无形文化	宗教文化	成人礼	年满15周岁（或17岁、19岁、21岁）的男孩子的父母要求巫师在户外举行礼仪，仪式前家中长者用镰刀剃掉头上四周的毛发，仅留下顶部发髻（鬏鬏）。成人礼是岜沙人的精神之根，被列为贵州省级非物质文化遗产
		寨佬制度	寨佬为村寨中德高望重的中老年人，负责召集村民议事，执行古理约规、习惯法，维护本寨的安定与和睦
		祭祀师（鬼师）	是岜沙人心目中连通阴阳与人鬼之间的使者。凡遭灾、生病或家道衰落都要请祭祀师占卜驱鬼。鬼师主要负责传承苗歌、苗医、卜卦、起名等事宜
		祭树	岜沙人相信凡是寨边的巨石、古树、水牛、桥梁都是圣灵之物，是崇拜的对象。凡是遭遇重要事宜，小孩生病、建房发墨、外出捕猎等均要祭祀以获得保佑
		丧葬习俗	岜沙葬礼简朴，死者上午死，下午葬；下午死，次日早上安葬。棺木在山上砍杉木制作，坟茔选在古树林中，不留坟头，寓死者灵魂可以依附大树延续
		埋岩	为苗族的古理，习惯法。在岜沙大寨至大融坡新寨的小路左侧5米内有埋岩三块，呈三角形布置，分别相距0.53米、0.4米和0.4米，岩的直径分别是0.11米、0.13米和0.16米，露出地面5~20厘米
	民俗节庆	传统节日	主要有开秧门、六月节、芦笙节、苗年等，开展守塅、对情歌、讨饭等社交娱乐方式
	生活习俗	鸣枪祭祀	岜沙芦笙节、苗族年、丧葬等活动时的重大传统礼俗
		父子联名	岜沙人给子女取名的方式，即子名在前，父名在后
		不落夫家	岜沙新媳妇婚后三年左右不落夫家，只有农忙和节日才去夫家住。三年后由藏青百褶裙改为白色百褶裙，标志着由姑娘变为妇女
		镰刀剃头	为岜沙人独有的理发方式，岜沙人认为人即是树，镰刀能修树，也能剃头
		禾仓	储谷物的场所，悬山屋顶，杉树皮或小青瓦，四柱落地，长方形或正方形
		饮食	喜食糯米饭，当地的香猪肉及腌鱼也是主要食材，兽鸟也是主要的食用对象

资料来源：根据相关资料及访谈收集整理。

岜沙作为贵州最早开发民族文化旅游的村寨之一，以其独特的民族文化享誉国内外，诸多领域的名片给这个深山中的村寨带来巨大光环，见图 6-23：

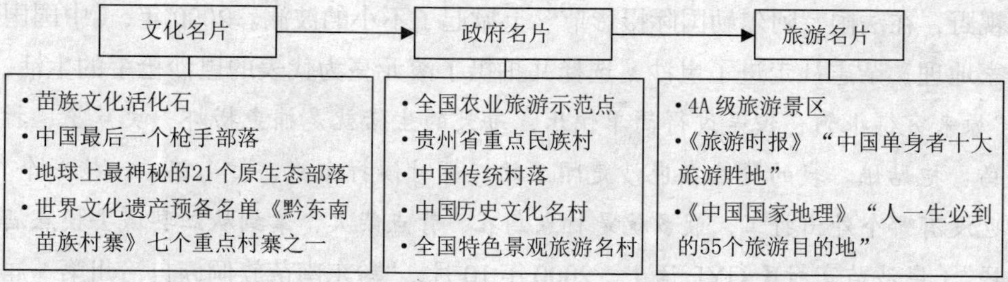

图 6-23　岜沙苗寨的名片

Figure 6-23　Various Business CARDS from Basha Miao Village

注：笔者自绘。

二、岜沙旅游扶贫推动民族文化资本化的过程

麻国庆（2000）指出，全球化的进程推动着国家或民间的力量，将其“无意识的传承”传统进行了“有意识的创造”，通过文化的“生产”与“再生产”的过程，形成了“文化 + 文化”的现象①。旅游，无疑成为这一过程的重要推动力量。Jansen-Verbeke 等（2010）指出，对于文化区域而言，旅游是短期内遗产获益的最佳战略②。Russo 等（2010）分析，文化进入主流商业的最直接的方式就是旅游③。岜沙从民族“活化石”到贵州热门旅游目的地，大致经历了以下程序：

（一）出镜：文化的艺术制造过程

岜沙最早是以摄影作品的方式进入公众视野的。20 世纪 80 年代，摄影家旷惠民进入岜沙，用镜头记录了岜沙 20 年变迁的历程。1998 年，学者张晓松进入岜沙，最终形成了《枪手的部落——来自苗族聚落岜沙的田野报告》。摄影师、贵州省摄影家协会副主席卢献艺也是较早进入的学术型摄影者之一，其代表作品“岜沙苗族人像”将岜沙这个中国西部偏远地区的民族村寨带入国际

① 麻国庆.全球化：文化的生产与文化认同——族群、地方社会与跨国文化圈［J］.北京大学学报（哲学社会科学版），2000（4）：152-161.

② Jansen-Verbeke M，Russo A P. 文化旅游空间动态的创新性研究［G］// Jansen-Verbeke M，Priestley G K，Russo AP. 旅游文化资源：格局、过程与政策［M］. 北京：中国环境科学出版社，2010：5，13.

③ Russo A P，Borg J. 区域复兴和旅游发展：三个欧洲城市案例研究［G］// Jansen-Verbeke M，Priestley G K，Russo AP. 旅游文化资源：格局、过程与政策［M］. 北京：中国环境科学出版社，2010：239-259.

视野，在法国“阿尔勒国际摄影节”上掀起了不小的波澜。2000年，《中国国家地理》杂志社走进了岜沙，选择并拍摄了滚元亮为代表的岜沙枪手的生活，“原来穷得很啊，但是过得简单快乐，每天的生活就是捕鱼捞虾、吹芦笙、打鸟、抱姑娘。我的枪法在岜沙是闻名的，那时候打斑鸠、打山鸡，一枪一个。也没有哪个外出打工，最多就是打点鸟雀、背点柴火，拿到从江县城去换点酒钱”（岜沙苗寨村民GYL语）①。2000年10月，“黔东南苗族侗族自治州第一届国际民族服饰节”使岜沙枪手首次登上T形台，记者及摄影师们再次用快门将岜沙送到了世界的前沿。2003年，时任贵州省民间文艺家协会主席的学者余未人，出版了《千年古风：岜沙苗寨纪事》一书，对岜沙进行了全方位的详细介绍。2008年岜沙枪手到北京展演，同年春节，受外交部邀请，岜沙汉与小黄侗族大歌姑娘们一起，到北京为各国驻华大使进行春节慰问演出，受到国务委员的接见。

随后，岜沙越来越频繁地出现在摄影绘画、文化舞台及宣传展演等作品之中，为迎合艺术的需求，岜沙的文化被提取为“枪手”“户棍”“树葬”等形态，为外界游客创造了极大的想象空间。也由此，制造了使得滚元亮、滚拉旺等岜沙的形象代言和文化名片。滚元亮获得了全国第九届少数民族传统体育运动会“二等奖”及“嘉奖证”等荣誉；滚拉旺成为“岜沙文化传承人”。

（二）开发：文化资本的价值实现

在贵州民族村寨大开发的背景下，已经名声在外的岜沙自然被纳入从江县旅游发展重点。1999年，在从江政府的主导下，按照集体所有制的方式，岜沙正式进行旅游开发。由于当时从江交通条件极差，难以实现招商引资，在政府及村民的协商下，形成了政府主导的集体所有制开发模式，对岜沙旅游发展进行大力的推广和发展。政府争取了100多万元的资金，投资建设了生态停车场、游览步道、游客服务中心、导游导览系统、民间文化陈列室、生态厕所等旅游基础设施，也有效地改善了当地村民的生活及交通出行条件。收入分配上形成了门票、表演及旅游接待收入三个板块（见图6-24）：

① 2019年6月4日，对岜沙苗寨村民GYL的访谈；地点：岜沙苗寨。

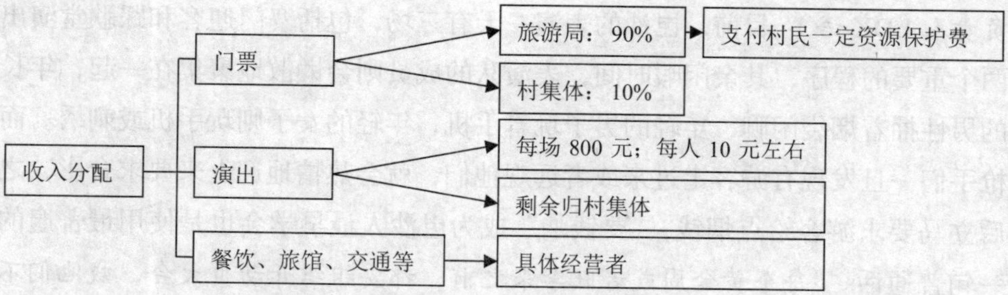

图 6-24　集体所有制下岜沙苗寨的利益分配

Table 6-24　Interest Distribution of Basha Miao Village under Collective Ownership

注：笔者自绘。

当时的门票为 12 元，由从江县旅游局派人下来收取；村寨演出费用为 800 元一场，演出的内容包括枪手鸣枪、铁炮迎宾、祭树仪式和镰刀剃头等，一年的演出场次大概 300 场，每次每个人演出能得 10 元。依托岜沙的文化资源，旅游开发中形成了政府、村集体及演出人员三个主要的利益主体。“在 2010 年左右，政府组织培训演出队的成员只有 40 多人，有时候实际参加演出的不到 30 人，扣除演员报酬，一半以上都交给村集体。”（前岜沙村支书 GNX 语）[①] 依托集体的政府主导开发模式，反映了文化主体应该享受的权利，除了鼓励群众积极参与文化创造，也充分考虑了未参与群众的资源补偿。虽然，利益的具体分配比例上存在博弈，但是这一分配格局无疑为生活在极端贫困中的村民找到了新的生路。仅 2007 年，岜沙就接待游客 6.6 万人次，旅游收入 1500 余万元，光表演费就近 20 万元。

（三）参与：个体的文化价值诉求

岜沙村民对闯入者的态度，随着旅游开发，形成由“冷漠观望”到“主动参与”的格局，只不过“参与”的方式扭曲为与游客“合影要钱”。原来的岜沙人不愿意别人给他拍照，据说摄影器材会将其魂魄带走，也从来不会向人家伸手要钱。“岜沙人和周边好多侗族村寨的人不一样，很淡泊，很冷傲的样子；有人到寨子里头，一般不会喊你去他家，只会远远看着你。”（原从江县旅游局

① 2018 年 5 月 16 日，对前岜沙村支书 GNX 的访谈；地点：岜沙苗寨。

负责人 LDX 语）[①] 目前，岜沙的表演一天有三场，包括寨门迎客和踩歌堂演出两个重要的程序，其余闲暇时间，表演队的成员则会懒散地聚集在一起，年长的男性抽着烟袋闲聊，年轻的男子玩着手机，年轻的女子则玩手机或刺绣。而枪手们一旦发现有游客走过来或者远观他们，就会热情地迎上来要求合影，之后立马要求游客给点烟钱，“要钱呐”成为岜沙人最早学会也是使用最普遍的一句普通话。“每个黄金周或者旺季来之前，都要组织开动员大会，喊他们不要随便给游客要钱，可是根本没有用，游客照一次像会给个 5 块、10 块的，一天运气好的时候百把两百块钱是有的，所以做工作根本没有用。”（县文体广电旅游局工作人员 YKZ 语）[②] 詹明信（1997）分析：“没有任何其他社会像这个社会这样，为记号和影像所充斥。平凡与日常的消费品，与奢侈、奇异、美、浪漫日益联系在一起，而它们原来的用途或功能则越来越难以解码。”[③] 到岜沙的游客热衷于拍照，并非基于文化展示和考察的初衷，而是带着围观和猎奇的心态，“很多游客其实心里面很歧视岜沙人，常常在寨子里相互讨论，这里的人好像是原始人；这些人脏死了，站在他们旁边照相一大股臭味。还有一些所谓来摄影的，扛着‘大炮’[④]，对村民呼来喝去，按他们的要求摆出动作”（岜沙学生 GTO 语）[⑤]。

三、岜沙旅游扶贫推动民族文化资本化的问题

（一）资本化过程中文化的遮蔽：由“复合”向“单体”

文化，往往具有较强的拓展性，但是在一个相对封闭的系统中实现资本化，往往会为了迎合市场建构空间的丰富想象使拓展性受到制约，反而通过部分文化的放大，形成了对于其他文化形态的“遮蔽”。岜沙，原本是一个文化丰富立体多元的文化主体，地方政府在发展旅游之初，始终将文化独特性的开发及保护作为发展的根本，但是，市场是需要“标签”的，为了让岜沙迅速在

① 2018 年 5 月 17 日，对原从江县旅游局负责人 LDX 的访谈；地点：从江县文体广电旅游局。

② 2018年5月16日，对从江县文体广电旅游局工作人员 YKZ 的访谈；地点：从江县文体广电旅游局。

③ 詹明信．晚期资本主义的文化逻辑［M］．上海：三联书店，1997：396–419.

④ “大炮”：指专业摄影人的单反相机。

⑤ 2018 年 10 月 23 日，对贵阳求学的岜沙学生 GTO 的访谈；地点：贵州民族大学。

市场中赢得品牌的认同，岜沙的文化被艺术摄影人群及政府市场推介部门进行了提取，最终获得了实现文化资本价值的“文化标签”（见图 6-25）。

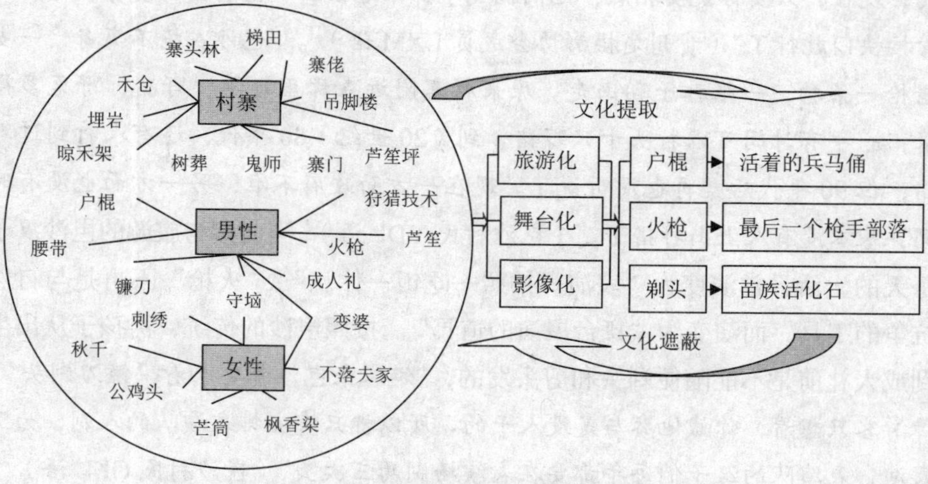

图 6-25　岜沙苗寨典型的文化标签提取生成及遮蔽示意

Figure 6-25　Extraction，Generation and Masking of Typical Cultural Labels in Basha Miao Village

注：“变婆”为当地流传的传说，岜沙人自古忌与“变婆”人家联姻；笔者自绘。

岜沙在旅游发展中成功构建了一个极具男性“阳刚”“坚毅”“尚武”特质的形象，满足了游客异邦猎奇的心态。“鬏鬏”“火枪”及“剃头”成为游客到岜沙寻找也是印象最深刻的文化形象，其他的文化符号由于“不具市场竞争性”，或者“难以市场化开发”而被遮蔽了，一个立体饱满的文化主体遭到肢解。

（二）资本化过程中文化的扭曲：由“枪手”到“模特”

随着游客的到来，与岜沙枪手合影成为村寨旅游的重要内容。“原来我们都不要游客的钱，但有个来搞摄影的人说，我拍你的照片，就是买你的肖像权，给你钱是公平交易。我也不懂什么肖像权，只是觉得摆一个动作，就得两块钱，比砍柴去县城卖容易多了。但是，心里面还是有疙瘩，所以我就在家里面搭了桥，这样灵魂就回得来了。”（岜沙村村民 GYL 语）① 专业人士及游客的

① 2018 年 5 月 16 日，对岜沙村村民 GYL 的访谈；地点：岜沙苗寨。

影像拍摄需求，将岜沙枪手们培育成了摄影模特，“原来要拍出一张好照片不容易，他们很紧张，也很拘束，需要指导每个角色、每个细节的动作该是怎样的；现在，只要你说要拍照，他们就气宇轩昂地摆出举枪射击的姿势，你就只管按快门就行了”（贵州省摄影协会成员 LXM 语）①。“岜沙人枪不离身，一支猎枪一条狗，一根杠子朝山走。原来村寨附近森林里野羊、野猪、野兔多得很，一年有时间可以打头十只野猪。到（20 世纪）80 年代，还有人打到过野猪，但 90 年代后就再也没听说了。现在一方面政府不准，另一方面也没有时间，基本没有人上山打猎了。”（岜沙村民 YDP 语）② 当前参与旅游的岜沙汉子每天的生活日常演变为“表演—拍照—吃饭—休息”，“火枪”不再是与自然抗争的工具，而演变为“舞台展演的道具”。按照岜沙的传统，男孩子从出生到成人礼前是不能随便剃头和剪头发的，“游客来岜沙都要求看‘镰刀剃头’，但游客只想看，你喊他参与是没人干的。所以就只有安排表演队的人剃，为了表演，表演队的汉子们每年都要在表演场剃两三次头”（岜沙村民 GLL 语）③。正如麻国庆（2000）指出，旅游的过程是“看”与“被看”的互动关系，旅游者与当地族群在这一过程之中，产生了一种“非对称的族群关系”④。

（三）资本化过程中利益的诉求：由“希望”到“鸡肋”

四个村的村民都可以来参加表演，但由于区位的关系，演员主要是中心村的。整个表演队大概 150 人，考虑农民日常劳作，采用两个组轮流表演的方式。入选队员没有门槛限制，唯一的条件是必须着传统服饰并保留传统发型，较好地辐射和关照了尽可能多的村民。每天按照记工分的方式，一场表演公司支付 5000 元，演出程序最早是由旅游局定制设计的，包括两个环节：寨门迎客和踩歌堂演出，见表 6-16：

① 2019 年 8 月 2 日，对贵州省摄影协会成员 LXM 的访谈；地点：贵州大学。

② 2018 年 8 月 15 日，对岜沙村民 YDP 的访谈；地点：岜沙苗寨。

③ 2018 年 5 月 19 日，对岜沙表演队村民 GLL 的访谈；地点：岜沙苗寨。

④ 麻国庆. 全球化：文化的生产与文化认同——族群、地方社会与跨国文化圈［J］. 北京大学学报（哲学社会科学版），2000（4）：152-161.

表 6–16　岜沙苗寨的表演时间及内容

Table 6–16　Performance time and content of Basha Miao Village

表演时间（每天四场）	08：30、10：30；14：00、16：00
表演内容	岜沙枪手寨门迎宾、苗族芦笙合奏（地点：岜沙寨门）
	祭拜东方仪式（地点：祭拜东方坡）（非常规表演）
	民族风情展示（地点：踩歌堂）：（1）“苗族芦笙舞”；（2）“婚俗展示”；（3）“补荡拎溜”（镰刀剃头）；（4）舞蹈《岜沙汉·苗山魂》；（5）“芦笙踩堂舞”；（6）鸣枪送客。

注：资料来源于岜沙景区管理处；根据旅游季节及游客情况在内容及时间上有一定变化。

寨门迎客主要包括唱拦路歌、奏芦笙及鸣枪等常规环节，如有贵客来，还会有献拦路酒表演；踩歌堂主要表演祭祀祖先、镰刀剃头、迎娶新娘等节目，迎娶新娘环节还会在游客参与配合的情况下，以送礼为由用糯米粑向游客换钱，最后以女孩子们与客人手拉手共跳芦笙舞而结束。表演队成员男性由20岁到40多岁不等，女性多为十七八岁女子，“好多女娃娃都想参加表演，但是我们这里女孩子一般20岁不到就嫁人了，结了婚还在这蹦蹦跳跳就不像话了。所以，表演队女孩子的流动性很大”（岜沙村村民GLS语）[①]。“表演时间总共加起来也就是三四个小时，但是隔一哈一场，还要在寨门和踩歌堂来回跑，别说农活了，连吃饭都没得时间回家，就跟游客一样吃碗粉或者买个糯米饭吃。不来吧，觉得划不来；来吧，就把家里的活路荒废了。”（岜沙村村民YLL语）[②]

（四）资本化过程中文化的传递：由“坚守”到“摆脱”

布迪厄认为家庭文化资本以言传身教的方式在下一代身上习得[③]。美国人类学家Symonds（2004）说“苗族人认为生命是一个圈，从生到死便完成了一次循环”[④]，而文化就在这样的“堆叠—选择—整合”过程中实现发展和创新（宋振春等，2011）[⑤]。“1966年国庆之前，政府除四旧，派剃头队来到岜沙，

---

① 2018年5月17日，对岜沙村村民GLS的访谈；地点：岜沙苗寨。

② 2018年5月17日，对岜沙村村民YLL的访谈；地点：岜沙苗寨。

③ 李全生．布迪厄的文化资本理论［J］．东方论坛，2003（1）：10.

④ Patricia V Symonds. Calling in the Soul：Gender and the Cycle of Life in a Hmong Village［M］. Seattle and London：University of Washington Press，2004：3–4.

⑤ 宋振春，李秋．城市文化资本与文化旅游发展研究［J］．旅游科学，2011（8）：1–9.

三分之二的岜沙人被强行剃了头，但是还有三分之一的人跑到山里面躲起来保住了‘鬏鬏’。”（岜沙村村民 LLL 语）[①] 多次经历战争和迁徙的历史，使得岜沙苗族获得了适应与调适的生存智慧，偏远而封闭的地域环境，是集体记忆及心理防御得以保存的重要条件。岜沙的民族文化在经济匮乏的时代，以坚韧的方式得以有效保留和传承。“当时被砍了户棍的人们，抱头痛哭；特别是有些单传的孩子，父母哭得天昏地暗。政府还算通情达理的，砍下来的户棍都交给个人自己处理，能拿回这个命根子，岜沙人都拿衣裳包裹藏好。揭不开锅的时候，一个户棍能卖 3~10 块，但是几乎没有岜沙人愿意拿去卖。”（岜沙村村民 WLW 语）[②] “在大跃进时候，闹深耕，当时的客家看到岜沙妇女全部都穿百褶裙，不好做活路，就号召所有妇女改穿汉族的衣裤，但是全寨子没有一个人理睬。只是当时有一个泼赖能干的年轻妇女是妇女队队长，工作积极，响应政府号召带头脱下百褶裙，虽然得到了政府表彰，但是所有岜沙人都嘲笑她、鄙视她，最后老公也和她离婚了，这个女的在岜沙待不下就改嫁到其他地方去了。”（岜沙村民 GLL 语）[③] 李天翼（2018）总结，农业生产、依托农业生产的族群社会及共同的文化心理是苗族社会的三个根基[④]。随着全球化和现代化浪潮的涌入，旅游的发展正在加速偏远村寨的演进，岜沙发生着“历史的、必然的、史无前例的变化”（张晓松，2001）[⑤]。“原来父辈人到从江县城，都要把衣服换了，因为县城人看到我们都会围着喊‘苗子、苗子’；现在年轻人经常去从江县城，进城时也会换衣服、戴个帽子，回到寨子里头才把鬏鬏露出来。传统的衣服夏天穿太热，冬天又冷，要不是旅游公司要求，还是穿牛仔裤、T 恤好看又方便”（岜沙村民 GOP 语）[⑥]；“只有读小学的娃娃在留鬏鬏，因为上初中的时候小孩子就要去县城读书。城里面的娃娃会对留那种辫子好奇，上课的时候你坐前面他坐后面就会一下一下地逮你，下课的时候他又拿你的辫子来玩，放学的时候在后面把你的辫子一拉就跑，所以岜沙上初中的孩子基本上就

① 2018 年 5 月 16 日，对岜沙村村民 LLL 的访谈；地点：岜沙苗寨。

② 2018 年 5 月 17 日，对岜沙村村民 WLW 的访谈；地点：岜沙苗寨。

③ 2018年5月16日，对岜沙村村民GLL的访谈；地点：岜沙苗寨。客家，岜沙人对政府官员的一贯称谓。

④ 李天翼．西江模式：贵州民族文化旅游产业发展的样本［J］．新西部（上），2018（7）：39–43.

⑤ 张晓松．枪手的部落——来自苗族聚落岜沙的田野报告［J］．华夏人文地理，2001（3）：46–65.

⑥ 2019 年 8 月 7 日，对岜沙在从江读书学生 GOP 的访谈；地点：从江县中学。

把鬏鬏剪掉了”（岜沙小学教师 JLP 语）[①]。面对世界文化席卷的浪潮，边远地区的弱小村寨如何面对，又何去何从？

四、岜沙旅游扶贫创新激活民族文化资本价值

岜沙是贵州最早一批开展旅游扶贫的村寨，从旅游发展之初，岜沙就明确了文化保护与脱贫致富的发展目标和宗旨。岜沙的旅游发展长期停留在较低水平，除中心寨的部分村民外，大多数村民仍然徘徊在低收入水平左右，文化的经济张力未充分显现。经济社会尚未极大发展，文化已经开始消亡和变异。如何激活文化资本、放大资本价值，是保障旅游扶贫取得决定性胜利的重要命题。

（一）改制，推动文化资本化运作

政府主导、集体协商的方式，奠定了岜沙旅游扶贫的利益分配格局。但是在长期的发展中，岜沙旅游陷入文化知名度高而经济活力不足的困境，村民从自身的文化中获取的经济利益和生活改善相对有限。2014 年，村寨神秘从江文化旅游公司接管，岜沙景区从集体所有制更改为文化产业承包责任股份制。体制改革的活力推动了村寨市场化，提升了文化资本的旅游收益，也为村民带来了切实的实惠。不管人数的多少，只要每天按时表演，公司就会支付 5000 元演出费，由表演队自行分配。“表演队全部是岜沙村民，一天下来可能能得七八十块，即使是两个队换着表演，一个月总能有 2000 来块钱，这个对于村民来讲还是比较稳定的收入。”（从江县文体广电旅游局 L 副局长语）[②]

（二）挖掘，延长文化资本产业链

文化作为一种抽象的内涵必须依附于一定的物质符号，因此它不可能完全脱离于特定地域所依附的物质载体和时空环境，当其嫁接在毫无瓜葛的母体上时，要不死亡，要不则完全变异（宋振春等，2011）[③]。岜沙重新梳理自身的文化及资源优势，充分利用特色民族文化做大旅游市场，以合作社的方式从表演、旅游店铺、特色工艺及景区就业等方面拓宽了村民脱贫致富的路径，见图 6–26：

① 2018 年 5 月 16 日，对岜沙小学教师 JLP 的访谈；岜沙小学。

② 2018 年 5 月 17 日，对从江县文体广电旅游局 L 副局长的访谈；地点：从江县文体广电旅游局。

③ 宋振春，李秋 . 城市文化资本与文化旅游发展研究［J］. 旅游科学，2011（8）：1–9.

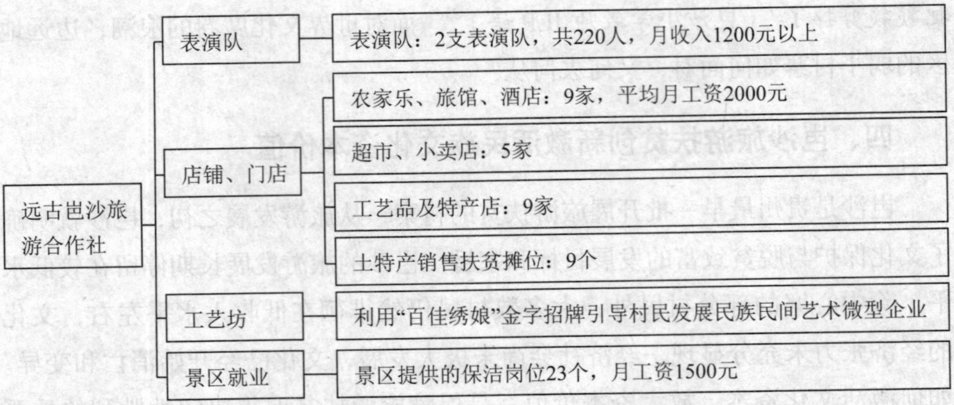

图 6–26　邑沙苗寨依托旅游合作社的就业路径

Figure 6–26　Basha Miao village relies on the employment path of the tourism cooperative

注：笔者自绘。

（三）分红，尊重文化资本的价值

对于邑沙苗寨而言，民族文化是旅游发展的基础，村民是村寨所有物质及文化资本的天然产权人。当村民在旅游开发中，以合理的方式分享到文化资本的经济回报时，必然更加积极地维护文化资产，实现权利与义务统一的同时，也形成了和谐稳定的、可持续的社区生态。2014 年开始，政府将资源使用费以门票收入的 15% 回馈村民，“2014 年一家是 300 元，2015 年、2016 年大概一家有 1000 元，现在增加到 1440 元”（邑沙村委工作人员 XZH 语）[①]。以 2017 年为例，景区门票收入为 547 万元，邑沙村就获得 310 万元，“包括文化资源保护费 60 万元、表演费 180 万元、村集体经济和卫生管理费 70 万元”[②]。邑沙通过落实文化资本保护费，推动了文化资本的价值增值，切实让文化资本的所有者分享到了旅游发展的红利，也有效地推动了脱贫致富。2016 年，邑沙成功出列，贫困人口由 2014 年的 656 人减少到 75 人；2018 年，邑沙村贫困发生率下降至 2.73%。

① 2018 年 5 月 18 日，对邑沙村委工作人员 XZH 的访谈；地点：邑沙村委会。

② 人民网 . 贵州邑沙：让村民共享乡村旅游扶贫“红利”[EB/OL].（2018-07-31）. http://gz.people.com.cn/n2/2018/0731/c371755- 31878382.html.

（四）干预，民族文化的引导提炼

文化的演进，遵循历史发展的脉络，在时代的发展中不断调适，“应通过反思行动干预等方式促进民族文化传承”（王小梅，2011）[①]。并非所有的民族传统文化都应该无条件保存和延续，“旅游并非民族文化变迁的主要因素”（何景明，2012）[②]，只不过旅游从某种程度上加速了文化的迭进。“岜沙人思想守旧，你说他不爱钱吧，又天天追起游客拍照要小费；你说他爱钱吧，给他说可以把柴房出租，改成用煤气罐，可以多得钱，自己又不用砍柴辛苦。但怎么给他做工作都不干，觉得家里面就是要有柴米油盐才安心。”（岜沙村委工作人员XZH语）[③]面对传统的坚守，示范效应拥有最好的说服力，“一开始有一家把房子租出去给一个湖南老板开超市，好多人就说风凉话，说那边是阴地，生意做不走的。后来这家生意还不错，大家就开始跟着把房子租给别人了”（岜沙村村民GSY语）[④]。旅游发展，拥有强大的文化包容性，通过适当的引导和干预，能够对传统文化进行保护性的扬弃。在从江苗族地区曾流传“农忙季节，吹笙跳月，子孙断绝”的咒语，旅游发展之初，岜沙人都不愿随意动芦笙，后来在政府的引导下，芦笙成为岜沙表演的重头戏，增加了旅游的可观性，对岜沙人而言，也完成了一场心理变革的革命。

（五）渐进，尊重主体的适应能力

“文化是一套生存的机制”（墨菲，1991）[⑤]，虽然凭借文化资本摆脱贫困是民族村寨发展的重要途径，但是，如果忽视文化自身的发展规律，必然加剧对文化本身的侵蚀和毁灭。钟君（2016）指出，封闭性及亲缘主导性结构特征，决定了少数民族村寨中“官”“民”的共融度与资本的经济贡献成正比例关系[⑥]。房屋流转是目前很多民族旅游村寨实现村民致富的重要途径，但在岜沙却难以推进。“岜沙人都不太愿意把房子租给人家，上次有一个老板过来想找

① 王小梅.试论反思行动在民族文化保护与传承中的作用：以实验戏剧《季刀苗寨的女人》为例［J］.贵州民族研究，2011（5）：40-44.

② 何景明.边远贫困地区民族村寨旅游发展的省思：以贵州西江千户苗寨为中心的考察［J］.旅游学刊，2010（2）：59-65.

③ 2018年5月18日，对岜沙村委工作人员XZH的访谈；地点：岜沙村委。

④ 2018年5月19日，对岜沙村村民GSY的访谈；地点：岜沙苗寨。

⑤ R.F.墨菲.文化与社会人类学引论［M］.北京：商务印书馆，1991：20.

⑥ 钟君.社会资本视角下的少数民族村寨贫困问题研究［J］.求索，2016（5）：47-51.

个房子整栋出租，20年50万（元），房子他不要你的，他自己重建，20年后房子也是你的，但是多数岜沙人都不愿意。岜沙到从江县城也就是七八公里，拿着这些钱到县城买一套房子、做点小生意是绰绰有余了，但是村民的底线就是绝对不离开寨子！”（从江县文体广电旅游局L副局长语）①“迁徙”的民族轨迹强化了岜沙村民对土地的坚守，已经成为民族心理的重要组成部分，杨渝东（2015）分析，“‘迁徙’已经成为苗族自我认知与感受外界的‘母题’，它既出现在现实生活当中，同时又作为一种集体的历史心态存在下来，支配着人们对于世界的想象”②。政府虽然力图建设“大岜沙文化旅游圈”，但是尊重了村民对捍卫土地的愿望，并未进行大规模的圈地式运动，而是渐进地尊重了人民群众的文化适应性。

第四节　案例思考：贵州民族村寨旅游扶贫质量提升的方向

民族村寨旅游扶贫是一项复杂的系统工程，广泛涉及乡村发展的各个领域，需要在市场的导向下，整合政府、农民、企业等各方力量，科学研判并破解由低层次的“脱贫”向更高层次的“振兴”迈进过程中面临的关键问题。肇兴、纳灰与岜沙虽然均已在旅游的发展下成功出列，但是仍然面临着经济指标脱贫与自我发展能力、项目资金投入与产业持续发展、村民社区参与与贫困人口受益等严峻问题。对此，三个村寨均依托自身的优势，对提升扶贫质量进行了积极而有效的探索，有序推进精准脱贫的同时，也拓宽了村寨旅游发展的路子，见表6-17：

① 2018年5月16日，对从江县文体广电旅游局L副局长的访谈；地点：从江县文体广电旅游局。

② 杨渝东.迁徙：山地苗族的历史心性［A］//王铭铭，舒瑜.文化复合性：西南地区的仪式、人物与交换［Z］.北京：北京联合出版公司，2015：8.

表 6-17　三个案例村村寨旅游扶贫质量提升的举措

Table 6-17　Three cases village tourism poverty alleviation quality improvement measures

案例	“出列”后的典型问题	提升脱贫质量的举措
肇兴侗寨	·地方行政与传统社会矛盾突出 ·旅游发展制约村民生活质量提升 ·民族文化资源被侵占 ·产业活力不足，张力有限	·理顺管理及分配机制，调适基层组织与乡村社会的关系 ·建立民族文化资源的共建共享机制 ·以“款约”为约束，以“分红”为激励，实现民族村寨传统的保护 ·发挥乡村社会传统互助体系精准带动贫困人口
纳灰村	·旅游发展但不指向穷人 ·旅游剥夺，陷低收入陷阱 ·贫富差距拉大，社区矛盾凸显 ·传统农业受限而旅游产业张力不足	·通过土地确权、健全土地流转制度，推动产业融合，盘活乡村“沉睡的资产” ·建立农民变股民、变商人、变艺人、变工人的多元旅游扶贫模式 ·产权制度改革中体现农民的意愿和适应性，尊重农地习俗
岜沙苗寨	·文化被市场肢解，降低文化资本价值 ·文化产权模糊，“公共池塘”侵蚀发展动力 ·文化异化，张力不足，传承受到挑战	·推动文化资本化，尊重并体现资本价值 ·深挖文化内涵，延长文化产业链 ·以渐进的方式提炼文化价值，尊重文化主体的适应性

在民族村寨旅游扶贫由单维走向多维、由非均衡走向均衡、由效率走向共享、由产业单一走向产业协同的重要时期，激活原生力量，找到有效的乡村治理体制是“要点”；释放资源能量（土地、资本、人力、文化等），实现产业发展是“痛点”；拓展地方基因，推动文化振兴是“原点”。通过体制优化、资源联动、文化驱动及产业带动，有效提升村寨旅游扶贫的质量，才能真正实现民族地区乡村的经济富美、民风淳美、环境优美及生活甜美的重要战略目标（见图 6-27）。

一、重组乡村治理结构是破解村寨旅游扶贫困境的重要基础

随着乡村社会传统宗族治理的作用式微，镇村两级公共产品供给能力不足，乡村内部有效治理的社区组织缺失，迫切需要修缮村寨旅游扶贫中乡村“自治”能力，理顺乡村治理的关系，充分发挥传统社会的积极性与共建力量。

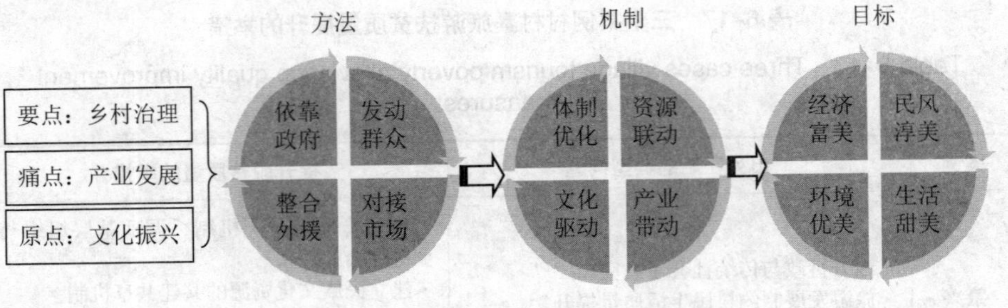

图 6-27 民族村寨旅游扶贫质量提升路径

Figure 6-27 Ethnic Village Tourism Poverty Alleviation Quality Ascension Path

注：笔者自绘。

（一）“援礼入法，融法于俗”是民族村寨旅游扶贫的礼法秩序

中国乡村社会，并非完全仅受国家权力支配，也并不能独立于国家秩序之外，而是处于一种由共同观念与国家体制连接的国家秩序规范与乡村秩序规范混融互渗的复杂关系之中。两者构成了“家—国—天下”的连续体，是一种“援礼入法、融法于俗、浑然无外、包罗万象的礼法秩序”（梁治平，1991）①。民族村寨的生活逻辑、人际关系由历史形成并按照一定的规则运行，自然习得的规则已经内化为日常的理所当然。乡村政策的制定并非单纯要求符合法规及条例的逻辑，更重要的在于实施对象的适应性，对此费孝通先生指出：“单纯把法律和法庭推行下乡，结果法治秩序的好处未得，而破坏礼治秩序的弊病却已先发生了。”② 因此，当行政主导的扶贫与市场主导的旅游整合并嵌入具有自身传统逻辑的村寨时，必须将治理单元与治理有效的逻辑关系纳入特定的历史、自然、社会、经济的维度中进行评判。

（二）“权力互嵌”的融合秩序是民族村寨旅游扶贫的重要保障

帕特南（2001）指出：“正式或非正式的人际沟通及交换网络是任何社会的构成基础。‘横向’关系将具有相同地位或权利的人联系在一起；‘垂直’关系将不平等的行为者结合到不对等的等级和依附关系之中。”③ 扶贫是一种自上

① 梁治平. 寻求自然秩序中的和谐：中国传统法律文化研究［M］. 上海：上海人民出版社，1991：40-44.

② 费孝通. 乡土中国［M］. 北京：北京大学出版社，2012：89.

③ 罗伯特·D. 帕特南. 使民主转起来［M］. 南昌：江西人民出版社，2001：15.

而下的政治话语，对于经济欠发达地区，艰巨的脱贫任务与捉襟见肘的经济制约，以行政力量牵动市场，是符合国情省情的必然选择。但是，这种牵动并非“生拉硬拽”，需要尊重乡村社会的柔性。费孝通（2002）指出：国家难以对公民细密的生活日常有效组织，“人和人之间积极的、亲密的、合作的、活生生的实体必须永远处于政治控制之外”①。肇兴旅游扶贫的过程中，当国家权力强制进入，忽视地方传统、惯例、禁忌等规范时，反抗及冲突成为必然；而当基层政治权力的共性扎根于乡村社会时，两者之间由依附和支配的关系演变为民主共治的协商关系，最终，形成了“官民共治”的良好生态，为产业的发展及人民福祉的改进创造了条件。

（三）合理保障“主人”地位是民族村寨旅游扶贫有序发展的基础

村寨旅游是我国民族地区脱贫致富的最有效方式之一，各民族省州都不乏因旅致富的典型案例，但是多数而言，仍然处于“圈寨”的门票经济阶段。一方面，村民是民族村寨旅游资源不可撼动的“主人”，然而，一旦权力介入交易，资源的真正价值就必然与交易价格发生偏离。在政府主导、企业投资的发展模式下，门票收益成为政府、企业及村民共同争夺的对象；政府寻租、企业逐利，层层分配后真正到村民手中的资金必定是微乎其微的。另一方面，村寨旅游开发使得村民的生计机会由于地位的边缘化而遭到剥夺，甚至随着游客的大量涌入，生活空间遭到无偿挤压和侵占，这些往往成为旅游村寨产生集体冲突的重要原因。肇兴通过鼓励村民将闲置房屋与人口入股景区以获得分红，最大范围实现了村民拥有股份、参与旅游以获得收入。将每个主体获得的收益与其在资源保护、开发及管理等方面的贡献挂钩，形成了村寨旅游发展、民族文化保护及村民分享收益三者的平衡，推动形成共管共治、共建共享的良好社区生态。

二、重赋乡村产业活力是提升村寨旅游扶贫质量的重要途径

传统农业及产权结构比较收益、经济回报率低下，在工业化背景下无力为乡村发展提供支撑；背弃传统农业，将旅游业作为民族村寨发展的救命稻草，

① 费孝通．费孝通译文集（下册）［M］．北京：群言出版社，2002：19.

必然会将地方经济置于危险境界。通过土地产权制度改革，以旅游激活相关产业，挖掘自身的比较优势，才能实现生产要素利用的最大化并找到经济社会发展的真正突破。

（一）盘活乡村资源实现资本化，激活产业发展内生动力

以城市需求为逻辑的扶贫模式，往往容易忽视农民的参与，虽然短期内农民收入得以提升，但是从长远来看农民难以获得内生的发展机会，最终沦为城里人到农村买地、包地，农民失地失权的剥夺模式。近十余年来，巨额基础设施投资极大改善了自然地理环境对经济发展的制约，农村整体贫困得到缓解，"美丽乡村建设及人居环境改善使得自然生态山水价值得以显化"（刘守英，2017）[①]。但是，长期的经济落后使得资本短缺仍然是乡村健康发展的短板。纳灰村针对性地制定相关政策，推进土地产权制度改革、农村经营体制改革，创新"管委会＋公司""旅游＋扶贫"等管理模式，盘活水田、山林、旱地、房屋等沉睡资本，将农村资源折股量化，入股独特资源及美丽山水的相关产业，推动了沉睡资本的价值增值。同时，依托旅游发展的巨大张力，打通第一、第二、第三产业的融合机制，推动了石漠化地区乡村的生产、生活及生态的一体发展，拓宽了扶贫的路子。

（二）稳定土地的乡村主体地位，构建多元产业融合体系

查尔斯·格德纳等（2008）指出在乡村旅游发展中如果管理不善，可能会使得旅游业成为新的单一产业，由于农业遭到荒弃，农副产业衰退，这使得旅游本身也同样存在危机[②]。因此，村民在面对发展机会时不愿意去冒险尝试生活的改变，更愿意坚持选择那些收益不高相对保守的谋生技术和生活方式。纳灰村的经验显示，一个真正"健康"的民族社区，应该拥有一个多元的产业体系，具有自我衍生及分散风险的能力。当农业完全为旅游让位时，容易本末倒置，引发社会矛盾；只有"回到土地"，用旅游激活农村产业体系，才能真正建构一个健康的乡村。

---

① 刘守英．新一轮农村改革样本：黔省三地例证［J］．改革，2017（8）：16–25.

② 查尔斯·R.格德纳，布特·里奇．旅游学：原理与实践［M］．北京：中国人民大学出版社，2008：392.

（三）尊重乡村社会的农地习俗，有效拓展土地利用价值

奥斯特罗姆（2000）曾指出："相当数量的公共池塘资源问题无法依靠国家或市场解决，人类社会中的自我组织及自治对管理公共事务的制度安排更为有效。"① 纳灰村"鱼稻"生态系统和村民流转土地后仍然可以申请 1~2 年的自种等柔性机制，并未遵循严格的产权界限，但却实现了土地资源利用的最大化，也实现了不同利益主体的共赢。社会学家博达（2014）曾讨论过一个私有化的事件："土地共有公用是当地文化身份与经济的核心部分……外来的美国公司为了鼓励人们在农业生产活动中形成土地私有的意识，在土地上立起了带刺的铁丝网。当 Loba 的村民看到刺网布满了所有的共用土地及生活道路时，感到怒不可遏。"②Geddes（1976）发现，对土地没有独占的意识，及没有严格的"土地产权"的概念，是山地族群的重要生态文化之一③。因此，在民族地区推进土地产权制度改革，应该给予其更多的柔性空间及渐进的机会，否则，这样的改革不但达不到目的，反而可能激化社会矛盾，引发社会冲突。

三、重构乡村文化价值是促进村寨旅游扶贫创新的重要依托

传统农耕文化体系在城市化进程中遭到逐步肢解和遗弃，乡村文化的振兴不仅是对现代生活的填补，更是实现乡村变革的良药。文化，具有经济的价值，但是单纯的文化经济并非文创赋能经济，经济发展应该更具有人性化。

（一）民族文化是实现内源式发展的重要动力

依据英国国际发展部的可持续生计分析框架，除了资金外，穷人还拥有着物质、自然、社会及人力等方面的资本（DFID，1999）④。激活穷人资本，通过内源式的发展摆脱贫困是干预的重要手段（Nikkhahet 等，2010）⑤。有效的减贫策略在于承认穷人在综合资本上的比较优势，逐步由增加穷人的资本转向开发

① 埃莉诺·奥斯特罗姆.公共事务的治理之道［M］.上海：三联书店，2000：11.

② 张晓松，张小军.过度商业化与民族文化多样性危机［J］.原生态民族文化学刊，2014（4）：138-143.

③ William R Geddes. Migrants of the Mountains［M］. Oxford：Clarendon Press，1976：87-90.

④ DFID. Sustainable Livelihoods Guidance Sheets［R］. London：Department for International Development，1999.

⑤ Nikkhah et H A，M B R edzuan. The R ole of NGOs in Promoting Empowerment for Sustainable Community Development［J］. *Journal of Human Ecology*，2010（30）：85-92.

穷人的资本，主要措施包括：视穷人是有投资需求的；将穷人的有限资产视为优势，而非劣势；注重穷人不同资产的转换关系，善于嵌入资源实现穷人资产升值。岜沙在村寨旅游扶贫的过程中，村民借助自身的资本优势，有效地嵌入旅游发展中，依托文化资本获取收益的同时，也丰富和建构了文化的价值。但是，旅游文化制度包含了官方的认可和市场的遵循，往往导致“村落文化生产的时空分离、断裂”（杨正文，2008）①，岜沙村民被迫接受了文化的“规训”；在文化资本市场化的过程中，受到了暗示、诱惑、胁迫等市场主导作用而被迫贴上了“社会公认性”（吴启焰等，2011）②的文化标签，想要真正树立文化自信，获得内源式发展，尚有很长的路要走。

（二）文化开发需经“去民族化”到“再民族化”

长期以来，“文化资本”被视为一个“静态、僵硬、具有强烈社会决定论色彩的概念而受到广泛的批评”（朱伟珏，2006）③。文化资本的特性在于具有生产和增值的作用，这种增值并非仅指经济增值，更是文化价值增值。资本化推动文化资源形成文化资本；文化资本也实现文化资源的不断创新（宋振春等，2011）④。岜沙保留下来的独特民族文化是整个社会的一笔财富。在旅游发展之初，为了在市场上迅速确立并传播自身的文化标签，岜沙将整体的社区文化进行了“市场化的建构”，满足了大众市场猎奇、探险的文化心理，这是一个“去民族化”的过程；“抽取”文化的过度放大，缺乏具有逻辑关系的相关文化的配套及跟进，将岜沙文化开发定格在初级文化层面，抑制了文化资本化的效益最大化。要让旅游的发展从更广、更深的层面带来社会经济效益，必须在社会主义核心价值观的指引下，因地制宜推进民族文化的创生，实现地方文化的“再民族化”。

（三）构建文化资本公平交易的产权组织制度

布迪厄（1977）指出：“文化资本由物质性‘经济’资本演化而来，其象

① 杨正文.从村寨空间到村寨博物馆——贵州村寨博物馆的文化保护实践［J］.中国农业大学学报（社会科学版），2008（9）：5–20.

② 吴启焰，王兆杰.布尔迪厄的文化资本理论在旅游规划中的应用［J］.人文地理，2011（1）：113–117.

③ 朱伟珏.超越社会决定论——布迪厄“文化资本”概念再考［J］.南京社会科学，2006（3）：87–96.

④ 宋振春，李秋.城市文化资本与文化旅游发展研究［J］.旅游科学，2011（8）：1–9.

征资本的属性在一定程度上遮蔽了源自‘物质’形态资本的事实。”[①] 在产权界定模糊、村民意识薄弱、政府寻租、企业逐利的民族村寨，文化资本的价值在各种复杂博弈关系中是难以有效落实的。在地方发展无望、村民发展无路的情况下，资本性企业的强势进入必然建构以资本为核心的利益框架。对此，不少学者呼吁践行民族文化资源产权立法，法制程序必然是重要的，但是脱贫攻坚的决胜时期，村寨旅游扶贫大举推进、社区居民愿望迫切的背景下，与其等待和呼唤立法的生效，不如自发形成保障文化资本公平交易的产权组织制度。无论是政府、村民在进行旅游开发之初都是以解决贫困为目的的，甚至是相关企业也带有公益扶贫的初衷，这使得岜沙“资源保护”费的诉求得以有效落实，有效地推动了村寨民族文化资本的保质和增值，实现了文化传承与旅游扶贫的共生发展。这样的实践，为其他村寨提供了可行性的借鉴。

本章小结

党的十八大以来，贵州始终将旅游扶贫作为扶贫攻坚的主战场之一，为广大村民创造了离土不离乡的、有尊严的就业机会。减贫是乡村振兴的关键和前提，乡村振兴是减贫的深化和保障，脱贫攻坚是贵州民族贫困地区乡村振兴的底线任务，如何建立脱贫的刚性机制，推进贵州村寨旅游扶贫由单维走向多维、由非均衡走向均衡、由效率走向共享、由产业单一走向产业协同，成为新时期需要重新审视的命题。三个村寨科学判断自身存在的制约因素，分别以重组乡村治理结构破解扶贫困境、以重赋乡村产业活力提升扶贫资料、以重构乡村文化价值促进扶贫创新，在民族村寨面临巩固脱贫、地方创生、稳定成效、振兴发力的重要转折点，依托村寨旅游在减贫中取得的成效和经验，推动村寨旅游减贫的质量提升，破解实现乡村振兴的制约因素。

① Pierre Bourdieu. Outline of a Theoryof Practice［M］.Cambridge：Cambridge University Press，1977：187.

第七章 贵州民族村寨旅游扶贫质量提升的战略及举措

第一节 贵州村寨旅游扶贫质量提升的战略

贫困治理具有典型的长期性、反复性及复杂性，至 2020 年 5 月，全国尚有 52 个贫困县未摘帽、2707 个贫困村未出列。乡村振兴战略三步走的战略中，脱贫攻坚是第一个步骤的基础、第二个步骤的保障。深化供给侧改革、释放旅游扶贫及旅游富民能效是我国迈向旅游强国的重要战略。至 2020 年，贵州脱贫攻坚挂牌督战县尚有 9 个[①]，旅游是贵州“决战脱贫攻坚，决胜同步小康，奋力开创百姓富生态美的多彩贵州新未来”[②] 的战略性支柱产业。在新冠肺炎疫情的影响下，以乡村、自助、散客、家庭等为特征的新兴旅游方式进一步取代传统旅游方式，民族村寨旅游将成为贵州省激活旅游产业复苏、夺取脱贫攻坚决胜、推进乡村振兴的重要驱动力。厘清未来的减贫形势，优化结构、补齐短板、厚植优势、提升扶贫质量，是未来贵州村寨旅游扶贫的重要命题。

一、调整贵州村寨旅游扶贫战略的依据

绝对贫困会伴随着社会经济发展水平的提升而下降，但即使到了经济水平的较高阶段，低收入阶层将一直存在，相对贫困将难以最终消失。2020 年随

① 贵州的脱贫攻坚挂牌督战县名单（9 个）：毕节威宁县、纳雍县、赫章县，黔东南从江县、榕江县，黔西南晴隆县、望谟县，铜仁市沿河县，安顺市紫云县。

② 贵州省旅游发展委员会办公室 . 贵州旅游 2017 年工作总结及 2018 年工作安排意见 [Z].2018.

着现行标准下的贫困人口脱贫，区域性贫困得到根本性解决，我国的扶贫工作将取得阶段性胜利，但并不意味着中国的扶贫工作就此终结，仍然面临一系列的贫困问题。扶贫工作将迎来新的领域，村寨旅游也将肩负新的扶贫使命。

（一）贫困的维度将逐步拓展

不同的经济社会发展水平下对贫困的认知和界定存在差异。庇古指出人类既是自己活着的目的，也将自己作为生产的工具。占有财富并非福利满足的全部内容，还涵盖着对于非物质因素（包括知识、感情、欲望等）的追求；庇古将前者定义为“经济福利”，后者为“非经济福利”①。缪尔达尔（1957）认为，贫困不仅仅是经济因素的结果，而是与政治、文化等因素综合作用的结果②。斯坦·林恩（1985）提出以绝对贫困、相对贫困和广义福利贫困（即贫困的“现代”阶段）作为衡量贫困的三个阶段。可见，贫困问题就是多种福利问题累积的问题，其研究就是对社会福利水平及分配的研究。“广义福利贫困”的概念被世界银行的部分重要报告采纳，并在此基础上提出了扩大经济机会、促进参与赋权及加强安全保障的新世纪参与性综合减贫战略框架③。

随着中国的贫困特征逐渐由绝对贫困走向相对贫困、由单维贫困走向多维贫困、由计生贫困走向发展能力贫困，对贫困的关注将逐渐由物质形态的“缺衣少食”及“收入不足”的经济贫困状况延展到“能力、权利及文化”的匮乏。2020年前的主要任务是解决物质的匮乏；扶贫攻坚取得决胜之后，扶贫工作的重点将转移到人们获得生活资料的能力、社会成员享有政治及文化的权利上来。我国以往的扶贫往往更多地关注了物质及经济上的贫困，但这仅仅是贫困的表现形式，能力的贫困才是真正的原因，这些将最终导致权利贫困的社会后果。因此，今后需要更加拓宽扶贫思路，从收入、能力及权利等多维视角来提升贫困人口的机会和途径，保障脱贫的可持续性，继而促进社会的全面进步。

（二）贫富差距呈现拉大趋势

习近平总书记指出：“如果不能给老百姓带来实实在在的利益，如果不能

① 阿瑟·塞西尔·庇古．福利经济学［M］．北京：华夏出版社，2013：28-33

② Myrdal G. Economic Theory and Under-Development Regions［M］. London：Gerald Duckworth，1957：29-31

③ 世界银行．2000/2001年世界发展报告．

创造更加公平的社会环境，甚至导致更多不公平，改革就失去意义，也不可能持续。”① 在相对贫困的经济政治格局下，人民群众对于社会公正、政治权力的要求越来越高，公平公正的社会经济格局是“美好生活”的重要组成部分。在国际上，基尼系数常作为衡量一个国家或地区收入差距的重要指标（见图7–1），0.4 是收入分配差距的“警戒线”。

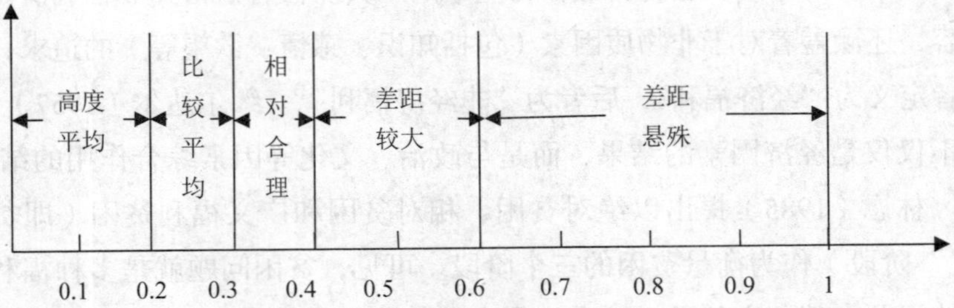

图 7–1　联合国开发计划署基尼系数与社会平均度的关系

Figure 7–1　The relationship between undp gini coefficient and social average

中国经过 40 年经济的高速增长，人均收入迅速提升的同时贫富差距及分配不均等现象日益凸显（见图 7–2）。我国的基尼系数 1981 年为 0.288，到 2017 年提高到 0.467，不平等程度增加了 62%。处于经济社会底端的贫困人口要分享经济发展的红利的难度越来越大，也就是说“经济增长带来的扶贫效应在递减”（汪三贵等，2015）②。

从贵州省来看，收入差距不断加深。以贵州农村家庭可支配收入为例，20% 的低收入家庭人均可支配收入至 2019 年达 2462 元，较 2010 年增长了 1.9 倍；20% 的高收入家庭人均可支配收入 2019 年达 23440 元，较 2010 年增长了 2.9 倍（见图 7–3）。在累积效应的作用下，收入差距仍会进一步拉大，因此，必须拓宽扶贫思路，创新扶贫方法，才能实现全面小康的最终完成。

① 辛向阳. 政府工作报告直面人民迫切需要解决的重大问题［EB/OL］.（2019–03–19）. http：//www.sohu.com/a/302243353_114882.

② 汪三贵，郭子豪. 论中国的精准扶贫［J］. 贵州社会科学，2015（5）：147–150.

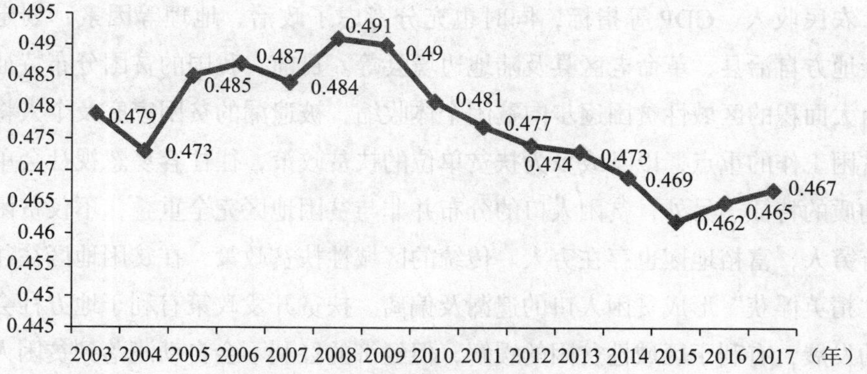

图 7-2　我国历年的基尼系数

Figure 7-2　The Gini Coefficient of Our Country over the Years

数据来源：中国国家统计局，《中国统计年鉴 2012》《中华人民共和国 2012 年国民经济和社会发展统计公报》；笔者自绘。

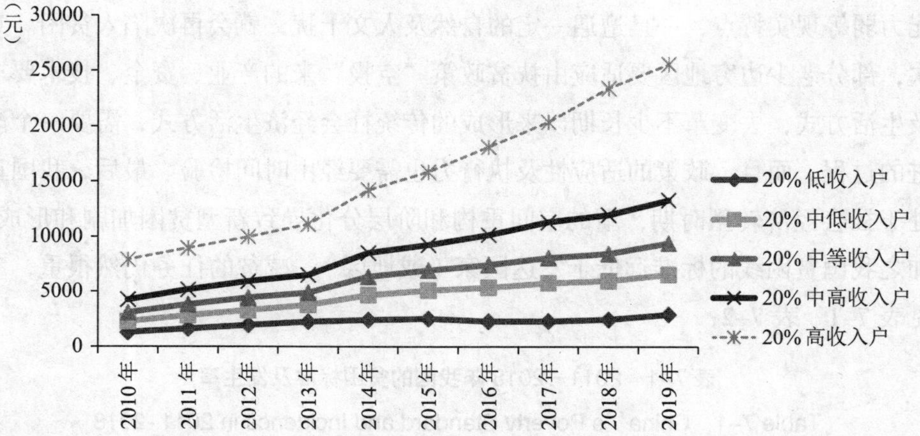

图 7-3　贵州省 2010—2019 年农村居民（按收入水平分）家庭人均可支配收入

Figure 7-3　Per Capita Disposable Income of Rural Residents (by Income Level) in Guizhou Province from 2010 to 2019

数据来源：贵州省宏观经济数据库；笔者自绘。

（三）瞄准对象将进一步精准

在区域性贫困阶段，贫困县的扶贫瞄准的重点，其划定充分考虑了经济水平、农民收入、GDP 等指标，同时也充分考虑了政治、地理等因素，划定了民族地方自治县、革命老区县及陆地边境县等。目前，我国的贫困分布特征已经由大面积的区域性贫困逐步向贫困个体收缩，被遗漏的贫困家庭及个人将成为贫困工作的重点，以县或乡为扶贫单位的扶贫政策，往往容易忽视社会单元非均质的特征。另外，贫困人口的分布并非与贫困地区完全重叠，不仅贫困地区有穷人，富裕地区也存在穷人。传统的区域性扶贫政策，在贫困地区往往由于“精英俘获”形成贫困人口的遗漏及偏离。扶贫开发政策有利于地方社会经济的发展，有利于区域性贫困的缓解，但经济的红利不会自动滴落到贫困人口身上；贫困人口参与能力的提升并非一日之功，价值已经形成有利于精英的格局及“剥夺惯性”的存在，精准扶贫任务还十分艰巨。

（四）扶贫的成效仍有待巩固

我国贫困人口大多分布在自然条件恶劣、经济产业薄弱、社会服务保障体系滞后的地区。首先，这些区域具有自然灾害频发、产业经济脆弱、市场参与能力弱等现实特点，一旦遭遇一定的自然及人文干扰，就会再次陷入贫困。其次，部分老少边穷地区要适应由扶贫政策“空投”来的产业、资金、技术要求及生活方式，去变革不少长期以来形成的传统社会经济生活方式，需要一个渐进的过程。而且，政策的适应性及执行力也需要经由时间检验。最后，我国正处于社会经济转型时期，新的空间重构和阶层分化导致新型贫困加剧和形成，加之我国贫困线的标准远低于发达国家（或地区），减贫的任务仍然很重，参见表 7-1、表 7-2：

表 7-1　2011—2018 年我国的贫困标准及发生率

Table 7-1　China’s Poverty Standard and Incidence in 2011-2018

年度	标准（元）	贫困发生率（%）
2010	2300	17.27
2011	2536	12.70
2012	2673	10.20
2013	2736	8.50
2014	2800	7.20

续表

年度	标准（元）	贫困发生率（%）
2015	2968	5.70
2016	3146	4.50
2017	3335	3.1
2018	3535	1.7

数据来源：国家统计局、国务院扶贫办网站公布数据整理。

表 7-2 2017 年世界各国贫困线标准及 GDP 与贫困线的比值

Table 7-2 Poverty Lines and GDP/Poverty Line Ratios for All Countries in 2017

国家（或地区）	贫困线标准（年收入）	GDP（美元）	GDP和贫困线的比值
中国	3200元	8912	18.9
日本	122万日元（相当于人民币7.57万元）	38214	3.43
中国台湾	22.8万新台币（相当于人民币5万元）	22950	3.09
法国	7800欧元（相当于人民币6.2万元）	39914	4.42
韩国	998万韩元（相当于人民币5.6万元）	30285	3.67
德国	11748欧元（相当于人民币9.3万元）	43793	3.24
英国	14808英镑（相当于人民币13万元）	49000	2.57
俄罗斯	12万卢布（相当于人民币1.2万元）	8949	5

数据来源：公开数据整理。

（五）贫困潜伏代际传递风险

贺雪峰（2013）指出，中国的乡村社会已经由“熟人社会”演变为“半熟人社会”，村庄多元化及异质性、共识丧失及约束能力降低、内部力量越来越难以维持生产生活秩序是“半熟人社会”的三个特征①。大量农民工通过进城务工增加了收入的来源，也提高了家庭的收入水平，但也伴随着农村人、财、物的流出。在传统乡村社会秩序失范的情况下，农村日渐凋敝，还随之引发了

① 贺雪峰．新乡土中国［M］．北京：北京大学出版社，2013：9

一系列的社会问题。当前，四川、贵州等七省的留守儿童占到全国的69.5%[①]。深度贫困地区儿童发展异常或疑似异常率是上海的3~6倍之多（见图7-4）。海克曼指出打破贫困代际传递的突破口在于发展儿童，“预分配”比“再分配”更有利于贫困减缓[②]。深度贫困地区儿童的发展状况令人担忧，也成为贫困代际传递的最大隐患。

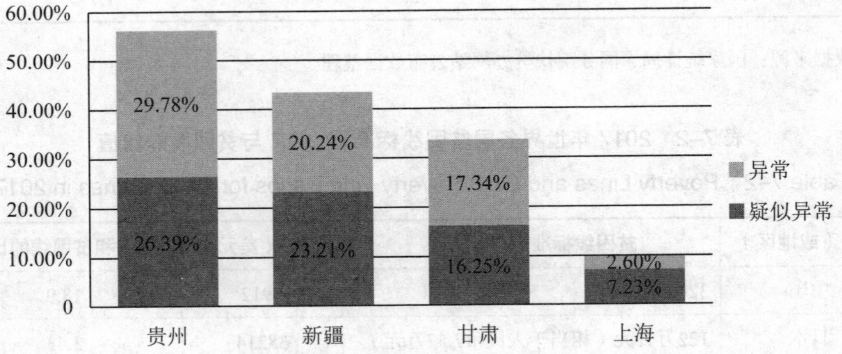

图7-4 深度贫困地区儿童异常率及疑似异常率与上海的比较

Figure 7-4 Comparison of abnormal and suspected abnormal rates of children in deep poverty areas with those in Shanghai

数据来源：中国发展研究基金会秘书卢迈在南都观察2018夏季论坛上的PPT；笔者自绘。

二、贵州村寨旅游扶贫质量提升的战略

中国是世界上的贫困国家之一。贫困，将直接导致并衍生一系列的社会问题，事关国家经济发展及政治稳定。中国经济已由高速增长阶段转向高质量发展阶段，传统的扶贫开发方式能效逐步收缩，亟须创新发展思路，制定提升村寨旅游扶贫质量的重要战略。

（一）巩固主体多元的减贫格局

村寨旅游扶贫具有激活村庄民族文化传承和价值实现（文化），带动村庄

① 民政部：5年来928万人脱贫，留守儿童数量两年下降22.9%［DB/OL］.（2018-10-31）. https://www.sohu.com/a/272841605_100268179.

② 海克曼.诺贝尔经济学奖得主海克曼谈投资弱势儿童［DB/OL］.（2012-11-07）. https://gongyi.qq.com/a/20121107/000007.htm.

产业多元化和产业结构升级换代（产业），解决返乡创业、就业（就业），提高人口素质，缓解村庄空心化、老龄化、家庭空巢化等问题（人口），关注并参与村庄公共事务的能力（社区）等方面贫困减缓的内生优势，在未来的村寨旅游扶贫中，需要充分发挥社会各界的优势，积极动员各种社会力量参与旅游扶贫，构建起具有中国特色的“众人拾柴”的多元联动减贫机制。

第一，持续优化政府主导的减贫能效。从哈耶克与凯恩斯在伦敦经济学院的争论，到林毅夫与张维迎在北京大学的公开辩论，关于在市场经济中政府的作用的讨论一直在进行。政府往往扮演着公共利益、公共权力及公共资源的代表者、整合者和调配者，在村寨旅游发展过程中承担着“文化保护、规划设计、宣传促销、市场监督与管理、教育培训、信息服务、旅游基础设施供给等作用”（吴亚平等，2016）①。理查德·布特勒等（2016）指出旅游扶贫的一整套复杂机制及方法是负责任的政府理应倡导并促进的②。村寨旅游扶贫，除了动员机关事业单位干部职工广泛参与，定期选派优秀中青年干部驻村开展旅游扶贫，发挥民主党派、工商联和无党派人士的作用，多渠道筹措帮扶资源，创新帮扶形式，促进村寨旅游扶贫事业宽路径发展。

第二，企业投资参与是激活村寨旅游扶贫的条件。企业具有管理、人才、市场、技术等多方面优势，是社会化旅游扶贫的重要力量，具有不可替代的作用。鼓励各类企业通过投资、招工、捐助、培训等方式，以企业为平台、村民为主体，引入旅游及文化创意企业，形成村企共建的带动贫困人口脱贫致富的共建格局。

第三，积极引导社会组织（NPO、NGO）参与村寨旅游扶贫工作。政府搭建提供信息、业务、管理等的公益平台，鼓励民间社会组织以规范、合法的方式参与村寨旅游扶贫，通过项目推介、市场引入、文化传承等方式创新扶贫。

（二）构建资源联动的减贫体系

依托“大旅游、全域旅游、旅游＋”等战略，集合村寨旅游资源要素和发

① 吴亚平，陈志永. 民族村寨景区化发展中地方政府逐利行为的生成逻辑及治理研究［J］. 黑龙江民族丛刊，2016（3）：84–89.

② 理查德·布特勒，罗斯·卡伦，凯文·D. 奥戈尔曼. 苏格兰城市扶贫旅游研究——以格拉斯哥戈万为个案［J］. 民族论坛，2016（10）：101–112.

展机会，构建立体的民族村寨旅游扶贫体系；在该体系中，村寨是主体，产业是动力，贫困人口的就业及收益增加是核心，见图 7–5：

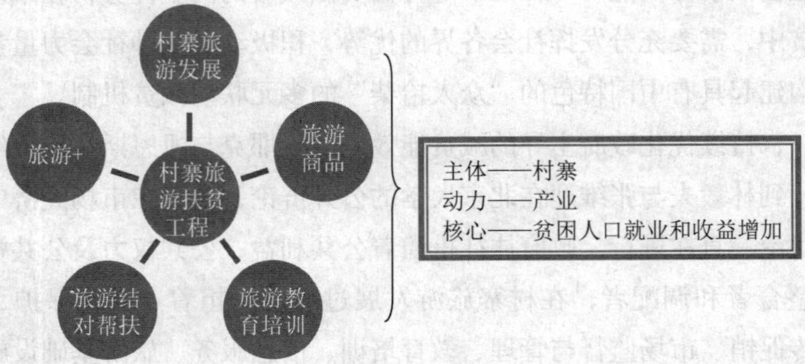

图 7–5　贵州村寨旅游扶贫联动体系

Figure 7–5　Linkage system of poverty alleviation through Village tourism in Guizhou

注：笔者自绘。

通过激活村寨旅游张力，拓宽贫困人口增收途径。通过村寨旅游企业发展，为村民带来直接的就业机会并获取劳务回报；通过在旅游发展中，销售技术、劳动力、农副产品等获得旅游经济收入；通过自有房屋、土地、文化等入股，获得资产性收入。

通过旅游 + 拓展产业链，推动村寨旅游产业升级。充分发挥村寨旅游跨界融合、产品创新、产业延展等功能，改变传统村寨旅游扶贫模式中以旅游门票收益为争夺焦点的利益格局，创造多元化的立体参与格局，让处于不同经济、社会及文化层面的村民普遍享有分享旅游收益的渠道和机会。

通过提升旅游商品价值，培育村寨旅游商品基地。依托市场需求，通过资金整合及贷款融资等方式，培育具有产业优势的民族村寨建设旅游商品基地，推动村寨电商服务“网点全进村、网络全连通、物流全覆盖”，建立依托电商推动旅游产品销售的人才培育、产业孵化、冷链仓储、包装运输配套体系，推动村寨旅游商品的生产基地及品牌建设。

通过贫困人口教育培训，培养村寨旅游致富人才。发达国家的经验显示，消除贫困的根本策略在于人力资本水平的提高。“知识”“信息”“能力”的缺失，是制约贫困人口通过旅游发展获益的主要瓶颈。结合旅游发展需要，利用政府及社会相关资金，推进人口质量提升工程。针对贫困人口，培育旅游发展相关专业技能人才，真正实现其旅游发展技能的增进。

通过旅游结对帮扶资源，创新村寨帮扶联动机制。利用国家对贵州的对口帮扶政策，进一步充分利用 7 个对口帮扶城市资金、技术及市场优势，采取分级分类结对帮扶方式，重点对具有旅游发展条件的民族贫困村寨，通过政策、制度及资金等的扶持，组织引导乡村创客主体投身村寨旅游扶贫开发，依托“乡村创客示范基地”带动通过产业创新参与旅游发展。

（三）撬动资金整合的投资机制

贵州村寨旅游扶贫开发的过程中，缺乏专业的、具有旅游专业特性的龙头企业，同时，资金渠道局限、市场主体成长缓慢等问题严重。在逐步建立和完善社会主义市场经济的宏观背景下，贵州村寨旅游需要坚持改革开放，大力引导省内外社会资本投资村寨旅游项目，采取各种措施激发市场活力。贵州作为一个经济贫弱的省份，为促进村寨旅游的扶贫能效，需要进一步在国家及省级投资的基础上，形成政府主导、多部门联合推动产业发展的格局；此外，贵州也是一个经济穷省，仅靠政府投资难以在短期内拉动“旅游马车”，应该积极鼓励其他投资模式，带动区域旅游经济，帮助村民脱贫致富，也是重要选择。2017 年，贵州 A 级景区中，投资主体为民营企业（包括股份制企业、私营独资、私营合伙等）的有 57 家，占 32.2%①。要充分发挥资金的撬动作用，吸引更多资本参与村寨旅游项目开发建设，进一步引导和培育民营主体投资村寨旅游发展，逐步壮大市场主体，不断健全市场机制，使市场在资源配置中真正起到决定性作用。

（四）落实“益贫”的制度安排

村寨旅游能够有效地推动经济发展、促进文化保护、缓解地区贫困、增进交流合作。但是，在贫困地区极易出现民族村寨发展差距拉大、社会贫富分化、农民利益受损、主客矛盾冲突、旅游市场紊乱等一系列问题。这不仅阻碍村寨旅游的可持续发展，更会严重破坏当地产业结构，贫困人口往往成为这些

① 贵州省旅游发展委员会 . 贵州省旅游发展白皮书（2017）［R］.2017.

社会成本的承担者，也加深了这部分人群的贫困程度，见图 7-6：

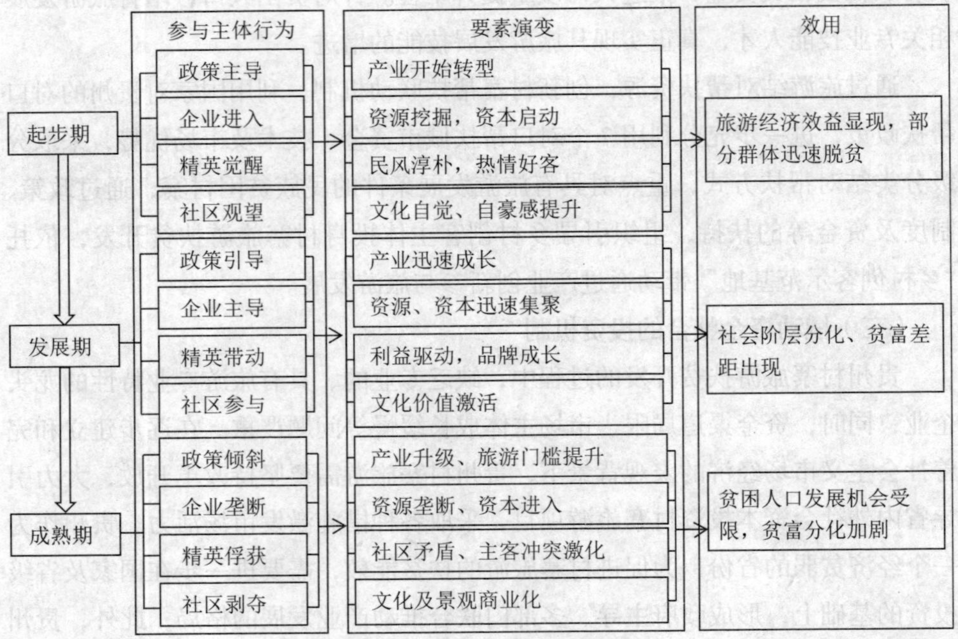

图 7-6　村寨旅游扶贫发展历程及社会影响

Figure 7-6　The Development Course and Social Influence of Village Tourism in Poverty Alleviation

引自：笪玲，刘晓鹰．相对剥夺视角下乡村旅游扶贫研究——以贵州兴义万峰林社区为例［J］．地域研究与开发，2019（2）：124-128.

村寨旅游的起步阶段，通过政府的政策支持为首先投资旅游的企业及较早参与旅游的社会精英创造了良好的发展机会，旅游迅速推动经济由传统农业向旅游业转型，拥有资金及技术优势的村民通过参与旅游发展获得受益的同时，也成功地摆脱了贫困；村寨旅游发展阶段，企业及旅游精英在旅游发展中由于经济资本的积累而掌控了村寨旅游的利益分配格局，市场的渐趋成熟也随之带来了村寨旅游产业的升级。旅游参与的门槛提升，资本及技能贫弱的村民参与旅游发展的机会萎缩，社区贫富分化凸显；村寨旅游成熟阶段，对于贫困地区而言，政府产业扶持资源有限，为了保护和推动地方旅游的发展，企业完全实现区域内的产业垄断，精英阶层也完全俘获并主导政策话语。由于参与旅游主体完成了对旅游发展机会和资源的占领和分割，所以，这一阶段的旅游产业虽然迅速发展，经济收益也迅速提升，基本上完全剥夺了其他社区主体参与旅游发展的机会和可能性，村寨矛盾转换为主客冲突，贫富差距迅速拉大。

可见，发展民族村寨旅游并不必然解决贫困，如果任由其按照市场运行规律发展，甚至可能会因旅游发展加剧贫困人口的贫困。因此，有益于贫困人口的制度性安排，是村寨旅游带动贫困人口摆脱贫困的重要前提。第一，旅游发展应该广泛兼顾主客共享，将旅游发展的溢出效应更好地辐射于村寨居民对美好生活的愿望，发展旅游的同时提高村民生活品质；第二，充分发挥村寨旅游经济的辐射功能，坚持扶贫项目到村到户，有效串联对当地居民的利益辐射及关照，从制度上将解决就业并带动村寨经济发展作为旅游企业必须履行的政治任务和社会职责。

（五）建立公平发展的产业格局

近年来，村寨旅游扶贫中“行政异化”“村庄飞地”“利益剥夺”“精英俘获”“参与障碍”“文化变迁”“村庄霸权”等问题凸显，村寨旅游在减贫的过程中如果不有效疏导这一系列社会问题，必将抵消其旅游扶贫的能效，拉大贫富差距，最终阻碍村寨旅游健康良性发展。第一，尊重资产（土地、房产、文化）的市场价值，建立有监管的补偿机制。通过法律保障弱势群体的权益，充分保障村民资产的价值权利，建立公平的农民资产的市场交易平台。第二，提高社区参与程度，旅游发展兼顾贫困人口。要最大限度地发挥旅游对贫困人口的扶贫作用，推动村民多元化的角色整合及乡村资本的价值实现，让经济增长成果精准“滴落”到贫困阶层。旅游重构了乡村生产的空间秩序，利益的博弈打破了传统社区权力结构“核心区”和“边缘区”的分布。因此，要真正破解贫困，必须重构一个完整多元的公平机制，打破不公平产生的格局。

（六）激活贫困人口的生计资源

依据英国国际发展部的可持续生计分析框架，除了资金外，穷人还拥有着物质、自然、社会及人力等方面的资本（DFID，1999）[①]。如何有效发掘贫困人口的生计资源，是村寨旅游扶贫的重要命题。对贫困人口而言，其生计资源包

① DFID. Sustainable Livelihoods Guidance Sheets［R］. London：Department for International Development，1999.

括以下方面（见图 7–7）：

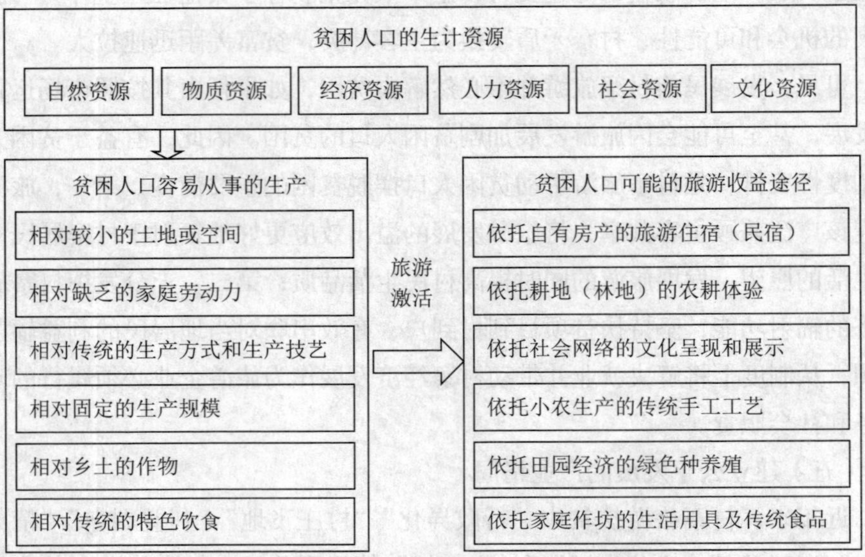

图 7–7　旅游激活贫困人口生计资源途径

Figure 7–7　Tourism Activates the Livelihood Resources of the Poor

注：笔者自绘。

自然资源包括小块土地、山地、林地等自然生境；物质资源包括生产简单工具及有限的设施；经济资源包括有限的储蓄及政策性补贴；人力资源包括以家庭为单位的劳动力及传统的生产经验和地方知识；社会资源包括熟人社会中的各种人际关系；文化资源传统技艺。这样的资源组合方式，将贫困人口的经济发展长期局限于较低水平，也决定了土地及空间利益有限、劳动力需求小、局限在特定生产规模下、依托传统农作物进行生产技艺活动的生产，是贫困人口能够且擅长的。村寨旅游的发展，使贫困人口资本的比较优势得以显现，依托多余房舍，入股民宿等住宿产业；依托耕地（林地），依托传统种植技术，推动农耕体验；依托在乡村社会关系中的角色，掌握的文化传承技艺，形成文化旅游产品；依托小农生产工艺和世代文化记忆，恢复传统手工艺展示和产品生产；依托自家的田园或院落，以相对传统的方式种植（或饲养）相对传统的农作物（家禽家畜），形成地方特色商品；依托传统家庭作坊，生产城市人口青睐的手工器具和地方食品。

比较优势及投资需求的存在，是穷人资本得以开发的前提，也是其拥有买方并得以盘活的重要基础（苟天来等，2016）[①]。小农经济为中国最大多数的弱势群体提供了与土地结合起来的条件，从而为中国最为广大的弱势群体提供了保底和退路[②]。传统的产业扶贫模式，往往在进入资本、能力、文化及技术等方面有一定的要求，而贫困人口之所以贫困，往往就是这些资本及能力的缺失，这也是长期以来产业扶贫能够推动地方社会经济发展，但却难以真正有效辐射贫困人口的重要原因。一方面村寨旅游的发展，为贫困人口找到了资本的比较优势，并在旅游发展的张力下，进一步激活了贫困人口的资本优势，带来了穷人能参与的、易适应的、可持续的文化渐进和收入来源；另一方面，在市场的作用下，也渐进地推动了贫困人口的生产改进和创造。“村里面的米很多，原来就是简单地卖给外面来的人点米，但现在我们也想做一点深加工的尝试，比如说粑粑、米粉这些，游客也很喜欢。”（美德村村民 YGP 语）[③] 对于游客而言，不仅在旅游中品味了地方特色美食、购买到乡村生态物件及食品，更重要的是通过深度农业乡土文化体验，分享了村寨的文化情感，搭建了美好和谐的共享城乡关系。

第二节　贵州村寨旅游扶贫质量提升的举措

拥有优质旅游资源和发展条件的民族村寨比较容易在旅游市场中获得认可，而资源、交通、产品等尚不具备较好市场条件的民族村寨，需要通过整体规划及打破瓶颈才能融入旅游发展之中，这部分村寨是精准扶贫的主要对象。市场有一定的饱和性及功能差异性，虽然部分民族村寨以现有的市场为标准来看，内生性较差、与外围产业的耦合能力弱，但可以通过激活村落的内生文化

① 苟天来，唐丽霞，王军强．国外社会组织参与扶贫的经验和启示［J］．经济社会体制比较，2016（7）：204-211.

② 贺雪峰．新冠疫情与中国城市化道路．迈向人民的中国社会学——纪念费孝通先生诞辰100周年特别演讲．2020-05-21.

③ 2020 年 3 月 26 日，对从江县美德村村民 YGP 的访谈；地点：从江县美德村。

优势和产业链机遇，形成新型产业系统，继而带动村民参与旅游、分享旅游、依靠旅游。

一、创新多元化的村寨旅游扶贫模式

村寨旅游扶贫必须充分尊重产业发展规律和发挥市场活力，要理顺政府、经营实体（包括企业和经营性组织）、贫困户三者的关系，并着重构建三者间合理、有效的经营机制。通过探索“三变”“三带”“三加”的旅游扶贫创新体系（见图 7–8），力争实现村寨旅游扶贫资金使用效率高、扶贫项目经营回报率高、对社会资金参与旅游扶贫的吸引力高。

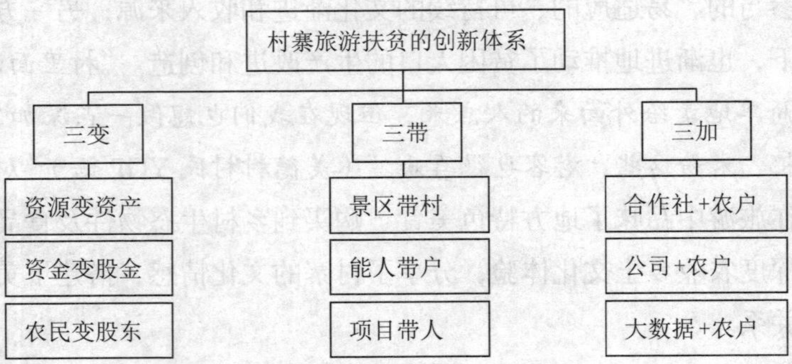

图 7–8　村寨旅游扶贫创新机制

Figure 7–8　Village Tourism Poverty Alleviation Innovation Mechanism

注：笔者自绘。

（一）推广“三变”模式创新资本价值与贫困人口的利益分配机制

民族村寨旅游开发经营中推行资源变资产、资金变股金、农民变股民的“三变”模式的基础上，兼顾经营者的盈利需求和贫困人口的脱贫致富需求，探索“三变”+ 民族村寨、“三变”+ 生态旅游、“三变”+ 特色产业、“三变”+ 特色小镇旅游扶贫利益联结机制。

“三变”+ 民族村寨。依托苗、侗、彝、瑶、布依、水族等特色民族村寨，强化核心村寨旅游品牌建设，加快周边村寨民宿等接待产业发展。采用“公司 + 村集体 + 农户”的方式，将扶贫财政资金、集体和个人资金、土地经营权、水面经营权、部分民族村寨及节庆活动和文化表演等折价入股实施旅游开发。

“三变”+生态旅游。对处于优质生态资源和知名景区周边的贫困村寨，面向旅游市场需求，推进基础设施及美丽乡村建设，积极利用乡村自然环境、特色饮食、特殊技能开发村寨养生医疗旅游产业，鼓励各大景区在建设和运营中为周边贫困居民提供就业岗位，村寨通过“集体+农户”的模式开展住宿接待，促进乡村旅游发展，带动贫困群众脱贫致富，带动相关产业和乡村经济社会发展。

“三变”+特色产业。通过“企业+合作社+农户”或“联合社+合作社+农户”方式，将种养殖地、扶贫专项资金、贫困户特惠贷款等入股。大力发展特色种植和特色养殖，做强特色产业，建设一批成规模、有品质的种养殖基地。推进旅游与传统加工业深度融合，以农特产品加工、民间手工艺品加工等为依托，推进特色旅游纪念品和旅游商品发展，落实乡村旅游后备厢工程、旅游电商专项行动。

“三变+”特色小镇。按照“以镇带村、以村促镇”的思路，形成村镇联动的发展模式。特色小镇规划区域内的民族村寨可将扶贫资金、特惠贷款和村寨、土地等各类资源入股小镇建设，通过城镇发展辐射村民的经济收入，在土地流转中要尊重贫困人口的意愿，保证贫困人口的基本权益。

（二）培育“三带”模式创新产业发展与贫困人口的协同共享机制

长期以来，“景区不带村”“产业溢出不足”“精英剥夺”“靶向偏离”等问题严重制约了民族村寨旅游发展中贫困人口的受益能力和机会，必须通过创新发展模式，形成产业与减贫的协同共享机制。第一，景区带村。进一步推进“百区千村万户”乡村旅游扶贫工程，重点依托村寨周边的景区、农业园区、公路沿线、集镇等重点区域设立专柜，鼓励酒店、农家乐等旅游餐饮场所积极采购贫困地区的农副产品，带动贫困人口通过在旅游企业中务工、发展旅游体验项目、销售特色农副产品获得经济收入；通过资源入股、政府提供生产经营场所及技能培训，获得乡村旅游发展的资本收入。重点协调村景的利益关系，发挥景区对周边村寨的辐射带动作用，把国家A级景区和旅游度假区带动贫困人口受益脱贫纳入申报、晋级和评定的条件，推进观光、生态、农业、民族文化等各类型村寨旅游的发展。第二，能人带户。充分发挥地方旅游能人的产业示范和带动作用，鼓励并引导乡村能人牵头发展具有地方文化特色和优势的旅游产业，将政策支持与企业带动致富能效挂钩。第三，项目带人。在项目制度性安排上，深入实施乡村旅游“后备厢”工程，协调资本效益与带动减贫的关系，大力发掘贫困人口在特色鲜明、具有自主知识产权的民族民间传统手工艺品、特色食品、中草药保健品等旅游商品方面的开发能力，通过项目带人的方式，形成相关利益主体的协调机制，构建互建共享、共建共赢的共享村寨社会。

（三）鼓励“三加”模式创新市场活力与贫困人口的能力提升机制

首先，“合作社＋农户”与“公司＋农户”。推进旅游企业开展“万企帮万村”行动，实施“乡村旅游后备厢”工程，不断发展“政府＋公司＋贫困户”“公司＋贫困户”“公司＋专业合作社＋贫困户”“专业合作社＋贫困户”等模式，推动乡村合作组织向法人社转型，引导农民参与市场竞争。促进旅游产业化经营与扶贫开发有效对接，引导贫困农户进入产业链条。

其次，“大数据+农户”。村寨旅游需要紧紧抓住中央大力推进“互联网+”和贵州省大力发展大数据产业的机遇，充分利用新理念、新技术、新产业的优势，与扶贫工作相结合，大胆探索、创新“互联网＋”“大数据＋旅游扶贫”机制，依托电商平台促进旅游产品及村寨农副产品的销售。加快建设智慧旅游综合服务平台，同时开展对贫困人口的信息化和信息化技能扶贫，保证网络信息终端逐步进村、入户。着力整合“村村通”“远程教育”等信息化建设的力量，广泛利用互联网（大数据）的信息资源优势，通过购买网络培训课程，组织互联网（大数据）扶贫体验活动，开设“互联网（大数据）＋旅游扶贫”的虚拟论坛等形式，实现不定时、不定点、扁平化的旅游扶贫培训和素质提升网络体验，借助互联网内容活泼、形式多样的优势，提升培训吸引并在互联网上集思广益，提升旅游扶贫的水平。

二、探索差异化的村寨旅游扶贫路径

民族村寨在资源禀赋、地理区位、产业优势等方面存在较大差异，可以充分考虑旅游产业的系统结构，通过差异化的发展战略（见图 7-9），同步启动各安置点旅游景观道路建设，配套驿站、营地、景观台、旅游标识及指示等，将各异地搬迁村落整合为立体旅游产业体系。培育村寨自身旅游吸引力的同时，依托重点景区、产业示范基地，统筹布局发展村寨旅游示范点，形成一批村寨旅游发展带或集聚区。通过大力发展特色乡村旅游，推动旅游村寨乡村生活、旅游环境的提升，打造"景区型村寨"，提升传统农业价值，推动农村旅游扶贫。

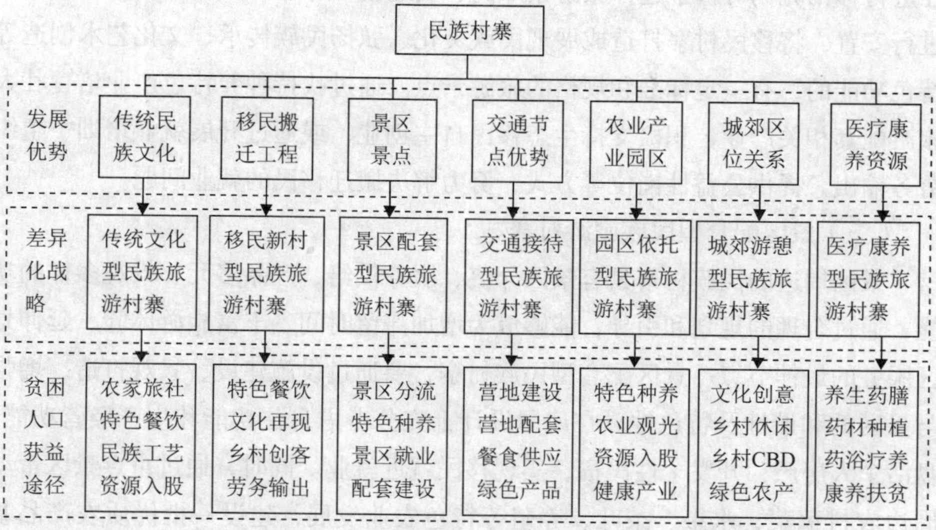

图 7–9 民族村寨旅游扶贫差异化战略

Figure 7–9 Differentiation Strategy of Tourism Poverty Alleviation in Ethnic Villages

注：笔者自绘。

（一）传统文化型民族旅游村寨

民族文化、技艺传承、自然人文景观鲜明的民族村寨具有较好的旅游市场进入性，需要以旅游发展为张力，有效地辐射村寨贫困人口，通过旅游以民族村寨、特色村寨、村寨文化和山水田园风光为重点，建设精品、特品型的村寨旅游产品，提高产品竞争力，培育和壮大村寨旅游集群。实施统一规划、分期建设、逐步推进，大力提升村寨旅游发展水平，增强基础设施和旅游接待服务设施。可通过科学选择旅游禀赋高、交通基础好、要素配套完善的民族村寨，通过相关业态培育，支持贫困人口发展农家旅社、特色餐饮服务和特色旅游商品，着力打造一批有吸引力的村寨旅游品牌。

（二）移民新村型民族旅游村寨

历史形成的原著文化和移民过程中的动态文化本身就具有极强的旅游吸引功能。以“搬得出、留得住、能就业、有保障”的原则，在移民搬迁工程中预留旅游发展的空间。对于民族文化保存完好、移民动态过程丰满的民族村落，在进行移民时，可科学选择旅游禀赋高、交通基础好、有旅游发展可能的地方进行安置，将移民村寨打造成展现民族文化、弘扬民族传承、文化艺术创造等特色功能的，有一定标准和规格的旅游景点。通过扶持种养特色产业培育壮大旅游配套相关产业，积极支持生态移民自主创业，或通过开展就业培训、组织劳务输出、提供公益性岗位等方式，努力解决搬迁移民的就业问题。

（三）景区配套型民族旅游村寨

景区周边的民族村寨具有景区分流、服务供给、产品多元、景观多样的功能，通过合理的规划和引导，能够成为增加滞留时间、丰富旅游体验、延伸景区服务的最佳节点。景区配套型民族村寨，要通过设施建设、景观打造，增强与景区的和谐性及特色性。在房屋设计上充分考虑自住功能和生产经营功能，盘活个人房产，开发个性民宿，实现移民就近就业。同时，通过重点景区带动周边农村蔬菜、水果、茶叶、养殖等特色农业发展，建设一批优质农产品基地，为旅游区提供特色农产品；鼓励“社区参与”景区发展，在景区相关建设中，优先考虑周边村寨居民的劳动力，增加村民通过景区或企业工程项目建设获得的劳务收入；积极引导村民通过开办农家乐、乡村旅馆、农业采摘等方式参与景区服务，政府预留出扶贫摊位、停车场、交通娱乐设施以免费或低价的方式优先关照周边村民。

（四）交通接待型民族旅游村落

随着“全域旅游”和“无景点”理念的推进，在家用汽车、移动互联网终端、大数据等条件的推动下，特别是2020年新型冠状病毒肺炎疫情对我国的旅游业发展带来深刻的影响和变革，未来相当长一段时期内，人挤人的封闭式场所会被摒弃，自驾、自助为特征的散客及家庭出游将是旅游的常态。与需求相比，我国目前的营地建设相对是比较滞后的。不少民族村寨有“近交通枢纽”的取向，因此，可以考虑在重要的旅游交通节点，规划配套自驾营地设施，引导民族村寨建设成为自驾服务营地。

（五）园区依托型民族旅游村寨

依托园区的民族村寨，按照“三农三化”（农业园区化、农村景区化、农民职业化）原则，保障国家和省级下达的农业产业化、退耕还林、特色经果林等项目工程优先安排用于贫困户，依托园区发展农业观光采摘、农业产业化、农业文化娱乐、健康养生农业等旅游模式，鼓励和培育贫困人口直接参与村寨旅游经营。大力发展旅游伴手礼品、旅游纪念品及与“旅游餐桌”有关的特色种养殖，培育注册具有地方特色的地理商标产品，提升农业产品的旅游附加值，增加贫困人口收入。

（六）城郊游憩型民族旅游村寨

发挥城镇及周边村寨的特色优势，特别是旅游地产、旅游服务、文化创意、商贸等产业，打造文化旅游体验与中枢服务区。结合村寨特点，积极发展旅游产品加工、民族服装、民族医药等产业，增强县城综合支撑能力。农民依托自身土地、种植基地、种植技术等直接创业建设城镇周边观光旅游项目；农民通过为旅游企业提供物资供应、原料供给、劳动力获得收益；农民向旅游者提供旅游服务及产品获得收益。

（七）医疗康养型民族旅游村寨

挖掘少数民族医药健康资源，依托民族旅游村寨建设中医药健康旅游示范基地，研发针刺艾灸、拔罐药浴、医药疗养、药膳美食等养生保健旅游产品。发挥民族村寨生态宜居、人文和谐的特点，积极开发老年养生市场，打造以体育健身、休闲旅游、健康养生、精神慰藉等为特色的养生度假旅游村寨。

三、推动市场化的文化价值实现机制

文化资本是民族村寨最重要的资本，生息于此的村民正是这些特色文化的创造者、享用者和传承者。长期以来，文化资本的无形性使其在村寨旅游开发中被无偿或低偿使用，这是村寨旅游扶贫能效被消弭的重要原因。要实现文化的可持续性，并非对文化的封存，活态的、有经济价值的保护，才是最有生命力的文化传承。

（一）以补偿机制回馈文化遗产保护工程

规范文化遗产旅游开发的文化补偿机制，依托政府财政及经营性收入推进文化遗产保护工程，辐射村民对遗产保存、文化抢救、村落传承等方面贡献的经济回报。保护村寨古文物建筑的同时要综合进行环境整治，完善基础设施。在保护原有的传统风貌的基础上，修缮恢复有价值的文物古迹。加快完善非物质文化遗产数据库建设，以科技手段保障文化传承。在民族村寨密集的黔东南州、黔南州、黔西南州等少数民族聚居地建立一批少数民族文化生态保护试验区。

（二）以产业发展推动民族文化价值实现

实行非物质文化遗产传承动态化的进退机制和保护激励机制，搭建产业平台，鼓励非物质文化遗产项目旅游化产业开发。防止民族风情旅游开发中过度商业化与庸俗化的同时，通过人才、资金、技术、市场等方面的支持，推动依托旅游市场的民族文化创新，促进其在旅游市场消费中焕发生命力的同时，也给文化传承者带来经济上的回报。通过旅游商品、旅游体验、旅游观光等途径实现非物质文化遗产的产业化。发展民族服饰、民族美食、民族医药、手工制品、纪念品等非物质文化遗产衍生产品，鼓励将民族非物质文化遗产元素与现代时尚元素相结合，让蜡染、刺绣、银饰、织锦、土布、箫笛、染织等系列产品走向国内国际市场。

（三）以村民共享培育文化利益互利机制

因地制宜选择社区参与的多种方式，健全社区弱势群体旅游参与的引导机制、利益保障机制、咨询机制、监控、反馈与评估机制。由企业主导旅游开发经营，鼓励居民参与到本地区旅游业的发展中，享有旅游业发展参与权和主导权，获得更公平的利益分配，村民（特别是贫困人口）通过社区参与真正获利于村寨旅游的发展，促使村民自发地融入旅游业发展中，实现包容性增长；提高社区贫困人口的参与意识和旅游参与技能。通过依靠外界力量以激励的方式促进贫困人口的旅游基本知识教育与培训，培育并增强社区弱势群体参与旅游发展的综合能力；政府及相关企业树立正确的社区合作观，以村民福利为出发点，充分尊重和考虑村民权利，构建“平等互利、合作共赢”的村寨旅游发展模式。

（四）以全民参与驱动大众创业、万众创新

依托村寨民族文化，加快村寨民族文化产业的观念创新、机制创新、方式创新、产品创新和体系创新，形成“大众创业、万众创新”的发展局面。有条件的民族村寨，建立运行模式先进、配套设施完善、服务环境优质、影响力和带动力强的“旅游创客示范基地”。依托民族村寨，对接高校教育教学资源，以大学科技园、产学研合作基地、创业孵化基地等为着力点，在民族村寨旅游商品创意设计、旅游服务培训、旅游规划与研究等领域创建形成大众创业、万众创新的大本营。充分利用可转化为民族村寨旅游开发的存量资源改造成为新型旅游众创空间，鼓励设立民间艺人工作室、农村创新驿站等。鼓励与上市公司、创投机构和专业团队合作，形成旅游产业创业创新、旅游项目孵化投资相结合的新型孵化器。鼓励各级小微企业创业基地完善服务旅游创业功能、提高服务旅游创业质量、提升旅游创业孵化水平。支持返乡大学生和农民工开展旅游创业。鼓励设立民族村寨返乡旅游创业基金，以土地租赁方式进行返乡旅游创业基地建设。鼓励电子商务第三方交易平台渠道下沉，带动基层旅游创业人员依托其平台和经营网络开展旅游创业。支持妇女围绕传承民族文化从事手工业创业，开发民族、民间手工艺新作品。

本章小结

随着2020年脱贫攻坚决胜，我国将迈入全面小康社会，但并不意味着贫困的终结和扶贫任务的完成。未来的减贫事业中仍然面临着贫困的维度将逐步拓展、贫富差距呈现拉大趋势、瞄准对象将进一步精准、扶贫的成效仍有待巩固、贫困潜伏着代际传递风险等新的命题。在此背景下，构建主体多元的减贫格局和资源联动的减贫体系，通过政府扶贫资金撬动村寨旅游扶贫投资，落实“益贫”的制度安排并建立公平发展的产业格局，有效激活贫困人口的生计资源等是村寨旅游扶贫质量提升的重要战略。在该战略体系的指导下，通过“三变”“三带”“三加”创新村寨旅游扶贫机制，针对不同民族村寨特征，探索差异化的扶贫发展道路，推动以补偿机制回馈文化遗产保护工程，以产业化发展推动民族文化价值实现，以村民共享培育文化利益互利机制，以全民参与驱动大众创业、万众创新等具有市场性的文化价值实现机制，是提升村寨旅游扶贫质量的重要举措。

后 记

合卷听雨，彻夜难眠！贵州，好山好水，风景如画，积淀着深厚而远古的神秘踪迹，也曾经滋养着全中国最贫困的人民。地方社会经济发展的责任与担当，时时让“生于斯，长于斯”的本土学者辗转难眠！该书是在本人博士论文基础上修改完善的成果，近五年扎根贵州村寨旅游扶贫的田野生活，与贵州脱贫攻坚事业砥砺共行。专著即将付梓之际，贵州也于 2020 年 11 月 23 日迎来了 66 个贫困县全部脱贫的重要时刻，一时竟泣不成声！谨以后记由衷感谢这份事业中的际遇、生命中的相遇及生活中的坚守。

感谢我的导师刘晓鹰教授。四年前，心怀敬畏地拜入恩师门下，侥幸获得了登高望远的机会。先生在入学之初就前瞻性地为我指明了“旅游扶贫”的研究命题，这不仅让我尽快明确了博士论文的初步方向，更找到了未来致力的学术界域。由于繁忙的事务需要，恩师常常奔走于川琼两地，但是始终对论文撰写历程进行严格的要求和把关，从选题定题到文献梳理、从案例选取到开题撰写、从初稿完成到最终定稿的每一环节都给予了细致的指导与帮助，甚至远在美国期间仍然多次对论文提出宝贵的修改意见。往事历历，心怀愧疚，时常以恩师“平常心，为丰富自我，为学术精进”的教诲自我鞭策，唯恐有负师恩。先生深厚的学术造诣、博大的学术境界是刘氏门生最宝贵的财富！

饮水思源，每当因调研而行走村落、置身荒野时，总会回忆起十余年前，在硕士生导师张述林研究员带领下跋山涉水开展旅游规划调研的场景。宝贵的野外考察经历，是论文田野调查得以顺利开展的重要基础。目前，述林先生虽身在澳大利亚，却依然时常寄语关怀与鼓励，这给予了我论文撰写的极大信心和勇气！对于一个年近不惑的博士生而言，“回炉”的学习生活是煎熬而痛苦的；要从人文地理专业跨入民族学、特别是学科交融特质极强的少数民族经济专业的门槛，无疑是博士学习阶段最大的挑战。由衷地感谢西南民族大学的吴建国教授、覃建雄教授、张明善教授、蒋彬教授、郑长德教授、郑洲博士及四川大学的李锦教授，导师们严谨的治学风范、豁达的人生态度、平和的待人气度，是迷茫学子在黑暗中摸索庞杂学科关联的知识源泉。

感谢工作单位贵州大学旅游与文化产业学院的李锦宏院长、王迪书记、梅其君院长、王丽书记等领导及同事们给予的工作上的理解与支持。感谢同门的杨建翠师姐、杨建春师兄、许丛付师兄；浙江大学的杨芹英博士、重庆师范大学的毛长义教授、贵州大学的梅娟老师、杨座劲老师给予论文写作上的帮助及鼓励。感谢西南民大的扎西措博士、洪晓洋博士、张江峰博士、何星博士、肖怡然博士、李治斌博士，相互搀扶的同窗情谊永铭于心；感谢我的学生在资料收集与整理方面的付出和努力；感谢各级地方领导及村寨居民对调研提供无私帮助！

诚挚地感谢中国旅游出版社的刘志龙老师。与刘老师相识于十余年前贵州旅游局委托的贵州导游考试系列教材的校编工作，作为素未谋面的老友，这已是刘老师帮助出版的第三本专著。一字一句、一点一文，刘老师字句推敲的专业素养及精益求精的职业责任，是我学术成长道路上最宝贵的鞭策。

最后，特别要感谢我的父母、爱人及孩子。白发苍苍的双亲是这场学术的修行得以完成的最坚强的后盾。尚未等及博士学位的获得，一直为女儿修读而呕心沥血的父亲却因病离世，人生悲憾，莫过于此！与爱人带着稚嫩的孩子跋涉山水、深入村落是过去三年周末生活的常态，回想其间的艰辛、幸福及感动，每每泪目。细细盘算，可爱的孩子竟陪我一起闯入三十余个村寨，三年之间，小家伙已由懵懂幼儿成长为挚爱山野的壮实少年，我想，这对于他，必定也是一段宝贵的生活财富吧！

每一座大山背后，都有一场人间烟火。村寨的情缘，与成长相伴，与情意相随；这场远行，因责任而出发，因出发而发现，因发现而热爱，因热爱而无法停歇！大美山野，我意难平！

谨以此书，献给在天堂的父亲，愿您不再操劳，一切安好！

参考文献

期刊、会议论文：

［1］Almanza B A，Jaffe W，Lin L. Use of the service attribute Matrix to measure consumer satisfaction［J］. *Journal of hospitality & Tourism research*，1994（2）：63–75.

［2］Ashley C，Boyd C，Goodwin H.Pro–poor tourism putting poverty at the heart of the tourism agenda［J］. *Natural Resource Perspectives*，2000（5）：1–6.

［3］Auty R M. Suataining Development in Mineral Economics［J］. *The Resource Curse Thesis, Rout Ledg*，1993（1）：126.

［4］Bergson A. A Reformulation of Certain Aspects of Walfare Econoimcs［J］.*Quarterly Journal of Economics*，1938（2）：37–42.

［5］Butler R，Clark G，Bowler I R，etal.Tourism in rural areas：Canada and the United Kingdom［J］. *Contemporary rural systems in transition*，*economy and society*，1992（2）：166–183.

［6］Christopher J. Coyne，Claudia R. Williamson. Trade Openness and Cultural Creative Destruction［J］. *Journal of Entrepreneurship and Public Policy*，2012（1）：22–49.

［7］Cohen E. Rethinking the sociology of tourism［J］. *Annals of Tourism Research*，1979（1）：l8–35.

［8］Coker J A. Tourism and the peasant in the grisons［J］. *The Scottish Geographical Magazine*，1950（2）：107–116.

［9］Coase R H. The nature of the firm［J］. *Economica*，*New Series*，1937

（16）：386 -405.

［10］David Harrison.Pro–Poor Tourism as a Strategy to FightRural Poverty：A Critique［J］. *Third World Quarterly*，2008（5）：851–868.

［11］Evans M R，Chon K S. Formulating and evaluating tourism policy using importance Analysis［J］. *Hospitality Education and Research Journal*，1989（1）：203–213.

［12］Garcia–Ramon M D，Canoves G，Valdovinos N，et al. Farm tourism，gender and environment in Spain［J］. *Annals of Tourism Research*，1995（2）：267–282.

［13］George B P. Local community’s support for post–tsunami recovery efforts in all agrarian village and a tourist destination：A comparative analysis［J］. *Community Development*，2007（6）：1–15.

［14］Godfrey K B. Planning for sustainable tourism development in the Med［J］. *Tourism Management*，1995（3）：243–245.

［15］Guido Tabellinii. Culture and Institutions：Economic Development in the Regions of Europe［J］. *Journal of the European Economic Association*，2010（8）：677–716.

［16］Hinch T. Ecotourists and indigenous host：Diverging views on their relationship with man［J］. *Current Issue in Tourism*，1998（1）：120–124.

［17］Hicks J R. Valuation of Social Income［J］. *Review of Economic Studies*，1940（7）：17.

［18］Ingleheart R，Foa R，Peterson C，et al. Development，freedom and rising happiness：a global perspective，1981–2007［J］. *Perspectives on Psychological Science*，2008（3）：264–86.

［19］Jim C Y，Xu S S W. Stifled stakeholders and subdued participation：Interpretin glocal rcsp on seg toward Shimentai Nature Reserve in South China［J］. *Environmental Management*，2002（3）：327–341.

［20］Kanbur R，Venables A J. Spatial inequality and development［J］. *Journal of Economic Geography*，2005（1）：1–2.

[21] Kam S, Hossain M, Bose M L, et al. Spatial patterns of rural poverty and their relationship with welfare influencing factors in Bangladesh [J]. *Food Policy*, 2005 (5): 551–567.

[22] Kaldor N. Welfare propositions of economics and interpersonal comparisons of utility [J]. *Economic Joural*, 1939 (49): 549–552.

[23] Kuznets S. The American Economic Review [J]. *Economic Joural*, 1955 (1): 1–28.

[24] Leep A. Residents' attitudes towards tourism in Bigodi village, Uganda [J]. *Tourism Management*, 2007 (4): 876–885.

[25] Mariilla J A, James J C. Importance — performance analysis [J]. *Journal of Marketing*, 1977 (1): 77–79.

[26] M J Walpole, H J Goodwin. Local Economic Impacts of Dragon Tourism In Indonesi [J]. *Annals of Tourism Research*, 2000 (3): 559–576.

[27] Muganda Michael, Sahli Mondher, A Smith Karen.Tourism's contribution to poverty alleviation: A community perspective from Tanzania [J]. *Development Southern Africa*, 2010 (5): 629–646

[28] Muhammad M Khan, Jianhua ZHANG, Muhammad S Hashmi. Cultural Values and Economic Growth in Asia: An Empirical Analysis [J]. *Business and Social Science*, 2010 (1): 15–27.

[29] Okwi P O, Ndeng G, Kristjanson P, et al. Spatial determinants of poverty in rural Kenya [J]. *Proceedings of the National Academy of Sciences*, 2007 (43): 16769–16774.

[30] Palmer–jones R, Sen K. It is where you are that matters: The spatial determinants of rural poverty in India [J]. *Agricultural Economics*, 2006 (3): 229–242.

[31] Pam Dyer, Lucinda Aberdeen, Sigrid Schuler.Tourism impacts on an Ausralian indigenous community: a Diabugay case study [J]. *Tourism Management*, 2003 (24): 83 –95.

[32] Partridge M D, Rickman D S. Distance from urban agglomeration

economies and rural poverty [J] . *Journal of Regional Science*, 2008 (2): 285-310.

[33] Pevetz W. Agriculture and tourism in Austria [J] . *Tourism Research*, 1991 (1): 57-60.

[34] Peter Drucker. The Discipline of Innovation [J] . *Harvard Business Review*, 1998 (67): 149-157.

[35] Robbins L. Interpersonal Comparison of Utility: a Comment [J] . *The Economic Journal*, 1938 (192): 635-641.

[36] Saarinen J. Local tourism awareness: Community views in Katutura and King Nehale Conservancy, Namibia [J]. *Development Southern Africa*, 2010 (5): 89-93.

[37] Scheyvens R. Exploring the tourism-poverty nexus [J] . *Current Is-sues in Tourism*, 2007 (10): 231-254.

[38] Schiller A. Pampang culture village and international tourism in east Kalimantan Indonesian Borneo [J] . *Human Organization*, 2001 (4): 414-422.

[39] Sebele L S.Community-based tourism ventures, benefits and challenges: Khama rhino sanctuarytrust, central district, Botswana [J] . *Tourism Management*, 2010 (1): 136-146.

[40] Soliman Mohammad S A. Pro-poor tourism in protected areas-opportunities and challenges: "The case of Fayoum, Egypt" [J] . *Anatolia: An International Journal of Tourism & Hospitality Research.*, 2015 (1): 61-72, 12.

[41] Stevenson B, Wolfers J. Economic Growth and Subjective Well-Being: Reassessing the Easterlin Paradox [J] . *NBER Working Papers*, *National Bureau of Economic research*, 2008 (1): 42-82.

[42] Stephen F. Economic impact of tourism on wales [J]. *Tourism Management*, 1987 (4): 306-316.

[43] Tosun C.Expected nature of community participation in tourism development [J] . *Tourism management*, 2006 (3): 493-504.

[44] Throsby David. Cultural Capital [J]. *Journal of Cultural Economics*, 1999(23): 3-12.

[45] Wall G. Perspectives on Tourism in Selected in an Indonesian Village [J].Annals of Tourism Research, 1955(2): 283-299.

[46] Wattanakuljarus A.Coxhead L is tourism-based development good for the poor?A general equilibrium analysis for Thailand [J]. *Journal of policy Modeling*, 2008(6): 929-955.

[47] Xiao H, Ii L. Villagers' perceptions of traditions: Some observafions on the development of rural cultural tourism in China [J]. *Tourism Retent ion Research*, 2004(2): 69-80.

[48] 白凯，马耀峰，李天顺，等.西安入境旅游者认知和感知价值与行为意图[J].地理学报，2010(2)：244-255.

[49] 陈练军."贫"与"穷"的历史更迭[J].山西大同大学学报(社会科学版)，2010(1)：66-68，78.

[50] 陈友莲."旅游飞地"对旅游扶贫绩效的影响及其防范[J].三农探索，2011(12)：39-40.

[51] 陈旭.IPA分析法的修正及其在游客满意度研究的应用[J].旅游学刊，2013(11)：59-66.

[52] 蔡荣鑫.从"增长"到"对穷人友善的增长"[J].经济学家，2007(6)：109-117.

[53] 曹端波，刘希磊.民族村寨旅游开发存在的问题与发展模式的转型[J].经济问题探索，2008(10)：128-132.

[54] 曹兴平.民族村寨旅游社区参与内生动力实证研究[J].贵州民族研究，2016(3)：166-170.

[55] 曹新向，丁圣彦.政府在旅游扶贫开发中的行为研究[J].许昌学院学报，2003，22(2)：60-64.

[56] 崔海洋.试论侗族传统文化对森林生态的维护作用——以贵州黎平县黄岗村个案为例[J].西北民族大学学报(哲学社会科学版)，2009(2)：83-87.

[57]笪玲，刘晓鹰．相对剥夺视角下乡村旅游扶贫研究——以贵州兴义万峰林社区为例［J］．地域研究与开发，2019（2）：124-128.

[58]笪玲．“旅游+”视野下农业水利遗产价值创新研究——以贵州安顺鲍家屯为例［J］．云南农业大学学报（社科版），2018（12）：25-33.

[59]戴维·思罗斯比．什么是文化资本［J］．马克思主义与现实，2004（1）：33-35.

[60]刁述军，吴平．基于森的功能和能力福利理论的农村社区居民福利水平评价——以成都市10个农村社区为例［J］．改革与战略，2014（5）：130-133.

[61]丁建军，冷志明．区域贫困的地理学分析［J］．地理学报，2018（2）：232-247.

[62]董法尧，陈红玲，李如跃，等．西南民族地区民族村寨旅游扶贫路径转向研究——以贵州西江苗寨为例［J］．生态经济，2016（4）：138-142，157.

[63]杜佳，余压芳．贵州历史文化村落研究进展［J］．南方建筑，2014（3）：73-78.

[64]Garret Hardin. 公地的悲剧［J］．科学，1968（6）：25-28.

[65]高波．文化、文化资本与企业家精神的区域差异［J］．南京大学学报（哲学、人文科学、社会科学），2007（5）：39-47.

[66]高舜礼．旅游扶贫开发的经验、问题和对策［J］．旅游学刊，1997（4）：8-11.

[67]高进云，乔荣锋，张安录．农地城市流转前后农户福利变化的模糊评价［J］．管理世界，2007（6）：45-55.

[68]盖媛瑾，陈志永．天龙屯堡与郎德苗寨乡村旅游社区经济增权比较研究［J］．贵州农业科学，2009（10）：212-217.

[69]苟天来，唐丽霞，王军强．国外社会组织参与扶贫的经验和启示［J］．经济社会体制比较，2016（7）：204-211.

[70]管彦波．西南民族聚落的背景分析与功能研究［J］．民族研究，1997（6）：54-59.

[71]郭正林．乡村治理及其制度绩效评估：学理性案例分析［J］．华中师范大学大学学报，2004（4）：24–31.

[72]郭文，黄震方．乡村旅游开发背景下社区权能发展研究——基于对云南傣族园和雨崩社区两种典型案例的调查［J］．旅游学刊，2011（12）：83–92.

[73]郭凌．农村土地发展权实现问题研究——以乡村旅游为视角［J］．甘肃社会科学，2008（2）：211–214.

[74]郭凌．重构与互动：乡村旅游发展背景下的乡村治理［J］．四川师范大学学报（社会科学版），2008（3）：16–22.

[75]郝冰冰，罗盛锋，黄燕玲，等．国内外旅游扶贫效应文献量化分析与研究综述（2000—2016）［J］．中国农业资源与区划，2017（9）：190–198.

[76]何景明．边远贫困地区民族村寨旅游发展的省思——以贵州西江千户苗寨为中心的考察［J］．旅游学刊，2010（2）：59–65.

[77]贺雪峰．乡村治理研究与村庄治理研究［J］．地方财政研究，2007（3）：46–46.

[78]洪名勇．民族习惯与农村居民消费：一个实证分析［J］．贵州大学学报，2013（2）：22–26.

[79]胡援成，肖德勇．经济发展门槛与自然资源诅咒——基于我国省际层面的面板数据实证研究［J］．管理世界，2007（4）：15–23.

[80]胡朝相，单晓刚．贵州民族村镇的双重任务：保护文化，消除贫困［J］．理论与当代，2011（10）：22–25.

[81]华民．“马尔萨斯制约”与经济发展的路径选择——对世界经济发展的重新认识［J］．复旦学报（社会科学版），2005（5）：98–110.

[82]黄萍．尴尬与出路：旅游扶贫视角下西南民族村寨文化遗产管理研究［J］．青海民族研究，2015（1）：14–19.

[83]黄燕玲，雷锦锦，罗盛锋．基于性别差异的民族村寨旅游扶贫开发有效性研究［J］．广西财经学院学报，2016（5）：1–8.

[84]黄华，王洁，黄蓉．社区参与民族村寨旅游开发的初步研究［J］．商场现代化，2007（4）：219–220.

［85］黄梅．侗款制度的当代价值研究［J］．民族论坛，2015（12）：77-80.

［86］黄梅．侗款传统权威的重构与转型［J］．原生态民族文化学刊，2012（3）：57-62.

［87］金颖若．试论贵州民族文化村寨旅游［J］．贵州民族研究，2002（1）：61-65.

［88］金相郁，武鹏．文化资本与区域经济发展的关系研究［J］．统计研究，2009（2）：28-34.

［89］蒋焕洲．贵州民族地区旅游扶贫实脱成效、问题与对策［J］．广西财经学院学报，2014（1）：34-37，48.

［90］贾林瑞，刘彦随，刘继来，等．中国集中连片特困地区贫困户致贫原因诊断及其帮扶需求分析［J］．人文地理，2018（2）：85-93，151.

［91］贾燕，李钢，朱新华．农民集中居住前后福利状况变化研究［J］．农业经济问题，2009（2）：30-36.

［92］焦克源，杨建花．基于 AHP －熵权法的民族地区旅游扶贫效益评估研究——以甘南藏族自治州为例［J］．农林经济管理学报，2017（2）：133-143.

［93］李纯，娄丽芝，邓峰，等．顾客对温泉旅游服务品质需求的 IPA 分析——以郴州汝城福泉山庄为例［J］．中南林业科技大学学报（社会科学版），2011（2）：125-127.

［94］李锋．旅游扶贫导引下的后现代乡村重构逻辑与路径［J］．扬州大学学报（人文社会科学版），2018（4）：97-107.

［95］李厚忠．乡村旅游地开发中的“公地悲剧”与“反公地悲剧”研究——以济南市南部山区为例［J］．山东社会科学，2011（11）：146-149.

［96］李全生．布迪厄的文化资本理论［J］．东方论坛，2003（1）：10.

［97］李瑞，殷红梅．近 10 年中国民族村寨旅游研究进展与展望［J］．地理科学进展，2010（4）：411-421.

［98］李天翼．西江模式：贵州民族文化旅游产业发展的样本［J］．新西部（上），2018（7）：39-43.

[99]李永文，陈玉英．旅游扶贫及其对策研究［J］．北京第二外国语学院学报，2002（4）：74–76，89．

[100]李燕琴．旅游扶贫中社区居民态度的分异与主要矛盾——以中俄边境村落室韦为例［J］．地理研究，2011（11）：2030–2040．

[101]李湮．少数民族村寨旅游社区内部和外部利益冲突类型及根源分析［J］．江苏商论，2011（11）：100–102．

[102]李秋成，张环宙．亲缘—产业二元网络对内生型乡村旅游小企业成长的影响［J］．旅游学刊，2019（12）：25–35．

[103]理查德·布特勒，罗斯·卡伦，凯文·D. 奥戈尔曼．苏格兰城市扶贫旅游研究——以格拉斯哥戈万为个案［J］．民族论坛，2016（10）：101–112．

[104]刘长生．一般均衡视角的旅游产业福利效应研究——基于中国四个世界双遗产旅游地的面板数据分析［J］．旅游科学，2011（4）：36–48．

[105]刘天，杨添朝．四川少数民族村寨旅游扶贫模式转变研究［J］．民族学刊，2016（6）：85–89，121–123．

[106]刘守英．新一轮农村改革样本：黔省三地例证［J］．改革，2017（8）：16–25．

[107]罗晶．抓住员工满意度提升的痛点［J］．企业管理，2018（5）：78–81．

[108]罗浩．文化与经济增长：一个初步分析框架［J］．经济评论，2009（2）：113–121．

[109]罗永常．民族村寨旅游发展问题与对策研究［J］．贵州民族研究，2003（2）：102–107．

[110]罗鲜荣，王玉强，保继刚．旅游减贫与旅游再贫困：旅游发展中不同土地利用方式对贫困人口的影响［J］．人文地理，2017（4）：121–128，114．

[111]罗康隆．乡民社会中的风险最小化与利益最大化——侗族社会传统生计方式与生存保障的文化解析［J］．吉首大学学报（社会科学版），2006（6）：86–93．

[112]罗文斌，钟诚，Dallen J Timothy，等．乡村旅游开发中女性村官参

与行为影响机理研究——以湖南省女性村官为例［J］. 旅游学刊，2017（1）：54-63.

［113］卢宏 . 我国民族村寨旅游综述［J］. 贵州民族研究，2008（1）：118-128.

［114］卢丽娟，刘世红 . 少数民族特色村寨旅游扶贫开发监管制度的完善——以贵州少数民族特色村寨为中心［J］. 贵州民族研究，2016（11）：56-59.

［115］林水富，杨国荣，魏勇生，等 . 乡村旅游社区农户福利感知实证研究——以宁德世界地质公园周边 5 个乡村旅游社区为例［J］. 福建农林大学学报（哲学社会科学版），2017（3）：86-93.

［116］林秀峰 . 基于“精准扶贫”的旅游扶贫绩效评估研究——以水磨古镇片区为研究对象［J］. 经贸实践，2018（9）：93.

［117］麻国庆 . 全球化：文化的生产与文化认同——族群、地方社会与跨国文化圈［J］. 北京大学学报（哲学社会科学版），2000（4）：152-161.

［118］马鑫 . 传统文化旅游资源产权界定的困境研究［J］. 云南民族大学学报，2014（6）：109-115.

［119］马贤磊，孙晓中 . 不同经济发展水平下农民集中居住前后的福利变化研究［J］. 南京农业大学学报，2012（2）：8-11.

［120］马良灿 .“内卷化”基层政权组织与乡村治理［J］. 贵州大学学报（社会科学版），2010（2）：98-103.

［121］马翀炜 . 文化符号的建构与解读——关于哈尼族民俗旅游开发的人类学考察［J］. 民族研究，2006（5）：61-69，108-109.

［122］彭兆荣 . 旅游人类学视野下的乡村旅游［J］. 广西民族学院学报（哲社版），2005（7）：2-7.

［123］邱云美 . 社区参与是实现旅游扶贫目标的有效途径［J］. 农村经济，2004（12）：43-45.

［124］钱箭星 . 原始部落的生态平衡——一个生态人类学的视角［J］. 云南大学学报（人文社会科学版），2000（2）：51-55.

［125］钱宗范 . 试论侗族近代社会宗法文化的基本特征［J］. 广西师范大

学学报，1996（3）：40–45.

［126］全国人民代表大会农业与农村委员会．乡村振兴战略实施情况的调查与思考［J］．求是，2019（3）：43–53.

［127］孙九霞．守土与乡村社区旅游参与——农民在社区旅游中的参与状态及成因［J］．思想战线，2006（5）：59–64.

［128］孙九霞，保继刚．社区参与的旅游人类学研究——以西双版纳傣族园为例［J］．广西民族学院学报（哲学社会科学版），2004（6）：128–136.

［129］孙子惠，史灵歌．基于 IPA 分析法的智慧景区服务质量评价——以龙门石窟旅游景区为例［J］．内江师范学院学报，2019（4）：86–92.

［130］孙旭．20 世纪 50 年代民族地区土地改革的特殊性——以贵州黔东南黎平县侗族地区为例［J］．西南民族大学学报（人文社会科学版），2016（6）：21–27.

［131］舒尔茨．贫困经济学——一位经济学家关于对穷人投资的看法［J］．美国经济评论，1965（5）：40.

［132］施祖麟，黄治华．"资源诅咒"与资源型地区可持续发展［J］．中国人口·资源与环境，2009（5）：33–36.

［133］施雯，宋德群，周艳波．农户福利研究述评［J］．农业经济，2015（9）：113–114.

［134］宋子斌，安应民，郑佩．旅游目的地形象之 IPA 分析——以西安居民对海南旅游目的地形象感知为例［J］．旅游学刊，2006（10）：26–32.

［135］宋振春，李秋．城市文化资本与文化旅游发展研究［J］．旅游科学，2011（8）：1–9.

［136］田敏，邓小艳．近十年国内民族村寨旅游开发与民族文化保护和传承研究述评［J］．中南民族大学学报（人文社会科学版），2012（6）：36–40.

［137］唐雪琼，和亚珺，黄和兰．旅游发展对少数民族妇女家庭地位变迁的影响研究——基于云南石林五棵树村和月湖村的对比分析［J］．云南地理环境研究，2011（5）：7–12.

［138］唐建兵．旅游扶贫效应研究［J］．成都大学学报（社会科学版），2007（2）：71–75.

［139］王铁，李梅．PPT 年度回顾的启示——政府职能、供应链与营销［J］．旅游学刊，2007（8）：55–59.

［140］王永莉．旅游扶贫中贫困人口的受益机制研究——以四川民族地区为例［J］．经济体制改革，2007（4）：92–96.

［141］王莹，骆文斌．对我国旅游度假区建设与发展的再思考——以浙江省旅游度假区为例［J］．地域研究与开发，2002（4）：73–77.

［142］王汝辉，幸岭．少数民族村寨旅游开发模式变迁：来自新制度经济学的阐释——以四川理县桃坪羌寨为例［J］．云南师范大学学报（哲学社会科学版），2009（3）：128–132.

［143］王晓毅．反思的发展与少数民族地区反贫困：基于滇西北和贵州的案例研究［J］．中国农业大学学报，2015（4）：5–14.

［144］王必达，王春晖．"资源诅咒"：制度视域的解析［J］．复旦学报，2009（5）：100–108.

［145］王寻寻，苗齐．不同补偿方式下失地农民福利状况研究——以江苏省淮安市为例［J］．江苏农业科学，2017（8）：308–312.

［146］王小梅．试论反思行动在民族文化保护与传承中的作用：以实验戏剧《季刀苗寨的女人》为例［J］．贵州民族研究，2011（5）：40–44.

［147］王志章，王静．基于可持续发展的少数民族地区旅游扶贫绩效评价研究［J］．云南民族大学学报（哲学社会科学版），2018（9）：89–97.

［148］王仟滢，霍云惠．基于 AHP- 模糊综合评价的旅游扶贫绩效研究——以安徽省歙县为例［J］．农家参谋，2019（7）：177–179，181.

［149］汪三贵，郭子豪．论中国的精准扶贫［J］．贵州社会科学，2015（5）：147–150

［150］吴冠岑，牛星，许恒周．乡村土地旅游化流转的风险评价研究［J］．经济地理，2013（3）：187–191.

［151］吴其付．从普通村民到社区精英：中国旅游精英的典型个案——以阳朔"月亮妈妈"为例［J］．旅游学刊，2007（7）：87–90.

［152］吴忠军．论旅游扶贫［J］．广西师范大学学报（哲学社会科学版），1996（4）：18–21.

[153]吴亚平，陈志永.民族村寨景区化发展中地方政府逐利行为的生成逻辑及治理研究［J］.黑龙江民族丛刊（双月刊），2016（3）：84–89.

[154]吴启焰，王兆杰.布尔迪厄的文化资本理论在旅游规划中的应用［J］.人文地理，2011（1）：113–117.

[155]伍家平.论民族聚落地理特征形成的文化影响与文化聚落类型［J］.地理研究，1992（3）：50–57.

[156]武康平，张国胜，周伟.民生福利评价的理论与实践［J］.南京社会科学，2012（7）：1–7.

[157]翁泽红.试论苗族传统消费习俗对贵州苗族聚居区义务教育普及的影响——从苗族表现在酒上的消费习俗来看［J］.贵州文史丛刊，2004（3）：83–86.

[158]文彤，张庆芳.利己？利他？社会责任视角下乡村社区旅游精英再认识［J］.思想战线，2018（6）：161–168.

[159]谢彦君.以旅游城市作为客源市场的乡村旅游开发［J］.财经问题研究，1999（10）：79–81.

[160]谢会强.贵州民族村寨旅游扶贫开发的效应分析及优化研究——以黔东南西江苗寨为例［J］.经济研究导刊，2013（4）：191–192.

[161]辛纪元，曹务坤，勾清芸.贵州民族村寨旅游扶贫链接机制研究［J］.贵州民族研究，2015（8）：189–192.

[162]肖建红，肖江南.基于微观经济效应的面向贫困人口旅游扶贫（PPT）模式研究——以宁夏六盘山旅游扶贫实验区为例［J］.社会科学家，2014（1）：76–80.

[163]徐明生.我国文化资本与经济发展的协调性研究［J］.厦门大学学报，2011（1）：30–38.

[164]邢慧斌.国内旅游扶贫绩效评估理论及方法研究述评［J］.经济问题探索，2017（7）：47–53.

[165]杨昌儒，潘梦澜.贵州民族文化村寨旅游发展问题与对策研究［J］.贵州民族学院学报（哲学社会科学版），2004（5）：5–9.

[166]杨林，常承明，吕磊.乡村旅游发展与“三农”利益之探讨［J］.

甘肃省经济管理干部学院学报，2008（2）：55-58.

［167］杨军辉，李同昇，徐冬平．民族旅游村寨居民文化补偿认知的空间分异及机理——以贵州西江千户苗寨为例［J］．地理科学进展，2015（9）：1167-1178.

［168］杨德进，白长虹，牛会聪．民族地区负责任旅游扶贫开发模式与实现路径［J］．人文地理，2016（4）：119-126.

［169］杨一哲，陶珊珊．乡村振兴：改革经验、现实困境与推进策略——第三届中国县域治理高层论坛会议综述［J］．贵州社会科学，2019（1）：162-168.

［170］杨庭硕．侗族生态智慧与技能漫谈［J］．大自然，2004（1）：3-5.

［171］杨正文．从村寨空间到村寨博物馆——贵州村寨博物馆的文化保护实践［J］．中国农业大学学报（社会科学版），2008（9）：5-20.

［172］尤海涛．乡村旅游利益之殇与本源回归［J］．旅游学刊，2014（12）：10-11.

［173］易柳．改革开放40年中国扶贫政策的演化与前瞻——立足国家层面政策文本的分析［J］．西南民族大学学报（人文社会科学版），2018（4）：183-191.

［174］张遵东，章立峰．贵州民族地区乡村旅游扶贫对农民收入的影响研究——以雷山县西江苗寨为例［J］．贵州民研究，2011（6）：66-71.

［175］张中奎．绿色发展理念下民族村寨的未来发展研究［J］．贵州大学学报，2016（9）：56-51.

［176］张中奎．乡村振兴背景下民族村寨治理权威嬗变与能人权威的兴起——以贵州省为考察中心［J］．广西民族研究，2019（2）：83-89.

［177］张晓松，张小军．过度商业化与民族文化多样性危机［J］．原生态民族文化刊，2014，6（4）：138-143.

［178］张晓松．枪手的部落——来自苗族聚落岜沙的田野报告［J］．华夏人文地理，2001（3）：46-65.

［179］张洪辉．新中国成立70周年来黔东南经济社会发展成就经验及未来展望［J］．黔东南州“壮丽70年·奋进新时代”主题征文活动，2019.

［180］张丹，闵庆文，孙业红，等．侗族稻田养鱼的历史、现状、机遇及对策［J］．中国生态农业学报，2008（4）：987-990.

［181］张其学．后殖民主义视域中的马克思［J］．哲学研究，2005（6）：20-24.

［182］张伟，张建春．国外旅游与消除贫困问题研究评述［J］．旅游学刊，2005，20（1）：90-96.

［183］张伟，张建春，魏鸿雁．基于贫困人口发展的旅游扶贫效应评估——以安徽省铜锣寨风景区为例［J］．旅游学刊，2005（5）：43-49.

［184］张茵．贵州：山与人的交响［J］．中国国家地理，2014（10）：47-62.

［185］张琳，童翔宇，杨毅．湘鄂渝黔边民族地区精准扶贫效益评价及增进策略——基于结构方程模型的实证分析［J］．贵州民族研究，2017（1）：177-180.

［186］周庆智．官民共治：关于乡村治理秩序的一个概括［J］．甘肃社会科学，2018（2）：58-65.

［187］周其仁．农地征用垄断不经济［J］．中国改革，2001（12）：28-29.

［188］周丹丹．历史记忆与村落共同体的建构——肇兴侗寨起源故事考察［J］．齐鲁学刊，2016（4）：82-85.

［189］周永广，姜佳将，王晓平．基于社区主导的乡村旅游内生式开发模式研究［J］．旅游科学，2009（4）：36-41.

［190］周真刚．近二十年来贵州少数民族村寨聚落研究综述［J］．贵州民族研究，2012（1）：31-41.

［191］周波，李毅．广西巴马旅游扶贫贡献率研究［J］．旅游论坛，2011（2）：72-78.

［192］周国忠，姚海琴．旅游发展与乡村社会治理现代化——以浙江顾渚等四个典型村为例［J］．浙江学刊，2019（6）：133-139.

［193］周歆红．关注旅游扶贫的核心问题［J］．旅游学刊，2002（1）：17-21.

［194］朱荣科，赵亚乔．福利经济思想的重新表述与科学诞生［J］．财经

问题研究，1998（7）：69–71.

［195］朱伟珏 ."资本"的一种非经济学解读——布迪厄"文化资本"概念［J］. 社会科学，2005（6）：117–123.

［196］左冰，保继刚 . 制度增权：社区参与旅游发展之土地权利变革［J］. 旅游学刊，2012（2）：23–31.

［197］左冰 . 共容利益：社区参与旅游发展之利益协调［J］. 旅游科学，2013（1）：1–14.

［198］赵星 . 贵州少数民族聚落文化研究［J］. 贵州民族研究，2010（3）：66–70.

［199］赵旭东 . 书写乡愁中国的新转变——基于人类学文化转型的范式危机及其超越［J］. 贵州大学学报（哲学社会科学版），2019（2）：82–94.

［200］赵磊，方成，毛聪玲 . 旅游业与贫困减缓——来自中国的经验证据［J］. 旅游学刊，2018（5）：13–25.

［201］钟君 . 社会资本视角下的少数民族村寨贫困问题研究［J］. 求索，2016（5）：47–51.

著作类：

［1］Adam Smith. The Wealth of Nations［M］. New York：Modern Library Edition，1776.

［2］Anderson A，Spenceley A，Mitchell J，et al. Tourism–Led Poverty Programme：Training Module for Agriculture［M］.Geneva：International Trade Centre，2009.

［3］Bramwell B，Lane B. Rural Tourism and Sustainable Rural Development［M］. UK：Channel View Publications，1994.

［4］Cited by Martin Mowforth，Ian Munt.Tourism and Sustainability：New Tourism in the Third World［M］. Routledge，2003.

［5］Edward Inskeep.Tourism Planning：An Integrated and Sustainable Approach［M］.The Hugue：Van Nostrand，1991.

［6］George Orwell. The Road to Wigan Pier［M］. Penguin Classics，

2001.

[7]Hall C M. Pro-poor Tourism: Who Benefits? [M]. Clevedon: Channel View Press, 2007.

[8]I Fisher.Elementary principles of economic [M]. New York: Macmillan, 1923.

[9]Mathieson A, Wall G. Tourism: Economic, physical, and social impacts [M]. Harlow: Longman, 1982.

[10]Mitchell J. An Unconventional But Essential Marriage: Pro-Poor Tourism and the Mainstream Industry [M]. London: Overseas Development Institute, 2010.

[11]Murphy P E.Tourism: A community approach [M]. New York: Methuen, 1985.

[12]Myrdal G. Economic Theory and Under-Development Regions [M]. London: Gerald Duckworth, 1957.

[13]Oake B T. Tourism and modernity in China [M]. London U K: Routledge, 1998.

[14]Patricia V. Symonds. Calling in the Soul: Gender and the Cycle of Life in a Hmong Village [M]. Seattle and London: University of Washington Press, 2004.

[15]Pigou A C. The Economics of Welfare [M]. London: Mac millan, 1929.

[16]Rodman H. Lower-Class Families: the Culture of Proverty in Negro Trinidad [M]. Oxford: Oxford University Press, 1971.

[17]Rikki Abzug. Community elites and Power Structure, Handbook of Community Movements and Local Organizations [M]. Ram A. Cnaan and Carl Milofsky: Springer Science Business Media, L L C, 2007.

[18]Sachs J D. The End of Poverty [M]. London: Penguin Press, 2005.

[19]Sue Beeton. Community Development through Tourism [M]. Landlinks Press, 2006.

［20］Samuelson P A. Welfare Economics，Foundations of Economic Analysis［M］. Cambridge，MA：Harvard University Press，1947.

［21］Townsend. Poverty in United Kingdom：A Survey of Household Resource and Standards of Living［M］. Penguim，1979.

［22］Turner C，Ash J. The Golden Hordes［M］. London：Constable，1975.

［23］Valentine C A. Culture and Porverty：Critique and Counter-Proposals［M］. Chicago：University of Chicago Press，1968.

［24］Vivienne Shue. The Reach of the State：Sketches of the Chinese Body Politic［M］. Standford University Press，1998.

［25］W Mitchell. Landscape and Power［M］. Chicage and London：The University of Chicago Press，1994，08：1-3.

［26］William A.Haviland. Anthropology［M］. Ninth ed：Harcourt College Publishers，2000.

［27］William R. Geddes. Migrants of the Mountains［M］. Oxford：Clarendon Press，1976.

［28］Zeppel H D. Indigenous Ecotourism：Sustainable Development and Management［M］. Cambridge，Massachusetts：CABI North American Office，2006.

［29］安东尼·哈尔，詹姆斯·梅志里.发展型社会政策［M］.北京：中国社会科学出版社，2006.

［30］阿比吉特·班纳吉，埃斯特·迪弗洛.贫穷的本质——我们为什么摆脱不了贫穷［M］.北京：中信出版社，2013.

［31］阿马蒂亚·森.以自由看待发展［M］.北京：中国人民大学出版社，2003.

［32］阿玛蒂亚·森.论经济不平等［M］.北京：中国人民大学出版社，2015.

［33］阿瑟·塞西尔·庇古.福利经济学［M］.北京：华夏出版社，2013.

[34]爱德华·泰勒.原始文化［M］.桂林：广西师范大学出版社，2005.

[35]奥斯卡·刘易斯.桑切斯的孩子们［M］.上海：上海译文出版社，2014.

[36]奥尔森.权利与繁荣［M］.上海：上海人民出版社，2005.

[37]埃莉诺·奥斯特罗姆.公共事务的治理之道［M］.上海：三联书店，2000.

[38]布迪厄.实践感［M］.上海：译林出版社，2012.

[39]陈慧琳.人文地理［M］.北京：科学出版社，2013.

[40]曹兴平.民族村寨旅游社区参与的内生动力研究［M］.成都：西南财经大学出版社，2015.

[41]Jansen-Verbeke M，Russo A P. 文化旅游空间动态的创新性研究［A］// Jansen-Verbeke M，Priestley G K，Russo A P. 旅游文化资源：格局、过程与政策［M］.北京：中国环境科学出版社，2010.

[42]查尔斯·R. 格德纳，布特·里奇.旅游学：原理与实践［M］.北京：中国人民大学出版社，2008.

[43]丹尼尔·A. 雷恩，阿瑟·G. 贝德安.管理思想史［M］.北京：中国人民大学出版社，2012.

[44]戴维·S. 兰德斯.国富国穷［M］.北京：新华出版社，2010.

[45]戴维·M. 沃克.牛津法律大辞典［M］.北京：法律出版社，2003.

[46]笪玲.贵州山地民宿发展研究：来自贵州的案例［M］.北京：中国旅游出版社，2018.

[47]Dean Mac Canne. 旅游者：休闲阶层新论［M］.桂林：广西师范大学出版社，2008.

[48]D. D. 高善必.印度古代文化与文明史纲［M］.北京：商务印书馆，1998.

[49]Dorothy J.Solinger. 对中国人开展访谈：从高级官员到下岗员工［A］. Maria Heimer，Stig Thogersen. 在中国做田野调查［M］.重庆：重庆大学出版社，2012.

［50］杜赞奇．文化、权力与国家——1900—1942年的华北农村［M］．南京：江苏人民出版社，2004.

［51］邓敏文，吴浩．没有国王的王国——侗款研究［M］．北京：中国社会科学出版社，1995.

［52］费孝通．江村经济［M］．北京：北京大学出版社，2017.

［53］费孝通．乡土中国，生育制度，乡土重构［M］．北京：商务印书馆，2017.

［54］费孝通．从实求知录［M］．北京：北京大学出版社，1998.

［55］费孝通．费孝通学术文化随笔［M］．北京：中国青年出版社，1996.

［56］费孝通．费孝通译文集（下册）［M］．北京：群言出版社，2002.

［57］费孝通．贵州少数民族工作情况及民族工作［A］// 费孝通文集（第六卷）［M］．北京：群言出版社，1999.

［58］Greffe X. 前言［A］// Jansen-Verbeke M，Priestley G K，Russo A P. 旅游文化资源：格局、过程与政策［M］．北京：中国环境科学出版社，2010.

［59］G. 罗兹曼．中国的现代化［M］．南京：江苏人民出版社，1995.

［60］葛荣玲．景观的生产：一个西南屯堡村落旅游开发的十年［M］．北京：北京大学出版社，2014.

［61］郭华．乡村旅游社区利益相关者研究：基于制度变迁的视角［M］．广州：暨南大学出版社，2010.

［62］龚晓宽．贵州经济社会发展60年研究［M］．北京：中央文献出版社，2009.

［63］何景明．旅游扶贫的理论及其实践发展［M］．北京：经济科学出版社，2016.

［64］贺雪峰．新乡土中国［M］．北京：北京大学出版社，2013.

［65］贺雪峰．村治的逻辑——农民行动单位的视角［M］．北京：中国社会科学出版社，2009.

［66］黄海珠．民族旅游村寨建设研究［M］．北京：中国经济出版社，2009.

［67］赫伯特·斯宾塞 . 社会静力学［M］. 北京：商务印书馆，1996.

［68］洪名勇 . 马克思土地产权制度理论研究——兼论中国农地产权制度改革与创新［M］. 北京：人民出版社，2011.

［69］崛敏一 . 中国古代の家と集落［M］. 东京：汲古书院，1996.

［70］康德 . 道德形而上学原理［M］. 上海：上海人民出版社，2002.

［71］卡尔·波兰尼 . 大转型：我们时代的政治与经济起源［M］. 杭州：浙江人民出版社，2007.

［72］路易斯·亨利·摩尔根 . 古代社会［M］. 北京：中央编译出版社，2007.

［73］劳埃德·雷诺兹 . 微观经济学分析和政策［M］. 北京：商务印书馆，1982.

［74］罗伯特·芮德菲尔德 . 农民社会与文化［M］. 北京：中国社会科学出版社，2013.

［75］罗伯特·D. 帕特南 . 使民主转起来［M］. 南昌：江西人民出版社，2001.

［76］雷德蒙·弗思 . 人文类型［M］. 北京：华夏出版社，2001.

［77］玛丽亚·康西安，谢尔登·丹齐革 . 改变贫困，改变反贫困政策［M］. 北京：中国社会科学出版社，2014.

［78］马特里·里德利 . 理性乐观派：一部人类经济进步史［M］. 北京：机械工业出版社，2017.

［79］马歇尔·萨林斯 . 石器时代经济学［M］. 北京：生活·读书·新知三联书店，2009.

［80］马学良，今旦 . 苗族史诗［M］. 中国民间文艺出版社，1983.

［81］马文·哈里斯 . 文化人类学［M］. 北京：东方出版社，1988.

［82］马克斯·韦伯 . 新教伦理与资本主义精神［M］. 北京：生活·读书·新知三联书店，1987.

［83］马克思，恩格斯 . 马克思恩格斯文集（第 2 卷）［M］. 北京：人民出版社，2009.

［84］麦克康奈尔 . 旅游者——休闲阶层新论［M］. 桂林：广西师范大学

出版社，2008.

[85]米歇尔·福柯.规训与惩罚[M].北京：生活·读书·新知三联书店，2003.

[86]马塞尔·莫斯.礼物——古式社会中交换的形式与理由[M].北京：商务印书馆，2016.

[87]莫里斯·弗里德曼.中国东南的宗族组织[M].上海：上海人民出版社，2000.

[88]曼纽尔·卡斯特.千年终结[M].北京：中国社会科学出版社，2003.

[89]缪尔达尔.世界贫困的挑战：世界反贫困大纲[M].北京：北京经济学院出版社，1991.

[90]彭兆荣.旅游人类学[M].北京：民族出版社，2004.

[91]帕斯卡尔.思想录[M].北京：商务印书馆，1985.

[92]R. H. 托尼.中国的土地与劳动力[M].北京：商务印书馆，2014.

[93]R. F. 墨菲.文化与社会人类学引论[M].北京：商务印书馆，1991.

[94]萨缪尔森.经济学[M].北京：北京经济学院出版社，1996.

[95]萨克斯.贫穷的终结[M].上海：上海人民出版社，2007.

[96]舒新城.辞海[M].上海：上海辞书出版社，1936.

[97]孙九霞.旅游人类学的社区旅游与社区参与[M].北京：商务印书馆，2009.

[98]宋志红.中国农村土地制度改革研究[M].北京：中国人民大学出版社，2017.

[99]斯塔夫里阿诺斯.远古以来的人类生命线[M].北京：中国社会科学出版社，1992.

[100]思拉恩·埃格特森.经济行为与制度[M].北京：商务印书馆，2004.

[101]石开忠.侗款款组织及其变迁研究[M].北京：民族出版社，2009.

[102]谭伟东.超现代经济学[M].北京：清华大学出版社，2007.

[103]王铭铭．社会人类学与中国研究［M］．桂林：广西师范大学出版社，2005.

[104]王铭铭．溪村家族［M］．贵州：贵州人民出版社，2004.

[105]王先谦．荀子集解［M］．北京：中华书局，2013.

[106]王小林．贫困测量：理论与方法［M］．北京：社会科学文献出版社，2016.

[107]王恩涌，赵荣，张小林，等．人文地理学［M］．北京：高等教育出版社，2000.

[108]王朝新，宋明，等．贵州农村扶贫开发报告（2015—2016）［M］．北京：科学文献出版社，2018.

[109]吴毅．村治变迁中的权威与秩序——20世纪川东双村的表达［M］．北京：中国社会科学出版社，2002.

[110]沃尔夫．20世纪的农民战争［A］//斯科特．农民的道义经济学［M］．南京：译林出版社，2013.

[111]西奥多·W.舒尔茨．改造传统农业［M］．北京：商务印书馆，1987.

[112]西奥多·W.舒尔茨．论人力资本投资［M］．北京：北京经济学院出版社，1990.

[113]席勒．秀美与尊严［M］．北京：文化艺术出版社，1996.

[114]许慎．说文解字［M］．北京：中华书局，1963.

[115]徐復．广雅诂林［M］．南京：凤凰出版社，1997.

[116]肖琼．民族旅游村寨可持续发展研究［M］．北京：经济科学出版社，2013.

[117]亚里士多德．形而上学［M］．北京：商务印书馆，1959.

[118]杨慈，陈志明，张展鸿．旅游、人类学与中国社会［M］．昆明：云南大学出版社，2001.

[119]杨渝东．迁徙：山地苗族的历史心性［A］//王铭铭，舒瑜编．文化复合性：西南地区的仪式、人物与交换［M］．北京：北京联合出版公司，2015.

[120]余未人．千年古风：邕沙苗寨纪事［M］．石家庄：河北教育出版社，2003.

[121]约翰·厄里，乔纳斯·拉森．游客的凝视［M］．上海：格致出版社，2016.

[122]约翰·布林克霍夫·杰克逊．发现乡土景观［M］．北京：商务印书馆，2015.

[123]樱井哲夫．福柯：知识与权力［M］．石家庄：河北教育出版社，2001.

[124]张维迎，林毅夫．政府的边界［M］．北京：民主与建设出版社，2017.

[125]张晓萍，史密斯．东道主与游客：旅游人类学研究［M］．昆明：云南大学出版社，2007.

[126]张岩松．发展与中国农村反贫困［M］．北京：中国财政经济出版社，2004.

[127]詹姆士·斯科特．逃避统治的艺术［M］．北京：生活·读书·新知三联书店，2019.

[128]詹姆斯·C. 斯科特．农民的道义经济学［M］．南京：译林出版社，2013.

[129]詹姆斯·C. 斯科特．弱者的武器［M］．南京：译林出版社，2011.

[130]詹姆斯·M. 布坎南．自由的界限［M］．杭州：浙江大学出版社，2013.

[131]詹姆斯·E. 安德森．公共决策［M］．北京：华夏出版社，1990.

[132]詹明信．晚期资本主义的文化逻辑［M］．上海：三联书店，1997.

[133]中共中央党史和文献研究院、国务院扶贫办．习近平扶贫论述摘编［M］．北京：中央文献出版社，2018.

学位论文：

[1]邓小海．旅游精准扶贫研究［D］．昆明：云南大学，2015.

[2]董平．民族地区旅游经济的外部性问题研究——以甘南州为例［D］.

兰州：西北师范大学，2008.

[3]段利民．资源诅咒与区域经济增长研究［D］．西安：西北大学，2009.

[4]方兰兰．民族村寨旅游扶贫效应研究［D］．长沙：湖南师范大学，2015.

[5]龚伟．空间视野下的乡村旅游社区演化研究——以Q村和Y村为例［D］．上海：华东师范大学，2014.

[6]黄渊基．少数民族地区旅游扶贫研究［D］．长沙：湖南农业大学，2017.

[7]黄海珠．民族旅游村寨建设研究［D］．北京：中央民族大学，2007.

[8]胡柳．乡村旅游精准扶贫研究［D］．武汉：武汉大学，2016.

[9]贺震川．中国西部地区“资源诅咒”现象研究［D］．杭州：浙江大学，2011.

[10]李箐．少数民族社区农户参与旅游发展问题的研究［D］．昆明：云南师范大学，2006.

[11]李佳．九寨沟内社区参与旅游发展模式的研究［D］．成都：西南财经大学，2008.

[12]李佳．对我国西部“贫困富饶”现象的社会学解释［D］．兰州：兰州大学，2014.

[13]李志龙．“中国式资源诅咒”问题研究［D］．重庆：重庆大学，2009.

[14]李天翼．贵州民族村寨开发模式研究［D］．北京：中央民族大学，2011.

[15]刘孝容．文化资本视角下的民族旅游村寨可持续发展研究［D］．武汉：中国地质大学，2013.

[16]司亦含．交换权利视域下的西南民族地区群体性事件分析——以贵州西江苗寨为例［D］．重庆：重庆大学，2014.

[17]辛纪元．滇黔民族村寨旅游扶贫机制完善研究［D］．昆明：云南大学，2016.

[18]王雯雯 . 广西少数民族村寨旅游开发模式研究［D］. 桂林：桂林工学院，2006.

[19]王永厅 . 中国西南喀斯特地区贫困治理问题研究——以 Y 县贫困治理实践为例［D］. 西安：陕西师范大学，2018.

[20]王晴 . 民族地区旅游扶贫机制选择与绩效评价［D］. 成都：西南财经大学，2013.

[21]王轶 . 基于 pro-poor tourism（PPT）的小尺度旅游扶贫研究［D］. 兰州：兰州大学，2008.

[22]武魏巍 . 民族旅游发展与民族文化保护研究［D］. 南宁：广西大学，2004.

[23]杨海哨 . 基于 IPA 模型的温泉养生旅游产品满意度调查分析［D］. 南京：东南大学，2015.

县志、规划、公报、年鉴及网络析出文献：

[1]Caroline Asheley，Harold Goodwin，Dilys Roe. Pro-poor tourism annual register 2005［Z］. Pro-poor Tourism Partnership，2005.

[2]Caroline Asheley，Dilys Roe，Harold Goodwin. Pro-poor Tourism Strategies：Make Tourism Work for the Poor［Z］. ODI，IIED，and CRT，2001.

[3]DFID. Tourism and poverty elimination：untapped potential［R］. London：Department for International Development，1999.

[4]Easterlin R A. Does economic growth improve the human lot?［A］// Paul A David Melvin W Reder，eds. Nation and Households in Economic Growth：Essays in honor of Moses Abramovitz［M］. Academic Press. 1974.

[5]Goodwin H. Measuring and reporting the impact of tourism on poverty［A］// D Airey，J Tribe J. Tourism Research：New Direction，Challenges and Applications［C］. Oxford：Elsevier. 2007.

[6]Gurung H. Environmental management of mountain tourism in Nepal［Z］. Report on Study Conducted for Economic Social Commission for the Asia and the Pacific（ESCAP），Bangkok，NewYork：United Nations（ST

ESCAP 959），1991.

［7］P Sapienza，L Zingales，L Guiso. Does Culture Affect Economic Outcomes?［R］. NBER Working Paper，2006.

［8］R J Barro，R McCleary. Religion and Economic Growth［R］. NBER Working Paper，2003.

［9］Swain M B A .comparison of state and pri vateartisan production for touri sm in Yunna［A］//Tourism in China：geographic，political，and economic perspectives［C］. Boulder Colorado USA，Wcstview Press Inc.，1995.

［10］Sachs Jeffrey D，Warner Andrew M. Natural Rescource Abundance and Economic Growth［R］. Nber Working Paper No.W5398.1995，revised 1997.

［11］Schoppa K .Power，Legitimacy，and Symbol：Local Elites and the Jute CreekEmbankment Case［A］//Joseph W. Esherick，Mary Backus Rankin，Chinese Local Elites andPatterns of Dominance［C］.Berkeley：University of California Press，1990.

［12］Sofield T，Bauer J，De Lacy T，et al. Sustainable tourism-eliminating poverty（ST-EP）：An overview［R］. Cooperative Research Center for Sustainable Tourism，2004.

［13］常恩. 安顺府志：三十二卷［M］. 咸丰二年.

［14］从江文体广电旅游局. 从江文物［M］. 黔新 2011 年内资出版，2011.

［15］从江县民族宗教事务局. 从江县民族志［M］. 贵阳：贵州人民出版社，2016.

［16］陈敏尔. 运用辩证思维，守住两条底线——深入学习习近平总书记在贵州调研时的重要讲话精神［EB/OL］.（2015-09 -17）. http：//theory.people.com.cn/n/2015/0917/c83846-27597184.html.

［17］传统工艺助力乡村振兴［N］. 光明日报，2018-07-11.

［18］贵州省地方志编纂委员会. 贵州省志·民族志（上下册）［M］. 贵阳：贵州民族出版社，1999.

［19］贵州省地方志编纂委员会. 贵州省志·旅游志［M］. 贵阳：贵州人

民出版社，2009.

［20］贵州省地方志编纂委员会 . 贵州省减贫志［M］. 北京：方志出版社，2009.

［21］贵州省民族研究所，贵州省民族事务委员会 . 贵州“六山六水”民族调查资料选编 · 布依族卷［M］. 贵阳：贵州民族出版社，2008.

［22］贵州省民族研究所，贵州省民族事务委员会 . 贵州“六山六水”民族调查资料选编 · 侗族卷［M］. 贵阳：贵州民族出版社，2008.

［23］贵州省民族研究所，贵州省民族事务委员会 . 贵州“六山六水”民族调查资料选编 · 苗族卷［M］. 贵阳：贵州民族出版社，2008.

［24］高舜礼 . 贵州黔东南保护民族村寨助推旅游扶贫［EB/OL］.http：//gotrip.zjol.com.cn/xw 14873 /lyjsb/ 201712/ t20171227 6165983.shtml.

［25］国家发展和改革委员会，国家旅游局，农业部，等 . 关于实施乡村旅游富民工程推进旅游扶贫工作的通知［EB/OL］.（2014-11-3）. http：//www.law-lib.com/law/law_view.asp?id=469073.

［26］国务院扶贫办行政人事司，国家旅游局办公室 . 关于启动 2015 年贫困村旅游扶贫试点工作的通知［EB/OL］.（2015-5-21）. http：//www.law-lib.com/law/law_view.asp?id=500519.

［27］国务院 .“十三五”脱贫攻坚规划［DB/OL］.（2017-03-02）. http：//www.huaxia.com/jtsd/2017/03/5211520. html.

［28］国务院 . 国务院关于印发国家人口发展规划（2016—2030 年）的通知［DB/OL］.（2017-01-25）. http：//www. gov .cn/zhengce/content/2017-01/25/content_5163309.htm .

［29］国家统计局住户调查办公室 . 中国住户调查年鉴 2012［Z］. 北京：中国统计出版社，2012.

［30］贵州日报 . 贵州脱贫攻坚的成就对世界启迪巨大［EB/OL］.（2018-11-25）. http：//gz.people.com.cn/n2/2018 /1125 /c194827-32328339.html.

［31］贵州省发展和改革委员会 . 贵州省扶贫异地搬迁工程实施规划（2016—2020）［R］.2016.

［32］贵州省扶贫开发领导小组 . 贵州省“十二五”扶贫开发规

划［R］.2013.

［33］贵州省旅游发展委员会.贵州省旅游发展白皮书（2017）［R］.2017-09-01.

［34］贵州省旅游发展委员会.贵州省全域山地旅游发展规划（2017年—2025年）［R］.2017-12-21.

［35］贵州省扶贫办.贵州省“十三五”脱贫攻坚专项规划［R］.2017.

［36］贵州省统计局.2016年贵州统计年鉴［Z］.中国统计出版社，2016.

［37］贵州省旅游局.全省山地旅游扶贫暨首批38个村山地旅游扶贫规划对接会资料汇编［Z］.2015，11.

［38］贵州省旅游发展委员会办公室.贵州旅游2017年工作总结及2018年工作安排意见［Z］.2018.3.

［39］海克曼.诺贝尔经济学奖得主海克曼谈投资弱势儿童［DB/OL］.（2012-11 -07）. https：//gongyi.qq.com/a/20121107 /000007.htm.

［40］贺雪峰.新冠疫情与中国城市化道路［Z］.迈向人民的中国社会学——纪念费孝通先生诞辰100周年特别演讲. 2020-05-21.

［41］联合国开发计划署.1997年人类发展报告［R］.1997.

［42］联合国计划开发署.2005年人类发展报告［R］.2005.

［43］联合国开发计划署.1996年人类发展报告［R］.1996.

［44］梁树广，黄继忠.基于贫困含义及测定的演进视角看我国的贫困［DB/OL］.（2013-06-29）. http：//www. China reform.org.cn/Economy/Agriculture/Report/201306/t20130630_170376.htm.

［45］梁现瑞.面向未来，向贫困宣战［N］.四川日报，2015-10-16.

［46］欧共体.向贫困开战的共同体特别行动计划的中期报告［R］.1989.

［47］黔西南州史志办公室.黔西南年鉴（2016）［M］.昆明：云南人民出版社，2016.

［48］黔东南苗族侗族自治州地方志编委会.黔东南苗族侗族自治州志·农业志［M］.贵阳：贵州人民出版社，1990.

［49］人民日报.迎接党的十九大特别报道·贵州篇［EB/OL］.（2017-09-07）. http：//www.sohu.com/a/1903 94017119 665.

[50]人民网.贵州岜沙：让村民共享乡村旅游扶贫“红利”[EB/OL].（2018-07-31）. http：//gz.people.com.cn/n2/ 2018/0731/c371755-31878382.html.

[51]人民网.实施乡村振兴战略，推动农业农村优先发展[DB/OL]. http：//theory.people.com.cn/ n1/ 2018/0827/c40531-302 52014.html.

[52]世界银行.1990 年世界发展报告[R].1990.

[53]世界旅游联盟.全球旅游减贫报告[R].2018.

[54]世界银行.2000/2001 年世界发展报告[R].2001.

[55]世界旅游联盟.世界旅游发展报告 2018——旅游促进减贫的全球进程与时代诉求[EB/OL].（2018-9-25）. http：//www.ctaweb.org/ html/2018-9/2018-9-25-14-58-30700.html .

[56]斯坦·林恩.走向贫困衡量尺度的第三阶段[DB/OL].（1985-08-06）. http：//www.docin.com/p-15638758 28.html.

[57]文化和旅游部办公厅，国务院扶贫办综合司.关于支持设立非遗扶贫就业工坊的通知[EB/OL].（2018-07-30）. http：//www.ihchina.cn/zhengce_details/11575.html.

[58]肖琯等.贵州府志[M].咸丰二年.

[59]新华网.中共中央、国务院关于抓好“三农”领域重点工作确保如期实现全面小康的意见[DB/OL].（2020-02-05）. http：//www.xinhuanet.com/politics/zywj/2020-02/05/c_1125534973. htm.

[60]新华网.国际山地旅游减贫宣言[EB/OL].（2016-09-22）. http：//www.xinhuanet.com//politics/2016-09 /22/c129294607.htm.

[61]辛向阳.政府工作报告直面人民迫切需要解决的重大问题[EB/OL].（2019-03-19）. http：//www.sohu.com/a /302243353_11 4882.

[62]杨振之.民族村寨旅游发展中的利益保障机制问题——以贵州省西江苗寨为例[N].中国旅游报，2011-04-02.

[63]郑茜.少数民族文化与经济演绎双重变奏[DB/OL].（2019-01-16）. http：//www.cssn.cn/mzx/201901/t2019 0107 _4806884.shtml.

[64]中华人民共和国国家发展和改革委员会.旅游发展十三五规划（国发〔2016〕70 号）[R].2016.

［65］中共黎平县委员会办公室档案．“六区水口乡土地改革工作总结”（2-1-29）［Z］．1952，10，22.

［66］央视网．习近平在打好精准脱贫攻坚战座谈会上强调：提高脱贫质量聚焦深贫地区，扎扎实实把脱贫攻坚战推向前进［DB/OL］．（2018-02-14）．http：//news.cctv.com/2018/02/14/ARTIpkGkqVLMxlFIxBQ6tySM 180214. shtml.

［67］中共中央，国务院．中共中央国务院关于实施乡村振兴战略的意见［DB/OL］．（2018-02-04）．http：//www. Moa.gov.cn/ztzl/yhwj2018/ spbd/ 201802 /t20180205_6136480.htm.

［68］中共中央，国务院．关于坚持农业农村优先发展做好“三农”工作的若干意见［DB/OL］．（2019-03-01）．www.gov.cn/gongbao/content/2019/content_5370837.htm.

［69］中国经济网．十二届全国人大常委会第二十九次会议审议国务院关于脱贫攻坚工作情况的报告国家计生委主任李斌的专题质询［EB/OL］．（2017-8-30）．http：//tuopin.ce.cn/news/201709/01/ t20 1709025627269. shtml.

［70］中国社会科学网．高质量发展有六大内涵［EB/OL］．（2018-01-22）．http：//tt.cssn.cn/zk/zk_rdgz/201801/ t20180122 _3823129.shtml.

［71］中共中央办公厅，国务院办公厅．关于加强和改进乡村治理的指导意见［DB/OL］．（2019-06-23）．http：//www. sohu.com /a/ 322697940_120038091.

［72］中共贵州省委书记、贵州省人大常委会主任孙志刚在国新办新闻发布会上的开场白［EB/OL］．（2019-08-09）．http：//www.china.com.cn/zhibo/zhuanti/ch-xinwen/2019-08/09/content_75084145.htm.

［73］中华人民共和国文化和旅游部．贵州 3000 余个自然村寨开展乡村旅游［DB/OL］．（2018-07-23）．https：//www. mct. gov.cn/whzx/qgwhxxlb/gz/201807/t20180723_833922.htm.

附录一　贵州民族村寨旅游扶贫调查问卷

编号：＿＿＿＿＿＿＿　　问卷信度：□优　□良　□中　□差

地点：＿＿＿＿＿＿＿　　时间：＿＿＿＿＿＿＿

尊敬的社区居民：

您好！

这是一份博士论文的研究问卷，本研究的目的在于为村寨旅游扶贫决策提供指导。您是我们此次抽样设计的重要样本，您的不吝协助与认真赐答，将是本研究成功的关键。本问卷采用匿名的方式，您所提供的资料仅作为学术研究之用，敬请您安心填答。

第一部分　基本信息

1. 您的性别　　□男　　□女

2. 您是什么＿＿＿＿族；您在此居住年限＿＿＿＿＿年；

3. 您的年龄

□ 20 岁以下　□ 20~40 岁　□ 41~60 岁　□ 60 岁以上

4. 您受教育程度

□ 小学及以下　□初中

□高中及中专　□大学（含大专）以上

第二部分　旅游发展与经济情况

5. 旅游开发前，您的家庭收入＿＿＿元 / 年（填具体数字）；现在家庭每年总收入＿＿元 / 年

□ 2 万以下　　□ 2 万 ~4.99 万

□ 5 万 ~7.99 万　　□ 8 万 ~11.99 万

□ 12 万以上

6. 您的家庭主要经济来源是（多选）

□ 种地养殖　　□外出打工

□旅游业　　□ 村集体分红

□政府补贴或救济　　□ 政府工作或村集体分红

□零售业　　□交通运输

□其他 ________________

7. 旅游年收入占家庭年收入的比重

□ 10% 及以下　　□ 11%~20%　　□ 21%~50%　　□ 51%~80%

□ 80% 以上

8. 旅游开发前，您的家庭每年支出 ________ 元；现在您的家庭每年总支出 ________ 元；主要的开支是（消费开支占前三的选项）________

□ 生活（吃穿）消费品　　□购买或建设房屋

□农用产品（化肥、农药、农机等）

□ 医药　　□教育

□生产投资（做生意或小买卖投资）

□ 红白喜事及节事消费（人情来往）

□其他 ________________________

9. 您认为制约您参与旅游的因素有哪些

□ 缺乏资金　　□ 缺乏技术

□人手不够　　□游客不来或停留时间有限

□ 语言障碍　　□其他 ______________________

10. 您希望以何种方式参与旅游经营（最多选三项）

□ 开餐馆　　□经营客栈

□到旅游公司上班　　□生产工艺纪念品

□ 买农副土特产　　□开杂货店

□跑运输　　□以自有土地、房屋投资入股

☐ 出租房屋　　　　☐其他________

第三部分　旅游的福利影响

（请在每题后面所列您认为合适的选项数字上打“√”，5 表示完全同意，4 表示同意，3 表示一般，2 表示基本不同意，1 表示完全不同意）

选题			1	2	3	4	5
经济福利	1	旅游推动了社会经济发展					
	2	旅游给提供了就业机会					
	3	旅游增加了个人及家庭收入					
	4	旅游提高了整体的生活水平					
	5	旅游带动贫困人口致富					
	6	旅游收入的分配是公正的					
社会福利	7	旅游增强了集体及家庭的凝聚作用					
	8	旅游提高了妇女及老人的地位					
	9	旅游提升了村民见识，改善观念					
	10	旅游激发上进心，生活有奔头					
	11	旅游优化了社会治安，社会更和谐					
	12	旅游恶化了邻里及人际关系					
政治福利	13	旅游推动了地方政策的落实和理解					
	14	旅游发展增加了您参加村里集体事务的机会					
	15	旅游发展增加了您接受培训和教育的机会					
	16	旅游增加了社会福利及保障					
	17	旅游的政策及制度是公正的					
	18	您能够掌控自己应该得到的合法利益					
生态福利	19	旅游改善了村寨的人居环境					
	20	旅游推动传统文化的保护和传承					

续表

选题			1	2	3	4	5
生态福利	21	旅游增加对本民族文化的自豪感					
	22	旅游改进生活设施及条件					
	23	旅游带来的外来文化对当地文化影响很大					
	24	游客抢占了当地村民的资源					

问卷到此结束，谢谢您的参与，祝生活愉快！

附录二　贵州民族村寨旅游扶贫村民访谈提纲

访谈提纲编号：________________

访谈地点：____________________

访谈时间：____________________

第一部分　受访者基本信息

1.1 基本信息	性别	民族	在本村生活年限（年）	家中人口	
				男（人）	女（人）
	男□ 女□				
1.2 土地信息	耕地（亩）	林地（亩）	宅基地（亩）	其他（亩）	流转土地（亩）
1.3 经济信息	旅游开发前年收入（元）	旅游开发后年收入（元）	收入的主要来源	当前最主要的开销	

第二部分　访谈问题

2.1 您有哪些非农技能？您是否愿意参与旅游发展？原因是什么？

2.2 您是否愿意流转自己土地？您认为流转多少钱一亩是合适的？

2.3 您是否愿意出租自家房屋？出租自己房屋最大的顾虑是什么？

2.4 您觉得参与旅游发展最大的困难是什么？

2.5 您如果想参与旅游发展，希望政府给您提供哪些帮助？

2.6 您认为旅游开发使您的生活变好了，还是变坏了？

2.7 您认为本村旅游的发展会带动您脱贫吗？

2.8 您村是否有因旅游而致富的人，您觉得他们致富的原因是什么？

2.9 您认为村寨旅游收益分配公平吗？您觉得怎样才算公平？

2.10 您如何评价村里旅游协会的工作？您觉得村委会代表村民的利益吗？

2.11 您认为您对本村旅游发展有贡献吗？您的贡献是否得到认可和补偿？

附录三 贵州民族村寨旅游扶贫村组干部访谈提纲

访谈提纲编号：________________

访谈地点：________________

访谈时间：________________

第一部分 受访者基本信息

<table>
<tr><th rowspan="5">姓名</th><th rowspan="5">担任职务</th><th>是否本地人</th><th>是否长期在此工作/生活</th></tr>
<tr><td>是□ 否□</td><td>是□ 否□</td></tr>
<tr><td>本村是否贫困村</td><td>脱贫/拟脱贫时间</td></tr>
<tr><td>是□ 否□</td><td>______年______月</td></tr>
</table>

第二部分 所在村组基本情况

<table>
<tr><td rowspan="3">2.1 人口指标
__________人</td><td rowspan="2">村民组（个）</td><td rowspan="2">户数（户）</td><td colspan="2">低保户</td><td colspan="2">五保户</td><td colspan="2">一般贫困户</td></tr>
<tr><td>户</td><td>人</td><td>户</td><td>人</td><td>户</td><td>人</td></tr>
<tr><td></td><td></td><td></td><td></td><td></td><td></td><td></td><td></td></tr>
<tr><td rowspan="2">2.2涉旅企业数量（家）</td><td>2.2.1农家乐（吃）</td><td>2.2.2旅馆/民宿（住）</td><td colspan="2">2.2.3工艺品店</td><td colspan="2">2.2.4旅游用品租用</td><td colspan="2">2.2.5其他</td></tr>
<tr><td></td><td></td><td colspan="2"></td><td colspan="2"></td><td colspan="2"></td></tr>
</table>

第三部分　访谈问题

3.1 您认为村民贫困的原因主要有哪些？

3.2 您认为本村当前的旅游发展困难和问题有哪些？

3.3 您认为村寨旅游对扶贫的效果怎么样？

3.4 您认为贫困户参与旅游的障碍有哪些？

3.5 在村寨旅游发展中对贫困户有哪些制度或政策倾斜？

3.6 村寨的旅游收益是如何分配的？村民每年能分享到多少收益？

3.7 对村寨旅游扶贫，您有哪些建议？

附录四　部门及案例点主要访谈人员基本信息

受访类别	序号	受访对象	性别	民族	受访时间	受访地点	从事职业
主要相关行政部门及科研机构	1	LL	女	汉	2017年6月20日	贵州省文化和旅游厅	公务员
	2	SJY	男	汉	2017年6月20日	贵州省文化和旅游厅	公务员
	3	CY	男	汉	2017年6月22日	贵州省扶贫办	公务员
	4	GLH	女	苗	2017年6月22日	贵州省民委	公务员
	5	LZH	男	汉	2017年7月10日	黔西南州扶贫办	公务员
	6	ZXH	男	汉	2017年7月11日	黔西南州规划局	公务员
	7	LKY	女	布依	2017年7月11日	黔西南州旅游局	公务员
	8	PHY	男	布依	2017年7月12日	黔西南州发改委	公务员
	9	XL	男	汉	2017年7月12日	黔西南州民宗委	公务员
	10	WXH	女	苗	2017年7月13日	兴义市旅游局	公务员
	11	LWP	男	苗	2018年1月12日	黔东南州扶贫办	公务员
	12	ZZQ	男	苗	2018年1月15日	黔东南州旅游局	公务员
	13	PG	男	汉	2018年2月2日	黎平县旅游局	公务员
	14	GBF	男	苗	2018年2月5日	从江县旅游局	公务员
	15	JYR	男	汉	2018年5月25日	贵州大学	学者
	16	MQJ	男	汉	2018年5月26日	贵州大学	学者
	17	YKF	男	汉	2018年5月27日	贵州省社科院	学者
	18	ZXS	女	汉	2018年5月28日	贵州师范大学	学者
	19	SKZ	男	苗	2018年6月2日	贵州民族大学	学者
	20	HJM	女	汉	2018年6月5日	贵州师范大学	学者
	21	YJC	男	汉	2018年6月5日	贵州财经大学	学者

续表

受访类别	序号	受访对象	性别	民族	受访时间	受访地点	从事职业
肇兴侗寨	22	LHA	男	侗	2018年2月6日	肇兴侗寨	L团寨佬
	23	LKX	男	侗	2018年2月6日	肇兴侗寨	地方贤达
	24	ZQR	男	侗	2018年2月6日	肇兴侗寨	歌师
	25	WJX	男	汉	218年2月7日	肇兴侗寨	原副乡长
	26	LSH	男	侗	2018年2月7日	肇兴侗寨	政府工作人员
	27	LPY	女	侗	2018年2月7日	肇兴镇政府	部门负责人
	28	XXH	男	汉	2018年2月7日	肇兴侗寨	原SJ旅游公司经理
	29	LSJ	男	侗	2018年2月8日	肇兴侗寨	村民
	30	LSC	男	侗	2018年2月8日	肇兴侗寨	餐馆老板
	31	LLF	女	侗	2018年2月8日	肇兴侗寨	民宿服务员
	32	LKF	男	侗	2018年2月8日	肇兴侗寨	信用社工作人员
	33	LGK	男	侗	2018年2月8日	肇兴侗寨	X团寨佬
	34	LYX	女	侗	2018年2月8日	肇兴侗寨	村民
	35	LXH	男	侗	2018年5月15日	肇兴侗寨	村民
	36	LPG	男	侗	2018年5月15日	肇兴侗寨	肇兴村村委工作人员
	37	LDW	男	侗	2018年5月15日	肇兴侗寨	村民
	38	LDB	男	侗	2018年5月16日	肇兴侗寨	村民
	39	LDD	男	侗	2018年5月16日	肇兴侗寨	民宿老板
	40	LDY	男	侗	2018年5月16日	肇兴侗寨	表演队人员
	41	LHY	女	侗	2018年5月17日	肇兴侗寨	村民
	42	LHJ	男	侗	2018年5月17日	肇兴侗寨	村民
	43	LFJ	女	侗	2018年5月18日	肇兴侗寨	养牛大户
	44	LLO	男	侗	2019年6月3日	肇兴侗寨	博物馆负责人
	45	LMF	女	侗	2019年6月5日	肇兴侗寨	景区清洁工

续表

受访类别	序号	受访对象	性别	民族	受访时间	受访地点	从事职业
纳灰村	46	LZR	女	汉	2017年7月12日	万峰林街道办	党政办主任
	47	CL	男	汉	2017年7月12日	万福村村委	驻村书记
	48	XM	女	汉	2017年7月12日	上纳灰村	民宿老板
	49	LSL	女	布依	2017年7月13日	中纳灰村	农家乐老板
	50	WMY	男	布依	2017年7月14日	中纳灰村村委	村支书
	51	LHJ	男	汉	2017年7月16日	下纳灰村村委	村支书
	52	LJH	女	布依	2017年7月16日	上纳灰村	民宿服务员
	53	LZL	男	布依	2017年7月17日	中纳灰村	村民
	54	LYG	男	汉	2018年10月22日	上纳灰村	村主任
	55	WAD	男	布依	2018年10月22日	下纳灰村	村民
	56	LGH	女	布依	2018年10月24日	下纳灰村	村民
	57	LMC	男	汉	2018年10月25日	上纳灰村	村支书
	58	LGX	男	汉	2018年10月25日	中纳灰村	村民
	59	XQF	男	布依	2018年10月26日	中纳灰村	景区清洁工
	60	ZSM	女	布依	2018年10月27日	下纳灰村	“八音座唱”演员
	61	TJ	男	汉	2018年10月28日	万峰林景区管理处	部门负责人
	62	TZH	男	汉	2018年10月28日	万峰林旅游公司	部门负责人
	63	QY	男	汉	2018年10月29日	FD公司	公司负责人
岜沙苗寨	64	CDR	男	苗	2018年5月18日	岜沙村委会	驻村书记
	65	XZH	女	汉	2018年5月18日	岜沙村委会	村干部
	66	PZW	男	苗	2018年5月19日	SM公司景区管理处	公司负责人
	67	GYL	男	苗	2018年5月19日	景区大门	表演队负责人
	68	GLL	男	苗	2018年5月19日	香樟树	表演队
	69	JLM	女	苗	2018年5月20日	岜沙村	扶贫摊位小贩
	70	GEM	女	苗	2018年5月20日	岜沙村	扶贫摊位小贩

续表

受访类别	序号	受访对象	性别	民族	受访时间	受访地点	从事职业
岜沙苗寨	71	GXZ	男	苗	2018年5月21日	岜沙小学	校长
	72	JWL	男	苗	2018年5月21日	岜沙小学	教师
	73	LPO	男	苗	2019年6月5日	岜沙村	经营者
	74	LTD	男	苗	2019年6月6日	岜沙村	民宿经营者
	75	GSM	女	苗	2019年6月8日	岜沙村	博物馆工作人员
	76	JNH	男	苗	2019年6月9日	岜沙村	村民

附录五 “村寨旅游扶贫绩效评价体系的权重赋值”专家打分表

尊敬的专家：

您好！为了科学对村寨旅游扶贫绩效评价指标体系的权重赋值，邀请您利用“九级尺标法”对各指标的重要性进行比较打分，感谢您在百忙之中的支持。

一、打分依据

1~9 级尺标法的含义

标度	含义
1	表示两个因素相比，具有同样重要性
3	表示两个因素相比，一个因素比另一个因素稍微重要
5	表示两个因素相比，一个因素比另一个因素明显重要
7	表示两个因素相比，一个因素比另一个因素强烈重要
9	表示两个因素相比，一个因素比另一个因素极端重要
2，4，6，8	上述两相邻判断的中值
倒数	因素i与j比较的判断aij，则因素j与i比较的判断aij=1/aji

二、打分对象

民族村寨旅游扶贫绩效评估指标体系

目标层（Z）	指标层B（权重）	因子标层C（相对权重） 因子名称及代码
村寨旅游扶贫绩效	经济指标B_1	旅游总收入（亿元）C_{11}
		旅游总人数（万人）C_{12}
		农村居民人均可支配收入（元）C_{13}
		旅游对村寨经济的贡献（村民年人均旅游收入/年均收入×100%）C_{14}
	社会指标B_2	旅游对村寨就业贡献（旅游从业人数/全村就业人数×100%）C_{21}
		农村最低生活保障人数递减率（%）C_{22}
		通油路村（个）C_{23}
		城镇化率（%）C_{24}
	文化指标B_3	高考录取本科人数（人）C_{31}
		普通中学在校学生人数（万人）C_{32}
		文化馆、博物馆及图书馆个数（个）C_{33}
		公共文化服务设施覆盖用户（万户）C_{34}（有线数字电视用户+互联网宽带户数+广播电视农村直播卫星用户）
	生态指标B_4	营造林面积（万公顷）C_{41}
		新增综合治理水土流失面积（平方公里）C_{42}
		石漠化治理面积（平方公里）C_{43}
		自然保护区面积（万公顷）C_{44}

三、打分区域

A–B_1~B_4 判断矩阵

	B_1	B_2	B_3	B_4
B_1	1			
B_2		1		
B_3			1	
B_4				1

B–C_1~C_{24} 的判断矩阵

	C_1				C_2				C_3				C_4			
	C_{11}	C_{12}	C_{13}	C_{14}	C_{21}	C_{22}	C_{23}	C_{24}	C_{31}	C_{32}	C_{33}	C_{34}	C_{41}	C_{42}	C_{43}	C_{44}
C_{ij}	1				1				1				1			
		1				1				1				1		
			1				1				1				1	
				1				1				1				1

说明：表格空白为打分处，阴影处为对应项的倒数。

附录六　田野工作相关照片

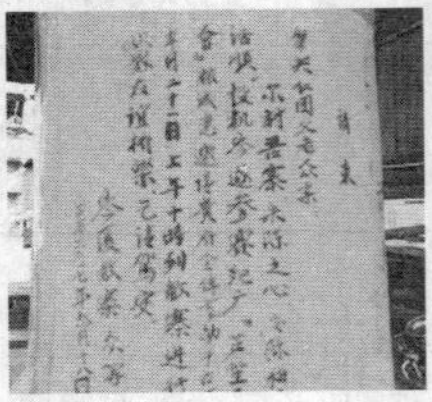

仁团接到“月也”的请柬
（2018 年 2 月）

礼团为到信团做“寨客”的准备（2018 年 2 月）

肇兴侗寨免费民族歌舞表演
（2018 年 2 月）

肇兴酒店服务人员闲暇制作传统刺绣（2018 年 2 月）

肇兴制作侗布的妇女
（2018 年 2 月）

肇兴义团鼓楼访谈
（2018 年 2 月）

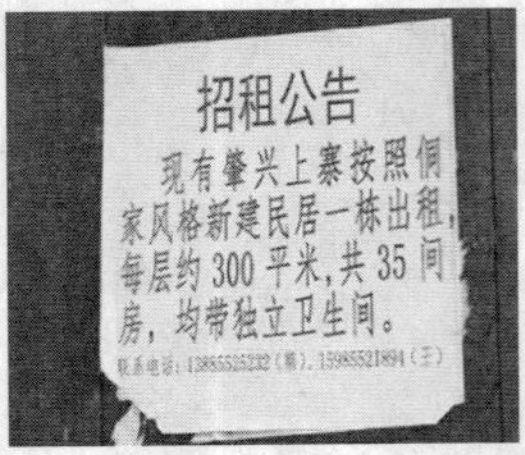

肇兴招租公告（2018 年 5 月）

肇兴“印迹”酒店招聘广告
（2019 年 6 月）

肇兴仁团正在改建的民居
（2018 年 5 月）

肇兴礼团寨客的队伍
（2018 年 2 月）

肇兴两团“月也”鼓楼斗芦笙（2018 年 2 月）

肇兴寨客酒席的热闹场面
（2018 年 2 月）

肇兴世行贷款项目
（2019 年 6 月）

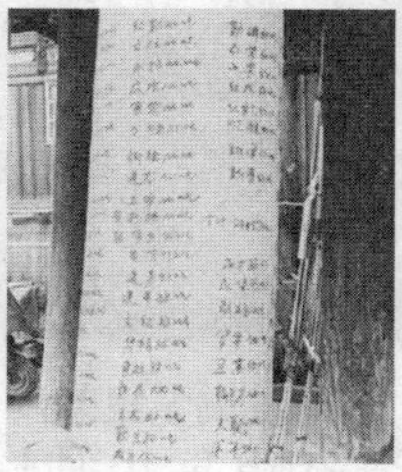

仁团修芦笙捐款公示
（2018 年 2 月）

管委会对村民出租房屋的提示（2018 年 6 月）

偷偷在万峰林摆摊的村民
（2017 年 7 月）

万峰林社区党政办调研
（2017 年 7 月）

上纳灰村村委会调研
（2017 年 7 月）

访谈下纳灰饭店老板
（2017 年 7 月）

万福村村委会访谈会
（2017 年 7 月）

访谈万峰林景区工作人员
（2017 年 7 月）

下纳灰景区支付演出费用的
“八音座唱”（2017 年 7 月）

纳灰村的民宿
（2018 年 10 月）

将军桥蛋炒饭的火爆场面
（2017 年 7 月）

纳灰村石斛种植基地
（2018 年 10 月）

上纳灰火龙果基地
（2018 年 10 月）

黔西南州民宗委访谈 XL 主任
（2017 年 7 月）

沉迷手机的岜沙少年
（2019 年 6 月）

岜沙村委会讨论分红
（2018 年 5 月）

岜沙民宿（2018 年 5 月）

等待表演的岜沙少女
（2019 年 6 月）

表演队岜沙汉子的“道具”
（2019 年 6 月）

“摆拍”的岜沙汉子
（2018 年 5 月）

表演之余随处休憩的岜沙汉子（2018 年 5 月）

西江《苗族古歌》表演（2019 年 6 月）

下司农民画传承人（2019 年 5 月）

贞丰县纳孔村村委访谈会（2017 年 7 月）

乌沙镇花海项目考察（2017 年 7 月）

普梯村入户访谈（2017 年 7 月）

秀水村的表演队（2019 年 2 月）

黄果树偷偷售卖农产品的农民（2018 年 5 月）

鄢家坝“乡愁集市”的民宿（2018 年 11 月）

乌沙镇 C 副镇长陪同调研（2017 年 7 月）

访谈普梯村村委主任（2017 年 7 月）

访谈纳孔村负责人（2017 年 7 月）

高坡苗寨售卖农产品的村民
（2019 年 11 月）

堂安鼓楼中休闲的村民
（2019 年 6 月）

堂安寨改造中的民居
（2019 年 6 月）

贞丰土布小镇的文创产品
（2017 年 7 月）

贞丰土布小镇妇女工作坊
（2017 年 7 月）

海坪村贫困家庭的“厨房”
（2018 年 9 月）

白石岩乡在家中看电视的孩子（2018 年 9 月）

台江盛大的姊妹节
（2019 年 4 月）

红星村村民厨房
（2016 年 12 月）

郎岱镇的乡场
（2016 年 12 月）

扰绕村的民居改造
（2019 年 11 月）

万达小镇中卡拉村鸟笼非遗馆（2019 年 8 月）

龙井村花海项目中抛荒的土地（2018 年 5 月）

三合苗寨新农村样板（2018 年 4 月）

平寨村的公共水井（2018 年 4 月）

责任编辑：刘志龙
责任印制：闫立中
封面设计：中文天地

图书在版编目（CIP）数据

贵州民族村寨旅游扶贫研究 / 笪玲著. -- 北京 : 中国旅游出版社, 2021.3

ISBN 978-7-5032-6595-2

Ⅰ. ①贵… Ⅱ. ①笪… Ⅲ. ①民族地区－乡村旅游－扶贫－研究－贵州 Ⅳ. ①F592.773 ②F127.73

中国版本图书馆 CIP 数据核字（2020）第 200144 号

书　　名：贵州民族村寨旅游扶贫研究

作　　者：笪玲　著
出版发行：中国旅游出版社
（北京静安东里6号　邮编：100028）
http://www.cttp.net.cn　E-mail:cttp@mct.gov.cn
营销中心电话：010-57377108，010-57377109
读者服务部电话：010-57377151
排　　版：北京旅教文化传播有限公司
经　　销：全国各地新华书店
印　　刷：北京盛华达印刷科技有限公司
版　　次：2021年3月第1版　2021年3月第1次印刷
开　　本：720毫米×970毫米　1/16
印　　张：21.5
字　　数：336千
定　　价：58.00元
ISBN　978-7-5032-6595-2